高等学校土木工程专业"十四五"系列规划教材·应用型

工程经济与项目管理

主　编　冯云芬　高树飞

四川大学出版社
SICHUAN UNIVERSITY PRESS

图书在版编目（CIP）数据

工程经济与项目管理 / 冯云芬，高树飞主编. --
成都：四川大学出版社，2025. 5. -- ISBN 978-7-5690-
7747-6

Ⅰ. F062.4；F284

中国国家版本馆 CIP 数据核字第 20253WA759 号

书　　名：工程经济与项目管理
　　　　　 Gongcheng Jingji yu Xiangmu Guanli
主　　编：冯云芬　高树飞

选题策划：王　睿
责任编辑：周维彬　王　睿
特约编辑：孙　丽
责任校对：蒋　玙
装帧设计：开动传媒
责任印制：李金兰

出版发行：四川大学出版社有限责任公司
　　　　　 地址：成都市一环路南一段 24 号（610065）
　　　　　 电话：(028) 85408311（发行部）、85400276（总编室）
　　　　　 电子邮箱：scupress@vip.163.com
　　　　　 网址：https://press.scu.edu.cn
印前制作：湖北开动传媒科技有限公司
印刷装订：武汉乐生印刷有限公司

成品尺寸：200mm×270mm
印　　张：16.75
字　　数：476 千字

版　　次：2025 年 6 月 第 1 版
印　　次：2025 年 6 月 第 1 次印刷
定　　价：58.00 元

本社图书如有印装质量问题，请联系发行部调换

四川大学出版社
微信公众号

前　言

数字经济背景下,建筑业全面转型升级对土木工程的从业人员提出了更高的要求,土木工程的从业人员不仅需要"懂技术",更要"晓经济、会管理"。"工程经济与项目管理"是高等院校土木工程、智能建造、工程管理等专业培养新时代复合型工程管理人才的专业核心课程,也是其他相关专业拓宽专业视野、了解工程经济与管理知识的跨专业平台课程。为进一步提升学生的培养质量,提高学生的实践能力、创新能力和就业能力,本书根据工程建设相关法律法规和教育部的相关政策文件精神,秉承"以学生为中心,以就业为导向"的理念,着眼于产业数字化转型的需求进行编写。

本书充分吸收山东省在线开放课程的建设与改革成果,以工程项目建设过程为主线,对工程经济与项目管理的基本理论、分析方法和关键内容进行了阐述。本书共计 11 章,主要内容包括工程经济模块的现金流量与资金时间价值、工程经济基本要素、工程经济评价指标与方法、风险与不确定性分析、设备更新分析、价值工程等和工程项目管理模块的工程项目进度管理、工程项目质量管理、工程项目成本管理、工程施工安全管理与环境管理。

本书改变传统教学模式,突出思政特色,根据课程内容深挖思政元素,反向设计课程思政案例,实现"三全育人"理念,将思政元素融入专业知识体系。此外,本书将理论知识与实践结合,与应用、执业资格证考试、相关学科竞赛紧密联系,突出教材的实践性与实用性。在价值引领下,实现知识传授和能力培养。本书的特色主要体现在以下几个方面:

1. 知识体系完备,内容紧跟行业前沿

课程紧跟行业前沿,注重知识体系与时俱进,突出前沿性、实用性。本书可分为两大模块——工程经济模块和工程项目管理模块,以工程项目建设过程为主线将工程经济与工程项目管理有机融合。通过工程经济模块的学习,能够对完成工程项目预定目标的各种可行技术方案进行技术经济论证、比较、计算和评价,优选出技术上先进、经济上有利的方案,从而为投资决策提供科学依据。通过工程项目管理模块的学习,能够对工程项目进行系统组织协同和全程科学管理,从而在保障工程质量和安全的前提下,对工期和费用进行合理优化。

2. 章节设计立体生动,以任务为驱动

各章均设置了本章目标、思政案例导入、思维导图、章节内容、综合能力检测、本章实训、延伸阅读等板块。打破传统教材编排理念,结合生活实际情景或具体工程实践案例,以任务驱动案例为引导,遵循学生的认知规律,以学生为主体,引导其在"做中学,学中做",实现"教、学、练、做"一体化。"本章实训"涵盖丰富的工程案例,不仅可以还原工程项目建设组织、管理和工程经济分析、评价的过程,将理论知识应用于实际,还有助于学生对工程经济和项目管理的融会贯通。

3. 体现"岗-课-赛-证"综合育人模式

本书依托一级建造师执业资格证考试、学科竞赛和实际工作情景设置习题与实训,题型全面,多点集成,将课程与就业岗位、执业资格证考试和学科竞赛紧密联系,有效培养学生形成经济意识与管理思维,使其掌握工程经济分析方法,提高项目管理能力。

4. 配套数字资源,体现思政特色

本书同步配套课程教学视频、教学课件、题库、单元检测、考试试卷、工程案例或思政案例讨论话题等线上数字资源,为学生搭建课前预学、检测与讨论的自主学习空间,将课程思政育人元素巧妙融入教材,实现价值塑造、知识传授和能力培养三位一体。可通过访问以下网站获取课程在线学习资源。

立体化教学资源:智慧树网学习资源——《工程经济与项目管理》,网址:https://coursehome.zhihuishu.com/courseHome/1000076575#teachTeam。

本书由聊城大学冯云芬、高树飞担任主编,书中第1~9章由冯云芬撰写,第10~11章由高树飞撰写。全书由冯云芬负责统稿。

本书得到了聊城大学校级规划教材建设项目(JC2023028)的支持。此外,本书编写过程中参阅了大量的国内外优秀教材、一级建造师执业资格证考试用书等同类著作,在此对有关作者表示衷心的感谢。

本书涉及内容广泛,加之编者水平有限,难免存在错误与不足之处,恳请各位读者批评、指正,以便今后修订改进。

编 者

2024 年 12 月

目　录

1 绪　　论

【本章目标】

◆　知识目标

1.了解项目与工程项目的概念和特征,理解二者之间的区别与联系。

2.掌握工程项目的基本建设程序。

3.掌握工程经济学的基本概念、基本原理与工程经济分析的基本步骤。

4.了解工程项目管理的概念和内容。

◆　能力目标

学习任务	能力目标	重要程度
工程项目	能在后续学习中,结合工程项目的基本理论,初步具备工程经济意识和项目管理观念	★★☆☆☆
工程经济学	能运用工程经济学的相关理论,对研究对象进行经济分析	★★★★☆
工程项目管理	能应用工程项目管理理论,对工程项目进行质量管理、进度管理和成本管理	★★★★☆

◆　素养目标

1.激发学生对专业的热爱和学习热情,提升专业认同感。

2.培养多学科交叉融合理念,帮助学生树立正确的价值观、全局观、法律意识、社会责任感和可持续发展理念。

3.培养职业道德修养、创新实践能力和大国工匠精神,激发投身工程建设的使命感和自豪感。

思政案例导入

饱受争议的三门峡大坝

三门峡大坝是中华人民共和国成立后在黄河上兴建的第一座以防洪为主的大型水利枢纽工程,被誉为"万里黄河第一坝"。三门峡大坝的设计者为苏联专家,他们对黄河的泥沙问题了解不够深入,忽视了泥沙淤积问题,致使三门峡大坝建成仅5年,泥沙淤积量就高达5041万立方米。

其实在20世纪50年代,项目的技术经济知识就由苏联传入我国,但是对于三门峡项目并没有进行科学的可行性分析。因此,三门峡大坝的建设引起了一系列问题:

(1)泥沙淤积问题。

三门峡大坝在设计和建造时,未能充分考虑黄河的泥沙淤积问题。黄河流经黄土高原,携带大量泥沙,三门峡大坝的蓄水拦沙方式导致泥沙在水库上游大量淤积,河床抬高,甚至出现了泥沙倒灌现象,严重影响了渭河下游的生态环境和农业生产。

（2）移民问题。

三门峡大坝的建设导致大量土地被淹没，需要大规模安置移民，而移民安置问题直到21世纪初才基本解决。

（3）经济效益问题。

三门峡大坝的建设成本远超预期，原计划投入13亿元的工程，最终实际造价高达40亿元，这对于当时的中国无疑是巨大的负担。而且，由于泥沙淤积和水位调整，大坝发电产生的效益也受到了严重影响，未达到预期值。

（4）设计和运行问题。

三门峡大坝在试运行期间就暴露出了多方面的问题，包括防洪、发电、灌溉和航运等，实际运行功能与设计指标相差甚远。例如，设计时预期的防洪能力为"千年一遇"，而实际运行中只能做到滞洪。此外，发电量和灌溉面积设计指标也未能达到。

虽然存在上述问题，但是三门峡大坝在控制黄河下游洪患、提供工农业用水、改善生态环境等方面也发挥了一定作用。特别是随着小浪底等其他水利工程建成，三门峡大坝与它们联合调度，提高了对黄河洪患的防控能力。

> **思政课堂：** 在进行项目决策分析时，除了要进行"可行性"论证，还要进行"不可行性"分析。将"可行性"与"不可行性"进行比较，权衡利弊后，再决定项目是否立项。此外，论证时应尽可能全面地搜集资料，应注意"差异性"。项目参与各方的资料是不同的，只有分析差异，才能发现问题，最终做出正确决策。因此，在建设项目的前期可行性研究中，经济评价和项目决策是至关重要的工作。

思维导图

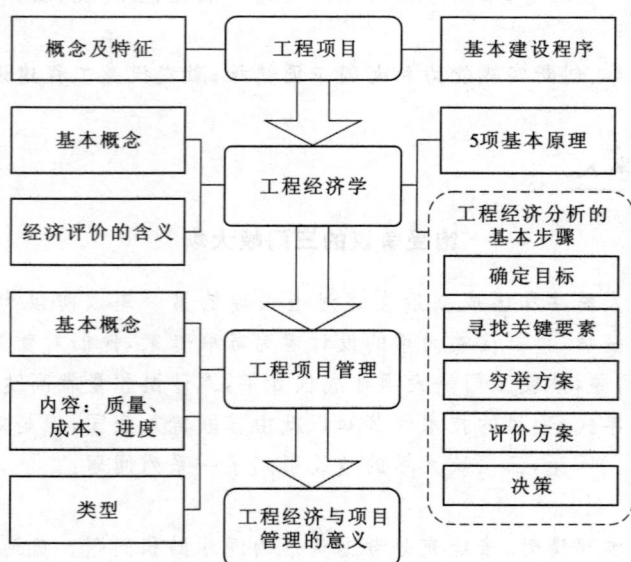

1.1　工程项目

1.1.1　工程项目的概念及特征

1.项目

随着人类有组织活动的分化,产生了两种较为典型的有组织活动:一种是连续不断、周而复始的"作业(operations)"活动,常见于制造业生产活动;另一种是具有特定目标、临时性的"项目(projects)"活动,如某种新产品开发、一座工厂的建设等。"项目"的概念已经存在于社会经济和文化生活的方方面面。而关于项目的定义,国内外许多标准化组织和学者都尝试对项目进行抽象性概括和描述。比较具有代表性的定义有以下4种。

(1)《质量管理——项目管理质量指南》(ISO 10006:1997)将项目定义为:"由一组有起止时间的、相互协调的受控活动所组成的特定过程,该过程要达到符合规定要求的目标,包括时间、成本和资源的约束条件。"此定义认为项目是"特定过程",是将输入转化为输出的一组为了达到最终目标而提供项目产品的活动。

(2)美国项目管理学会(Project Management Institute,PMI)在其项目管理知识体系指南(PM-BOK)中将项目定义为:"一种旨在创造某项独特产品、服务或成果所做的临时性努力"。

(3)英国标准协会(British Standards Institution,BSI)发行的《项目管理指南》中对项目的定义是:"具有明确的开始和结束点,由某个人或组织所从事的具有一次性特征的一系列协调活动,以实现所要求的进度、费用以及各种功能因素等特定目标。"

(4)《中国项目管理知识体系纲要》对项目的定义为:项目是创造独特产品、服务或其他成果的一次性工作任务。

通过上述各种项目定义的描述可知,项目具有一次性、目标性、整体性、渐进性、不确定性、系统性等特征。

2.工程项目

工程项目也称建设项目,是在一定约束条件下,以形成固定资产为目标的一次性活动,并且在一个总体设计或初步设计范围内,由一个或多个互有内在联系的单项工程组成,实行统一经济核算与管理。

工程项目的种类非常丰富,从不同的角度可以进行多种分类,如:

(1)按投资来源,可分为政府投资项目、企业投资项目、利用外资项目和其他投资项目。

(2)按建设性质,可分为新建项目、扩建项目、改建项目、迁建项目和技术改造项目。

(3)按产业领域,可分为工业项目、交通运输项目、农林水利项目、基础设施项目和社会公益项目等。

(4)按项目建设规模,可分为大型项目、中型项目和小型项目。

(5)按项目用途,可分为生产性项目和非生产性项目。

3.工程项目的特征

工程项目作为最常见、最重要的项目类型,除具备一般项目的基本特征外,还具有如下特征:

（1）投资数额大。一个工程项目的资金投入少则几百万元，多则上千万元、数亿元。

（2）建设周期长。由于工程项目规模大、技术复杂、涉及专业面广、投资回收期长，因此从项目决策、设计、建设到投入使用，少则需要几年，多则需要几十年。

（3）建设风险大。工程项目由于建设周期长，露天作业多，受外部环境影响大，因此不确定性因素多，风险大，建设难度大。

（4）组织协调复杂。工程项目是一项复杂的系统工程，参与人员众多。这些人员来自不同参与方，往往涉及不同专业，并在不同的层次上进行工作，主要包括建设单位人员、建筑师、结构工程师、机电工程师、项目管理人员、监理工程师、其他咨询人员等。此外，还涉及负责工程项目监督管理的政府建设行政主管部门及其他相关部门的人员。

1.1.2　工程项目的基本建设程序

工程项目即建设项目，以建筑物、构筑物等工程产品为目标产出物。由于工程产品与一般制造业的产品有很大区别，故工程项目有其独特的特点，且在全寿命周期内须严格遵循复杂的建设程序。我国一般将工程项目的建设程序分为项目决策阶段和项目实施阶段，如图1-1所示。项目决策阶段包括项目建议书和可行性研究；项目实施阶段包括设计准备阶段、设计阶段、施工阶段、动用前准备阶段和保修阶段。

工程项目决策阶段是对工程项目投资的合理性进行考察和对工程项目进行选择的阶段。前期做好决策分析，将从根本上决定建设单位的投资效益。工程项目实施阶段是整个建设活动中最重要的阶段，也是关系到项目能否取得预期经济利益和社会效益的关键阶段。因此，建设工程项目管理的时间范畴就是实施阶段，此阶段的主要任务是通过管理使项目目标得以实现。

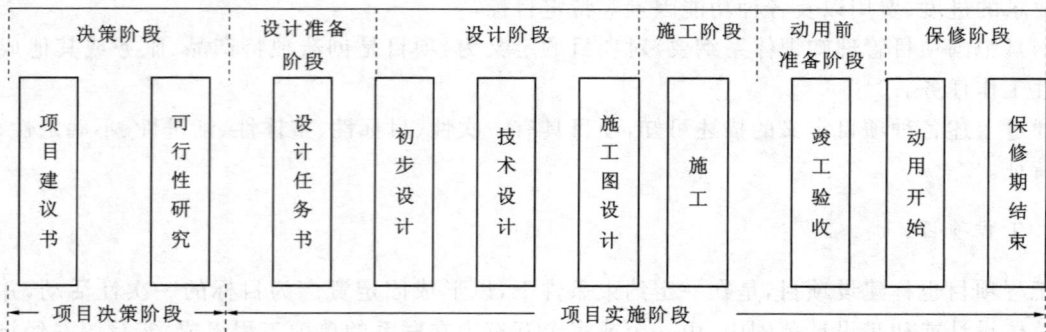

图1-1　工程项目建设程序

1.项目建议书阶段

项目建议书是由投资者（一般由项目主管部门或企、事业单位）对准备建设项目提出的大体轮廓性设想和建议。主要确定拟建项目建设的必要性及是否具备建设条件及拟建规模等，为进一步研究论证工作提供依据。

2.可行性研究阶段

可行性研究阶段（包括可行性研究报告评估），分别从项目的技术上、经济上和财务上进行全面论证、优化和推荐最佳方案，与这一阶段相联系的工作还有由工程咨询公司对可行性研究报告进行评估。从1992年起，我国取消设计任务书的名称，统称为可行性研究报告。

3. 设计阶段（勘察设计阶段）

设计阶段是项目决策后进入建设实施的重要阶段。设计阶段的主要工作通常包括扩大初步设计和施工图设计，对于技术复杂的项目还要增加技术设计文件。以上设计文件和资料是国家安排建设计划和项目组织施工的主要依据。

4. 建设准备阶段

建设准备阶段的主要工作包括申请列入固定资产投资计划及开展各项施工准备工作。这一阶段的工作质量，对保证项目顺利建设具有决定性作用。这一阶段工作就绪，即可编制开工报告，申请正式开工。

5. 施工安装阶段

建设项目被列入年度基本建设计划，并已做好施工准备，具有开工条件，且开工报告经主管机关批准以后，才允许正式施工。

6. 竣工验收阶段

这一阶段是项目建设实施全过程的最后一个阶段，是考核项目建设成果、检验设计和施工质量的重要环节，也是建设项目能否由建设阶段顺利转入生产或使用的一个重要阶段。

7. 项目后评价阶段

项目后评价是工程竣工投产、生产运营一段时间后，对项目的立项决策、设计施工、竣工投产、生产经营等全过程进行系统评价的一种技术经济活动。该阶段是工程项目实施阶段管理的延伸，是工程项目管理的一项重要内容。

1.2 工程经济学

1.2.1 工程经济学的基本概念和发展

工程经济学是工程学与经济学的交叉学科，它是应用经济学的一个分支。一项工程能被人们所接受，必须具备技术可行性和经济合理性。工程经济学就是运用工程学和经济学的相关知识相互交融而形成的工程经济分析原理与方法，对能够完成工程项目预定目标的各种可行技术方案进行技术经济论证、比较、计算和评价，优选出技术上先进、经济上有利的方案，从而为实现正确的投资决策提供科学依据的一门应用性经济学科。

1. 国外发展

工程经济学诞生的标志是 1887 年美国土木工程师亚瑟·M. 惠灵顿出版《铁路布局的经济理论》，书中将成本分析法应用于铁路长度和路线曲率的选择上，提出了工程利息的概念，开了工程经济评价的先河。

自惠灵顿以后，很多工程经济学家在此基础上做了大量的研究工作。20 世纪 20 年代，戈尔德曼在《财务工程》中指出，"工程师最基本的责任就是分析成本，以达到真正的经济性，即赢得最大可能数量的货币,获得最佳的财务效益。"他第一次提出用复利法来确定方案的比较值、进行投资方案评价的思想,并且批评了当时研究工程技术问题不考虑成本、不讲究节约的错误倾向。

1930年,格兰特教授提出了工程的评价准则,出版了工程经济学的经典著作《工程经济学原理》。其中,他指出了古典工程经济学的局限性,并以复利计算为基础,阐述了固定资产投资的经济评价原理,同时指出人的经验判断在投资决策中的重要作用。格兰特对投资经济分析理论的重大贡献得到了社会的普遍认同,并因此被誉为"工程经济学之父"。

20世纪50年代以后,数学、计算机科学、计量经济学、系统工程学、运筹学等学科在建设工程领域大量应用,这使得工程经济学得到了长足的发展。

20世纪60年代以后,工程经济学的研究范围进一步扩大,不确定性因素分析和敏感性分析受到重视。

1982年,里格斯的《工程经济学》系统地阐述了货币时间价值、经济分析、货币管理、经济决策、风险与不确定性等工程经济学的内容,把工程经济学的学科水平向前推进了一大步。

21世纪,互联网技术、大数据分析和云计算广泛应用,使得分析和评价工程经济活动及选择技术方案的方法又有了新的突破。

2. 国内发展

20世纪50年代,我国从苏联引进了建设项目技术经济分析方法。我国在20世纪70年代后期开始逐步发展和应用工程经济学。近年来,随着建筑业的快速发展,我国建筑领域对"懂经济,晓技术,会管理"的复合型人才需求也越来越大。

1.2.2 工程经济学的基本原理

工程经济学的核心内容是一套工程经济分析的思想和方法,是人类提高工程经济活动效率的基本工具,有其特定原理。

1. 工程经济分析的目的是提高工程经济活动的经济效果

经济效果,就是人们在应用技术的社会实践中效益与费用及损失的比较。对于取得一定有用成果和所支付的资源代价及损失的对比分析,就是经济效果。

当效益与费用及损失度量单位不同时,经济效果可表示为

$$经济效果 = \frac{效益}{费用+损失} \tag{1-1}$$

当效益与费用及损失度量单位相同时,经济效果可表示为

$$经济效果 = 效益 - 费用 - 损失 \tag{1-2}$$

提高工程经济活动的经济效果是工程经济分析的出发点和落脚点。一般来说,提高活动经济效果可采用以下两种途径:

(1)用最低的寿命周期成本实现产品、作业、服务或系统的必要功能。例如,自汽车发明以来,由于高昂的售价其只能为贵族所有。而亨利·福特引入流水线,通过标准化生产使汽车售价从1000~1500美元降至850美元,到1916年甚至降至360美元。同时,汽车的使用成本也有所降低。

> **思政课堂:**2000多年前的秦朝就已经发明了原始的流水线生产和标准化模式。兵马俑坑中挖掘出来的几千件秦朝装备,相互之间的差距极小,可以做到随时更换,这就是流水线和标准化的核心。

(2)在费用一定的前提下,不断改善产品质量,提高功能。例如,自手机自问世以来,其储存空间不断扩大,功能也不断提高,兼容性日益改善,而价格不断降低,使其应用领域大大地拓展,以至于人们的生活和生产方式都为之改变。

2.技术与经济之间是对立统一的辩证关系

工程技术是经济发展的手段和方法,经济是工程技术进步的目的和动力。工程技术的先进性和经济的合理性是社会发展过程中一对相互促进、相互制约的,既统一又矛盾的统一体,如图 1-2 所示。

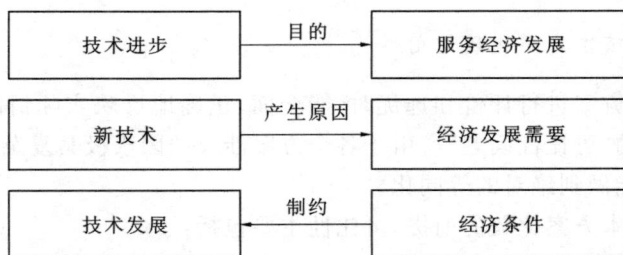

图 1-2　技术与经济的关系

未来,人类更加强调资源、环境、经济的可持续发展。而要想不以牺牲环境和资源为代价来发展经济,技术进步仍是必由之路。"科学技术是第一生产力"就很好地阐释了技术进步与经济发展之间的关系。

> **思政课堂:**小灵通手机虽不能漫游,但普通市话功能价格低,因此市场份额非常高,截至 2005 年 7 月,国内小灵通用户达 8000 万,每月净增用户数 250 万。反观摩托罗拉的铱星手机,虽然信号覆盖全球,通话质量高,但通话费用高达 12.5 元/分钟,一部手机售价 3.6 万元,最终未形成气候就黯然陨落。由此可看出,技术先进虽然重要,但经济性更重要,技术如果离开经济,只能是"孤芳自赏"。技术的先进性与经济合理性是对立统一的。

3.工程经济分析的重点是科学地预见活动的结果

人类对客观世界运动变化规律的认识,使得人们可以对自身活动的结果做出一定的科学预见,判断一项活动目标的实现程度,并相应地选择、修正所采取的方法。例如,如果不了解三峡工程建成后可以获得多少电力,能在多大程度上提升长江航运水平和提高防洪能力,那么建设三峡工程就会成为一种盲目的活动。因此,为了有目的地开展各种工程经济活动,必须对活动的效果进行慎重的估计和评价。

4.工程经济分析是对工程经济活动的系统评价

环境问题是世界各国共同关心的问题,把经济、社会发展同环境保护结合起来研究已成为国际社会的共识,工程经济分析必须体现较强的系统性。系统性主要表现为以下三个方面:

(1)评价指标的多样性和多层性,构成一个指标体系。

(2)评价角度或立场的多样性。根据评价时所站立场不同或看问题的出发点不同,分为财务评价、国民经济评价和社会评价等。

（3）评价方法的多样性。常用的评价方法包括定量或定性评价、静态或动态评价、单指标或多指标综合评价等。

> **思政课堂**：了解我国对待经济发展与生态环境保护的观点——"发展经济不能对资源和生态环境竭泽而渔，生态环境保护也不是舍弃经济发展而缘木求鱼。中国坚持绿水青山就是金山银山的理念，推动山水林田湖草沙一体化保护和系统治理，全力以赴推进生态文明建设，全力以赴加强污染防治，全力以赴改善人民生产生活环境"（资料来源：习近平总书记出席 2022 年世界经济论坛视频会议时发表的题为《坚定信心 勇毅前行 共创后疫情时代美好世界》的演讲）。

5. 满足可比条件是技术方案比较的前提

为了在对各项技术方案进行评价和选优时，能全面、正确地反映实际情况，必须使各方案的条件等同化，这就是所谓的"可比性问题"。由于各个方案涉及的因素极其复杂，再加上存在难于定量表达的因素，因此不可能做到绝对的等同化。

满足可比条件是技术方案比较的前提，可比性主要包括：

（1）产出成果使用价值的可比性。

（2）投入相关成本的可比性。

（3）价格的可比性。

（4）定额标准的可比性。

（5）评价参数的可比性。

（6）时间的可比性。

其中，时间的可比性是方案经济评价时要考虑的一个重要因素。例如，两个技术方案其他条件均相同，仅时间上有差别，一个投产早，另一个投产晚，这时很难直接对两个方案的价值大小下结论，必须将它们的效果和成本都换算到同一个时点后，才能进行方案评价和比较。

1.2.3 工程经济分析的基本步骤

工程经济分析的基本步骤如图 1-3 所示。

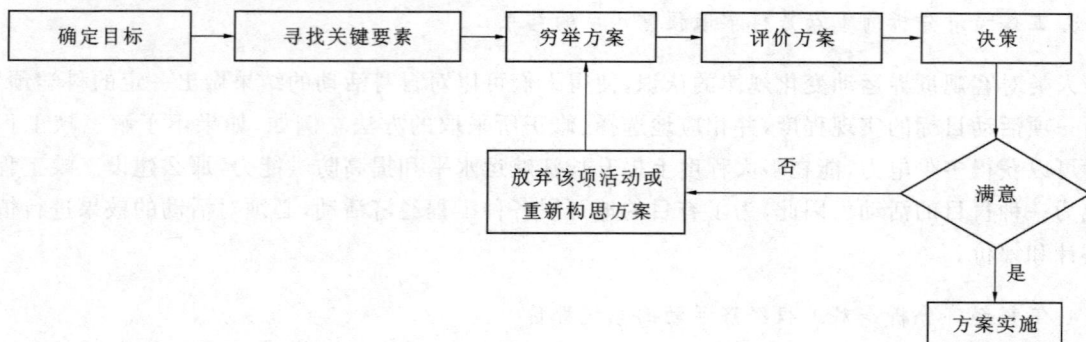

图 1-3 工程经济分析的基本步骤

1. 确定目标

工程经济分析的第一步，就是通过调查研究寻找经济环境中显在和潜在的需求，确立工作目标。无数事实说明，工程项目成功与否，不仅取决于系统本身效率的高低，而且与系统是否能满足人们的需要密切相关。因此,只有先通过市场调查等各种手段明确目标,才能谈得上技术可行性和经济合理性。

2.寻找关键要素

关键要素也就是实现目标的制约因素,确定关键要素是工程经济分析的重要一环。只有找出主要矛盾,确定系统的各种关键要素,才能集中力量,采取最有效的措施,为实现目标扫清道路。

寻找关键要素,实际上是一个系统分析的过程,需要树立系统思想方法,综合地运用各种相关学科的知识和技能。例如,三峡工程决策时就采用了系统分析的方法来确定项目的关键要素,经过充分论证和系统分析,确定了整个三峡工程的关键要素为防洪、发电、通航、移民、文物保护、环境保护。

3.穷举方案

关键要素找到后,紧接着要做的工作就是制定各种备选方案。很显然,一个问题可采用多种方法解决,因而可以制定出许多不同的方案,包括什么都不做的方案,也就是维持现状的方案。

4.评价方案

从工程技术的角度提出的方案往往都是技术上可行的,但在效果一定时,只有费用及损失最低的方案才能成为最佳方案,这就需要对备选方案进行经济效果评价。

5.决策

决策,即从若干行动方案中选择令人满意的实施方案,它对于工程项目建设的效果有决定性的影响。

1.2.4　工程项目经济评价方法

工程项目经济评价是项目前期工作的重要内容,是项目决策科学化的重要手段。经济评价的目的是根据国民经济发展战略和行业、地区发展规划的要求,在做好产品(或服务)市场预测分析和厂址选址、工艺技术方案选择等工程技术研究的基础上,对项目投入的费用和产出的效益进行计算、分析,通过对多方案进行比较,分析论证拟建项目的财务可行性和经济合理性,为正确地做出决策提供科学依据。

对工程项目进行经济评价是为了把有限的资源用于经济效益和社会效益最优的工程项目中。通过工程项目经济评价可以预先估算拟建项目的经济效益,避免由依据不足、方法不当、盲目决策所导致的失误。建设项目种类繁多,如工业项目、农林水利项目、文化教育项目、住宅项目等,不同项目的建设目标不同,因此经济评价的重点也不同。对于生产性建设项目,其经济评价方法包括财务评价(也称财务分析)和国民经济评价(也称经济分析)。

1.财务评价

财务评价是根据国家现行财税制度和市场价格体系,分析项目直接发生的财务效益和费用,编制财务报表,计算评价指标,从投资主体(项目本身或直接投资者)的角度考察项目的盈利能力和清偿能力,判断项目财务上的可行性。

2.国民经济评价

国民经济评价是按照资源合理配置的原则,从国家整体的角度考察项目的效益和费用,用影子价格(理论价格)分析、计算项目的经济效益和对国民经济的净贡献,判断项目的经济合理性。

3.财务评价与国民经济评价的关系

对于中小型建设项目,一般只进行财务评价,即认为项目的宏观经济效果基本上可以通过其微观效果反映出来。但是,对于严重影响国计民生的重大项目、涉及进出口贸易的项目、中外合资项目、有关稀缺资源开发和利用的项目以及产品和原料价格明显失真的项目,除需进行财务评价外,还必须进行国民经济评价,而且强调前者要服从后者。

1.3　工程项目管理

为确保工程项目的顺利实施,提高工程项目的经济和社会效益,需要对工程项目开展科学合理的项目管理,以确保项目按照预定的时间、质量和成本顺利实施,达到预期的目标。

1.3.1　工程项目管理的概念

《建设工程项目管理规范》(GB/T 50326—2017)中对建设工程项目管理作出了如下的解释:"运用系统的理论和方法,对建设工程项目进行的计划、组织、指挥、协调和控制等专业化活动。简称为项目管理。"

工程项目管理的定义是从项目开始至项目完成,通过项目策划和项目控制,使项目的费用目标、进度目标和质量目标得以实现。该定义的有关字段的含义如下:

(1)"从项目开始至项目完成"是指项目实施阶段。

(2)"项目策划"是项目控制前的一系列筹划和准备工作。

(3)"费用目标"对业主而言是投资目标,对施工单位而言是成本目标。

工程项目管理的基本目标包括质量目标、进度目标、成本目标,它们之间是对立统一的关系。要提高质量,就必须增加投资,而赶进度就不可能获得好的工程质量;而且,要加快施工进度,就必须增加投入。工程项目管理的目的就是在保证质量的前提下,加快施工进度,降低工程造价。此外,随着绿色低碳发展的推进,绿色目标也成为项目管理的目标之一。

1.3.2　工程项目管理的内容

1.工程项目质量管理

工程质量是指反映建设工程满足相关标准规定或合同约定的要求,包括在安全、使用功能及耐久性能、环境保护等方面所有明显和隐含能力的特性总和。因此,在整个建设工程项目建设周期内,涉及工程项目质量的因素均应纳入质量管理范畴。

建设工程项目质量管理应符合下列基本规定:

(1)项目质量控制应满足工程施工技术标准和发包人的要求。

(2)项目质量控制应实行样板制。施工过程中均应按要求进行自检、互检和交接检。隐蔽工程、指定部位和分项工程未经检验或已经检验定为不合格的,严禁转入下道工序。

（3）建设工程采用的主要材料、半成品、成品、建筑构配件、器具和设备应进行现场验收，凡涉及安全功能的有关产品，应按各专业工程质量验收规范规定进行复验，并应经监理工程师（建设单位技术负责人）检查认可。

（4）各工序应按施工技术标准进行质量控制，每道工序完成后应进行检查。

（5）相关各专业工种之间，应进行交接检验，并形成记录。未经监理工程师（建设单位技术负责人）检查认可，不得进行下道工序施工。

（6）项目经理部应建立项目质量责任制和考核评价办法。项目经理应对项目质量控制负责。过程质量控制应由每道工序和岗位的责任人负责。

2. 工程项目进度管理

现代建设工程项目进度是一个综合指标，其直接目的是按照合同要求工期完成建设工程项目内容。进度控制不仅指对施工工期的控制，还必须对工期、劳动消耗、成本、工程实物、资源因素等统一规划。工期是进度的一个基本指标，建设工程进度控制首先表现为工期控制，只有进行高效的工期控制才能实现高效的进度控制。

建设工程进度控制的基本对象是建设工程项目的施工活动，进度是实施过程的时间要求，在具体施工过程中要消耗时间、劳动力、材料、成本等才能够完成施工建造任务。工程施工进度状况，通常是通过各个工程施工活动进度（完成量或者百分比）表现出来的。建设工程进度控制指标一般有以下三种：

（1）工程持续时间。

工程持续时间是工程项目进度的重要指标之一，通常用实际工期同施工计划工期相比较说明工程进度完成的情况。建设项目施工过程中，往往在开始一段时间内施工效率比较低，进度相对较慢；工程项目中期是投入量最大的一段时间，施工速度也达到最快；工程项目后期投入相对减少，速度放慢。工程项目施工效率与施工速度并不呈现正比例关系，实际运作情况是，已完成工期中存在的干扰事件会造成停工，导致实际施工效率明显低于计划施工效率。

（2）工程施工完成的实物数量。

工程施工完成的实物数量是用分部工程所完成的进度与任务总数相比较来反映实际进度。

（3）其他可比性指标。

其他常用的可比性指标有劳动工时以及成本的消耗等。

3. 工程项目成本管理

工程项目成本管理是在保证满足工程质量、工期等合同要求的前提下，通过进行有效的计划、组织、控制和协调等活动以实现预定的成本目标，并尽可能地降低成本费用、实现目标利润、创造良好经济效益的一种科学的管理活动。

建设工程项目成本是围绕工程项目建设全过程而发生的资源消耗的货币体现，工程项目成本管理是业主方与承包方共同的任务。从建设单位角度来看，工程项目成本管理贯穿工程项目建设全过程，可概括为两方面的工作：

（1）在项目建设的各个阶段，采用科学的计算方法和切合实际的计价依据，合理确定项目的投资估算、初步设计概算、施工图预算、承包合同价、竣工结算和竣工决算。

（2）在项目建设的各个阶段把建设工程项目费用控制在批准的目标限额以内，随时纠正发生的偏差以确保工程项目目标实现。

1.3.3 工程项目管理的类型

工程项目管理的主要任务是安全管理、投资（成本）控制、进度控制、质量控制、合同管理、信息管理、组织和协同。根据建设工程项目各参与单位的工作性质和任务的相同，工程项目管理可分为不同利益方的项目管理，如业主方项目管理、设计方项目管理、施工方项目管理、工程总承包方项目管理、供货方项目管理。

1. 业主方项目管理

业主方项目管理是由项目业主或委托人对土木工程项目建设全过程进行的管理，是业主为实现其预期目标，运用所有者的权力组织或委托有关单位对工程项目进行策划和实施计划、组织、协调、控制等过程。业主方项目管理涉及项目决策阶段和实施阶段。

业主方项目管理在国际上主要包括业主方自行项目管理、业主方和项目管理咨询单位共同进行项目管理、完全由项目管理咨询单位（受业主委托）进行项目管理。在我国，工程监理单位受建设单位委托进行相关服务活动，也属于业主方项目管理。

业主方项目管理的主要目标包括项目的投资目标（总投资目标）、进度目标（项目动用或交付使用的时间目标）、质量目标、绿色目标。

业主方项目管理的主要任务包括安全、投资、进度、质量、合同、信息等管理方面的任务。目前，国家鼓励建设单位委托一家具有综合能力的咨询单位或项目管理单位提供招标代理、勘察、设计、监理、造价、项目管理等全过程工程咨询服务或项目管理服务，满足建设单位一体化服务需求，增强工程建设过程的协同性。

2. 设计方项目管理

设计方项目管理是设计单位受业主委托承担工程项目的设计任务，以设计合同所界定的工作目标及其责任义务作为该项工程设计管理的对象、内容和条件。设计方项目管理主要在设计阶段，但也涉及项目设计前准备阶段、施工阶段和竣工验收阶段。

设计方项目管理的主要目标包括与设计相关的成本目标、进度目标、质量目标，以及项目的投资目标、进度目标、质量目标、绿色目标。

设计方项目管理的主要任务包括与设计相关的安全、成本、进度、质量、合同、信息等管理方面的任务。设计方应形成施工图设计文件，并向施工方作出详细说明。设计方应监督施工过程，并参与工程竣工验收。

3. 施工方项目管理

施工方项目管理是施工单位通过工程施工投标取得工程施工承包合同，并以施工承包合同所界定的工程范围组织并实施项目管理。施工方项目管理不只是施工单位对项目的管理，施工单位委托某项目管理咨询单位进行相关咨询服务，也属于施工方项目管理。

施工方项目管理的主要目标包括与施工相关的成本目标、进度目标、质量目标、安全目标、绿色目标。

施工方项目管理的主要任务包括与施工相关的安全、成本、进度、质量、合同、信息等管理方面的任务。

4.工程总承包方项目管理

在工程总承包时,业主在项目决策后,通过招标择优选定的总承包单位全面负责工程项目的实施过程,直至最终交付使用功能和质量标准符合合同文件规定的工程项目。工程总承包方项目管理的实质和目的是全面履行工程总承包合同,以实现其企业承建工程的经营方针与目标,是以取得预期经营效益为动力而进行的工程项目自主管理。工程总承包方项目管理的主要目标包括与承包工程相关的成本目标、进度目标、质量目标、安全目标、绿色目标。

根据《建设项目工程总承包管理规范》(GB/T 50358—2017),工程总承包方项目管理工作涉及项目设计管理,项目采购管理,项目施工管理,项目试运行管理,项目风险管理,项目进度管理,项目质量管理,项目费用管理,项目安全、职业健康与环境管理等。

5.供货方项目管理

供货方项目管理是供货单位通过委托取得工程供货合同,并以供货合同所界定的工程范围组织、实施项目管理。供货方项目管理主要服务于项目的整体利益及供货方本身的利益。

供货方项目管理的主要目标包括与供货相关的成本目标、进度目标、质量目标和绿色目标。

1.4　工程经济与项目管理的意义

工程项目是一个集技术、经济和管理于一体的系统工程,技术是工程项目建成的手段,经济是目的,管理则是技术与经济相统一的纽带和桥梁。没有经济这一目的,技术将无的放矢;若只讲经济目标,没有技术手段,经济目标也无法实现。因此,一项成功的工程项目,不仅需要基于工程经济手段"运筹帷幄于前期",更需要依托项目管理知识"决胜于管理"。

工程项目在前期的决策必须经过系统论证、科学研究、技术攻关、方案比较、逐步完善的过程。只有对工程理念、工程的社会经济影响、工程资源的投入与运作、工程利益相关者的关系、工程规划和设计、工程的管理组织体系进行透彻分析,工程才能顺利实施和运营。工程项目经济评价正是项目前期工作的重要内容和有机组成部分,是项目决策科学化的重要手段。

工程项目的建设过程是相关生产要素聚集并共同发挥作用的过程。通过计划、组织、指挥、协调和控制等管理功能,实现各类生产要素的有效配置,提升工作效率,取得最佳效果,从而实现工程项目预期的质量、成本与进度三大基本目标。如果没有有效的管理,技术的支撑作用和经济的保障作用都无从谈起。因此,管理对三大基本目标具有决定性作用。

此外,随着生产技术、工艺水平的提升,工程建设规模不断扩大,项目的开放性、信息化、多元化特征越来越明显,新的管理方法和管理模式不断出现,这就要求工程师们必须既具备经济分析能力,又具有项目管理能力。

综合能力检测

一、思考题
1.提高项目经济效果有什么积极意义?
2.简述工程经济评价的含义。

3.简述工程经济分析的基本步骤。

4.简述工程项目管理的含义及特点。

本章实训

一、实训目的

1.了解工程经济学的基本概念。

2.掌握工程经济学的基本原理。

3.锻炼搜集资料、团队合作与分析归纳的能力。

二、实训内容

搜集资料,结合实际案例,探讨我国是如何处理经济发展与生态环境之间的关系的。

三、实训要求

1.学生自愿分组,每组推选出组长,各小组通过网络、报刊等途径搜集资料。

2.组内讨论后,将实训内容以报告的形式呈现。

四、实训步骤

1.指导教师布置实训作业,提示相关注意事项及要点。

2.学生自愿分组,每组推选出组长。

3.各小组通过网络、报刊等途径搜集资料,开展组内讨论,汇总成报告。

4.各小组代表介绍调研结果,组组互评,指导教师最后评审并点评。

延伸阅读

1.徐寿波.建国 60 年中国"技术经济"科学技术发展的回顾与展望[J].北京交通大学学报(社会科学版),2009,8(4):1-6.

2.中国网.习近平生态文明思想是开放与发展的新思想[EB/OL].(2018-06-02)[2024-12-11].https://www.chinanews.com.cn/gn/2018/06-02/8528892.shtml.

3.新华网.让世界读懂美丽中国的"绿色密码"——习近平生态文明思想的中国实践与世界贡献[EB/OL].(2024-11-26)[2024-12-02].https://www.xinhuanet.com/politics/leaders/20241126/10ed17403ec941d38175a71bfef36e17/c.html.

2　现金流量与资金时间价值

【本章目标】

◆ **知识目标**

1. 掌握现金流量的基本概念与现金流量图的画法。
2. 掌握资金时间价值的基本概念与度量方式。
3. 熟练掌握一次支付型和等额支付型资金等值公式，并能灵活运用。
4. 掌握名义利率与实际利率的概念以及两者之间的关系。
5. 掌握计息周期小于或大于资金收付周期的等值计算。

◆ **能力目标**

学习任务	能力目标	重要程度
现金流量图绘制	能对具体项目绘制现金流量图，并进行现金流量分析	★★★★☆
资金等值计算	能熟练运用资金等值公式，对生活中的实际问题进行决策	★★★★★
	能熟练进行名义利率和实际利率的转化，并进行决策分析	★★★★☆

◆ **素养目标**

1. 了解时间价值的规律，培养珍惜时间的意识。
2. 树立正确的财富观和理性的消费观与价值观。
3. 了解"积跬步以至千里"的哲理。
4. 培养学生的诚信意识。

思政案例导入

和孔子学习如何珍惜时间

　　孔子在年轻的时候，就对时间有特殊的认知。别人恭维他是"天纵之圣"，孔子说，不是这样的，一方面"我非生而知之者也，好古，敏以求之者也"（《论语·述而》），是靠着努力向古代的圣贤学习，逐渐温故知新、融会贯通，才取得眼前的成绩；另一方面是因为"吾少也贱，故多能鄙事"（《论语·子罕》），年轻时家里贫困，没有什么社会地位，为了养家糊口，不得不学会一些琐碎的技艺。据孟子的记载，孔子曾替人看管仓库，把账目写得清清楚楚；后来被派去管理牧场，一年下来，牛羊健壮，繁殖率高，因此受到别人的信赖。尽管做了这么多零碎、卑微的工作，但孔子从来没有忘记一件事——学习。他利用一切时间学习知识，提高自己的文化修养。在他生活的时代，普通人家的子弟到十五岁就不能再读书了，大学是专门为贵族子弟开设的。但孔子不仅自学了所有大学的内容，而且比一般贵族子弟学得更好，以至于鲁国的贵族孟氏请孔子当家教，教他的孩子学礼仪。"三十而立"之后，孔子仍不放弃自我成长的机会。他说："吾不试，故艺。"(《论语·子罕》)他不曾被国家所用，所以学得一些技艺。学习技艺的目的是谋得一官半职，可以发挥所长，为社会做贡献；现在所谋未遂，所以只好继续培养各种专长，等待时机成熟。这种态度对现代人也深具启发。一个人在年轻的时候，必须了解生命是有阶段的，你要先充实自己；如果没有机会，要先自己培养好条件，等机会出现，自然可以抓住。孔子说，富与贵是每个人都想要的。但问题是，你具备这个条件吗？如果条件不足，时机不成熟，那你就要安分守己，把自己的事情先做好。怎么做呢？珍惜时间，修炼自己，"不患人之不己知，患其不能也"(《论语·宪问》)。孔子提到有两种浪费时间的情况是"难矣哉"，很难走上人生正路。第一种：饱食终日，无所用心，难矣哉！不有博弈者乎！为之，犹贤乎已。(《论语·阳货》)意思是整天吃饱了饭，对什么事都不花心思，这样很难走上人生正途。第二种：群居终日，言不及义，好行小慧，难矣哉！(《论语·卫灵公》)意思是一群人整天相处在一起，说的是无关道义的话，又喜欢卖弄小聪明，实在很难走上人生正途。

> **思政课堂**：孔子非常了解时间在生命发展中的意义。人只要活着都有潜能达到更高的境界，所以，走上人生正途的第一步，就是要懂得珍惜时间。

思维导图

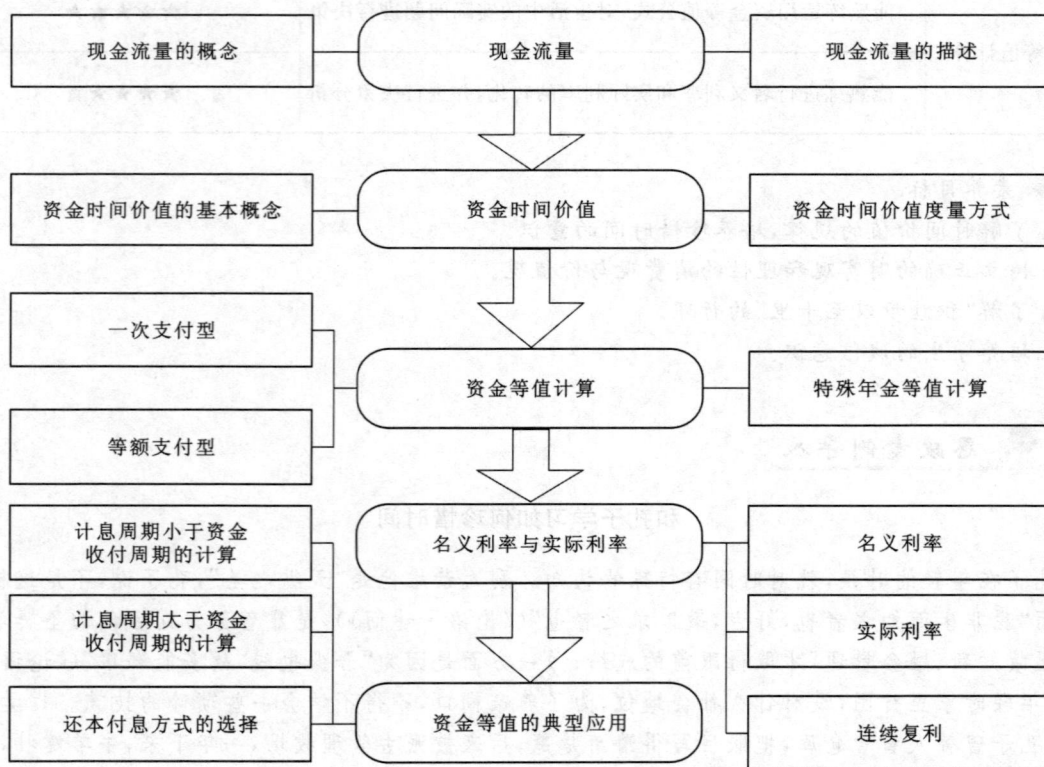

2.1 现 金 流 量

工程项目建设和生产运营的目的是通过投入资本、劳务、技术等生产要素,向社会提供有用的物品或服务,其投入和产出的货币量化是工程经济分析的基础工作,也是正确评价工程项目经济效果的前提。工程经济分析的任务就是根据所考察系统的预期目标和所拥有的资源条件,分析该系统的现金流量情况,选择合适的技术方案,以获得最优的经济效果。

2.1.1 现金流量的概念

1.现金流量(Cash Flow,CF)

在工程经济分析中,通常将一个技术方案或工程项目视为一个独立的经济系统来考察系统的经济效果。对一个系统而言,将一定时期各时点上实际发生的资金流出或资金流入,称为现金流量。

2.现金流入量(Cash Input,CI)

对于某一系统,在某时点上流入系统的资金或货币量,被称为现金流入量(简称现金流入)。现金流入的主要构成要素包括产品的销售收入、利润、借款取得的现金、回收固定资产残值、回收流动资金以及补贴等。

3.现金流出量(Cash Output,CO)

在某一时点上流出系统的资金或货币量,被称为现金流出量(简称现金流出)。现金流出的主要构成要素包括固定资产投资、购买原材料的现金、流动资金、经营成本、税金及贷款利息等。

4.净现金流量(Net Cash Flow,NCF)

同一时点上现金流入与现金流出之差,被称为净现金流量。
$$净现金流量(NCF) = 现金流入量(CI) - 现金流出量(CO) \tag{2-1}$$

5.现金流量的确定

确定现金流量时,应注意以下问题:
(1)应明确现金流量的发生时点;
(2)必须实际发生(例如,应收账款或应付账款就不是现金流量);
(3)不同的角度有不同的结果(例如税收,从企业角度来看是现金流出,从国家角度来看不是现金流量,而是转移支付);
(4)"现金"是广义的现金,不仅包括货币资金,而且包括投入的非货币资源的变现价值,即资源价值;
(5)投资决策中使用的现金流量,是投资项目的现金流量,是由特定项目引起的。

2.1.2 现金流量的描述

一个工程项目或方案的实施,往往需要延续一段时间,其现金流量的流向(流出或流入)、数额和发生时点各不相同。为便于工程经济分析,有必要采用现金流量表或现金流量图的形式来描述现金流量。

1.现金流量表

现金流量表是用表格的形式描述不同时点上现金流量的大小和方向,如表 2-1 所示。

表 2-1   **某建设项目现金流量表(单位:万元)**

年份	0	1	2	3	4	5	6	7	8	9	10
现金流入	—	—	600	800	800	800	800	800	800	800	1000
现金流出	800	1000	100	150	150	150	150	150	150	150	150
净现金流量	−800	−1000	500	650	650	650	650	650	650	650	850

2.现金流量图

现金流量图是一种反映经济系统资金运行状态的图式,它能够将现金流入、现金流出、现金流量的大小、发生时间描绘在一个时间坐标图中,用于表示各现金流入、现金流出与相应时间的对应关系,如图 2-1 所示。现金流量图可以形象、直观地表达经济系统的资金运动状态,是工程经济分析的有效工具。

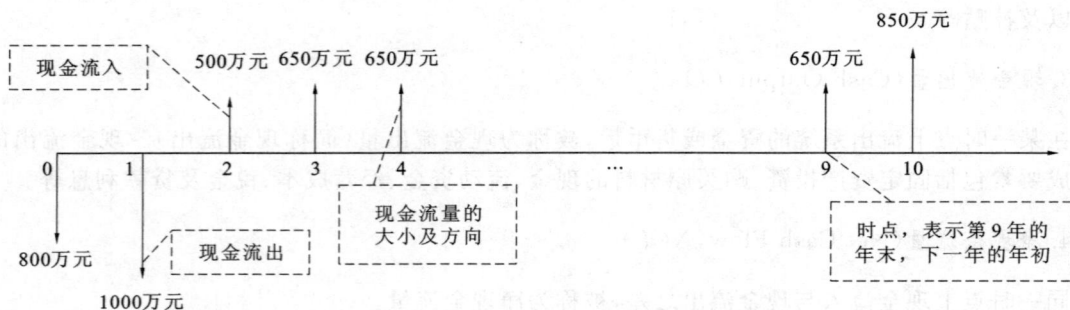

图 2-1　某建设项目现金流量图

思政课堂:人生正如现金流量图一样,有高峰也有低谷,成长的过程总是充满波折和坎坷。

正确绘制现金流量图,必须把握现金流量图的三要素:现金流量的大小(现金流量的数额)、方向(现金流入或现金流出)和作用点(现金流量的发生时点)。

在绘制现金流量图时,须遵循以下绘制规则与注意事项:

(1)以水平轴表示时间坐标,时间从左向右推移。轴上每一刻度表示一个时间单位,可取年、半年、季度、月、周、日等。零点表示时间序列的起点。

(2)用垂直水平轴的箭线表示现金流量,箭头向上表示现金流入,即效益;箭头向下表示现金流出,即费用或损失。现金流量的方向(流入或流出)是相对而言的,如贷款方的流入就是借款方的流出,反之亦然。因此,绘制现金流量图时,应弄清楚站在什么立场绘制,立场不同,绘制出的现金流量图也不同。通常工程项目现金流量的方向是针对资金使用者而言的。

(3)在现金流量图中,箭线长短与现金流量数值大小本应成正比,但由于经济系统中各时点的现金流量常常相差极大而无法成比例绘出,故在现金流量图绘制中,箭线长短只是示意性地体现各时点现金流量数额的差异,在各箭线上方或下方注明其现金流量的数值即可。

(4)箭线与时间轴的交点即现金流量发生的时点。若无明确说明,一般认为项目投资、流动资金发生在各期期初,销售收入、经营成本等发生在各期期末,固定资产残值与流动资金在计算期期末收回。

【例 2-1】 某工程项目,其建设期为 2 年,生产期为 8 年。第 1 年年初和第 2 年年初的固定资产投资分别为 1000 万元和 500 万元。第 3 年年初开始投产并达产。项目投产时需要一次投入流动资金 400 万元。投产后每年获得销售收入 1200 万元,年经营成本及销售税金合计支出 800 万元。生产期的最后 1 年年末回收固定资产残值 200 万元及全部流动资金。试绘制现金流量图。

【解】 根据现金流量图绘制规则,本例的现金流量图如图 2-2 所示。

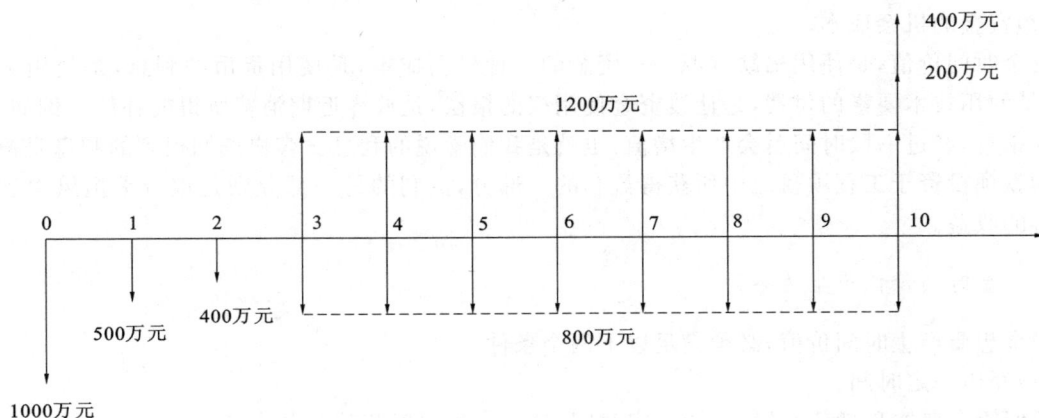

图 2-2 某工程项目现金流量图

2.2 资金时间价值

资金时间价值理论是工程经济分析的理论基础,资金时间价值计算方法也是有效进行工程经济分析的基本工具。

2.2.1 资金时间价值的基本概念

人类从事任何经济活动,都要花费一定的时间,想正确描述项目的经济状况,合理分析项目的经济效果,科学评价技术方案的优劣,就必须重视时间因素,深入研究资金时间价值及其计算方法。

思政课堂:及时当勉励,岁月不待人。

1. 资金时间价值的概念与理解

把资金投入生产和流通领域,随着时间的推移会产生增值,增值的这部分资金就是原有资金的时间价值,又称货币的时间价值。资金时间价值可从以下两个方面来理解。

(1)资金作为生产要素。

资金时间价值,是资金作为生产要素,在技术创新、社会化大生产、资金流通等过程中随时间推移而产生的增值。资金的增值过程是与生产和流通过程相结合的,离开了生产过程的流通领域,资金是不可能实现增值的。

资金的增值过程可用图 2-3 表示。

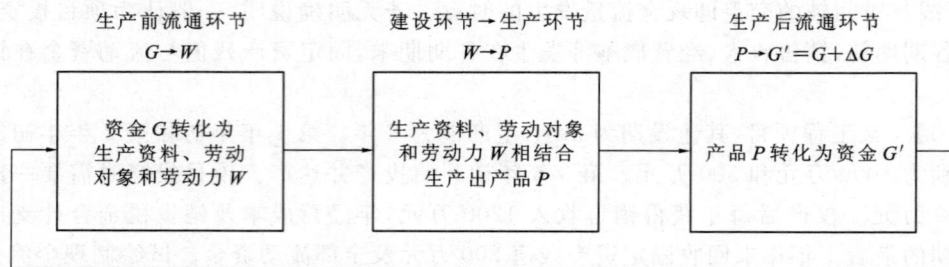

生产前流通环节 $G \rightarrow W$	建设环节 → 生产环节 $W \rightarrow P$	生产后流通环节 $P \rightarrow G' = G + \Delta G$
资金 G 转化为生产资料、劳动对象和劳动力 W	生产资料、劳动对象和劳动力 W 相结合生产出产品 P	产品 P 转化为资金 G'

图 2-3 资金在生产过程中的增值过程

(2)资金的机会成本。

资金时间价值,是使用稀缺资源——资金的一种机会成本,是使用货币的利息,是使用土地的租金,是使用技术要素的付费,是让渡资金使用权的报偿,是放弃近期消费所得的补偿。例如,将资金存入银行,经过一段时间后会产生增值,也就是我们常说的利息。客户按期得到的利息是银行将吸纳的款项投资于工程项目之中所获得盈利的一部分,盈利的另一部分则是银行承担风险运作资金获得的收益。

2. 资金时间价值产生的条件

资金想要产生时间价值,必须满足以下两个条件:

(1)经历一定时间。

任何资金要实现增值,必须经历一定时间,这是产生时间价值的基本条件。

(2)参与生产流通环节。

需要指出的是,资金时间价值不是货币本身产生的,也不是由时间产生的,而是资金作为生产要素,经过生产和流通的周转产生的。若将资金积压起来,锁进保险箱,不投入生产流通中,即使时间再长,也不会产生增值。因为资金增值的实质是劳动者在生产过程之中创造的新价值。

3. 资金时间价值的影响因素

影响资金时间价值大小的因素有很多,其中主要因素如下。

(1)资金使用时间。

单位资金增值率一定时,资金使用时间越长,则资金时间价值越大;反之,则越小。

(2)资金数量。

在其他条件不变的情况下,资金数量越大,则资金时间价值越大;反之,则越小。

(3)资金投入和回收的特点。

在总资金一定的情况下,前期投入的资金越多,资金的负效益越大;反之,负效益越小。在资金回收额一定的情况下,离现在越近的时间回收的资金越多,资金时间价值越大;反之,离现在越远的时间回收的资金越多,资金时间价值越小。

(4)资金周转速度。

在一定时间内,等量资金周转次数越多,资金时间价值越大;反之,资金时间价值越小。

思政课堂: 了解资金时间价值的规律,培养珍惜时间的意识。

【例 2-2】 甲、乙两种方案的现金流量如表 2-2 所示,收益一样,总投入资金也相同,但投入的时间不同。试问哪种方案的资金时间价值更大?

表 2-2　　　　　　　　　　**方案现金流量表(单位:万元)**

年份	0	1	2	3	4	5
甲方案	−900	−100	200	300	300	300
乙方案	−100	−900	200	300	300	300

【解】 由资金时间价值的影响因素可看出,乙方案的资金时间价值更大。

由此可看出,资金的支出和收入的经济效果不仅与货币量的大小有关,而且与发生时间有关,这正是由于资金时间价值的存在。

2.2.2　资金时间价值度量方式

资金时间价值是社会劳动创造能力的一种表现形式。资金时间价值的度量尺度有两种:一是利息,是衡量资金时间价值的绝对尺度;二是利率,是衡量资金时间价值的相对尺度。在经济社会里,货币本身就是一种商品,利息和利率就是货币(资金)的价格。

1. 利息

利息是为了得到资金使用权所付出的代价或是放弃资金使用权所获得的补偿。通常是货币关系中借方支付给贷方的报酬,其数量多少取决于使用的资金量大小、使用资金的时间长短和利率的高低。利息的计算公式如下:

$$I = F - P \tag{2-2}$$

式中,I 为利息;F 为本利和;P 为本金。

工程经济分析中,利息常被看作资金的机会成本,相当于债权人放弃了资金的使用权利从而放弃了利用资金获取收益的机会。贷款要计算利息,其目的是鼓励借贷者节约资金,提高投资的经济效益。

2. 利率

在经济学中,利率的定义是从利息的定义中衍生出来的。也就是说,在理论上先承认了利息,再以利息来解释利率。在实际计算中则正好相反,常根据利率计算利息。

利率是在单位时间(如年、半年、季、月、周、日)内所得的利息与借款本金之比,通常用百分数表示,即:

$$i = \frac{I}{P} \times 100\% \tag{2-3}$$

用于表示计算利息的时间单位,称为计息周期,计息周期可以是年、半年、季、月、周、日等,常用的计息周期为一年。

【例 2-3】 某人从银行借得本金 10000 元,一年后归还本利 10350 元,则年利率是多少?

【解】 借款本金 P 为 10000 元,年利息 $I = 10350 - 10000 = 350$(元),则年利率为

$$i = \frac{350}{10000} \times 100\% = 3.5\%$$

利率作为调节国民经济发展的杠杆之一,在经济生活中起着非常重要的作用,其高低主要取决于以下因素:

(1)社会平均利润率。

在通常情况下,利息来自利润,而利率的高低首先取决于社会平均利润率的高低,并随之变动。通常情况下,社会平均利润率是利率的最高界限。如果利率高于社会平均利润率,银行获得利息后,投资人无利可图,投资者就不会去贷款。

(2)经济增长速度。

经济快速增长期,利率上升;新旧动能转换调整期,经济低速增长,利率下降。

(3)金融市场上资金的供求状况。

在平均利润率不变的情况下,利率作为资金的价格,能够反映金融市场上资金的供求状况。借贷资本供过于求,利率便下降;反之,利率便上升。

(4)投资风险。

投资有风险,投资风险的大小会影响利率的高低。风险越大,利率越高;反之,利率越低。

(5)通货膨胀率。

通货膨胀对利率的波动有直接影响,通货膨胀率高,往往推动利率升高,以防资金贬值使实际利率成为负值。

(6)借贷期限。

借出资本的归还期限长,不可预见因素多,风险亦随之增大,利率也就越高;反之,利率越低。

(7)产业对环境的影响程度。

产业对环境破坏的程度越高,越需要限制产业规模,利率越高;反之,利率越低。

2.2.3 利息的计算

利息的计算方法包括单利计息法和复利计息法。

1.单利计息法

单利计息法是在计算利息时,仅考虑最初的本金,以前利息周期中所产生的利息不再计息,即通常所说的"利不生利"的计息方法。单利计息法的计算过程见表2-3。

表2-3　　按单利计息法计算的各期利息与期末本利和

计息期数	期初本金	期末利息	期末本利和
1	P	Pi	$P(1+i)$
2	$P(1+i)$	Pi	$P(1+2i)$
...	...	...	...
n	$P[1+(n-1)i]$	Pi	$P(1+ni)$

根据表2-3,可得到单利计息的第n期期末本利和为
$$F = P(1+ni) \tag{2-4}$$
第n期期末的总利息为
$$I = nPi \tag{2-5}$$

【例 2-4】　某企业从银行借款 1000 万元用于企业扩建,年利率为 3%,按单利计息,3 年后偿还,试计算各年的利息及本利和。

【解】　由题意可知,期初本金 P 为 1000 万元,利率 i 为 3%,期限 n 为 4 年。计算过程和结果见表 2-4。

表 2-4 　　　　　　　　　　　　　单利计息结果(单位:万元)

计息期数	期初本金	期末利息	期末本利和
1	1000	$1000×3\%=30$	1030
2	1030	30	1060
3	1060	30	1090
4	1090	30	1120

由此可看出,单利计息时的利息仅由本金产生,其新生利息不再加入本金产生利息,即"利不生利"。这不符合客观经济发展的规律,没有反映资金随时都在"增值"的概念,仅反映了本金的时间价值。因此,在工程经济分析中较少使用单利计息法,此法通常只适用于短期投资及不超过一年的短期贷款。

2.复利计息法

复利计息法是在计算某一计息期的利息时,以本金加上先前各期所累计的利息为基数来计算利息的方法。这种方法不仅考虑了本金的时间价值,也考虑了以前累计的利息的时间价值,也即通常所说的"利生利""利滚利"。复利计息法对资金占用数量、占用时间更加敏感,具有更大的约束力,能更充分地反映资金时间价值。在工程经济分析中,一般采用复利计息法。

若本金为 P,按复利计算,则各期的利息与第 n 期期末的本利和,如表 2-5 所示。

表 2-5 　　　　　　　　按复利计息法计算的各期利息与期末本利和

计息期数	期初本金	期末利息	期末本利和
1	P	Pi	$P(1+i)$
2	$P(1+i)$	$P(1+i)i$	$P(1+i)^2$
3	$P(1+i)^2$	$P(1+i)^2i$	$P(1+i)^3$
…	…	…	…
n	$P(1+i)^{n-1}$	$P(1+i)^{n-1}i$	$P(1+i)^n$

根据表 2-5,可得到复利计息的第 n 期期末的本利和为

$$F = P(1+i)^n \tag{2-6}$$

第 n 期期末的总利息为

$$I = P[(1+i)^n - 1] \tag{2-7}$$

【例 2-5】　某企业从银行借款 1000 万元用于企业扩建,年利率为 3%,按复利计息,3 年后偿还,试计算各年利息及本利和。

【解】　计算过程和结果见表 2-6。

表 2-6		复利计息结果(单位:万元)	
计息期数	期初本金	期末利息	期末本利和
1	1000	1000×3‰＝30	1030
2	1030	1030×3‰＝30.9	1060.9
3	1060.9	1060.9×3‰＝31.83	1092.73
4	1092.73	1092.73×3‰＝32.78	1125.51

从上面两个例子中可以看出,同一笔借款,在利率相同的情况下,用复利计息法计算出的利息金额数比用单利计息法计算出的利息金额数大。当所借本金越大、利率越高、年数越多时,两者的差距就越大。

> **思政课堂**:人生就像滚雪球,最重要的是发现很湿的雪(利率)和很长的坡(时间)。了解复利的本质与秘密,知道价值都是实力积累的结果。

复利计算有间断复利和连续复利两种。

(1)间断复利。

如果按期(年、半年、季、月、周、日)计算复利,则称为间断复利。这一方面是出于习惯,另一方面是因为会计通常在年底时结算一年的进出款,按年支付税收、保险金和抵押费用,因此采用间断复利考虑问题更适宜。

(2)连续复利。

如果计算周期无限缩短,按瞬时计算利息,则称为连续复利。从理论上讲,资金是在不停流动的,每时每刻都会通过生产和流通产生增值,因而应该采用连续复利计息,但在实际工作中为了简化计算,一般采用间断复利计息。

2.3　资金等值计算

由于存在资金时间价值,不同时点上发生的现金流量无法直接进行比较或做简单的数学加减,比如,近期的资金由于具有增值能力而比远期同样数额的资金更有价值。因此,要通过一系列的换算,让资金处在同一时点上,也就是进行资金等值换算后再进行对比,才更符合客观情况,这也是工程经济学的重要内容。

如果两个不同事物具有相同的作用效果,则称之为等值。如图 2-4 所示,力 100N 和 200N,由于两者力矩均为 200N·m,因此它们是等值的。

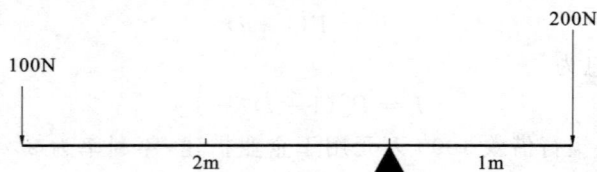

图 2-4　力矩关系图

资金等值是指由于存在资金时间价值,不同时点上的不同金额的资金在一定利率条件下可以具有相同的经济价值,也就是以资金时间价值原理为依据,以利率为杠杆,结合资金的使用时间及增值能力,对工程项目和技术方案的现金进行折算,以期找出共同时点上的等值资金额来进行比较、计算和流量选择。

影响资金等值的因素主要包括资金数额的大小、资金流动发生的时间长短和利率的大小,其中利率是关键因素,资金等值换算是以同一利率作为比较计算依据的。

2.3.1 一次支付型

一次支付型又称整付型,是指所分析系统的现金流量,无论是流出还是流入,均在一个时点上一次发生。其典型的现金流量图如图 2-5 所示。

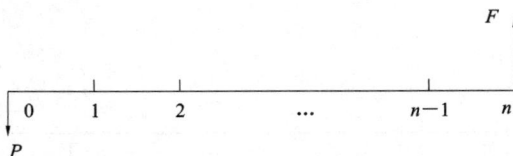

图 2-5 一次支付型现金流量图

如图 2-5 所示,在计算期内,只有一次现金流量发生,涉及现值 P 与终值 F 之间的换算,它包括一次支付终值公式和一次支付现值公式。

1. 一次支付终值公式($P \rightarrow F$)

投资一笔资金 P,利率为 i,第 n 期期末回收金额 F 是多少? 或者借入一笔资金 P,利率为 i,第 n 期期末该偿还多少金额 F? 即已知 P 求 F,其现金流量图如图 2-6 所示。

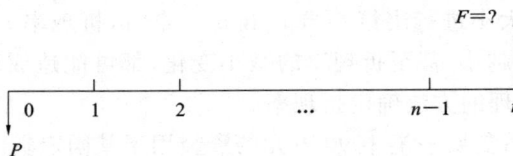

图 2-6 一次支付终值现金流量图

根据复利计息的定义,一次支付终值公式即复利计息第 n 期期末本利和公式 $F = P(1+i)^n$。

其中,$(1+i)^n$ 被称为一次支付终值系数,可用 $(F/P, i, n)$ 表示,故

$$F = P(F/P, i, n) \qquad (2-8)$$

【例 2-6】 某建筑公司拟进行技术改造,2022 年年初贷款 100 万元,2023 年年初贷款 200 万元,若年利率为 5%,复利计息,2024 年年底一次归还,问共需还款多少万元?

【解】 根据题意,现金流量图见图 2-7。

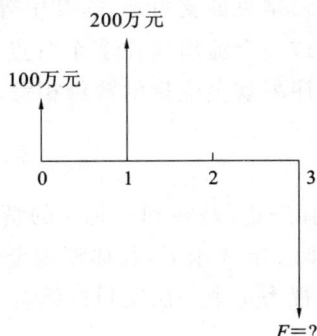

图 2-7 【例 2-6】现金流量图

根据一次支付终值公式,2024年年底的终值为

$$F = 100(1+5\%)^3 + 200(1+5\%)^2 = 100 \times 1.1576 + 200 \times 1.1025 = 336.26(万元)$$

或查复利系数表计算为

$$F = 100(F/P,5\%,3) + 200(F/P,5\%,2) = 100 \times 1.1576 + 200 \times 1.1025 = 336.26(万元)$$

2. 一次支付现值公式($F \rightarrow P$)

如果计划 n 年后累积一笔资金 F,利率为 i,问现在一次投资 P 应为多少?一次支付现值是已知终值 F,求现值 P 的等值公式,正好是一次支付终值的逆运算。其典型的现金流量图如图 2-8 所示。

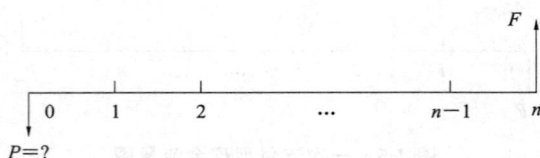

图 2-8 一次支付现值的现金流量图

由一次支付终值公式 $F = P(1+i)^n$ 可得

$$P = F(1+i)^{-n} = F(P/F,i,n) \tag{2-9}$$

式中,$(1+i)^{-n}$ 为一次支付现值系数,可用符号 $(P/F,i,n)$ 表示。

计算现值 P 的过程被称为"折现"或"贴现",所使用的利率 i 可称为折现率、贴现率或收益率。在工程经济分析中,工程项目方案比较时常以现在为基准点,把方案预计的不同时期的现金流量折算为现值,按现值代数和的大小进行决策。当 F 和 n 一定时,折现率 i 是决定现值 P 大小的重要因素,折现率 i 越高,现值 P 越小,甚至折现率的微小变化,都可能造成现值的巨大变化。因此,工程经济分析中应采用科学合理的方法确定折现率。

【例 2-7】 某公司 5 年后需要一笔 1000 万元的资金用于某固定资产的更新,若年利率为 5%,试问现在应存入银行多少万元?

【解】 按一次支付现值公式可得

$$P = F(1+i)^{-n} = 1000(1+5\%)^{-5} = 1000 \times 0.7835 = 783.5(万元)$$

或查复利系数表计算为

$$P = F(P/F,i,n) = 1000(P/F,5\%,5) = 1000 \times 0.7835 = 783.5(万元)$$

2.3.2 等额支付型

在工程经济分析中,多次支付是最常见的支付形式,其中等额支付是多次支付形式中很常见的一种,是指所分析的系统中现金流入或现金流出均在多个时点上发生,而不是集中在某个时点上,即形成一个序列现金流量,并且这个序列现金流量的数额相等、方向相同、每次支付均在期末。

1. 等额支付终值公式($A \rightarrow F$)

等额支付终值公式又称年金终值公式,是在利率为 i 的情况下,每期期末有一笔等额资金 A(年金),求第 n 期期末的本利和 F,即已知 A 求 F,其典型现金流量图见图 2-9。

由图 2-9 可知,可将等额系列 A 视为 n 个一次支付的组合,由一次支付终值公式可推导出等额支付终值公式。即:

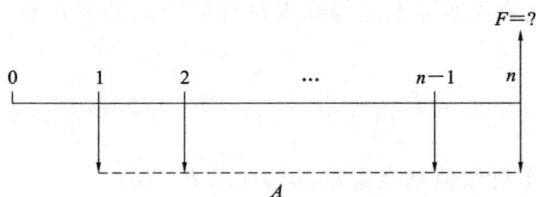

图 2-9 等额支付终值现金流量图

$$F = A(1+i)^{n-1} + A(1+i)^{n-2} + \cdots + A(1+i) + A$$
$$= A[(1+i)^{n-1} + (1+i)^{n-2} + \cdots + (1+i) + 1] \tag{2-10}$$

式中,中括号内是一个公比为$(1+i)$的等比级数,利用等比级数求和公式可得

$$F = A\frac{(1+i)^n - 1}{i} = A(F/A, i, n) \tag{2-11}$$

式中,$\frac{(1+i)^n - 1}{i}$称为等额支付终值系数,记为$(F/A, i, n)$。

【例 2-8】 某工程项目建设周期为 5 年,每年年末借款 2000 万元,并全部投入该项目建设,若贷款年利率为 5%,问第 5 年年末该项目总投资为多少?

【解】 现金流量图如图 2-10 所示。已知 $A=2000$ 万元,$i=5\%$,$n=5$ 年,求 F。

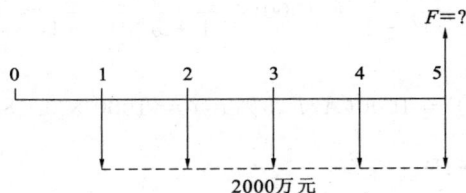

图 2-10 【例 2-8】现金流量图

由式(2-11)可得

$$F = A\frac{(1+i)^n - 1}{i} = 2000 \times \frac{(1+5\%)^5 - 1}{5\%} = 11051.3(万元)$$

或查复利系数表可得

$$F = A(F/A, i, n) = 2000(F/A, 5\%, 5) = 2000 \times 5.5256 = 11051.2(万元)$$

2.等额支付偿债基金公式($F \rightarrow A$)

偿债基金又称积累基金或基金积累,是由项目或方案在其每年的现金中均拨出一笔相等的金额,并存入银行不动用,以供未来偿还到期债款之用。每年拨出的款项称为偿债基金。因此,偿债基金公式是为了计算在第 n 年年末筹措一笔基金 F,利率为 i 的情况下,每年年末等额存储的金额 A,其典型现金流量图如图 2-11 所示。

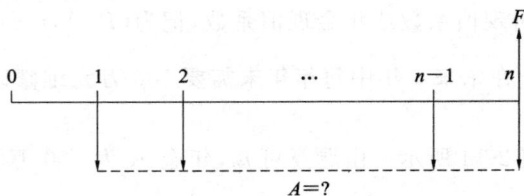

图 2-11 等额支付偿债基金问题的现金流量图

由于等额支付偿债基金公式实际上是等额支付终值公式的逆运算。因此,等额支付偿债基金公式为

$$A = F \frac{i}{(1+i)^n - 1} = F(A/F, i, n) \tag{2-12}$$

式中,$\frac{i}{(1+i)^n - 1}$ 称为等额支付偿债基金系数,记为 $(A/F, i, n)$。

【例 2-9】 某企业从现在起每年年末等额自筹资金,用于 5 年后的扩建,扩建项目预计需要资金 1000 万元,若利率为 5%,那么每年年末应等额筹集多少资金?

【解】 现金流量图如图 2-12 所示。已知 $F = 1000$ 万元,$i = 5\%$,$n = 5$ 年,求 A。

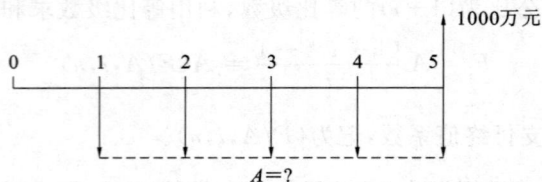

图 2-12 【例 2-9】现金流量图

由式(2-12)可得

$$A = F \frac{i}{(1+i)^n - 1} = 1000 \times \frac{5\%}{(1+5\%)^5 - 1} = 181(万元)$$

或查复利系数表可得

$$A = F(A/F, i, n) = 1000(A/F, 5\%, 5) = 1000 \times 0.1810 = 181(万元)$$

3.等额支付现值公式($A \rightarrow P$)

等额支付现值公式又称年金现值公式,是在利率为 i 的情况下,希望今后 n 期每期期末获取等额收入 A,求现在应存入多少钱 P,其典型现金流量图见图 2-13。

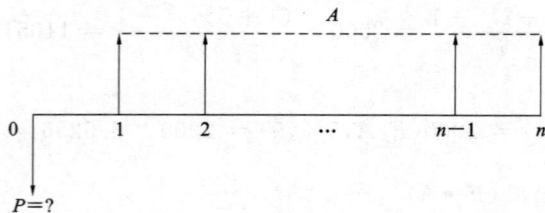

图 2-13 等额支付现值的现金流量图

根据式(2-9)和式(2-11)可得

$$P = A \frac{(1+i)^n - 1}{i(1+i)^n} = A(P/A, i, n) \tag{2-13}$$

式中,$\frac{(1+i)^n - 1}{i(1+i)^n}$ 为等额支付现值系数或年金现值系数,记为 $(P/A, i, n)$。

【例 2-10】 某建筑企业在未来 5 年中每年年末需要 500 万元维修设备,年利率为 5%,现在应存入多少钱?

【解】 现金流量图如图 2-14 所示。由题意可知,年金 A 为 500 万元,年利率 i 为 5%,年限 n 为 5 年,求 P。

图 2-14 【例 2-10】现金流量图

由式(2-13)可得

$$P = A \frac{(1+i)^n - 1}{i(1+i)^n} = 500 \times \frac{(1+5\%)^5 - 1}{5\%(1+5\%)^5} = 2164.74(万元)$$

或查复利系数表可得

$$P = A(P/A, i, n) = 500(P/A, 5\%, 5) = 500 \times 4.3295 = 2164.75(万元)$$

4.等额支付资金回收公式($P \rightarrow A$)

等额支付资金回收公式是以利率 i 投资一笔资金 P,分 n 期等额回收,求每期期末可回收的金额 A。或者以利率 i 借入一笔资金 P,计划分 n 年等额偿还,求每期期末应偿还的金额 A。其典型现金流量图如图 2-15 所示。

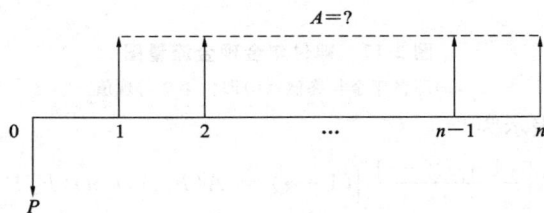

图 2-15 等额支付资金回收现金流量图

由图 2-15 可见,等额支付资金回收公式是等额支付现值公式的逆运算。因此,

$$A = P \frac{i(1+i)^n}{(1+i)^n - 1} = P(A/P, i, n) \tag{2-14}$$

式中,$\dfrac{i(1+i)^n}{(1+i)^n - 1}$ 为等额支付资金回收系数,记为 $(A/P, i, n)$。

【例 2-11】 某建设项目期初投资为 1000 万元,预计投产后 5 年内等额回收全部投资。若年利率为 5%,那么该项目每年要获利多少?

【解】 现金流量图如图 2-16 所示。由题意可知,期初投资 $P = 1000$ 万元,年利率 i 为 5%,年限 n 为 5 年,求 A。

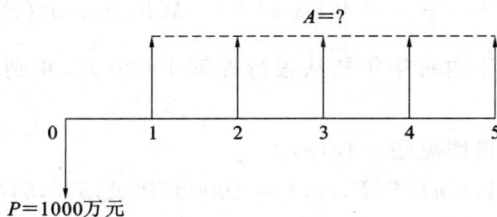

图 2-16 【例 2-11】现金流量图

由等额支付资金回收公式可得

$$A = P \frac{i(1+i)^n}{(1+i)^n - 1} = 1000 \times \frac{5\%(1+5\%)^5}{(1+5\%)^5 - 1} = 230.97(万元)$$

或查复利系数表可得

$$A = P(A/P, i, n) = 1000(A/P, 5\%, 5) = 1000 \times 0.2310 = 231(万元)$$

2.3.3 几种特殊年金的等值计算

1. 即付年金

即付年金又称预付年金,是一定时期内每期期初等额发生的系列收付款项,其典型现金流量图见图 2-17。

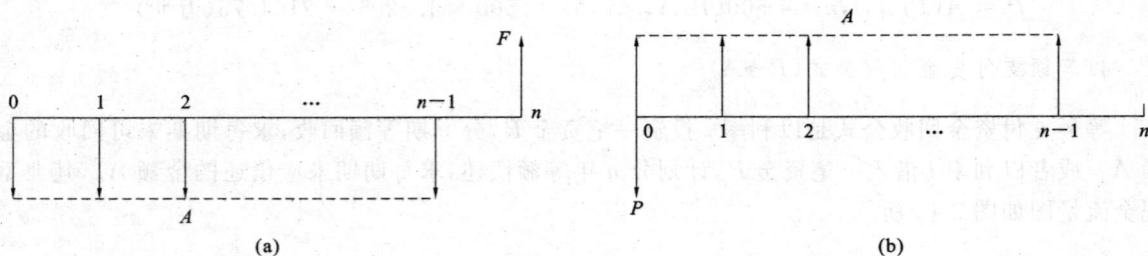

图 2-17 即付年金现金流量图
(a)即付年金与终值;(b)即付年金与现值

即付年金终值公式可表示为

$$F = A\left[\frac{(1+i)^n - 1}{i}\right](1+i) = A(F/A, i, n)(F/P, i, 1) \tag{2-15}$$

或

$$F = A\left[\frac{(1+i)^{n+1} - 1}{i}\right] - A = A(F/A, i, n+1) - A \tag{2-16}$$

即付年金现值可表示为

$$P = A\left[\frac{(1+i)^n - 1}{i(1+i)^n}\right](1+i) = A(P/A, i, n)(F/P, i, 1) \tag{2-17}$$

或

$$P = A\left[\frac{(1+i)^{n-1} - 1}{i(1+i)^{n-1}}\right] + A = A(P/A, i, n-1) + A \tag{2-18}$$

或

$$P = A\left[\frac{(1+i)^n - 1}{i}\right](1+i)^{-n} = A(F/A, i, n)(P/F, i, n) \tag{2-19}$$

【例 2-12】 某人希望 5 年内每年年初从银行提款 10000 元,年利率 5%,按复利计息,问现在应存入银行多少钱?

【解】 解法 1:其现金流量图见图 2-18(a)。

$$P = P'(F/P, i, 1) = A(P/A, i, n)(F/P, i, 1) = 10000(P/A, 5\%, 5)(F/P, 5\%, 1) = 45460(元)$$

解法 2:其现金流量图见图 2-18(b)。

$$P = A(P/A, i, n-1) + A = 10000(P/A, 5\%, 4) + 10000 = 45460(元)$$

图 2-18 【例 2-12】现金流量图
(a)解法 1;(b)解法 2

2.递延年金

递延年金是在最初若干期没有收付款项的情况下,后面若干期存在等额系列收付款项,它是普通年金的特殊形式,其典型现金流量图见图 2-19。

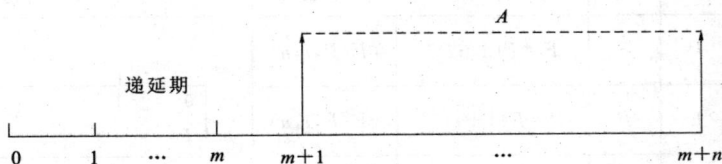

图 2-19 递延年金现金流量图

因为递延年金的前 m 个时期没有现金流量,所以计算其终值直接把 m 点看作 0 点即可。

递延年金的现值可表示为:

$$P = A(P/A,i,n)(P/F,i,m) \tag{2-20}$$

或

$$P = A(F/A,i,n)(P/F,i,m+n) \tag{2-21}$$

或

$$P = A(P/A,i,m+n) - A(P/A,i,m) \tag{2-22}$$

【例 2-13】 某企业向银行借入一笔款项,银行贷款的年利率为 5%,银行规定前 2 年不用还本付息,但从第 3 年至第 10 年,每年年末偿还本利 2000 万元,问这笔款项的现值应为多少?

【解】 其现金流量图如图 2-20 所示。

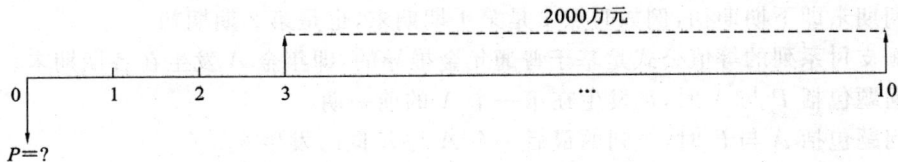

图 2-20 【例 2-13】现金流量图

由题意可知

$$P = 2000(P/A,5\%,8)(P/F,5\%,2) = 11724.24(万元)$$

3.等续年金

等续年金又称永续年金,是计算期为无穷时的普通年金。虽然在工程经济学中等续年金很少

出现,但是对于一些 n 比较大的普通年金,可将其作为等续年金处理。等续年金的现值可表示为

$$P = \lim_{n \to \infty} A \frac{(1+i)^n - 1}{i(1+i)^n} = \lim_{n \to \infty} A \frac{1-(1+i)^{-n}}{i} = \frac{A}{i} \tag{2-23}$$

2.3.4 小结

在工程项目的技术经济评价中,不仅运用了资金时间价值的思想,而且运用了许多资金时间价值的计算公式。因此,必须深入理解资金时间价值的思想,熟练掌握资金时间价值各种公式的应用前提,灵活运用各种公式解决问题。

1. 基本公式

为便于理解,将 6 个基本公式列于表 2-7 中,其中,一次支付终值公式是最基本的公式,其他公式都是以此为基础推导得到的。

表 2-7 资金等值公式

类别		已知	求解	公式	系数	现金流量图
一次支付型	终值公式	P	F	$F = P(1+i)^n$	$(F/P,i,n)$	
	现值公式	F	P	$P = F(1+i)^{-n}$	$(P/F,i,n)$	
等额支付型	年金终值公式	A	F	$F = A \dfrac{(1+i)^n - 1}{i}$	$(F/A,i,n)$	
	偿债基金公式	F	A	$A = F \dfrac{i}{(1+i)^n - 1}$	$(A/F,i,n)$	
	年金现值公式	A	P	$P = A \dfrac{(1+i)^n - 1}{i(1+i)^n}$	$(P/A,i,n)$	
	资金回收公式	P	A	$A = P \dfrac{i(1+i)^n}{(1+i)^n - 1}$	$(A/P,i,n)$	

2. 等值公式使用的基本要求

运用上述资金等值公式时,需要注意下列问题:

(1)本期期末即下期期初,例如时点 1 是第 1 期期末,也是第 2 期期初。

(2)等额支付系列的等值公式是基于普通年金推导的,即年金 A 发生在各期期末。

(3)当问题包括 P 与 A 时,P 发生在第一个 A 的前一期。

(4)当问题包括 A 与 F 时,系列的最后一个 A 与 F 同时发生。

3. 复利系数之间的关系

(1)倒数关系:

$$(F/P,i,n) = 1/(P/F,i,n)$$
$$(A/P,i,n) = 1/(P/A,i,n)$$
$$(A/F,i,n) = 1/(F/A,i,n)$$

（2）乘积关系：

$$(F/A,i,n) = (P/A,i,n)(F/P,i,n)$$
$$(F/P,i,n) = (A/P,i,n)(F/A,i,n)$$

（3）其他关系：

$$(A/P,i,n) = (A/F,i,n) + i$$

4. 提 示

现金流量图不仅可以清晰准确地反映方案的资金收支情况，而且有助于准确确定计算期数。因此，进行资金等值计算时，应充分利用现金流量图。

2.4　名义利率与实际利率

"零门槛、无抵押、无利息，专为学生打造，秒到账……"这些字眼都来自一个为大学生"量身定制"的陷阱——"校园贷"。其放款门槛低、额度小，后期通过收取高额手续费、服务费、担保费、罚息、违约金等手段，利滚利，翻倍速度极快，让借款人不堪重负。例如，某校园贷平台宣称，分期月息低至 0.99%，小王觉得好像不高，就借了 1 万元，分 12 期还款。但实际上，由于借款平台要先扣除 2000 元的服务费，小王拿到手的钱只有 8000 元，还款单显示每个月要还款 932.33 元，12 个月实际总共要还 11187.96 元，其中实际利息就达到 3187.96 元。如此一算，年实际利息将近 40%。如此不合理的高额利息是校园贷普遍存在的问题。很多网络平台年实际利率远远高于 36%，不过，平台用"每一天的利息不到一瓶水的钱"之类的宣传模糊了年实际利率，让借款的学生产生一种利息很低的错觉。

> **思政课堂**：明确资金实际利率的概念，了解校园贷的危害，树立正确的消费观和价值观。

因此，日常筹资前应明确资金的实际利率、计息周期、付息方式和其他借款附加条件。资金等值计算中，需要首先明确 3 个关于周期的概念。

（1）利率周期，是利率所属的周期，如月利率 9‰，利率周期为月。

（2）计息周期，是计算一次利息或计算一次资金增值的周期。

（3）收付周期，是实际工作中对资金收回或付出的时间单位。

例如，某人每半年向银行存钱 10000 元，若年利率 10%，每季复利一次。此例中的利率周期为年，计息周期为季度，收付周期为半年。

在实际中，计息周期并不一定是通常认定的一年，而是存在各种各样的形式，如半年计息一次，一个季度计息一次，一个月计息一次，甚至伦敦、巴黎等金融市场是以日为计息周期的。因此，由于利率周期与计息周期不一致，就出现了名义利率和实际利率的概念。

2.4.1　名义利率

名义利率（nominal interest rate），是计息周期利率乘一个利率周期内的计息周期数所得的利率周期名义利率，即

$$r = mi \tag{2-24}$$

式中，r 为名义利率；i 为计息周期利率；m 为一个利率周期内的计息次数。

若每月计息 1 次，月利率 1%，也就是说一年中计息周期数为 12，那么年名义利率就等于 1%×

12＝12％。习惯称为"年利率为12％，每月计息一次"。

很显然，计算名义利率时，忽略了前面各期利息再生的因素，与单利的计算方式相同。通常所说的利率周期利率是名义利率。

2.4.2 实际利率

实际利率（actual interest rate）又称有效利率，是用计息周期利率来计算利率周期利率，并将利率周期内的时间再生因素考虑进去，这时所得的利率周期利率，即利率周期实际利率。

已知一个利率周期可分为 m 个计息周期，实际利率计算过程的现金流量图如图 2-21 所示。

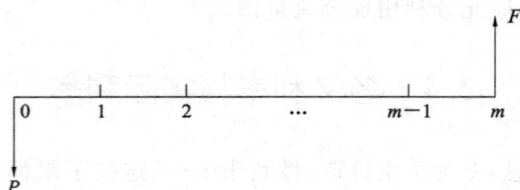

图 2-21　实际利率计算现金流量图

已知利率周期名义利率为 r，则计息周期利率 $i＝r/m$，若在某个利率周期初有一笔资金 P，经过 m 个计息周期，即一个利率周期后的本利和 F 为

$$F = P\left(1+\frac{r}{m}\right)^m \tag{2-25}$$

根据利息的定义，可得该利率周期的利息 I 为

$$I = F - P = P\left(1+\frac{r}{m}\right)^m - P = P\left[\left(1+\frac{r}{m}\right)^m - 1\right] \tag{2-26}$$

再根据利率的定义，可得该利率周期的实际利率 i_{eff} 为

$$i_{\text{eff}} = \frac{I}{P} = \left(1+\frac{r}{m}\right)^m - 1 \tag{2-27}$$

前述已知，单利计息法与复利计息法的区别在于复利计息法包括了由利息产生的利息，实质上名义利率和实际利率的关系与单利和复利的关系一样。

为分析实际利率与计息次数的关系，现取年名义利率为12％，计息周期分别取年、半年、季、月、周、日来计算相应的实际利率，结果如表 2-8 所示。

表 2-8　　　　　　　　　　　**名义利率与实际利率的关系**

计息周期	计息次数	计息周期利率	年实际利率
年	1	12％	12％
半年	2	6％	12.36％
季	4	3％	12.551％
月	12	1％	12.683％
周	52	0.231％	12.734％
日	365	0.033％	12.747％

从上述分析可看出，名义利率与实际利率存在以下关系：

（1）当计息次数 $m＝1$ 时，名义利率等于实际利率；

（2）当 $m>1$ 时，实际利率大于名义利率，且 m 越大，即一年中计算复利的次数越多，则年实际利率相对于名义利率就越高。

【例 2-14】 某公司向国外银行贷款 200 万元，借款期 5 年，年利率为 15％，但每周复利计算一次。在进行资金运用效果评价时，该公司将年利率（名义利率）误认为实际利率。问该公司少算了多少利息？

【解】 该公司计算的本利和 F' 为

$$F' = 200 \times (1 + 15\%)^5 = 402.27（万元）$$

而年实际利率 i_{eff} 为

$$i_{\text{eff}} = \left(1 + \frac{15\%}{52}\right)^{52} - 1 = 16.16\%$$

实际本利和 F 应为

$$F = 200 \times (1 + 16.16\%)^5 = 422.97（万元）$$

少算的利息为

$$F - F' = 422.97 - 402.27 = 20.70（万元）$$

2.4.3 连续复利

在目前会计制度下，通常采用间断复利计算，即认为一年中计息次数是有限的。但是从理论上讲，整个社会的资金在不停地运动，每时每刻都在通过生产流通增值，因而应该采用连续复利。这种连续复利的概念对投资决策、制定其数学模型极为重要。连续复利情况下，实际利率的表达式可表示为

$$i_{\text{eff}} = \lim_{m \to \infty} \left(1 + \frac{r}{m}\right)^m - 1 = \lim_{m \to \infty} \left[\left(1 + \frac{r}{m}\right)^{\frac{m}{r}}\right]^r - 1 = e^r - 1 \qquad (2-28)$$

式中，e 是自然对数的底，其值为 2.71828。

连续复利计算的利息比普通复利高，故资金成本偏高，应提醒决策者予以注意。

2.5 资金等值的典型应用

资金时间价值是工程经济分析的基本原理，资金等值计算是这个原理的具体应用。进行资金等值计算需要用到前面介绍的基本计算公式，但有些情况下不能直接采用基本等值公式，应适当变换，使其符合基本公式。在变换过程中，常会用到名义利率与实际利率。

2.5.1 计息周期小于资金收付周期的计算

计息周期小于资金收付周期的等值计算可采用以下两种方法：

1. 按收付周期实际利率计算

按照实际利率与名义利率的关系式，求出收付周期的实际利率，按照实际利率进行等值换算。

2. 按计息周期利率计算

（1）一次支付型。

当计息周期小于资金收付周期时，对于一次支付型现金流量的等值换算，只需要按照计息周期

利率 r/m 和总的计息次数 mn，根据一次支付型等值公式进行计算即可。

$$F = P(F/P, r/m, mn) \tag{2-29}$$
$$P = F(P/F, r/m, mn) \tag{2-30}$$

（2）等额支付型。

①年值 A 在收付周期期末的情况。

已知 A，求 F 或 P 时，可将均布在收付周期期末的年值 A 换算为均布在计算周期期末的年值 A'，再按照计息周期利率 r/m，根据等额支付型资金等值公式求 F 或 P。

$$F = A'(F/A, r/m, mn) = A(A/F, r/m, m)(F/A, r/m, mn) \tag{2-31}$$
$$P = A'(P/A, r/m, mn) = A(A/F, r/m, m)(P/A, r/m, mn) \tag{2-32}$$

②年值 A 在收付周期期初的情况。

已知 A，求 F 或 P 时，可将均布在收付周期期初的年值 A 换算为均布在计算周期期末的年值 A''，再按照计息周期利率 r/m，根据等额支付型资金等值公式求 F 或 P。

$$F = A''(F/A, r/m, mn) = A(A/P, r/m, m)(F/A, r/m, mn) \tag{2-33}$$
$$P = A''(P/A, r/m, mn) = A(A/P, r/m, m)(P/A, r/m, mn) \tag{2-34}$$

③收支按一次支付型逐一求解对应终值或现值。

【例 2-15】 某人从现在起每年年末存款 1000 元，年利率 10%，半年计息一次，试问第 5 年年末的本利和是多少元？

【解】 已知名义利率 r 为 10%，计息周期 m 为 2，收付期数 n 为 5，收付周期期末的年值 A 为 1000 元，可采用以下三种方法求解第 5 年年末的本利和 F。

（1）按收付周期实际利率计算，年实际利率为

$$i_{\text{eff}} = \left(1 + \frac{10\%}{2}\right)^2 - 1 = 10.25\%$$

则第 5 年年末的本利和为

$$F = A\frac{(1 + i_{\text{eff}})^n - 1}{i_{\text{eff}}} = 1000 \times \frac{(1 + 10.25\%)^5 - 1}{10.25\%} = 6135.5(元)$$

（2）按计息周期利率计算，其现金流量图如图 2-22 所示。

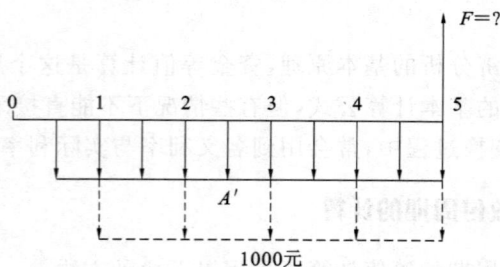

图 2-22 【例 2-15】现金流量图

$$A' = A(A/F, r/m, m) = 1000(A/F, 5\%, 2) = 487.8(元)$$
$$F = A'(F/A, r/m, mn) = 487.8(F/A, 5\%, 10) = 6135.5(元)$$

（3）按一次支付型逐一求终值：

$$F = 1000[(1+5\%)^8 + (1+5\%)^6 + (1+5\%)^4 + (1+5\%)^2 + 1] = 6135.6(元)$$

【例 2-16】 某人从现在起每年年初存款 1000 元，年利率 10%，半年计息一次，试问第 5 年年末的本利和是多少元？

【解】 已知名义利率 r 为 10%，计息周期 m 为 2，收付期数 n 为 5，收付期期初的年值 A 为 1000 元，可采用以下三种方法计算第 5 年年末的本利和 F。

（1）按收付周期实际利率计算，年实际利率为

$$i_{\text{eff}} = \left(1 + \frac{10\%}{2}\right)^2 - 1 = 10.25\%$$

则第 5 年年末的本利和为

$$F = A(F/A, 10.25\%, 5)(F/P, 10.25\%, 1) = 1000 \times \frac{(1 + 10.25\%)^5 - 1}{10.25\%} \times (1 + 10.25\%) = 6764.5(\text{元})$$

（2）按计息周期利率计算，其现金流量图如图 2-23 所示。

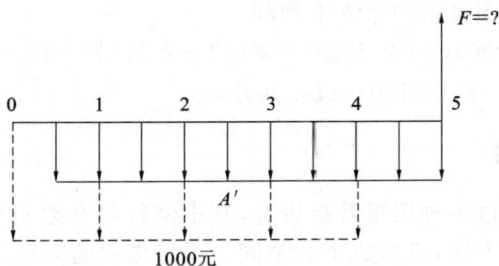

图 2-23 【例 2-16】现金流量图

$$A' = A(A/P, r/m, m) = 1000(A/P, 5\%, 2) = 537.8(\text{元})$$

$$F = A'(F/A, r/m, mn) = 537.8(F/A, 5\%, 10) = 6764.4(\text{元})$$

（3）按一次支付型逐一求终值：

$$F = 1000[(1+5\%)^{10} + (1+5\%)^8 + (1+5\%)^6 + (1+5\%)^4 + (1+5\%)^2] = 6764.5(\text{元})$$

2.5.2 计息周期大于资金收付周期的计算

当计息周期大于收付周期时，一般情况是将收付周期内发生的现金流量进行合并，使其与计息周期的时间长度相等。按照惯例，存款必须存满整个计息周期时再计算利息，而借款或贷款没有满一个计息周期也计算利息。这就是说，在某计息周期内存入的款项在该计息周期不计算利息，要到下一个计息周期再计算利息；某计息周期内的借款或贷款，在该计息周期计算利息。因此，相对于投资方来说，在对现金流量进行合并时，计息期间的存款应放在期末，而在计息期间的取款、借款或贷款应放在期初，计息期分界点处的支付保持不变。

【例 2-17】 某投资方案每月的现金流量图如图 2-24 所示。年利率为 10%，每季度计息一次，求年末本利和是多少？

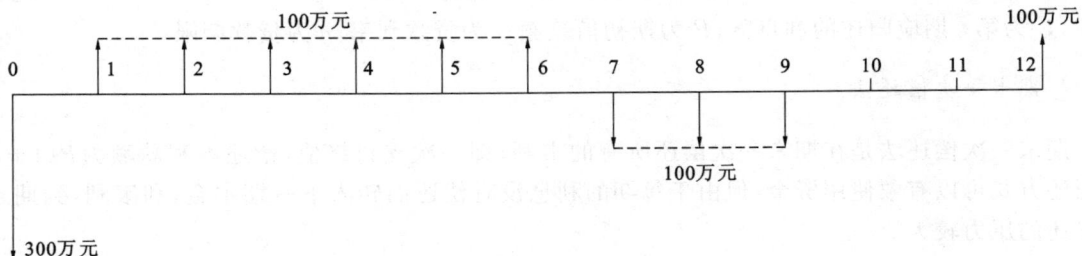

图 2-24 某投资方案每月的现金流量图

【解】 按照上述原则进行调整，调整后的现金流量图如图 2-25 所示。

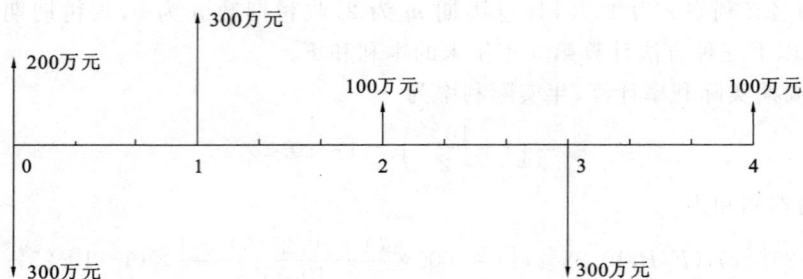

图 2-25 【例 2-17】现金流量图

根据调整后的现金流量图可得到年末本利和

$$F = (-300 + 200)(1 + 2.5\%)^4 + 300(1 + 2.5\%)^3 + 100(1 + 2.5\%)^2 -$$
$$300(1 + 2.5\%) + 100 = 110.2(万元)$$

2.5.3 还本付息方式的选择

工程项目的建设需要通过多种渠道筹措资金,其中银行等金融机构的借款融资是重要的方式之一。金融机构的还款方式不同,贷款成本就不同。项目借款的偿还方式一般有等额本利偿还法、等额本金偿还法、等额利息偿还法、期末一次偿还法以及量入偿付法等。

1. 等额本利偿还法

等额本利偿还法是我国最常见的一种还本付息方式,就是在开始还款后把本利和逐期均摊,在偿还期末正好还清全部借款,即等额资金回收。在这种还款方式下,各期偿还资金相等,但开始偿还的利息额较大,本金较少,随着每期偿还的本金逐期增加,利息逐年减少。这种偿还方式适用于投产后盈利能力逐渐增强的企业。

2. 等额本金偿还法

等额本金偿还法是在偿还期内偿还的本金各期相等,而各期的利息以期初尚未偿还的本金为基数计算。随着本金逐期等额偿还,每期发生的利息在不断减少,从而各期偿还的本利和也在不断减少。因此,偿债压力前期大、后期小,适用于投产后盈利能力较强的企业。

3. 等额利息偿还法

每期付息额相等,期中不归还本金,最后一期归还当期利息 I_n 和本金 P。

$$I_t = P \times i \quad (t = 1, 2, \cdots, n) \tag{2-35}$$

式中,I_t 为第 t 期应归还的利息额;P 为期初借款额;i 为贷款利率;n 为贷款期限。

4. 期末一次偿还法

期末一次偿还法是在期末一次偿还所有的本利,即一次支付终值,偿还本利总额为 $P(1+i)^n$。该偿还方式可以有效使用资金,但由于每期的利息没有偿还而转入下一期本金,利滚利,到期末一次偿还的压力较大。

5. 量入偿付法

根据项目的盈利大小,任意偿还本利,到期末全部还清本利。在以上投资借款的还本付息方式

中,最常用的是量入偿付法。对于量入偿付法,投资借款在生产期发生的利息计算公式为

$$每年支付利息＝年初本金累计额×年利率 \qquad (2\text{-}36)$$

为简化计算,当期还款被认为在期末偿还,因此全期计息。

【例2-18】　某企业获得一笔80000万元的贷款,偿还期为4年,有以下4种还款方式:

(1)每年年末偿还20000万元本金及所欠利息。

(2)每年年末只偿还所欠利息,第4年年末一次还清本金。

(3)在4年中每年年末等额偿还。

(4)在第4年末一次还清本利。

按10%的年利率计算复利,试计算用这4种还款方式分别所付出的本利和。

【解】

(1)等额本金偿还法:

$$第1年所还本利和＝20000＋80000×10\%＝28000(万元)$$
$$第2年所还本利和＝20000＋60000×10\%＝26000(万元)$$
$$第3年所还本利和＝20000＋40000×10\%＝24000(万元)$$
$$第4年所还本利和＝20000＋20000×10\%＝22000(万元)$$
$$4年所还本利总和＝28000＋26000＋24000＋22000＝100000(万元)$$

(2)等额利息偿还法:

$$每年所付利息＝80000×10\%＝8000(万元)$$
$$4年所付本利总额＝8000×4＋80000＝112000(万元)$$

(3)等额本利偿还法:

$$A＝80000(A/P,10\%,4)＝80000×0.3155＝25240(万元)$$
$$4年所付出的本利和＝25240×4＝100960(万元)$$

(4)期末一次偿还法:

$$F＝80000(1＋10\%)^4＝117128(万元)$$

▮综合能力检测▮

一、选择题

1.某公司希望所投资项目在第5年年末回收1000万元资金,年利率6%,则公司现在需要投入(　　)万元。(2023年一建考试真题)

　　A.747.26　　　　　B.769.23　　　　　C.792.09　　　　　D.806.45

2.某公司年初借入资金1000万元,期限3年,按年复利计息,年利率10%,到期一次还本付息。则第3年年末应偿还的本利和为(　　)万元。(2021年一建考试真题)

　　A.1210　　　　　B.1300　　　　　C.1331　　　　　D.1464

3.某企业年初投资3000万元,10年内等额回收本利,年利率8%,则每年年末可回收投资(　　)万元。

　　A.300　　　　　B.413　　　　　C.447　　　　　D.482

4.某人在银行存款,年利率6%,按复利计算,若想在第4年年末取款8750元,从现在起4年内每年年初应存入银行(　　)元。

　　A.1887　　　　　B.2000　　　　　C.2188　　　　　D.2525

5. 从现在起每年年末存款 1000 元,年利率 12%,半年复利计息一次,第 5 年年末本利和为( )元。

A. 5637　　　　　　B. 6353　　　　　　C. 6398　　　　　　D. 13181

6. 某公司年初存入银行 100 万元,年名义利率 4%,按季复利计息,第 5 年年末该笔存款本利和约为( )万元。(2023 年一建考试真题)

A. 117.26　　　　　B. 121.67　　　　　C. 122.02　　　　　D. 126.97

7. 企业年初借入一笔资金,年名义利率 6%,按季度复利计息,年末本利和为 3184.09 万元,则年初借款金额为( )万元。(2022 年一建考试真题)

A. 3003.86　　　　B. 3000.00　　　　C. 3018.03　　　　D. 3185.03

8. 某公司同一笔资金有如下 4 种借款方案,均在年末支付利息,则优选的借款方案是( )。(2021 年一建考试真题)

A. 年名义利率 3.6%,按月计息　　　　　B. 年名义利率 4.4%,按季度计息

C. 年名义利率 5.0%,半年计息一次　　　D. 年名义利率 5.5%,一年计息一次

二、思考题

1. 什么是现金流量?构成现金流量的基本经济要素有哪些?

2. 什么是资金时间价值?如何理解资金时间价值?

3. 资金增值的前提条件是什么?资金时间价值的表现形式是什么?

4. 简述单利计息法和复利计息法的区别,试举例说明。

5. 利率是国民经济发展的晴雨表,影响其高低的因素有哪些?

6. 利息的计算方法有哪两种?如何计算?

7. 什么是名义利率和实际利率?两者之间有何关系?

8. 在其他条件不变的情况下,提高利率能使一次支付现值系数、一次支付终值系数、年金终值系数和年金现值系数分别减少吗?

三、案例分析题

1. 某工程投资为 100 万元,第 3 年开始投产,需要流动资金 300 万元,投产后,每年净收益为 300 万元,第 5 年追加投资 500 万元,当年见效且每年净收益为 750 万元,该项目的生产期为 8 年,残值为 100 万元,绘制该项目的现金流量图。

2. 在图 2-26 所示的现金流量图中,寿命周期为 10 年,利率为 i,若考虑资金时间价值,总现金流出等于总现金流入。利用资金等值计算系数和已知项求未知项。

(1)已知 A,P_2,F,求 P_1。

(2)已知 A,P_1,F,求 P_2。

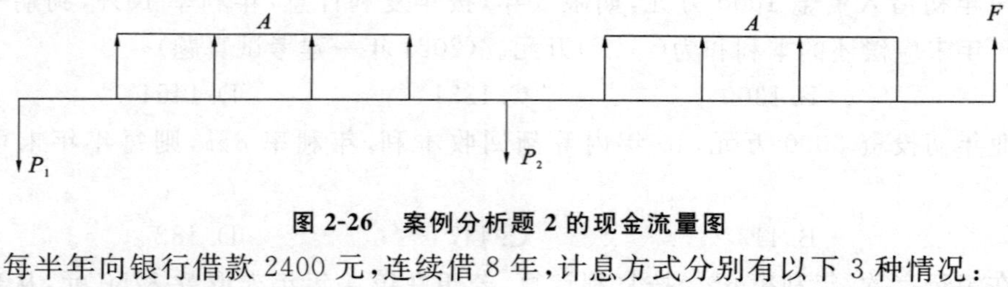

图 2-26　案例分析题 2 的现金流量图

3. 某人每半年向银行借款 2400 元,连续借 8 年,计息方式分别有以下 3 种情况:

(1)年利率 8%,按年计息。

(2)年利率 8%,每半年计息一次。

(3)年利率8%,每季度计息一次。

则在这3种情况下,第8年末的本利和分别为多少?

4.已知年利率为5%,下列现金流方式在第5年年末的本利和为多少?

(1)按年计息,每年年末支付一次,每次为100万元。

(2)按年计息,每年年初支付一次,每次为100万元。

(3)按半年计息,每年年末支付一次,每次为100万元。

(4)按半年计息,每年年初支付一次,每次为100万元。

5.某建设单位向外商订购设备,有两家银行可提供贷款,甲银行年利率17%,计息周期半年;乙银行年利率16.8%,按复利计息,每月计息一次,试问建设单位向哪家银行贷款更合适?

6.某企业获得贷款100万元,要在5年内还清,年利率5%,现采用以下4种方式归还。

(1)每年年末支付当年应计利息,到第5年年末偿还本金。

(2)分5年等额本金偿还,再支付当年应计的利息。

(3)分5年等额本利偿还,等额分摊到各年年末归还。

(4)在第5年年末,一次还清本利。

试就以上4种还款方式,分别计算各年应偿还的利息、本金及总额,并比较优劣。

本章实训

一、实训目的

1.掌握资金时间价值的概念与计算。

2.掌握实际生活中的等值思想。

二、实训案例

拿破仑的玫瑰花悬案

1797年3月,拿破仑将军偕夫人参观卢森堡大公国第一国立小学,这所小学的师生热情地接待了他。在辞别的时候,拿破仑向该校校长送上一束价值3个金路易的玫瑰花,并承诺:"为了答谢贵校的盛情款待,我不仅今天呈上一束玫瑰花,在未来的日子里,只要我们法兰西国存在一天,每年的今天我将亲自派人送给贵校一束同样价值的玫瑰花,作为法兰西与卢森堡友谊的象征。"

然而,时过境迁,疲于连年征战,又因政局动荡,拿破仑最终因滑铁卢惨败而身陷囹圄,后被放逐在大西洋圣赫勒拿岛上,他把曾经踌躇满志时许下的那个"卢森堡许诺"彻底遗忘。

拿破仑忘记了诺言,卢森堡却把这段历史载入史册,还编成画册和儿童文学故事,成为一则脍炙人口的美谈。

近200年过去,到了1984年年底,卢森堡通知法国政府,提出了"玫瑰花悬案"之索赔要求:要么自1798年算起,每年3个金路易,加上5%的年利息,以复利计算进行赔偿;要么在法国各大报纸上承认他们的一代伟人拿破仑是个言而无信之徒。起初,法国官员满不在乎,认为这区区小数目对于法国来说是微不足道的。可是,等计算结果一出来,法国官员目瞪口呆了:这笔债务竟高达11003550法郎(假设1个金路易等于20法郎)!

这一历史公案使法国政府陷入极为难堪的局面。因为只要法国存在一天,此案就永无了结的可能。为了拿破仑的声誉,法国政府还是准备支付这笔巨款。但是,又出现了另一个问题,如果法国政府支付这笔巨款,也就间接承认了拿破仑没有履行自己的承诺。

冥思苦想之后,法国人终于借助如下措辞取得了卢森堡人的谅解:"今后,不管在精神还是物质上,法国将矢志不渝地对卢森堡大公国的中小学教育事业予以支持与赞助,来兑现拿破仑将军那一诺千金的'玫瑰花'诺言。"

资料来源:金莎,童心童画.拿破仑的玫瑰花悬案[J].课堂内外(小学智慧数学),2016(5):16-19.

三、实训要求

1.请用所学知识说明案例中的 11003550 法郎是如何计算出来的。

2.你认为该案例对你有哪些启示?

四、实训步骤

1.教师讲解实训目的、要求、评分标准,并对案例进行介绍与分析。

2.学生分成 4～5 人一组,对案例进行自由讨论,教师从旁辅导。

3.每小组选派代表陈述对该案例的认识。

4.教师点评案例要点。

延伸阅读

1.白柯柯.例解资金时间价值计算中的若干问题[J].大众投资指南,2018(15):297-298.

2.张小荣,冯琴.利用资金时间价值来节省房贷利息的思考[J].今日财富,2018(12):160.

3.高丽.厘清资金时间价值学习中的误区[J].财会月刊,2010(26):88-89.

4.王朝辉,王娟.货币时间价值原理在运用过程中易错点的分析[J].现代营销(下旬刊),2019(6):46-47.

3 工程经济基本要素

【本章目标】

◆ 知识目标

1. 掌握工程项目投资的构成内容,特别是基本预备费、价差预备费和建设期利息的计算。
2. 了解运营期成本费用的概念及构成。
3. 熟练掌握固定资产折旧的概念、特点及具体计算。
4. 了解工程项目营业收入、税金及附加的内容、含义及计算。
5. 掌握利润总额、所得税的内容、含义及计算,熟练掌握净利润的分配顺序。

◆ 能力目标

学习任务	能力目标	重要程度
工程项目总投资	能结合资产特点和企业实际情况合理选择计算方法,具有估算工程项目总投资的能力	★★★★☆
运营期成本费用	能运用固定资产折旧的相关理论,对不同类型的固定资产选定合适的折旧方法	★★★★★
	能够通过所学知识读懂国家政策的变化和经济变化	★★☆☆☆
收入与税金	能运用税金的相关知识和方法确定工程项目的各类税金	★★★☆☆
利润	能熟练计算工程项目的利润并确定利润的分配	★★★☆☆

◆ 素养目标

1. 培育学生经世济民的情怀,厚植爱国情怀。
2. 树立诚信的社会主义核心价值观。
3. 增强学生对相关政策的理解,使学生养成自主学习习惯。
4. 培养学生严格执行相关税收政策,自觉遵纪守法的意识。

思政案例导入

大国重器——白鹤滩水电站

白鹤滩水电站位于四川省宁南县和云南省巧家县交界处的金沙江上,总投资2200亿元。白鹤滩水电站自2010年开始筹建,是我国实施"西电东送"的国家重大工程,是我国建设的仅次于三峡工程的世界第二大水电站。白鹤滩水电站是世界在建规模最大、技术难度最高的水电工程,其建设过程创下了6项世界第一、2项世界第二和2项世界第三的纪录。

2021年,白鹤滩水电站首批机组开始投产发电。2022年12月,16台机组全部投入发电。截至 2024 年 6 月,白鹤滩水电站累计发电量已超过 1300 亿千瓦时,2024 年 7 月首次满发运行,其发电收益已达 300 亿元左右。白鹤滩水电站的直接经济效益不容忽视,给周边带来的综合效益更是远超其直接经济效益。白鹤滩水电站不仅为华东地区提供了清洁电能,也加快了我国能源转型的脚步,带动了周边相关产业的发展,造福了周边百姓。

> **思政课堂**:体会"大国重器"蕴含的澎湃动力,感受其中的技术含量,领悟其中蕴含的"执着专注、精益求精、一丝不苟、追求卓越"的工匠精神。

思维导图

建设工程项目的目的就是以最小的投入获取最大的产出,在对工程项目进行工程经济分析和评价时,首先需要对涉及投入与产出的现金流进行科学的预测和估计。现金流量主要包括项目的投资、成本、收入、利润与税金等经济要素,只有对由这些基本经济要素构成的现金流进行预测和估计,才能计算相应的经济评价指标,从而做出正确的投资决策。本章主要对工程经济基本要素的概念及基本估算方法进行介绍。

3.1 工程项目总投资

工程项目总投资是从工程筹建开始到全部竣工投产为止所发生的全部资金投入。工程项目总投资的主要构成要素如图 3-1 所示。

对于生产性建设项目,总投资包括建设投资、建设期利息和流动资金 3 部分;非生产性建设项目的总投资包括建设投资和建设期利息 2 部分,其中建设投资和建设期利息构成固定资产投资。固定资产投资可分为静态投资和动态投资 2 部分,其中静态投资包括设备及工器具购置费、建筑安装工程费、工程建设其他费用和基本预备费,动态投资包括价差预备费和建设期利息等。工程费用

图 3-1 工程项目总投资的主要构成要素

是建设期内直接用于工程建造、设备购置及其安装的费用,由图 3-1 可知,包括设备及工器具购置费和建筑安装工程费。

3.1.1 设备及工器具购置费

设备及工器具购置费主要表现为其他部门创造的价值向建设工程项目中的转移,但这部分投资是建设工程投资中的积极部分,所占比重的提高,意味着生产技术的进步和资本有机构成占比的提高。设备及工器具购置费由设备购置费和工器具及生产家具购置费组成,如图 3-2 所示。

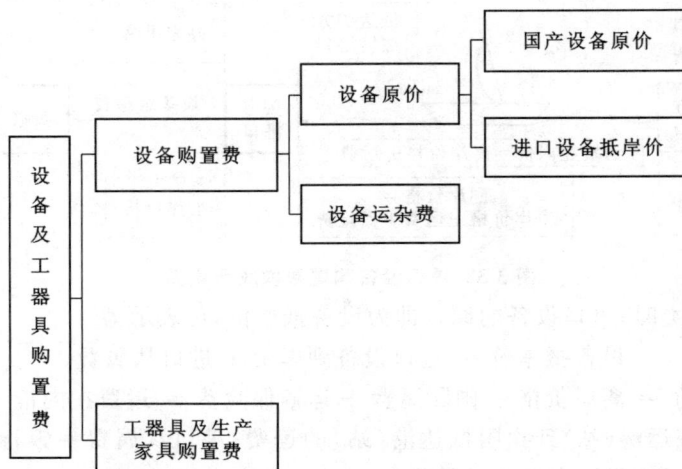

图 3-2 设备及工器具购置费

1.设备购置费的概念

设备购置费是为工程建设项目购置或自制的达到固定资产标准的设备、工器具及生产家具所需的费用。固定资产标准是指使用年限一年以上,单位价值在规定的限额以上的固定资产。设备购置费由设备原价和设备运杂费构成,其计算公式为

$$设备购置费 = 设备原价 + 设备运杂费 \tag{3-1}$$

2.国产设备原价的构成及计算

国产设备原价是设备制造厂的交货价、订货合同价或出厂价。国产设备原价可分为国产标准设备原价和国产非标准设备原价。

(1)国产标准设备原价。

国产标准设备原价包括带有备件的原价和不带有备件的原价两种情况。在计算时,一般采用带有备件的原价。

(2)国产非标准设备原价。

国产非标准设备是尚无定型标准,不能批量生产,只能一次订货,根据具体的设备图纸制造的设备。国产非标准设备原价有多种不同的计算方法,如综合单价法、成本计算估价法、定额估价法、系列设备插入估价法、分部组合估价法等。固定非标准设备原价的计算方法应遵循简便并使估算价接近实际出厂价的原则。

3.进口设备原价的构成及计算

进口设备原价是进口设备的抵岸价,即抵达买方边境港口或边境车站,且交完关税后形成的价格。

进口设备有内陆交货类、目的地交货类和装运港交货类 3 种交货方式。其中,装运港交货类是我国进口设备采用最多的交货方式。它有 3 种交货价:装运港船上交货价(FOB,也称离岸价格)、运费在内价(CFR)、运费保险费在内价(CIF,也称到岸价格),如图 3-3 所示。

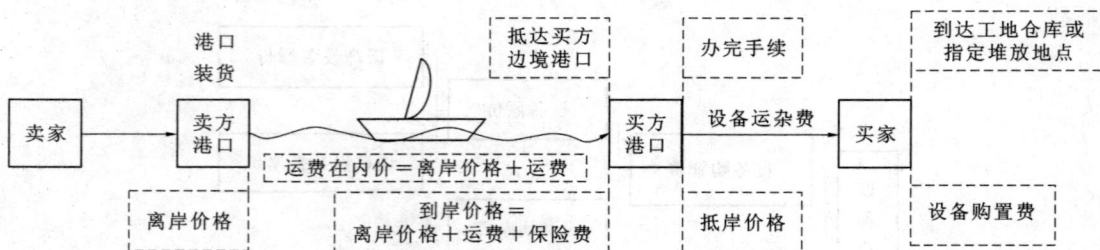

图 3-3 进口设备购置费构成示意图

采用装运港交货类时,进口设备的原价即为设备抵岸价,可表示为

$$设备抵岸价 = 进口设备到岸价 + 进口从属费 \tag{3-2}$$

$$进口设备到岸价 = 离岸价格 + 国际运费 + 运输保险费 = 运费在内价 + 运输保险费 \tag{3-3}$$

式中,国际运费是从装运港(站)到我国抵达港(站)的运费;进口从属费 = 银行财务费 + 外贸手续费 + 关税 + 消费税 + 增值税 + 车辆购置税。

4.设备运杂费的构成及计算

设备运杂费由运费和装卸费、包装费(为运输而进行的)、设备供销部门手续费、采购与仓库保管费构成。

(1)运费和装卸费。

国产设备运费和装卸费是由设备制造厂交货地点运至工地仓库或施工组织设计指定的需要安装设备的堆放地点所发生的运费和装卸费;进口设备运费和装卸费是由我国到岸港口或边境车站运至工地仓库或施工组织设计指定的需要安装设备的堆放地点所发生的运费和装卸费。

(2)包装费。

包装费是在设备原价中未包含的,为运输而进行的包装支出的各种费用。

(3)设备供销部门手续费。

设备供销部门手续费按有关部门规定的统一费率计算。

(4)采购与仓库保管费。

采购、验收、保管和收发设备所发生的各种费用,包括设备采购人员、保管人员和管理人员的工资、工资附加费、办公费、差旅交通费,设备供应部门办公和仓库所占固定资产使用费、工具用具使用费、劳动保护费、检验试验费等。

设备运杂费的计算公式可表示为

$$设备运杂费 = 设备原价 \times 设备运杂费费率 \tag{3-4}$$

一般来讲,沿海和交通便利的地区,设备运杂费费率相对低一些;内地和交通不便利的地区费率相对高一些;边远省份的费率则更高。

5.工器具及生产家具购置费

工器具及生产家具购置费是新建项目或扩建项目初步设计规定的,保证初期正常生产所必须购置的没有达到固定资产标准的设备、仪器、工卡模具、器具、生产家具和备品备件等的购置费用。一般以设备购置费为计算基数,按照部门或行业规定的工器具及生产家具费率计算。其计算公式为

$$工器具及生产家具购置费 = 设备购置费 \times 定额费率 \tag{3-5}$$

3.1.2　建筑安装工程费

建筑安装工程费由建筑工程费和安装工程费两部分组成。建筑工程费是建(构)筑物及其配套的线路、管道等的建造、装饰费用。安装工程费是设备、工艺设施及其附属物的组合、装配、调试等费用。建筑安装工程费的项目构成有2种划分方式,即按费用构成要素划分和按造价形式划分。

1.按费用构成要素划分

建筑安装工程费按费用构成要素划分,包括人工费、材料费、施工机具使用费、企业管理费、利润、规费和增值税,见图3-4。其中,人工费、材料费、施工机具使用费、企业管理费和利润包含在分部分项工程费、措施项目费和其他项目费中。

(1)人工费。

人工费是按工资总额构成规定,支付给从事建筑安装工程施工的生产工人和附属生产单位工人的各项费用。内容包括:

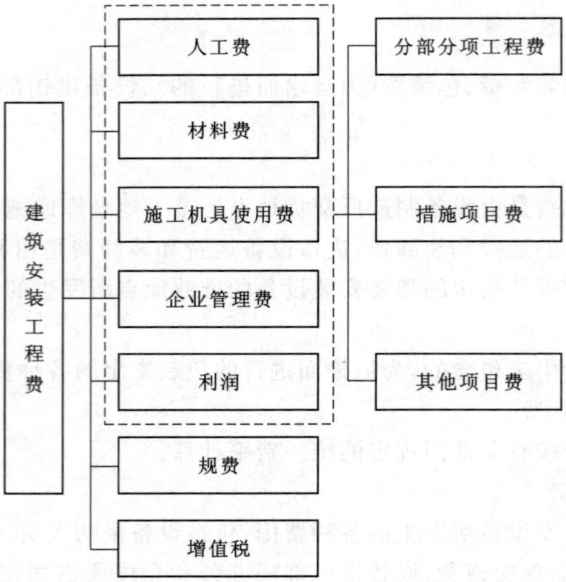

图 3-4　按费用构成要素划分的建筑安装工程费

①计时工资或计件工资,是按计时工资标准和工作时间或对已做工作按计件单价支付给个人的劳动报酬。

②奖金,是对超额劳动和增收节支支付给个人的劳动报酬,如节约奖、劳动竞赛奖等。

③津贴补贴,是为了补偿职工特殊或额外的劳动消耗和因其他特殊原因支付给个人的津贴,以及为了保证职工工资水平不受物价影响支付给个人的物价补贴。例如流动施工津贴、特殊地区施工津贴、高温(寒)作业临时津贴、高空津贴等。

④加班加点工资,是按规定支付的在法定节假日工作的加班工资或在法定日工作时间外延时工作的加点工资。

⑤特殊情况下支付的工资,是根据国家法律、法规和政策的规定,因病、工伤、产假、计划生育假、婚丧假、事假、探亲假、定期休假、停工学习、执行国家或社会义务等按计时工资标准或计时工资标准的一定比例支付的工资。

(2)材料费。

材料费是施工过程中耗费的原材料、辅助材料、构配件、零件、半成品或成品、工程设备的费用。内容包括材料原价、运杂费、运输损耗费、采购及保管费。

(3)施工机具使用费。

施工机具使用费是施工作业所发生的施工机械、仪器仪表使用费或其租赁费。

(4)企业管理费。

企业管理费是建筑安装企业组织施工生产和经营管理所需的费用,包括管理人员工资、办公费、差旅交通费、固定资产使用费、工具用具使用费、劳动保险费和职工福利费、劳动保护费、检验试验费、工会经费、职工教育经费、财产保险费、财务费、税金、地方教育费附加及其他费用。

(5)利润。

利润是施工企业完成所承包工程获得的盈利。

(6)规费。

规费是按国家法律、法规规定,由省级政府和省级有关权力部门规定必须缴纳或计取的费用,包括社会保险费、住房公积金。规费的构成要素如图 3-5 所示。

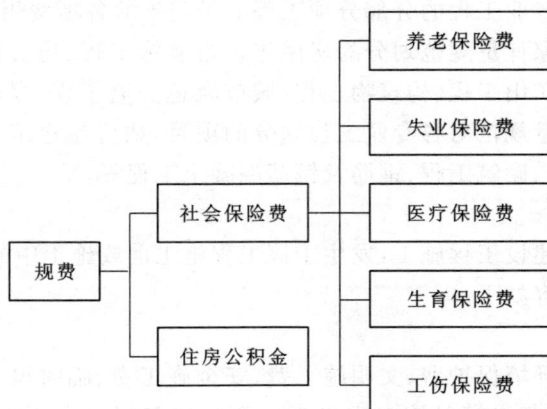

图 3-5 规费的构成要素

（7）增值税。

增值税是以商品（含应税劳务）在流转过程中产生的增值额作为计税依据而征收的一种流转税。从计税原理上来说，增值税是对商品生产、流通、劳务服务中多个环节的新增价值或商品的附加值征收的一种流转税。实行价外税，也就是由消费者负担，有增值才征税，没增值不征税。增值税是对销售货物或者提供加工、修理修配劳务以及进口货物的单位和个人就其实现的增值额征收的一个税种。建筑安装工程税前工程造价为人工费、材料费、施工机具使用费、企业管理费、利润和规费之和。建筑安装工程费的增值税是国家税法规定应计入建筑安装工程造价内的增值税销项税额。

2. 按造价形式划分

建筑安装工程费按造价形式可划分为分部分项工程费、措施项目费、其他项目费、规费和增值税 5 大部分，见图 3-6。分部分项工程费、措施项目费、其他项目费中包含按费用构成要素划分的人工费、材料费、施工机具使用费、企业管理费和利润。

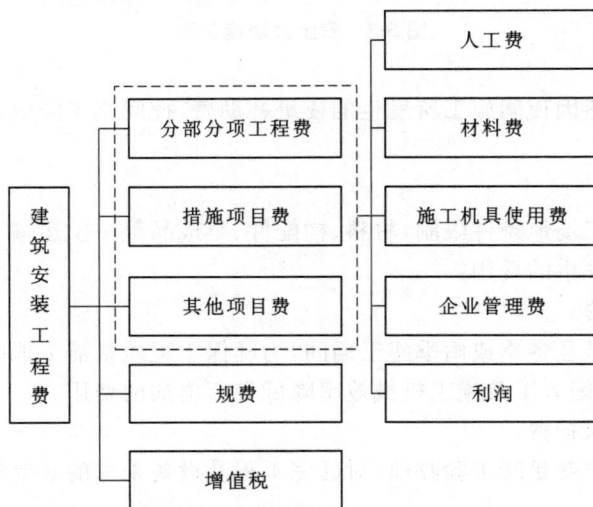

图 3-6 按造价形式划分的建筑安装工程费

（1）分部分项工程费。

分部分项工程费是各专业工程的分部分项工程应予列支的各项费用，即形成工程实体的费用。

专业工程是按现行国家计量规范划分的房屋建筑与装饰工程、仿古建筑工程、通用安装工程、市政工程、园林绿化工程、矿山工程、构筑物工程、城市轨道交通工程、爆破工程等各类工程。分部分项工程是按现行国家计量规范对各专业工程划分的项目，如房屋建筑与装饰工程划分的土石方工程、地基处理与桩基工程、砌筑工程、钢筋及钢筋混凝土工程等。

（2）措施项目费。

措施项目费是为完成建设工程施工，发生于该工程施工前或施工中的技术、生活、安全、环境保护等方面的费用。具体内容如下。

①安全文明施工费。

安全文明施工费包括环境保护费、文明施工费、安全施工费、临时设施费和建筑工人实名制管理费，见图3-7。其中，环境保护费是施工现场为达到环保部门要求所需的各项费用；文明施工费是施工现场文明施工所需的各项费用；安全施工费是施工现场安全施工所需的各项费用；临时设施费是施工企业为进行建设工程施工所必须搭设的生活和生产用的临时建筑物、构筑物和其他临时设施费；建筑工人实名制管理费是施工企业为实施建筑工人实名制管理所需的费用。

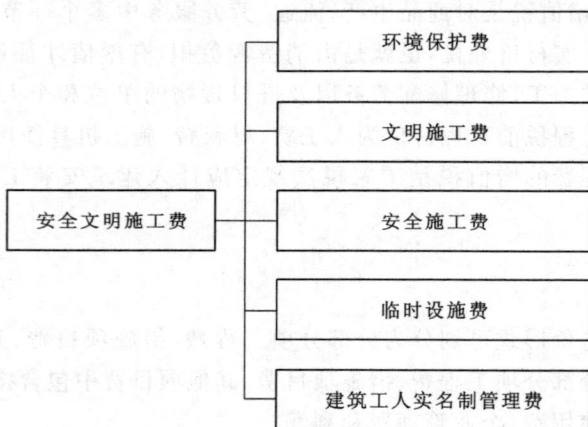

图3-7 安全文明施工费

②夜间施工增加费。

夜间施工增加费包括因夜间施工所发生的夜班补助费、夜间施工降效、夜间施工照明设备摊销及照明用电等费用。

③二次搬运费。

二次搬运费是因施工场地条件限制，材料、构配件、半成品等一次运输不能到达堆放地点，必须进行二次或多次搬运所发生的费用。

④冬雨季施工增加费。

冬雨季施工增加费是在冬季或雨季施工期间，为确保工程质量需采取的防滑、排除雨雪等措施所产生的额外费用，以及因人工及施工机械效率降低等所增加的费用。

⑤已完工程及设备保护费。

已完工程及设备保护费是竣工验收前，对已完工程及设备采取的必要保护措施所发生的费用。

⑥工程定位复测费。

工程定位复测费是工程施工过程中进行全部施工测量放线和复测工作的费用。

⑦特殊地区施工增加费。

特殊地区施工增加费是工程在沙漠或其边缘地区,高海拔、高寒、原始森林等特殊地区施工增加的费用。

⑧大型机械设备进出场及安拆费。

大型机械设备进出场及安拆费是机械整体或分体自停放场地运至施工现场或由一个施工地点运至另一个施工地点,所发生的机械进出场运输及转移费用,以及机械在施工现场进行安装、拆卸所需的人工费、材料费、机械费、试运转费和安装所需辅助设施的费用。

⑨脚手架工程费。

脚手架工程费是施工需要的各种脚手架搭、拆、运输费用以及脚手架购置费的摊销(或租赁)费用。

(3)其他项目费。

其他项目费包括暂列金额、计日工和总承包服务费。

暂列金额是建设单位在工程量清单中暂定并包括在工程合同价款中的一笔款项。它是用于施工合同签订时尚未确定或者不可预见的所需材料、工程设备、服务的采购,施工中可能发生的工程变更、合同约定调整因素出现时的工程价款调整以及发生的索赔、现场签证确认等的费用。

计日工是在施工过程中,施工企业完成建设单位提出的施工图纸以外的零星项目或工作所需的费用。

总承包服务费是总承包人为配合、协调建设单位进行的专业工程发包,对建设单位自行采购的材料、工程设备等进行保管以及施工现场管理、竣工资料汇总整理等服务所需的费用。

3.1.3　工程建设其他费用

工程建设其他费用是建设期发生的与土地使用权取得、整个工程建设以及未来生产经营有关的,除工程费用、预备费、增值税、建设期利息、流动资金以外的费用。工程建设其他费用按内容可分为三类:第一类是土地使用权购置或取得的费用;第二类是与整个工程建设有关的其他费用;第三类是与未来企业生产经营有关的其他费用。在估算时,须根据有关标准和建设项目具体情况进行合理估算。

3.1.4　预备费

预备费是在建设期内因各种不可预见因素的变化而预留的可能增加的费用,包括基本预备费和价差预备费。

1.基本预备费

基本预备费是在项目实施中因可能发生难以预料的支出而需要预留的费用,又称工程建设不可预见费。主要指设计变更及施工过程中可能增加工程量的费用,具体包括:

①初步设计范围内,技术设计、施工图设计及施工过程中所增加的工程和费用;

②设计变更、局部地基处理等所增加的费用;

③一般自然灾害所造成的损失和预防自然灾害所产生的费用;

④竣工验收时为鉴定工程质量对隐蔽工程进行必要的开挖和修复费用;

⑤超规模超限设备运输所增加的费用。

基本预备费的估算,一般是以建设项目的工程费用和工程建设其他费用之和为基础,乘基本预

备费率进行计算,可表示为

基本预备费 = (设备及工器具购置费 + 建筑安装工程费 + 工程建设其他费用) × 基本预备费率

(3-6)

2. 价差预备费

价差预备费是在建设期内,可能发生材料、设备、人工等价格上涨,利率和汇率调整等因素引起投资增加而需要预留的费用,亦称价格变动不可预见费。

价差预备费的内容包括人工、设备、材料、施工机械的价差费,建筑安装工程费及工程建设其他费用调整,利率、汇率调整等增加的费用。

价差预备费的测算,一般根据国家规定的投资综合价格指数,以估算年份价格水平的投资额为基数,根据价格变动趋势,预测价值上涨率,按下式计算:

$$PF = \sum_{t=1}^{n} I_t [(1+f)^m (1+f)^{0.5} (1+f)^{t-1} - 1]$$

(3-7)

式中,PF 为价差预备费;I_t 为建设期第 t 年的投资计划额,包括工程费用、工程建设其他费用及基本预备费,即第 t 年的静态投资;f 为投资综合价格指数;m 为建设前期年限(从编制估算到开工建设的年数);n 为建设期年数。

价差预备费中的投资综合价格指数 f 按国家颁布的计取,当前暂时为零,$(1+f)^{0.5}$ 表示建设期第 t 年当年投资分期均匀投入考虑涨价的幅度。

【例 3-1】 某新建厂项目,建设前期为 1 年,建设期为 3 年,设备及工器具购置费和建筑安装工程费为 30000 万元,工程建设其他费用为 5000 万元,基本预备费率为 10%,投资使用比例为第一年 30%,第二年 50%,第三年 20%,预计年平均价格上涨率为 5%。该项目的价差预备费是多少?

【解】 该项目的基本预备费为

基本预备费 = (30000 + 5000) × 10% = 3500(万元)

静态投资 = 30000 + 5000 + 3500 = 38500(万元)

第一年投资计划额

$$I_1 = 38500 × 30\% = 11550(万元)$$

第一年涨价预备费

$$PF_1 = 11550 × [(1+5\%)^{1.5} - 1] = 876.99(万元)$$

第二年投资计划额

$$I_2 = 38500 × 50\% = 19250(万元)$$

第二年涨价预备费

$$PF_2 = 19250 × [(1+5\%)^{2.5} - 1] = 2497.23(万元)$$

第三年涨价预备费

$$I_3 = 38500 × 20\% = 7700(万元)$$

$$PF_3 = 7700 × [(1+5\%)^{3.5} - 1] = 1433.84(万元)$$

因此,建设期的价差预备费为

$$PF = 876.99 + 2497.23 + 1433.84 = 4808.06(万元)$$

3.1.5 建设期利息

建设期利息是建设期内发生的为工程项目筹措资金的融资费用及债务资金的利息。

　　建设期借款一般假设总贷款分年均衡发放,建设期利息的计算可按当年借款在年中支用,即当年贷款按半年计息,以前年度按全年计息,第 j 年的建设期利息为

$$I_j = \left(P_{j-1} + \frac{A_j}{2}\right)i \tag{3-8}$$

式中,I_j 为建设期第 j 年的应计利息;P_{j-1} 为建设期第 $(j-1)$ 年年末贷款的累计金额与利息累计金额之和;A_j 为建设期第 j 年的贷款金额;i 为年利率。

　　【例 3-2】　某新建项目,建设期为 3 年,分年均衡进行贷款,第一年贷款 300 万元,第二年贷款 600 万元,第三年贷款 400 万元,年利率为 6%,试计算建设期贷款利息是多少?

　　【解】　第一年贷款利息

$$I_1 = A_1 \times \frac{i}{2} = 300 \times \frac{6\%}{2} = 9(万元)$$

　　第二年贷款利息

$$I_2 = \left(P_1 + \frac{A_2}{2}\right)i = \left(300 + 9 + \frac{600}{2}\right) \times 6\% = 36.54(万元)$$

　　第三年贷款利息

$$I_3 = \left(P_2 + \frac{A_3}{2}\right)i = \left(300 + 9 + 600 + 36.54 + \frac{400}{2}\right) \times 6\% = 68.73(万元)$$

　　因此,建设期利息总和为

$$9 + 36.54 + 68.73 = 114.27(万元)$$

3.1.6　流动资金

　　一个企业要维持正常生产和经营,不仅要有固定资产,而且要有流动资金。因为在生产过程中总有一部分流动资金被长期占用,并且随着生产的发展,这部分资金还会逐年增加,所以企业必须具备一定数量的可以自由支配的流动资金。

　　流动资金是运营期内长期占用并周转使用的营运资金,不包括运营中所需的临时性营运资金,是生产经营性项目投产后,为进行正常生产运营,用于购买原材料、燃料动力、备品备件、支付工资及其他生产经营费用所必需的周转资金,通常以现金及各种存款、存货、应收及应付账款的形态出现。

　　铺底流动资金是项目投产初期所需,生产性建设工程项目为保证生产和经营正常进行,按规定应列入建设工程项目总投资的铺底流动资金,一般按流动资金的 30% 计算。生产性建设项目总投资包括固定资产投资和包含铺底流动资金在内的流动资产投资两部分。

　　流动资金的估算方法有扩大指标估算法和分项详细估算法两种。

　　1. 扩大指标估算法

　　扩大指标估算法是参照同类企业的流动资金占营业收入、经营成本的比例(或单位产量占营运资金的数额)估算流动资金,其计算公式为

　　　　流动资金 = 各种费用基数 × 相应的流动资金所占比例(或占营运资金的数额)　　(3-9)

式中,各种费用基数是年营业收入、年经营成本或年产量等。

　　2. 分项详细估算法

　　分项详细估算法可简化计算,其计算公式为

　　　　流动资金 = 流动资产 − 流动负债　　(3-10)

$$流动资产 = 应收账款 + 预付账款 + 存货 + 库存现金 \tag{3-11}$$

$$流动负债 = 应付账款 + 预收账款 \tag{3-12}$$

3.2　运营期成本费用

工程项目投入使用后,即进入运营期,在运营期内为生产产品或提供服务所发生的全部费用,称为总成本费用。按照经济用途进行分类,总成本费用可分为生产成本和期间费用。

3.2.1　生产成本

生产成本也称制造成本或生产费用,是企业为生产产品、提供劳务而发生的各种耗费。将生产成本要素按其经济用途可划分为直接材料费、直接工资、其他直接支出和制造费用。

1. 直接材料费

直接材料费是企业生产经营过程中实际消耗的原材料、辅助材料、设备配件、外购半成品、燃料、动力、包装物、低值易耗品以及其他直接材料费。

2. 直接工资

直接工资是企业直接从事产品生产人员的工资、奖金、津贴和补贴等。

3. 其他直接支出

其他直接支出是直接从事生产人员的职工福利费等。

4. 制造费用

制造费用是直接用于产品生产但不能直接计入产品成本,待按一定的标准分摊后才能计入产品成本的那部分费用。具体是企业各个生产单位(分厂、车间)为组织和管理生产所发生的各项费用,包括生产单位(分厂、车间)的管理人员工资、职工福利费、折旧费、维简费、修理费、物料消耗、低值易耗品摊销、劳动保护费、水电费、办公费、差旅费、运输费、保险费、租赁费(不含融资租赁费)、设计制图费、试验检验费、环境保护费以及其他制造费用。

直接材料费、直接工资、其他直接支出通常称为直接成本,制造费用称为间接成本。

3.2.2　期间费用

期间费用是企业本期发生的、与生产经营没有直接关系或关系不密切的管理费用、财务费用和营业费用。期间费用不能直接或间接归属于某种产品成本,容易确定其发生的时间,但难以判断其所应归属的产品,因而其在发生的当期便从当期的损益中扣除,即直接计入当期损益。

1. 管理费用

管理费用是企业行政管理部门为管理和组织经营活动而发生的各项费用,包括企业管理人员的工资、补贴、福利费、工会经费、职工教育经费;固定资产折旧费、修理费;技术转让费、无形资产和递延资产摊销费、物料消耗、业务招待费、坏账损失及其他管理费用(办公费、差旅费、劳保费、土地使用税等)。

管理费用一般发生在企业的行政管理部门,如工厂、公司一级的费用。直接组织产品生产的单位,如车间、施工企业的工程处等发生的组织和管理生产的费用,一般应属于间接费用。但车间、工程处等单位发生的,由工厂或公司统一掌握、管理和分配使用的工会经费、职工教育经费、劳动保险费等,也应列入管理费用核算。

2. 财务费用

财务费用是企业为筹集所需资金而发生的各项费用,包括生产经营期间的利息支出、汇兑净损失、调剂外汇手续费、金融机构手续费、发生的现金折扣以及在筹资过程中发生的其他财务费用等。

3. 营业费用

营业费用又称销售费用,是企业在销售产品、自制半成品和提供劳务等过程中发生的各项费用以及专设销售机构的各项经费。它包括应由企业负担的运输费、装卸费、包装费、保险费、委托代销费、广告费、展览费、租赁费(不包括融资租赁费)和销售服务费用、销售部门人员工资、职工福利费、差旅费、办公费、折旧费、修理费、物料消耗、低值易耗品摊销以及其他经费等。

3.2.3 总成本费用与经营成本

产品成本费用是企业生产经营活动的重要综合性指标之一,是企业在产品生产和销售过程中所发生的费用。

1. 总成本费用

现行的财务会计制度是按成本项目进行成本和费用核算的。由若干个相对独立的成本中心或费用中心分别核算生产成本(为简化起见,在项目分析时,假定当期生产的产品全部销售,其销售成本就是生产成本)、营业费用、财务费用和管理费用。同一投入要素分别在不同的项目中加以记录和核算。因此

$$总成本费用 = 生产成本 + 营业费用 + 财务费用 + 管理费用 \tag{3-13}$$

在项目投产运营之前进行项目经济分析时,很难详细估算上述成本费用,因此可采用生产要素法估算总成本费用。生产要素法是从估算各种生产要素的费用入手,汇总得到项目总成本费用,而不管其具体应该归集到哪个产品上。总成本费用可表示为

$$总成本费用 = 外购原材料、燃料及动力费 + 工资及福利费 + 修理费 + 折旧费 + 摊销费 +$$
$$财务费用(利息支出) + 其他费用 \tag{3-14}$$

式中,其他费用是制造费用、管理费用和营业费用中扣除了折旧费、摊销费、修理费、工资及福利费以后的其他部分。

2. 经营成本

经营成本是工程经济分析中所使用的特定概念,设置经营成本这一概念是为了便于进行项目现金流量分析。现金流量分析遵循收付实现制原则,而总成本费用包括一部分非付现成本(折旧费和摊销费等)。在工程经济分析中,为了便于考察项目经营期间构成实际现金流出的那一部分成本,引入了经营成本这一概念。

经营成本也称付现成本,是为经济分析方便,从总成本费用中分离出来的一部分费用,是在一定时期(通常为一年)内由于生产和销售产品或提供劳务而实际发生的现金流出,可表示为

$$经营成本 = 外购原材料、燃料及动力费 + 工资及福利费 + 修理费 + 其他费用$$
$$= 总成本费用 - 折旧费 - 摊销费 - 财务费用(利息支出) \qquad (3-15)$$

在进行工程经济分析时,必须考察特定经济系统的现金流入与流出,从产品总成本费用中可以看出,其中包含固定资产折旧费、无形资产和递延资产摊销费以及利息支出。而实际上,固定资产折旧费、无形资产和递延资产摊销费分别是对固定资产磨损的价值补偿和对无形资产和递延资产的分期摊销,并不是真正发生了现金流出。在工程经济分析中,固定资产、无形资产和递延资产的投资都计入现金流出,如再将折旧费和摊销费随成本计入现金流出,会造成现金流出的重复计入。贷款利息是使用借贷资金所要付出的代价,对于企业来说是实际的现金流出,但在评价工程项目全部投资的经济效果时,并不考虑资金的来源问题,在这种情况下不考虑贷款利息和支出。为了计算与分析的方便,将经营成本作为一个单独的现金流出项目。

3.总成本费用与经营成本的关系

经营成本是一种付现成本,是以现金流量的实现为依据的成本耗费。而总成本费用则是从企业财务会计角度核算生产产品的全部资源耗费。投资项目投产后的产品总成本费用和经营成本之间的关系如图 3-8 所示。

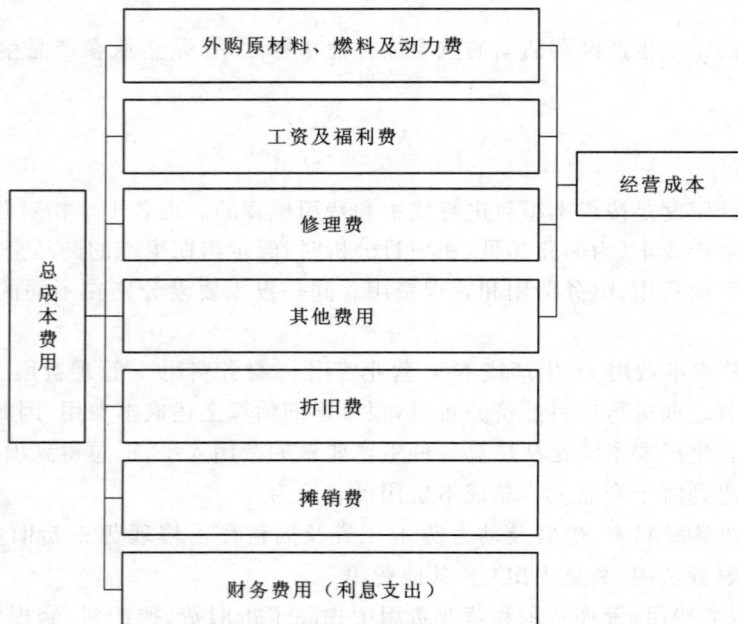

图 3-8　总成本费用与经营成本的关系

3.2.4　固定资产折旧

建设项目建设完成后会形成各类资产,如固定资产、流动资产、无形资产和其他资产等。其中,企业的固定资产可以长期参加生产经营并仍保持其原有的实物形态,但其价值将随着固定资产的不断使用而逐渐转移到生产的产品中,或构成企业的经营成本或费用。

1.固定资产折旧的概念

固定资产因磨损或损耗而转移到产品中的那部分价值称为固定资产折旧,这是从固定资产价值角度对折旧所下的定义。固定资产折旧计入生产成本或期间费用的过程，即随着固定资产价值的转移，以折旧的形式在产品销售收入中得到补偿并转化为货币资金。固定资产折旧应当在固定资产的寿命周期内，按照确定的方法对应计折旧额进行系统分摊。

2. 计提折旧的范围

企业在用的固定资产，包括经营用固定资产、非经营用固定资产、租出固定资产等，一般均应计提折旧，具体范围包括：

①房屋和建筑物；

②在用的机器设备、仪器仪表、运输工具；

③季节性停用、大修理停用的设备；

④融资租入和以经营租赁方式租出的固定资产。

企业一般应按月计提折旧，当月增加的固定资产，当月不计提折旧，从下月起计提折旧；当月减少的固定资产，当月照提折旧，从下月起停止计提折旧。提前报废的固定资产，不补提折旧；固定资产提足折旧后，不论能否继续使用，均不再计提折旧。

3. 影响固定资产折旧的因素

影响固定资产折旧的因素主要有以下 3 个方面：

(1) 折旧基数。

计算的固定资产折旧的基数一般为固定资产原值（也称固定资产原始成本），固定资产原值中除建筑安装工程费、设备及工器具购置费外，还包括建设期利息、预备费以及工程建设其他费用中的土地费用。

(2) 预计净残值。

固定资产的预计净残值是预计的固定资产报废时可以收回的残余价值扣除预计清理费用后的数额。由于在计算折旧时，只能人为估计固定资产的残余价值和清理费用，因此不可避免存在主观性。为了避免人为调整净残值，从而人为调整计提折旧额，国家有关法律法规规定：净残值比例在原价 5% 以内的，由企业自行确定；由于情况特殊，需调整净残值比例的，应报主管税务机关备案。

(3) 使用寿命。

固定资产使用年限的长短直接影响各期应提的折旧额。在确定固定资产使用年限时，不仅要考虑固定资产的有形损耗，还要考虑固定资产的无形损耗。由于固定资产的有形损耗和无形损耗很难估计准确，因此，固定资产的使用年限也只能预计，同样具有主观随意性。企业应根据国家的有关规定，结合本企业的具体情况，合理地确定固定资产的折旧年限。

4. 固定资产折旧方法

我国现行固定资产折旧方法包括平均年限法、工作量法、双倍余额递减法和年数总和法。其中，前两种方法属于直线折旧法，后两种方法属于加速折旧法。

(1) 平均年限法。

平均年限法又称直线法，是将固定资产的应计折旧额均衡地分摊到固定资产预计使用寿命内的方法。

$$固定资产年折旧额 = \frac{固定资产原值 - 预计净残值}{预计使用年限} = \frac{固定资产原值 \times (1 - 预计净残值率)}{预计使用年限}$$

(3-16)

$$年折旧率 = \frac{1 - 预计净残值率}{预计使用年限} \times 100\% \tag{3-17}$$

平均年限法的优点是计算简单,便于核算,而且各期折旧额均等。

当然,平均年限法也存在明显的局限性。首先,固定资产在不同的使用年限创造的经济效益是不同的。一般来讲,固定资产在其使用前期工作效率相对较高,所带来的经济利益也较多;而在其使用后期,工作效率一般呈下降趋势,因而,所带来的经济利益也逐渐减少。平均年限法不考虑这一因素,明显是不合理的。其次,固定资产在不同的使用年限所发生的维修费也不一样。固定资产的维修费将随着其使用时间的延长而不断增加,而平均年限法也没有考虑这一因素。此外,固定资产在使用寿命内,一旦发生无形磨损,平均年限法下尚未考虑分摊折旧的价值更大,对企业造成的损失也更大。因此,简单来说,平均年限法的缺点是固定资产的使用成本(折旧费+维修费)不均衡,忽略了无形损耗。

因此,当固定资产各期的负荷程度相同,各期应分摊相同的折旧费,这时采用平均年限计算折旧是合理的,比如房屋、建筑物等。若固定资产各期的负荷程度不同,采用平均年限法计算折旧时,则不能反映固定资产的实际使用情况,提取的折旧数与固定资产的损耗程度也不相符。

【例3-3】 某设备原值为30000元,预计净残值率为5%,预计可使用5年,请按平均年限法计提折旧。

【解】 根据式(3-16),可知

$$年折旧额 = \frac{30000 \times (1-5\%)}{5} = 5700(元)$$

(2)工作量法。

工作量法是按实际工作量计算每期应计提折旧额的一种方法。其计算公式为

$$单位工作量折旧额 = \frac{固定资产原值 \times (1-净残值率)}{预计总工作量} \tag{3-18}$$

$$某固定资产年折旧额 = 单位工作量折旧额 \times 当年工作量 \tag{3-19}$$

$$某固定资产月折旧额 = 单位工作量折旧额 \times 当月工作量 \tag{3-20}$$

工作量法把固定资产服务效能与使用程度相联系,弥补了平均年限法只考虑使用年限,不考虑使用强度的缺点。但是,工作量法的总工作量难以估计,而且未考虑无形损耗对固定资产服务潜力的影响。这种方法适用于各期完成工作量不均衡的固定资产,如交通运输企业和其他企业专用车队的客货运汽车或不经常使用的专用设备。客货运汽车一般按行驶里程计提折旧,大型设备按工作小时计提折旧,大型建筑机械按工作台班计提折旧。

【例3-4】 某施工企业的自卸汽车原价为30万元,净残值率为3%,预计总行驶里程为8万千米。2023年行驶里程2万千米,按照行驶里程法,则2023年应计提折旧额为多少元?

【解】 根据式(3-18),单位里程应计提折旧额为

$$单位里程应计提折旧额 = \frac{300000 \times (1-3\%)}{8} = 36375(元/万千米)$$

$$2023年应计折旧额 = 36375 \times 2 = 72750(元)$$

(3)加速折旧法。

加速折旧法也称快速折旧法或递减折旧法,其特点是在固定资产有效使用年限的前期多提折旧,后期则少提折旧,从而相对加快折旧的速度,以使固定资产成本在有效使用年限中加快得到补偿。

①加速折旧方法。

常用的加速折旧方法包括双倍余额递减法和年数总和法。

a. 双倍余额递减法。

双倍余额递减法是在不考虑固定资产预计净残值的情况下，以平均年限法年折旧率的双倍乘固定资产每期的期初账面净值，来计算折旧额的一种加速折旧方法。

因此，双倍余额递减法的折旧率为

$$年折旧率 = \frac{2}{预计折旧年限} \times 100\% \tag{3-21}$$

$$年折旧额 = 期初固定资产账面净值 \times 年折旧率 \tag{3-22}$$

式中，期初固定资产账面净值＝固定资产原值－以前各期的累积折旧额。

由于双倍余额递减法不考虑固定资产的残值，因此应用这种方法时必须注意不能使固定资产的账面净值降低到其预计净残值以下，即实行双倍余额递减法计提折旧的固定资产，应当在折旧的最后两年，将固定资产账面净值扣除预计净残值后的值平均摊销，即最后两年改用直线折旧。

$$最后两年折旧额 = \frac{第(n-1)年年初账面净值 - 预计净残值}{2} \tag{3-23}$$

b. 年数总和法。

年数总和法又称合计年限法，是以固定资产原值扣除预计净残值后的余额乘一个逐年递减的折旧率计提折旧的一种方法。采用年数总和法的关键是每年都要确定一个不同的折旧率，其计算公式为

$$年折旧率 = \frac{尚可使用年限}{预计使用年限的年数总和} \times 100\% \tag{3-24}$$

若固定资产预计使用年限为 n，则固定资产每年尚可使用的年限分别为 $n, n-1, n-2, \cdots, 2, 1$。则式(3-24)中，预计使用年限的年数总和为 $\frac{n(n+1)}{2}$。

年数总和法的年折旧额为

$$年折旧额 = (固定资产原值 - 预计净残值) \times 年折旧率 \tag{3-25}$$

②加速折旧的特点及适用范围。

加速折旧是企业在使用初期就能摊销较多的折旧额，而这部分折旧额可以在税前扣除，扣除多，利润就少，缴纳税款自然也少。这一优惠可以缓解企业资金压力，鼓励企业投入研发，加快设备更新，促进制造业转型升级。因此，加速折旧具有整体资产使用成本均衡，收益与费用匹配的优点。但是，由于早期计提折旧多，因此成本高、产品竞争力弱、利润低、推行难。加速折旧法适用于全部制造业以及信息传输、软件和信息技术服务业的固定资产。

【例 3-5】　某设备原值为 10000 元，预计净残值为 400 元，预计可使用 5 年，请分别按双倍余额递减法和年数总和法计提每年折旧。

【解】　(1)双倍余额递减法。

双倍余额递减法的年折旧率为

$$年折旧率 = \frac{2}{5} \times 100\% = 40\%$$

前三年的年折旧额分别为

第一年折旧额＝10000×40%＝4000(元)

第二年折旧额＝(10000-4000)×40%＝2400(元)

第三年折旧额＝(10000-4000-2400)×40%＝1440(元)

最后两年折旧额为

$$第四和第五年折旧额 = \frac{10000 - (4000 + 2400 + 1440) - 400}{2} = 880(元)$$

（2）年数总和法。

根据式（3-24），各年折旧率分别为 $\frac{5}{15}$、$\frac{4}{15}$、$\frac{3}{15}$、$\frac{2}{15}$、$\frac{1}{15}$。

$$第一年折旧额 = (10000 - 400) \times \frac{5}{15} = 3200(元)$$

$$第二年折旧额 = (10000 - 400) \times \frac{4}{15} = 2560(元)$$

$$第三年折旧额 = (10000 - 400) \times \frac{3}{15} = 1920(元)$$

$$第四年折旧额 = (10000 - 400) \times \frac{2}{15} = 1280(元)$$

$$第五年折旧额 = (10000 - 400) \times \frac{1}{15} = 640(元)$$

思政课堂：直线折旧和加速折旧是对应计折旧额的均分和不均分，结合实际中物品分配或绩效分配的具体情况，讨论均分和不均分思想及其公平公正性。

3.3 收入与税金

3.3.1 收入

根据《企业会计准则第 14 号——收入》（2017 年修订），收入是企业在日常活动中形成的、会导致所有者权益增加的、与所有者投入资本无关的经济利益的总流入。收入是利润的来源，获取收入是企业日常经营活动中最重要的目标之一。其中，日常活动是企业为完成其经营目标所从事的经常性活动以及与之相关的其他活动。

企业为完成其经营目标所从事的经常性活动，包括工业企业制造并销售产品、商品流通企业销售商品、咨询公司提供咨询服务、保险公司签发保单、商业银行对外贷款、软件公司为客户开发软件、安装公司提供安装服务、租赁公司出租资产、建筑企业提供建造服务等。

企业发生的与经常性活动相关的其他活动，例如，工业企业对外出售不需要的原材料、对外转让无形资产使用权（其他业务收入）所形成的经济利益的总流入也构成收入，用闲置资金对外投资（投资收益）等所形成的经济利益的净流入也构成收入。

狭义的收入仅指营业收入，按照企业经营业务的主次分为主营业务收入、其他业务收入。其中，主营业务收入是企业根据营业执照上规定的主要业务范围，为完成其经营目标而从事日常活动所取得的收入，例如，施工企业收到的工程价款、转让施工技术取得的收入、销售材料价款的收入，均应计入企业收入。其他业务收入是企业在生产经营过程中取得的除主营业务收入以外的各项收入。

广义的收入除包括营业收入外，还包括投资收益、补贴收入、营业外收入等。

工程项目的营业收入是估算项目投入运营期后，各年向社会出售商品或提供劳务所取得的收入。营业收入是运营阶段的主要收入来源,是项目建成投产后收回投资、补偿成本、上缴税金、偿还债务、保证企业再生产正常进行的前提,是估算利润总额、营业税金及附加和增值税的基础数据。例如,年营业收入可表示为

$$年营业收入 = 产品销售单价 \times 产品年销售量 \tag{3-26}$$

3.3.2 税金

税收是国家凭借其政治权力参与国民收入分配,取得供其支配的财政收入的一种特殊分配形式,具有强制性、无偿性和固定性 3 个特征。

我国税收按课税对象的属性可分为流转税类、所得税类、资源税类、特定目的税类、财产和行为税类 5 大类。进行工程项目评价时,税金属于现金流出项,有必要考虑相关税金的计算方法,本节就工程项目经济分析可能涉及的税种进行简单介绍。

1. 增值税

增值税是以商品(含应税劳务)在流转过程中产生的增值额作为计税依据而征收的一种流转税。从计税原理上说,增值税是对商品生产、流通、劳务服务中多个环节的新增价值或商品的附加值征收的一种流转税。增值税实行价外税,也就是由消费者负担,有增值才征税,无增值不征税。

增值税是我国第一大税种,约占全国税收收入的 30%。增值税由税务机关负责征收,税收收入中 50% 为中央财政收入,50% 为地方收入。进口环节的增值税由海关负责征收,税收收入全部为中央财政收入。目前,我国将纳税人按照经营规模大小及会计核算是否健全划分为一般纳税人和小规模纳税人,分别征收增值税。

> **思政课堂:**查阅并讨论"营改增"的意义和影响,提高资料查阅能力,激发思维潜力。

(1)一般纳税人。

增值税按增值额计税,公式为

$$增值税应纳税额 = 销项税额 - 进项税额 \tag{3-27}$$

当期销项税额小于当期进项税额,不足以抵扣时,其不足部分可以结转下期继续抵扣。

销项税额是纳税人销售货物或提供应税劳务,按照销售额和增值税率计算并向购买方收取的增值税额。

$$当期销项税额 = 销售额 \times 增值税率 = \frac{营业收入(即含税销售额)}{1 + 增值税率} \times 增值税率 \tag{3-28}$$

进项税额是纳税人购入货物或接受应税劳务所需支付的增值税额。

$$进项税额 = \frac{外购原材料、燃料及动力费}{1 + 增值税率} \times 增值税率 \tag{3-29}$$

目前,一般纳税人适用的基准税率有 13%、9%、6%、0 等。13% 的基准税率一般适用于销售货物或者提供加工、修理修配劳务以及进口货物、提供有形动产租赁服务等。9% 的基准税率适用于提供交通运输业服务、农产品(含粮食)、自来水、暖气、石油液化气、天然气、食用植物油、冷气、热水、煤气、居民用煤炭制品、食用盐、农机、饲料、农药、农膜、化肥、沼气、二甲醚、图书、报纸、杂志、音像制品、电子出版物等。6% 的基准税率适用于提供现代服务业服务(有形动产租赁服务和不动产租赁服务除外)、生活服务、销售无形资产(转让土地使用权除外)等。出口货物等特殊业务增值税率为 0。

（2）小规模纳税人。

小规模纳税人由于其经营规模较小，会计核算不健全，无法准确核算进项税额和销项税额，采用简便方式，按照其销售额与规定的征收率计算缴纳增值税，不准许抵扣进项税，其计算公式为

$$应纳税额 = 销售额 × 征收率 \tag{3-30}$$

小规模纳税人适用的税率为3％。

【例3-6】 某洗衣机厂为一般纳税人，2024年10月份向某商业批发公司销售洗衣机500台，每台950元（不含税）；向某零售商店销售洗衣机，营业收入150000元（含税）；外购机器设备1台，含税价值为200000元；外购洗衣机零配件支付50000元（含税）。试求该洗衣机厂当月应缴纳的增值税税额。

【解】 由题意可知，洗衣机厂适用13％的税率，其增值税可表示为

$$当期销项税额 = 500 × 950 × 13\% + \frac{150000}{1+13\%} × 13\% = 79006.64（元）$$

$$进项税额 = \frac{200000 + 50000}{1+13\%} × 13\% = 28761.06（元）$$

$$增值税应纳税额 = 79006.64 - 28761.06 = 50245.58（元）$$

2. 消费税

消费税是以消费品（消费行为）的流转额作为征税对象的各种税收的统称，属于流转税的范畴。消费税纳税人包括在中华人民共和国境内生产、委托加工和进口消费税暂行条例规定的消费品的单位和个人，以及国务院确定的销售消费税暂行条例规定的消费品的其他单位和个人。消费税是在对货物普遍征收增值税的基础上，根据消费政策、产品政策的要求，有选择地对部分消费品征收的一种特殊税种，旨在调节产业结构，引导消费方向，保证国家财政收入。

现行消费税的征收范围主要包括烟、酒及酒精、鞭炮、焰火、高档化妆品、贵重首饰及珠宝玉石、成品油、高尔夫球及球具、高档手表、游艇、木制一次性筷子、实木地板、摩托车、小汽车、电池、涂料等税目，有的税目还进一步划分若干子目。目前，消费税共设置了15个税目，在其中的3个税目下又设置了13个子目，列举了25个征税项目。共有13个档次的税率，税率最低3％，最高56％。

消费税的计征方法主要包括从价定率法、从量定额法以及从价从量复合计征法3种。

（1）从价定率法：适用于一般应税消费品。

$$应纳税额 = 销售额 × 比例税率 \tag{3-31}$$

（2）从量定额法：适用于啤酒、黄酒和成品油。

$$应纳税额 = 销售数量 × 定额税率 \tag{3-32}$$

（3）从价从量复合计征法：适用于卷烟和白酒。

$$应纳税额 = 销售额 × 比例税率 + 销售数量 × 定额税率 \tag{3-33}$$

3. 城市维护建设税

城市维护建设税是为保证城市维护和建设有稳定的资金来源而征收的一种税。凡有经营收入的单位和个人，除另有规定外，都是城市维护建设税的纳税义务人。城市维护建设税是以纳税人实际缴纳的流转税额为计税依据征收的一种税，纳税环节确定在纳税人缴纳的增值税、消费税的环节上，从商品生产到消费流转过程中，只要发生增值税、消费税当中一种税的纳税行为，就要以这种税为依据计算缴纳城市维护建设税。

$$应纳税额 = （增值税 + 消费税）× 适用税率 \tag{3-34}$$

税率按纳税人所在地的不同，分别规定如下：市区为7%，县城和镇为5%，乡村为1%。大中型工矿企业所在地不在城市市区、县城、建制镇的，税率为1%。

4.教育费附加

教育费附加是国家为了扶持教育事业的发展而计征用于教育的政府性基金。由税务机关负责征收，凡缴纳增值税、消费税的单位和个人，均为教育费附加的纳费义务人。教育费附加按增值税、消费税实际缴纳税额的3%征收。其计算公式为

$$应纳教育费附加额 ＝（增值税＋消费税）\times 3\% \tag{3-35}$$

5.地方教育费附加

地方教育费附加是根据国家有关规定，为实施"科教兴省"战略，增加地方教育的资金投入，促进各省、自治区、直辖市教育事业发展，开征的一项地方政府性基金。地方教育费附加按增值税、消费税实际缴纳税额的2%征收。其计算公式为

$$应纳地方教育费附加额 ＝（增值税＋消费税）\times 2\% \tag{3-36}$$

教育费附加与地方教育费附加的相同之处如下。

(1)纳税义务人相同。

两者的缴费人均为缴纳增值税、消费税的单位和个人。

(2)征收管理方式相同。

两者均由税务机关统一征收，缴纳环节和地点原则上与增值税、消费税一致。

教育费附加与地方教育费附加的不同之处如下。

(1)征收目的不同。

前者是国家为扶持教育事业发展计征用于教育的专项收入，属于政府性基金收入；后者是各省、自治区、直辖市根据国家有关规定为促进地方教育事业发展开展的，属于地方政府性基金收入。

(2)计征比例标准不同。

前者按增值税和消费税实际缴纳额的3%征收；后者按增值税和消费税实际纳税额的2%征收。

> **思政课堂**：查阅新冠疫情期间我国发布的减税降费政策，体会其对经济、产业结构和民生的重要意义。

3.4　利　润

利润是企业在一定时期内生产经营活动的最终经营成果，是企业经营效果的综合反映，也是其最终成果的具体体现。对利润进行核算，可以及时反映企业在一定会计期间的经营业绩和获利能力，反映企业的投入产出效果和经济效益，有助于企业投资者和债权人据此进行盈利预测，做出正确的判断。企业利润可分为营业利润、利润总额和税后利润(净利润)3个层次。

1.营业利润

营业利润一般指销售利润，是企业在其全部销售业务中实现的利润，营业利润是企业利润的主要来源，主要涉及营业收入、营业成本、税金及附加、期间费用、资产减值损失、公允价值变动净收益、投资收益等。

$$营业利润 = 营业收入 - 营业成本 - 税金及附加 - 期间费用 - 资产减值损失 +$$
$$公允价值变动收益 + 投资收益 \tag{3-37}$$

2. 利润总额

根据《企业会计准则》,企业的利润总额包括营业利润、投资收益、营业外收支净额。

$$利润总额 = 营业利润 + 投资收益 + 营业外收入 - 营业外支出 \tag{3-38}$$

其中,营业外收入反映企业发生的营业利润以外的收益,主要包括固定资产盘盈、处置固定资产净收益、处置无形资产净收益、罚款净收入等。营业外支出反映企业发生的营业利润以外的支出,包括公益性捐赠支出、固定资产盘亏、处置固定资产净损失、处置无形资产净损失、债务重组损失、罚款支出、捐赠支出、非常损失等。

在工程经济分析中,一般假设项目处于正常的、稳定的经营状态,不考虑项目将来可能拥有其他的投资渠道或其他非经营项目所产生的收入。在工程经济分析中,项目的利润总额一般只考虑项目的主营业务利润,因此,将利润总额简化为

$$利润总额 = 营业收入 - 总成本费用 - 税金及附加 \tag{3-39}$$

3. 净利润

企业利润一部分以税金形式上缴国家,另一部分按规定进行分配,即净利润,又称税后利润,是企业当期利润总额减去所得税后的金额。

$$净利润 = 利润总额 - 所得税 \tag{3-40}$$

思政课堂:培养坚持准则、实事求是的职业道德,增强判断能力与爱国守法意识,从表象探究背后原因,找寻内在实质。

利润分配关系着国家、企业及所有者等各方面的利益,必须按照国家的制度和法律执行。根据《中华人民共和国公司法》(以下简称《公司法》)及相关法律制度的规定,公司净利润应按照以下顺序进行分配:

(1)弥补以前年度亏损。以前年度亏损是超过用所得税前的利润抵补亏损的法定期限后,仍未补足的亏损。公司的法定公积金不足以弥补以前年度亏损的,在提取法定公积金之前,应当先用当年利润弥补亏损。

(2)提取法定公积金。公司分配当年税后利润时,应当提取利润的10%列入公司法定公积金。当公司法定公积金累计额为公司注册资本的50%时,可以不再提取。

(3)提取任意公积金。根据《公司法》的规定,公司从税后利润中提取法定公积金后,经股东会或者股东大会决议,还可以从税后利润中提取任意公积金。这是为了满足企业经营管理的需要,控制向投资者分配利润的水平,以及调整各年度利润分配的波动。

(4)向投资者分配利润或股利。根据《公司法》的规定,有限责任公司股东按照实缴的出资比例分取红利,但全体股东约定不按照出资比例分取红利的除外;股份有限公司按照股东持有的股份比例分配,但股份有限公司章程规定不按照持股比例分配的除外。公司持有的本公司股份不得分配利润。

(5)未分配利润。可留待以后年度分配。

净利润扣除上述(1)、(2)、(3)、(4)项后,再加上以前年度的未分配利润,即为可供普通股分配的利润,公司应按同股同权、同股同利的原则,向普通股股东支付股利。

4.所得税

所得税是对所有以所得额为课税对象的税种的总称,是国家对法人、自然人和其他经济组织在一定时期内的各种所得征收的一类税收。所得税分为企业所得税和个人所得税,此处主要介绍企业所得税。企业所得税是企业就其生产、经营所得和其他所得按规定缴纳的税金,以应纳税所得额为计税依据。

$$所得税应纳税额 = 应纳税所得额 × 25\% \tag{3-41}$$

应纳税所得额是纳税人每一纳税年度的收入总额减去不征税收入、免税收入、各项扣除以及允许弥补的以前年度亏损后的余额。

在工程项目的经济分析中,一般将利润总额作为企业所得,乘25%税率计算所得税,即:

$$所得税应纳税额 = 利润总额 × 25\% \tag{3-42}$$

思政课堂:了解个人所得税专项扣除,体会国家税收是如何以人民为中心的。

综合能力检测

一、选择题

1.下列建设项目总投资中,属于动态投资部分的是(   )。(2021年一建考试真题)

A.预备费和铺底流动资金　　　　　　　　B.工程建设其他费用和铺底流动资金

C.价差预备费和建设期利息　　　　　　　D.建设期利息和铺底流动资金

2.编制设计概算时,国产标准设备的原价一般选用(   )。

A.不含备件的出厂价　　　　　　　　　　B.设备制造厂的成本价

C.带有备件的出厂价　　　　　　　　　　D.设备制造厂的出厂价加运杂费

3.某建设项目实施到第2年时,由于标准变化,工程量增加,因工程量增加的费用应从建设投资中的(   )支出。

A.基本预备费　　　　B.价差预备费　　　　C.建设期利息　　　　D.工程建设其他费用

4.某项目建设期为2年,共向银行借款20000万元,借款年有效利率为6%。第1和第2年借款比例分别为45%和55%。借款在各年内均衡使用,建设期内只计息不付息。则编制设计概算时该项目建设期利息总和为(   )万元。(2022年一建考试真题)

A.1156.2　　　　　　B.600.0　　　　　　C.886.2　　　　　　D.1772.4

5.材料费不包括(   )。

A.材料原价　　　　　　　　　　　　　　B.材料运杂费及运输损耗费

C.材料采购及保管费　　　　　　　　　　D.材料检验试验费

6.根据我国现行建筑安装工程费用项目组成的相关规定,企业按规定标准为职工缴纳的基本医疗保险费应计入建筑安装工程费用中的(   )。(2022年一建考试真题)

A.人工费　　　　　　B.措施项目费　　　　C.企业管理费　　　　D.规费

7.下列成本费用要素中,属于经营成本的是(   )。(2023年一建考试真题)

A.修理费　　　　　　B.折旧费　　　　　　C.摊销费　　　　　　D.利息支出

8.某施工企业的自卸汽车原价为30万元,确定的折旧年限为5年,净残值率为3%,预计总行驶里程为8万千米。2020年行驶里程2万千米,按照行驶里程法,则2020年应计提折旧额为

（　　）元。（2021年一建考试真题）

A. 72750 B. 58200 C. 60000 D. 75000

二、思考题

1. 简述工程项目总投资的构成。

2. 简述总成本费用与经营成本的区别与联系。

3. 什么是加速折旧？加速折旧有何优点？

三、案例分析题

1. 某新建建设项目投资估算额为18000万元（不包括建设期利息和涨价预备费），其中设备及工器具投资和建筑安装工程投资共计16000万元，项目建设期为3年。

(1) 根据项目实施规划，项目3年中的投入分别为：第一年投入5000万元，第二年投入8000万元，第三年投入5000万元。预测在项目建设期内平均价格上涨率为5%，试估算建设期的涨价预备费。

(2) 假设项目投资中资本金为10000万元，项目所需资金的其余部分从商业银行贷款，其中第一年贷款2000万元，第二年贷款5000万元，第三年贷款为1000万元，贷款按年均衡发放，贷款利率为8%，试估算建设期利息。

2. 某设备原值为1500万元，折旧年限为10年，预计净残值率为5%，试分别采用平均年限法、双倍余额递减法和年数总和法计算各年的折旧额。

本章实训

一、实训目的

1. 掌握工程项目经济要素的构成。

2. 掌握各类经济要素的计算方法。

二、实训内容

假设你打算在某小区附近开一家快餐店，要对周边进行简单的市场调研和财务分析，弄清楚开店涉及哪些经济要素，并分析此笔投资回报如何。

三、实训要求

1. 请以小组的形式，调查开设此类店涉及哪些工程项目经济要素。

2. 工程项目经济要素应如何测算？

3. 基于调研结果，如何进行投资项目经济分析？

四、实训步骤

1. 教师解析案例的实训目的及注意事项。

2. 学生自由组成小组，并选出组长和发言人。

3. 学生在网上查阅资料，并课下进行市场调研，完成调研报告。

4. 课上以小组形式进行汇报，并开展组组互评和教师评价。

延伸阅读

1. 李海莲. 工程经济与项目管理[M]. 北京：中国铁道出版社有限公司，2022.

2. 黄有亮. 工程经济学原理及应用[M]. 北京：机械工业出版社，2022.

4　工程经济评价指标与方法

【本章目标】

◆　知识目标

1.熟练掌握经济评价指标的含义、计算方法、判别准则、优缺点和适用范围。

2.掌握基准收益率的概念及影响因素。

3.了解工程经济评价方案的类型及判别方法。

4.掌握互斥方案的静态评价方法。

5.熟练掌握互斥方案的动态评价方法,特别是计算期不同的互斥方案的动态评价方法。

6.了解其他类型方案的评价方法。

◆　能力目标

学习任务	能力目标	重要程度
盈利能力评价指标	能熟练运用盈利能力评价指标,分析工程项目方案的经济效果	★★★★☆
	能基于方案经济效果水平,判断方案能否达到预期收益	★★★★☆
清偿能力评价指标	能通过各清偿能力评价指标分析方案的清偿能力	★★☆☆☆
基准收益率	能针对具体工程项目选定合适的基准收益率,确定能接受的最低收益水平	★★★☆☆
互斥方案比选方法	能针对方案特点选定合适的评价方法进行评价和决策	★★★★★
	能对互斥方案进行经济评价,从而对方案进行科学决策	★★★★★

◆　素养目标

1.通过大国工程项目,培养学生攻坚克难、挑战极限的精神,让学生树立民族自豪感。

2.通过互斥方案比选,让学生懂取舍,树立人生理想,养成正确的人生观,增强竞争意识。

思政案例导入

进藏铁路建设方案选择

2006年7月1日,青藏铁路全线通车,结束了西藏地区无铁路的历史。青藏铁路是我国"十五"四大标志性工程之一,名列西部大开发的重点工程之首。其实,早在20世纪50年代,铁道部就会同其他相关部门对进藏铁路方案进行了大量的论证研究。从多个方案中初步选定了青藏、滇藏、川藏和甘藏四个方案。随后国家用2年时间,组织多部门从地质条件、施工环境、施工难度、工期、造价等方面对四个方案进行了对比研究。

川藏方案全长1927km,穿越横断山脉,起伏高度大,地形地质复杂,1995年估算的静态投资约为768亿元;滇藏方案全长1654km,线路标准较低,但地形陡峭,工程艰巨,投资大,工期长,1995年估算静态投资约为654亿元;甘藏方案全长2126km,线路长,海拔4000m以上的路段长1394km,桥隧长度占 21％,工程难度大,投资大,工期长,1995 年估算的静态投资约 638 亿元;青藏铁路全长 1080km,新建线路较短,地形起伏不大,桥隧长度仅占 3.5％,投资少,工期短,1995 年估算静态投资约为 139 亿元。其中,青藏方案和滇藏方案具有明显优势,因此暂时选型青藏、滇藏两个方案开展进一步研究工作。

　　从 1998 年 4 月开始,铁道部组织中铁第一勘察设计院集团有限公司和中铁二院工程集团有限责任公司对青藏线和滇藏线建设方案进行预可行性研究。从前期准备、工程难度、投资和工期以及当时国家财力、物力等方面,通过多次深入论证,认为青藏线线路短、投资省、工期短、地形较为平坦、可以利用既有线路,最终选定先建青藏线。2001 年 6 月,青藏铁路正式动工。青藏铁路对西部大开发和实现民族共同发展繁荣起到了重大的推进作用。

　　资料来源:进藏铁路建设方案是如何敲定的[J].瞭望新闻周刊,2001(19):20-21.

思政课堂:大型工程的兴建,不仅需要判断其经济的合理性,更要判断技术的可行性,科学运用评价方法对其进行深入分析。在进藏铁路的前期论证和青藏铁路的建设过程中,相关科研人员和从业人员更是挑战极限,攻坚克难,勇闯一流,续写了新中国建设史的传奇。

思维导图

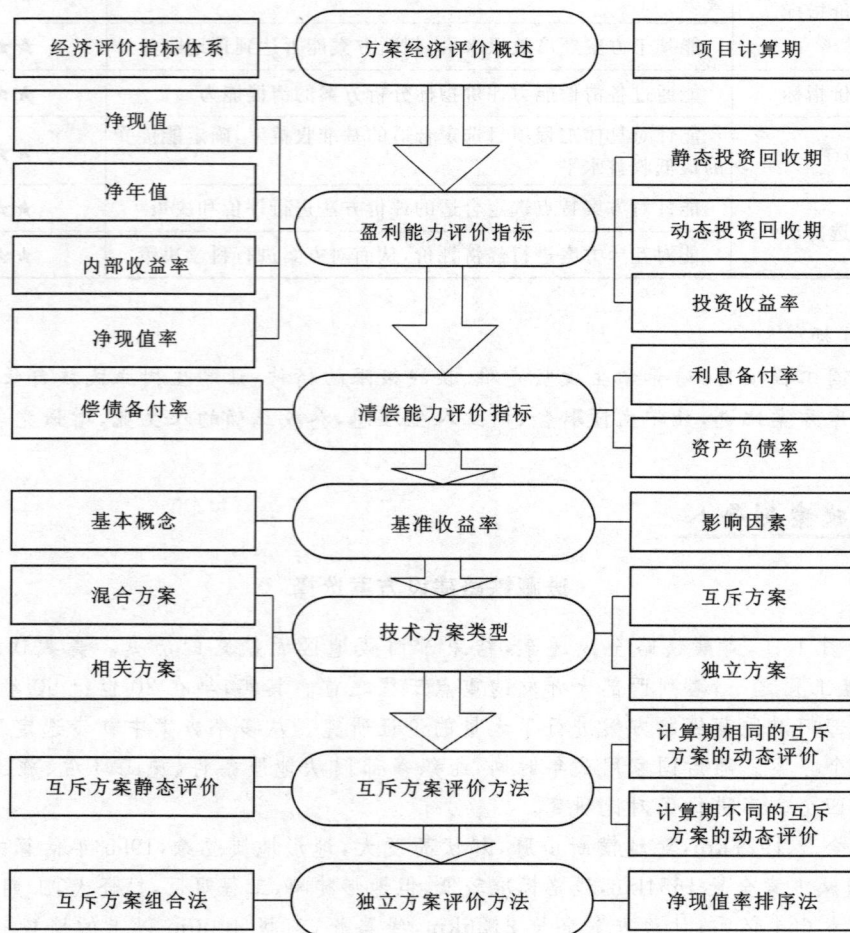

工程项目经济效果评价是项目前期工作的重要内容,是在项目初步方案的基础上,采用科学的分析方法,对拟建项目的财务可行性和经济合理性进行分析论证,确保项目决策的正确性与科学性,最大限度地提高工程项目投资的综合经济效益,降低投资风险。因此,只有合理选择与确定经济评价指标和评价方法,才能进行有效的经济分析,做出正确的投资决策。

4.1 方案经济评价概述

4.1.1 项目经济评价指标体系

经济评价指标是项目经济效益或投资效果的量化表现形式,通过对投资项目涉及的费用和效益进行量化和比较来确定。工程项目经济效果评价正确与否,不仅取决于所依托数据的准确性与真实性,还取决于评价指标的合理性。由于工程项目的复杂性,为了全面地反映项目的经济效果,形成了不同的项目经济评价指标和方法。

1.按是否考虑资金时间价值分类

按照是否考虑资金时间价值,将经济评价指标分为静态评价指标和动态评价指标,见图 4-1。

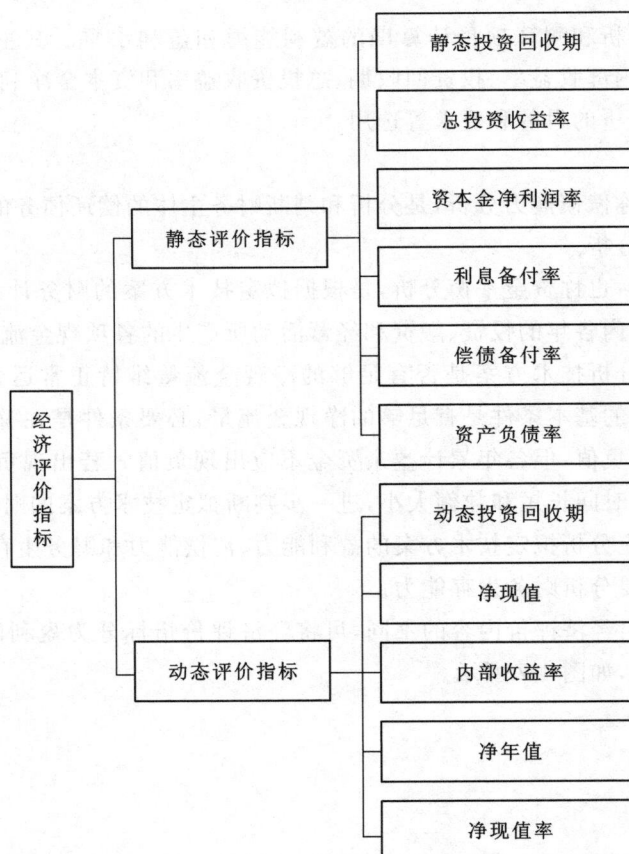

图 4-1 项目经济评价指标体系(按是否考虑资金时间价值分类)

静态评价指标，是不考虑资金时间因素，通过投资、收益、成本、利息和利润等直接计算的相关经济评价指标。因此，静态评价指标的主要特点是计算简单、使用方便。但是，静态评价指标通常不能反映方案在经济寿命期内的全部经济效果，而且没有考虑各技术方案经济寿命期的差异对经济效果的影响。此外，因为没有考虑资金的时间因素，当项目运行时间较长时，不宜用这种方法进行评价。因此，静态评价指标可用于技术方案粗略评价（项目规划、机会研究、项目建议书）、短期投资方案评价或对逐年收益大致相等的技术方案评价中。

动态评价指标，是进行方案经济评价时，将不同时点上的现金流量进行等值处理后计算的评价指标。动态评价指标弥补了静态评价指标的不足，强调利用复利方法计算资金时间价值，能为不同技术方案的经济比较提供可比基础，并反映技术方案在未来时期的发展变化情况，适用于项目整体效益评价的融资前分析或计算期较长的终评阶段。

2. 按经济评价内容分类

项目方案经济评价的内容及侧重点，应根据项目的性质、目标、投资者、财务主体以及项目对经济与社会的影响程度等情况确定。一般来讲，经济评价的内容包括盈利能力分析、清偿能力分析和财务生存能力分析等。

（1）盈利能力分析。

盈利能力分析是分析和测算项目计算期的盈利能力和盈利水平。其主要评价指标包括净现值、净年值、净现值率、内部收益率、投资回收期、总投资收益率和资本金净利润率等，可根据技术方案的特点及经济效果分析的目的和要求等选用。

（2）清偿能力分析。

清偿能力分析，又称偿债能力分析，是分析和判断财务主体的偿还债务的能力。

（3）财务生存能力分析。

财务生存能力分析，也称资金平衡分析，是根据拟定技术方案的财务计划现金流量表，通过考察拟定技术方案计算期内各年的投资、融资和经营活动所产生的各项现金流入和流出，计算净现金流量和累计盈余资金，分析技术方案是否有足够的净现金流量维持正常运营，以实现财务可持续性。实现财务可持续性的基本条件是有足够的净现金流量；必要条件是在整个运营期内允许个别年份的净现金流量出现负值，但各年累计盈余资金不应出现负值。若出现负值，应进行短期借款，同时分析该短期借款的时间长短和数额大小，进一步判断拟定技术方案的财务生存能力。

对于经营性项目，应分析拟定技术方案的盈利能力、清偿能力和财务生存能力。对于非经营性项目，经济效果评价主要分析财务生存能力。

因此，根据工程项目经济评价内容的不同，可将经济评价指标分为盈利能力指标、清偿能力指标和财务生存能力指标，如图 4-2 所示。

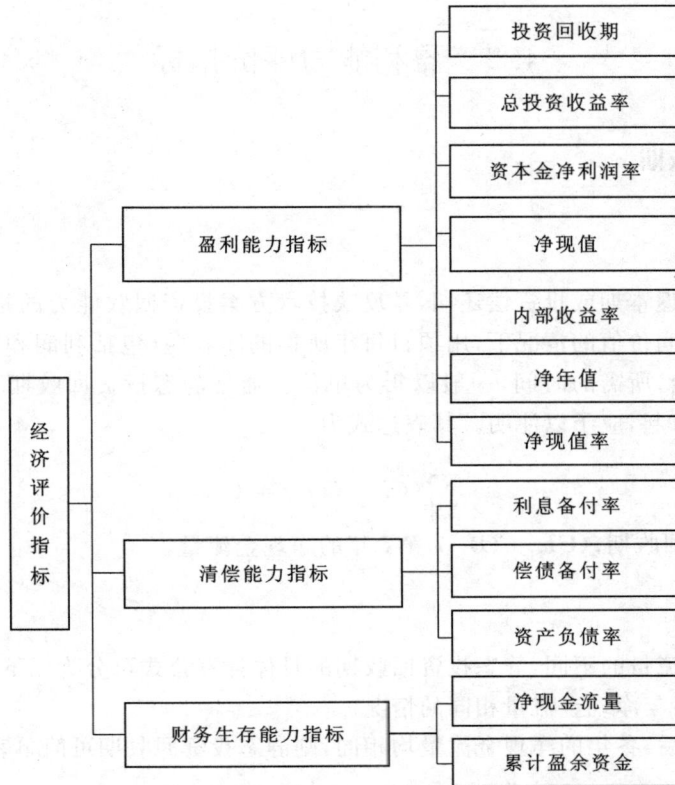

图 4-2　项目经济评价指标体系(按项目经济评价内容分类)

4.1.2　项目计算期

项目计算期也称项目经济寿命期,是对拟建项目进行经济评价所确定的项目服务年限。项目计算期包括建设期和运营期(生产期)两个阶段,如图 4-3 所示。

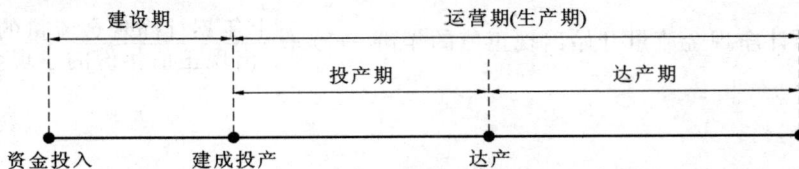

图 4-3　项目计算期

(1)建设期。

建设期是项目从资金正式投入项目建成投产为止所需的时间。建设期应参照项目建设的合理工期或项目的建设进度计划合理确定。一般来讲,建设期是经济主体为获得未来经济效益而筹措资金、垫付资金或其他资源的过程,在此期间只有投入,没有产出。因此建设期过长,会增加项目的投资成本,应在确保投资项目工程建设质量的前提下,尽可能缩短建设期。

(2)运营期。

运营期又称生产期,是项目从建成投产到全部固定资产报废为止所需的时间。运营期一般分为投产期和达产期。投产后达到设计生产能力的时间称为投产期,达到设计生产能力后的时期称为达产期。运营期的长短应根据项目特点参照项目合理经济寿命确定,运营期是项目的投资回收期和回报期,越长越好。

4.2 盈利能力评价指标

4.2.1 静态投资回收期

1. 概念

投资回收期又称返本期或投资偿还期,是反映技术方案投资回收能力的指标。静态投资回收期是在不考虑资金时间价值的情况下,用项目每年所得的净收益(包括利润和折旧)回收全部投资(建设投资与流动资金)所需的时间,一般以年为单位。通常静态投资回收期 P_t 从建设开始年算起,若从投产开始年算起,应予以注明。其表达式为

$$\sum_{t=0}^{P_t} (CI - CO)_t = 0 \tag{4-1}$$

式中,P_t 为静态投资回收期;$(CI-CO)_t$ 为第 t 年的净现金流量。

2. 实际计算公式

根据各年净现金流量的不同,静态投资回收期的具体计算公式可分为以下两种情况。

(1)项目投产后各年净现金流量相同的情况。

若项目建成投产后,各年的净现金流量均相同,则静态投资回收期可简单表示为

$$P_t = \frac{I}{A} \tag{4-2}$$

式中,I 为项目的总投资;A 为项目投产后各年的净现金流量,即 $A=(CI-CO)_t$。

(2)项目投产后各年净现金流量不同的情况。

若项目建成投产后,各年的净现金流量不相同,可以根据现金流量表计算累计净现金流量,从而计算静态投资回收期 P_t,其计算公式为

$$P_t = (累计净现金流量开始出现正值的年份 - 1) + \frac{上年累计净现金流量的绝对值}{出现正值年份的净现金流量} \tag{4-3}$$

3. 判别准则

静态投资回收期越短,表明项目投资回收越快,风险越小,抗风险的能力越强。一般将技术方案的投资回收期 P_t 与行业基准投资回收期 P_c 相比较,以决定方案是否可行。

若 $P_t \leqslant P_c$,则表明该技术方案可行;若 $P_t > P_c$,则表明技术方案不可行。

【例 4-1】 某建设项目计算期为 12 年,各年净现金流量如表 4-1 所示,试计算该项目的静态投资回收期。

表 4-1 　　　　　　　　　　　【例 4-1】现金流量表(单位:万元)

年份	1	2	3	4	5	6	7	8	9	10	11	12
净现金流量	−180	−200	−180	100	120	150	150	150	150	150	150	150

【解】 该项目各年的累计净现金流量如表 4-2 所示。

表 4-2					项目累计净现金流量(单位:万元)							
年份	1	2	3	4	5	6	7	8	9	10	11	12
净现金流量	−180	−200	−180	100	120	150	150	150	150	150	150	150
累计净现金流量	−180	−380	−560	−460	−340	−190	−40	110	260	410	560	710

根据式(4-3),该项目的静态投资回收期为

$$P_t = 8 - 1 + \frac{|-40|}{150} = 7.27(年)$$

4.优缺点

静态投资回收期容易理解,经济意义明确,计算比较简单,能在一定程度上反映资金的周转速度。但是,静态投资回收期有以下缺点:没有全面考虑方案在整个计算期内的现金流量,只考虑了投资回收之前的效果,不能反映投资回收之后的情况;没有考虑资金时间价值,因此无法判断方案的可行性,应与其他的动态指标联合使用;部门或行业的基准投资回收期 P_c 尚未确定。

【例4-2】 某水利工程项目需2年建成,每年投资50亿元,投产后每年可收回资金7.5亿元,项目建成后的寿命周期为50年,投资经费全部来自贷款,贷款利率为10%。如果用 P_t 来判断结论如何?结论是否准确?为什么?

【解】 静态投资回收期为

$$P_t = 2 \times 50 \div 7.5 = 13.3(年)$$

根据静态投资回收期,该水利项目建成后13.3年即可收回全部投资,此后剩余的36.7年可赚275.25亿元,可以说是效益非常好的项目。

但如果考虑资金时间价值,项目在投产年初欠款金额为109.75亿元。因此投产后,每年利息支出为 $109.75 \times 10\% = 10.975$(亿元),而实际年净收入为7.5亿元,不足以支付投资每年的利息,因此静态投资回收期应配合其他动态指标一起使用。

> 思政课堂:静态指标需要配合动态指标一起使用,树立多方位评价思维,懂得运用多角度、系统性评价指标分析问题,以辩证思维看世界。

4.2.2 动态投资回收期

1.基本概念

动态投资回收期,是在计算投资回收期时考虑资金时间价值,按设定的基准收益率回收全部投资所需的时间。该指标弥补了静态投资回收期未考虑资金时间价值的不足。动态投资回收期的原理公式为

$$\sum_{t=0}^{P_t'} (CI - CO)_t (1 + i_c)^{-t} = 0 \tag{4-4}$$

式中,i_c 为基准收益率;P_t' 为动态投资回收期。

2.实用公式

实际中,可根据项目的累计净现金流量现值计算动态投资回收期 P_t'。

$$P_t' =（累计净现金流量现值开始出现正值的年份数 -1）+ \frac{上一年累计净现金流量现值的绝对值}{出现正值年份的净现金流量现值}$$

(4-5)

3. 判别准则

用动态投资回收期评价投资项目的可行性时,需要与基准投资回收期 P_c' 相比较。

判别准则:若 $P_t' \leqslant P_c'$,则项目可以被接受;否则,应予以拒绝。

4. 特点

动态投资回收期考虑了资金时间价值,但是计算较为复杂,与静态投资回收期一样没有考虑投资回收期之后的现金流量情况,不能全面反映项目在整个寿命周期内的真实经济效果,通常只能作为辅助性指标。

【例 4-3】 某工程项目相关数据见表 4-3,若基准收益率为 10%,试计算其动态投资回收期。

表 4-3 某工程项目数据表(单位:万元)

年份	0	1	2	3	4	5	6	7	8
净现金流量	-2500	-2000	1500	1500	1500	1500	1500	1500	1500

【解】 各年净现金流量的现值,如表 4-4 所示。

表 4-4 【例 4-3】工程净现金流量现值(单位:万元)

年份	0	1	2	3	4	5	6	7	8
净现金流量	-2500	-2000	1500	1500	1500	1200	1200	1110	1020
净现金流量现值	-2500	-1818.18	1239.67	1126.97	1024.52	745.11	677.37	569.61	475.84
累计净现金流量现值	-2500	-4318.18	-3078.51	-1951.54	-927.02	-181.91	495.45	1065.06	1540.90

根据式(4-5),动态投资回收期 P_t' 为

$$P_t' = 6-1+ \frac{|-181.91|}{677.37}=5.27（年）$$

4.2.3 投资收益率

1. 基本概念

投资收益率又称投资效果系数或投资报酬率,是项目在正常生产年份的年净收益和技术方案投资的比值,对于项目各年的净收益额变化较大的技术方案,则应该计算生产期内年均净收益额和投资总额的比率。投资收益率表明技术方案在正常生产年份中,单位投资每年所创造的年净收益,是进行方案盈利能力分析和考察项目投资盈利水平的重要指标。其计算公式为

$$R = \frac{A}{I} \times 100\%$$

(4-6)

式中,R 为投资收益率;A 为年净收益或年均净收益;I 为投资总额。

2.判别准则

项目的投资收益率越大,表明其经济效果越好。

投资收益率的判别准则:若 $R \geqslant i_c$,则项目可以接受;否则,应予以拒绝。

3.投资收益率的具体应用

在实际评价中,根据分析目的不同,可将投资收益率分为总投资收益率和资本金净利润率。

(1)总投资收益率。

总投资收益率表示总投资的盈利水平,是项目达到设计生产能力后正常年份的年息税前利润或运营期内年均息税前利润与项目总投资的比率,又称投资报酬率。

$$ROI = \frac{EBIT}{TI} \times 100\% \qquad (4\text{-}7)$$

式中,ROI 为总投资收益率;$EBIT$ 为项目在正常年份的年息税前利润或运营期内年均息税前利润(包括年利润总额和计入年总成本费用的利息费用);TI 为项目总投资,包括建设投资、建设期利息、铺底流动资金。

若总投资收益率 ROI 大于基准收益率 i_c,表明用总投资收益率表示的盈利能力满足要求,且该指标越大越好。总投资收益率越高,表明技术方案获得的收益越多。

(2)资本金净利润率。

资本金净利润率表示技术方案资本金的盈利水平,是项目达到设计生产能力后正常生产年份的年净利润或运营期内年平均净利润与项目资本金的比率。

$$ROE = \frac{NP}{EC} \times 100\% \qquad (4\text{-}8)$$

式中,ROE 为资本金净利润率;NP 为项目在正常生产年份的年净利润或运营期内年均净利润;EC 为项目资本金。

资本金净利润率 ROE 是用来衡量技术方案资本金的获利能力的指标,资本金净利润率越高,资本金所获得的利润就越多。若资本金净利润率大于行业基准收益率,表明用资本金净利润率表示的盈利能力满足要求。

4.优缺点

投资收益率的优缺点如下。

(1)优点。

投资收益率经济意义明确、直观,计算简便,能在一定程度上反映投资效果的优劣,适用于各种投资规模。

(2)缺点。

投资收益率没有考虑资金时间因素,忽视了资金时间价值的重要性;指标计算随意性太强,正常生产年份的选择比较困难,具有一定的不确定性,不够客观。

5.适用范围与作用

(1)适用范围。

投资收益率一般用于计算期较短、不具备综合分析所需详细资料的方案,尤其适用于工程项目方案制定的早期阶段,或工艺简单且生产情况变化不大的工程项目建设方案的选择和投资经济效果的评价。

(2)作用。

总投资收益率可用于衡量整个技术方案的获利能力,总投资收益率越高,则从技术方案获得的收益就越多。资本金净利润率则可用来衡量技术方案资本金的获利能力,资本金净利润率越高,资本金所获得的利润就越多,投资盈利水平也就越高。总投资收益率与资本金净利润率也可以作为项目筹资决策参考的依据,总投资收益率和资本金净利润率高于同期银行贷款利率时,可以适度举债以提高技术方案收益;低于同期银行贷款利率时,举债不利于提高技术方案收益,而且会损害企业和投资者的利益。

【例 4-4】 某工程项目拟投入资金和利润见表 4-5,试计算该技术方案的总投资收益率和资本金净利润率。

表 4-5 某工程项目拟投入资金和利润(单位:万元)

项目	年份						
	1	2	3	4	5	6	7~10
1 建设投资							
1.1 自有资金	1200	340					
1.2 贷款本金		2000					
1.3 贷款利息(年利率 6%,投产后前 4 年等额还本)		60	123.6	92.7	61.8	30.9	
2 流动资金							
2.1 自有资金			300				
2.2 贷款			100	400			
2.3 贷款利息(年利率 4%)			4	20	20	20	20
3 所得税前利润			−50	550	590	620	650
4 税后利润(所得税率 25%)			−50	425	442.5	465	487.5

【解】 (1)总投资收益率 ROI。

项目总投资 $TI=1200+340+2000+60+300+100+400=4400(万元)$

年息税前利润 $EBIT=\dfrac{(123.6+92.7+61.8+30.9+4+20\times7)+(-50+550+590+620+650\times4)}{8}$

$=595.4(万元)$

因此,总投资收益率为

$$ROI=\frac{EBIT}{TI}\times100\%=\frac{595.4}{4400}\times100\%=13.53\%$$

(2)资本金净利润率 ROE。

项目资本金 $EC=1200+340+300=1840(万元)$

年净利润 $NP=(-50+425+442.5+465+487.5\times4)/8=404.06(万元)$

资本金净利润率 $ROE=\dfrac{NP}{EC}\times100\%=\dfrac{404.06}{1840}\times100\%=21.96\%$

4.2.4　净现值

1.概念

净现值是反映技术方案在整个计算期内获利能力的动态指标。净现值是按照设定的基准收益率 i_c，将项目在整个计算期内各时点的净现金量折现到建设期期初的现值之和。净现值 NPV 计算示意图如图 4-4 所示。

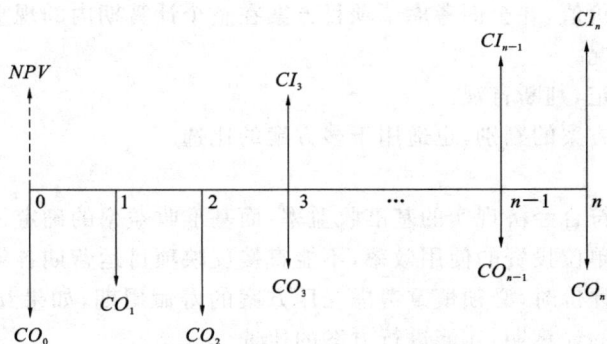

图 4-4　净现值 NPV 计算示意图

$$NPV = \sum_{t=0}^{n}(CI - CO)_t(1 + i_c)^{-t} \tag{4-9}$$

式中，NPV 为净现值；$(CI-CO)_t$ 为第 t 期的净现金流量，i_c 为基准收益率；n 为方案计算期。

2.判别准则

净现值是评价项目方案盈利能力的绝对指标，其判别准则如下：

(1)当 $NPV>0$ 时，说明技术方案除了满足基准收益率要求的盈利水平以外，还有超额收益，超额部分的现值记为 NPV，因此该方案可行。

(2)当 $NPV=0$ 时，说明技术方案的投资收益率刚好满足基准收益率要求的盈利水平，因此该方案在财务上是可行的。

(3)当 $NPV<0$ 时，说明技术方案的投资收益率不能满足基准收益率要求的盈利水平，因此该方案不可行。$NPV<0$，并不意味着这是一个亏损方案，仅能说明方案未达到规定基准收益率的盈利水平。

【例 4-5】　某项目的总投资为 5000 万元，投产后每年净收益为 800 万元，产品经济寿命期为 10 年，在 10 年末回收残值 200 万元，基准收益率为 10%，试用净现值判断投资方案的经济可行性。

【解】　该项目的现金流量图如图 4-5 所示。

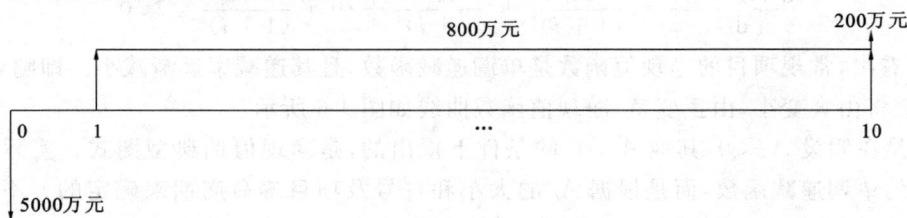

图 4-5　【例 4-5】现金流量图

项目的净现值为

$$NPV = -5000 + 800(P/A, 10\%, 10) + 200(P/F, 10\%, 10) = -7.22(万元)$$

由于 $NPV < 0$，因此项目经济上不可行。

3. 优缺点

（1）优点。

①经济意义明确，能够直接以货币额表示项目的盈利水平。

②考虑了资金时间价值，并全面考虑了项目方案在整个计算期内的现金流量情况，能够比较全面地反映方案的经济状况。

③评价标准容易确定，判断直观。

④不仅能用于单一方案的判别，也适用于多方案的比选。

（2）缺点。

①需要先确定一个符合经济现实的基准收益率，而基准收益率的确定往往比较复杂。

②不能反映投资中单位投资的使用效率，不能直接反映项目运营期各年的经济效益。

③在进行互斥方案评价时，必须慎重考虑互斥方案的寿命周期，如果互斥方案寿命周期不等，则必须先构造一个相同的计算期，才能进行方案的比选。

④与投资回收期相比，净现值不能反映投资回收速度。

4. 净现值函数

根据净现值计算公式，净现值的大小取决于基准收益率定的高低，若将收益率 i 看作未知量，则净现值 NPV 是收益率（折现率） i 的函数，其表达式为

$$NPV(i) = \sum_{t=0}^{n} (CI - CO)_t (1+i)^{-t} \tag{4-10}$$

下面讨论常规投资项目（计算期内开始有投资，然后有收益，即净现金流量序列的符号只改变一次）的净现值与折现率之间的关系。工程经济分析中，折现率取值范围为 $-1 < i < +\infty$（对大多数工程经济实际问题来说，$0 \leqslant i < +\infty$）。以 A_t 表示第 t 年的净现金流量 $(CI-CO)_t$，针对常规投资方案的简单情况进行分析，即 $A_0 < 0$，其他 $A_t > 0$。则

$$NPV(i) = A_0 + \frac{A_1}{1+i} + \frac{A_2}{(1+i)^2} + \cdots + \frac{A_n}{(1+i)^n} \tag{4-11}$$

若净现值函数在 $-1 < i < +\infty$ 内是连续的，则 $NPV(i)$ 为连续函数，则其一阶导数和二阶导数分别为

$$\frac{\mathrm{d}NPV(i)}{\mathrm{d}i} = -\left[\frac{A_1}{(1+i)^2} + \frac{A_2}{(1+i)^3} + \cdots + \frac{A_n}{(1+i)^{n+1}} \right] \leqslant 0 \tag{4-12}$$

$$\frac{\mathrm{d}^2 NPV(i)}{\mathrm{d}i^2} = \frac{A_1}{(1+i)^3} + \frac{A_2}{(1+i)^4} + \cdots + \frac{A_n}{(1+i)^{n+2}} \geqslant 0 \tag{4-13}$$

由此可看出，常规项目的净现值函数是单调递减函数，且其递减率逐渐减小。即随着折现率的增大，净现值将由大变小，由正变负，净现值函数曲线如图 4-6 所示。

图 4-6 是在假设 $A_0 < 0$，其他 $A_t > 0$ 的条件下得出的，是净现值的典型图式。实际上，净现值并不总是 i 的单调递减函数，而是根据 A_t 的大小和符号及项目寿命周期来确定的。不过，对于常规投资项目，$NPV(i)$ 的总体趋势是随着 i 的增大而减小。

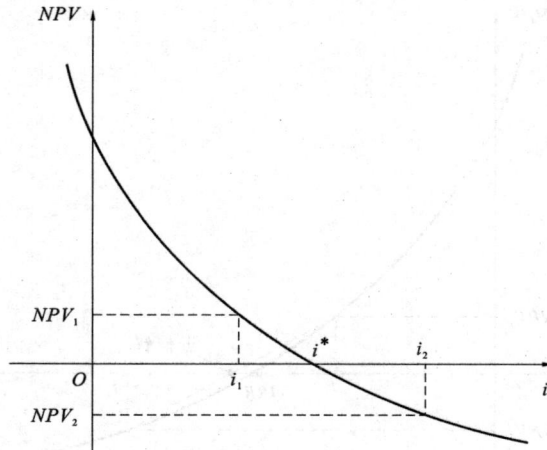

图 4-6 净现值函数

根据净现值判别准则，$NPV(i) \geqslant 0$，方案或项目可以接受。由于净现值函数是递减函数，因此折现率越高，方案被接受的可能性越小。很明显，随着 i 的增大，函数曲线与横轴相交时，$NPV(i) = 0$，此时 i^* 是净现值判别准则的分水岭，将其称为内部收益率。因此，可看出基准收益率确定得合理与否，对投资方案经济效果的评价结论有直接的影响，过高或过低都会导致决策失误。

4.2.5 内部收益率

1. 概念

内部收益率，又称内部报酬率，是使计算期内各年净现金流量的现值累计等于零时的折现率。即取内部收益率作为折现率时，项目现金流入的现值之和等于现金流出的现值之和。该指标表示对初始投资的恢复能力，是考察项目资金使用效率的主要动态指标。

2. 计算公式

内部收益率的计算公式如下：

$$NPV(i) = \sum_{t=0}^{n} (CI - CO)_t (1 + IRR)^{-t} = 0 \tag{4-14}$$

式中，IRR 为内部收益率；其余符号含义同前。

内部收益率不是事先确定的基准收益率，而是一个未知的折现率。内部收益率可通过式(4-14)求解，但该式是高次方程，不易求解。利用此公式直接求解 IRR 比较复杂，实际中可用线性插值法求内部收益率 IRR 的近似解。其原理如图 4-7 所示，求解步骤如下。

（1）初步估算 IRR 的初值。

（2）试算，选定折现率 i_1 和 $i_2(i_1 < i_2)$，分别计算净现值 NPV_1 和 NPV_2，若净现值 $NPV_1 > 0$，$NPV_2 < 0$，则 IRR 一定在 i_1 和 i_2 之间。

（3）用线性插值法求内部 IRR 的近似值，计算公式为

$$IRR = i_1 + \frac{NPV_1}{NPV_1 + |NPV_2|} (i_2 - i_1) \tag{4-15}$$

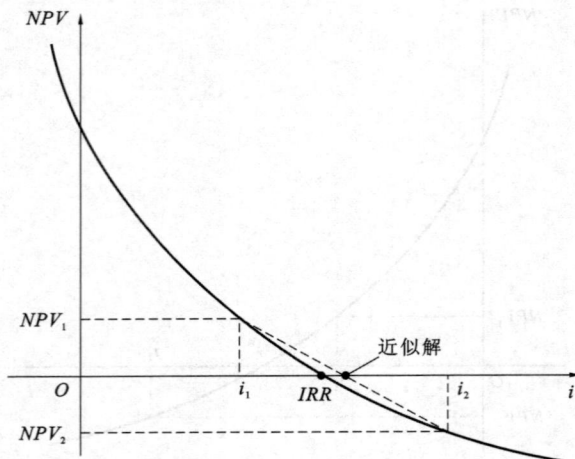

图4-7 内部收益率线性插值示意图

为保证 IRR 的精度，i_1 和 i_2 之间的差距一般不超过2%，最大不宜超过5%。线性插值法仅适用于常规投资项目。对于此类项目，只要累计净现金流量大于零，就有唯一解，该解就是项目的 IRR。

3.判别准则

内部收益率 IRR 与基准收益率 i_c 相比，判别准则如下：若 $IRR \geqslant i_c$，说明项目的收益率已达到或超过基准收益率水平，则项目可行；若 $IRR < i_c$，说明项目的收益率未达到基准收益率水平，则项目不可行。

【例4-6】 某工程项目各年的净现金流量如表4-6所示。若基准收益率为10%，试用内部收益率判别该项目的经济可行性。

表4-6　　　　　　　　【例4-6】项目净现金流量（单位：万元）

时点	0	1	2	3	4	5	6
净现金流量	−200	35	50	50	50	50	50

【解】 （1）绘制现金流量图，如图4-8所示。

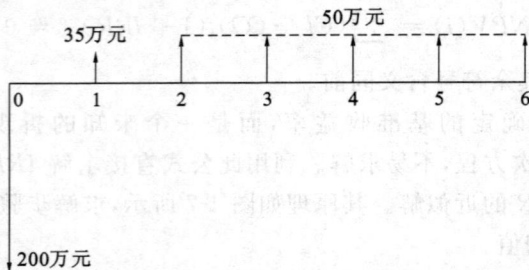

图4-8 【例4-6】现金流量图

（2）线性插值法试求内部收益率 IRR。
$$NPV(i) = -200 + 35(P/F,i,1) + 50(P/A,i,5)(P/F,i,1)$$
取 $i_1 = 10\%$，则
$$NPV(i_1) = -200 + 35(P/F,10\%,1) + 50(P/A,10\%,5)(P/F,10\%,1) = 4.13（万元）$$
取 $i_2 = 12\%$，则

$$NPV(i_2) = -200 + 35(P/F,12\%,1) + 50(P/A,12\%,5)(P/F,12\%,1) = -7.81(万元)$$

可看出，IRR 在 $10\% \sim 12\%$ 之间，由式(4-15)采用线性插值法可得：

$$IRR = i_1 + \frac{NPV_1}{NPV_1 + |NPV_2|}(i_2 - i_1) = 10\% + \frac{4.13}{4.13 + 7.81}(12\% - 10\%) = 10.69\%$$

4.优缺点

(1)优点。

①考虑了资金时间价值及项目在整个计算期内的经济状况，能够直接衡量项目投资的盈利能力和反映项目的投资使用效率。

②内部收益率的大小不受外部参数的影响，是考察技术方案盈利能力的相对值指标。其值取决于项目的净现金流量系列的情况，这种项目内部决定性使其不需要事先确定一个基准收益率，而只需要知道基准收益率的大致范围即可。

(2)缺点。

①相对于净现值和净年值等动态指标，内部收益率的计算过程较烦琐。

②只适用于独立方案的经济评价和可行性判断，一般不能直接用于互斥方案和相关方案的比较和选择，也不能对独立方案进行优劣排序。另外，内部收益率也不适用于只有现金流入或现金流出项目的经济评价。

③对于非常规投资项目来说，其内部收益率往往不是唯一的，在某些情况下甚至不存在。

5.经济含义

内部收益率的经济含义是投资方案占用的尚未回收资金的获利能力，它取决于项目内部。由此可见，项目的内部收益率是项目到计算期末恰好将未收回的资金全部收回来的折现率。它能反映项目自身的盈利能力，其值越高，方案的经济性越好。当用 NPV 判断出某项目可行时，那么用 IRR 判断该项目绝对是可行的；当用 NPV 判断出某项目不可行时，那么用 IRR 判断该项目也不可行。即独立方案用内部收益率与净现值评价的结论通常一致。

4.2.6 净年值

净年值又称等额年值、等额年金，是将计算期内各年净现金流量按基准收益率等值为等额年金，是考察项目投资盈利能力的指标。其计算公式为

$$NAV = \sum_{t=0}^{n}(CI - CO)_t(1+i_c)^{-t}(A/P,i,n) = NPV(A/P,i,n) \tag{4-16}$$

由式(4-16)可看出，净年值与净现值同时为正值或负值，两者对项目评价的结论是一致的。净年值表示项目在整个计算期内获得超出基准收益率水平的超额收益的年值。

净年值的判别准则：$NAV \geq 0$，则该项目在经济上可以接受；$NAV < 0$，则应予以拒绝。

【例4-7】 某项目第 1 年年初固定资产投资为 150 万元，建设期为 2 年，第 2 年年底建成并投产运行，投产时需要流动资金 30 万元，年经营成本 60 万元。若项目每年可获得销售收入 98 万元，项目服务年限为 10 年，到时回收残值 20 万元，年利率为 10%。试计算该项目的净年值。

【解】 根据题意画出现金流量图，如图 4-9 所示。

$$NAV = [-150 - 30(P/F,10\%,2) + (98-60)(P/A,10\%,10)(P/F,10\%,2) + (20+30)(P/F,10\%,12)](A/P,10\%,12) = 5.01(万元)$$

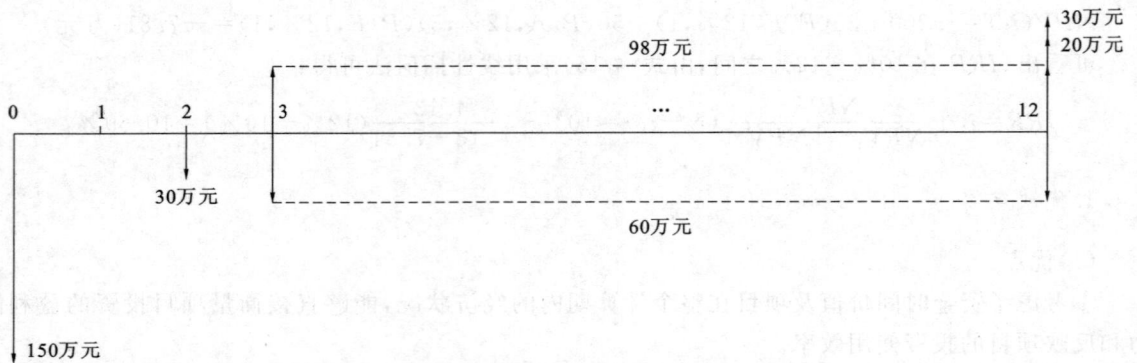

图 4-9 【例 4-7】现金流量图

由于 $NAV > 0$,说明该项目经济效益良好,方案可行。

4.2.7 净现值率

多方案比选时,虽然净现值能反映每个方案的盈利水平,但是由于没有考虑每个方案的投资额,容易选到投资额大、盈利多的方案,而忽视投资少、盈利较多的方案。为更好地反映资金的利用效率,可将净现值率作为净现值的辅助评价指标。

净现值率是项目净现值与项目全部投资现值的比率,其经济含义是单位投资现值所能带来的净现值,是一个考察项目单位投资盈利能力的指标。

$$NPVR = \frac{NPV}{I_P} \times 100\%$$ (4-17)

式中,$NPVR$ 为净现值率;I_P 为总投资的现值。

净现值率的判别准则:$NPVR \geqslant 0$,则方案可行;$NPVR < 0$,则方案不可行。

用净现值率进行多方案比选时,净现值率越大,说明方案的经济效果越优。

4.3 清偿能力评价指标

举债经营是企业经营的显著特点,工程项目清偿能力是项目融资分析的重要内容,也是项目投资者和债权人共同关心的问题。因此,企业清偿能力指标是判断和评价项目经济效果的重要指标。

4.3.1 利息备付率

1.概念

利息备付率,又称已获利息倍数,表示项目在借款偿还期内各年可用于支付利息的息税前利润与当期应付利息的比率。该指标从付息资金来源的充裕性角度反映项目偿付债务利息的保障程度。

2.计算公式

利息备付率计算公式如下:

$$ICR = \frac{EBIT}{PI} \times 100\%$$ (4-18)

式中,ICR 为利息备付率;$EBIT$ 为息税前利润,息税前利润=利润总额+计入总成本费用的利息费用；PI 为当期应付利息，是计入总成本费用的全部利息费用。

3. 判别准则

利息备付率可以按年计算，也可以按整个借款期的总额计算。利息备付率表示用项目的息税前利润偿付利息的保证倍率。对于正常运营的企业，利息备付率应大于 1；否则表示付息能力保障程度不足。我国规定利息备付率一般不宜低于 2。

4.3.2　偿债备付率

1. 概念

偿债备付率，表示项目在借款偿还期内，各年可用于计算还本付息资金与当期应还本付息金额的比值。

2. 计算公式

偿债备付率计算公式如下：

$$DSCR = \frac{EBITDA - TAX}{PD} \times 100\% \qquad (4-19)$$

式中，$DSCR$ 为偿债备付率；$(EBITDA - TAX)$ 为可用于还本付息的资金，包括可用于还款的折旧和摊销，在成本中列支的利息费用、可用于还款的利润等，要扣除所得税 TAX；PD 为当期应还本付息金额，包括当期应还贷款本金及计入成本的利息。

3. 判别准则

偿债备付率可分年计算，也可在借款偿还期内按总额计算。偿债备付率表示可用于还本付息的资金偿还借款本息的保证倍率，偿债备付率在正常情况下应大于 1。根据我国历史统计数据，该指标不宜低于 1.3。当指标小于 1 时，表示当年资金来源不足以偿付当期债务，需要通过短期借款偿付已到期债务。

4.3.3　资产负债率

1. 概念

资产负债率，又称举债经营比率，是期末负债总额与资产总额的比率，常用来衡量企业利用债权人提供资金进行经营活动的能力，反映债权人所提供的资金占全部资金的比重，以及企业资产对债权人权益的保障程度，同时可反映项目的长期偿债能力。

2. 计算公式

资产负债率计算公式如下：

$$LOAR = \frac{TL}{TA} \times 100\% \qquad (4-20)$$

式中，$LOAR$ 为资产负债率；TL 为期末负债总额，包括长期负债和流动负债；TA 为期末资产总额，包括流动资产、固定资产、无形资产和递延资产、长期投资及其他资产。

3. 判别准则

适当的资产负债率,表明企业经营安全、稳健,具有较强的筹资能力,也表明企业和债权人的风险较小。从债权人的立场看,资产负债率越低越好,企业偿债有保证,债权人不会有太大风险;从股东的立场看,在全部资本利润率高于借款利息率时,资产负债率应尽量高一些,这样股东所得到的利润就会加大,但也不可过高;从财务管理的角度看,在进行借入资本决策时,企业应当审时度势,全面考虑,充分估计预期的利润和增加的风险,权衡利害得失,做出正确的分析和决策。

4.4 基准收益率

基准收益率是评价工程经济效益合理性的尺度,是计算净现值等经济评价指标和评价方案优劣的基础,是一个重要的经济参数,基准收益率的高低会直接影响经济评价的结果,改变方案比较的优劣顺序。如果定得过高,可能会使许多经济效益好的方案不被采纳;如果定得过低,则可能使一些经济效益并不好的方案被接受。因此,基准收益率在工程经济分析评价中有着极其重要的作用。

4.4.1 基本概念

基准收益率,又称基准折现率或基准贴现率,是企业或行业或投资者以动态观点(结合行业特点、行业资本构成的情况,并分析一定时期内国家和行业发展状况、相关政策、资金时间价值、技术方案目标等,结合多种因素综合测定)所确定的可接受的投资方案的最低收益水平。基准收益率表明投资决策者对项目资金时间价值的估价,是投资资金应当获得的最低盈利水平,是评价和判断投资方案是否可行的一个重要经济参数。

基准收益率的测定可采用代数和法、资本资产定价模型法、加权平均资金成本法、典型项目模拟法、德尔菲专家调查法等,也可同时采用多种方法进行测算,将不同方法测算的结果互相验证,经协调后确定。若采用代数和法,基准收益率可表示为

$$i_c = (1 + i_1)(1 + i_2)(1 + i_3) - 1 \approx i_1 + i_2 + i_3 \tag{4-21}$$

式中,i_c 为基准收益率;i_1 为单位投资的资金成本和机会成本中的较大者;i_2 为风险补贴率,又称风险报酬率;i_3 为通货膨胀率。

4.4.2 影响因素

基准收益率的取值应体现对项目风险程度的估计。基准收益率一般以行业的平均收益率为基础,同时综合考虑技术方案的特点、资金成本、投资机会成本、风险补贴率、通货膨胀率等影响因素。对于国家投资的项目,由国家计划委员会按照企业和行业投资收益率,并考虑产业政策、资源劣化程度、技术进步和价格变动等因素,针对不同行业确定颁布基准收益率。对于非国家投资项目,基准收益率由投资者自行确定,但应考虑以下因素。

1. 资金成本和投资机会成本 i_1

(1)资金成本。

资金成本是为取得资金使用权所支付的费用,主要由资金筹集成本和资金使用成本组成。资金筹集成本是在筹集资金过程中发生的各项费用,如发行债券的注册费、向银行贷款而支付的手续费等。资金使用成本又称资金占用费,是因使用资金而向资金提供者支付的报酬,如支付给股东的

股利、向债权人支付的贷款利息及支付给其他债权人的各种利息费用等。

资金筹集成本属于一次性费用,在资金使用过程中不再发生,而资金使用成本却在资金使用过程中多次发生。项目投资后所获得利润额必须能够补偿资金成本,才能有利可言。因此,基准收益率最低限度应不小于资金成本,否则无利可图。

(2)投资机会成本。

投资机会成本是投资者将有限资金用于除拟建项目以外的其他投资机会所能获得的最好收益。由于资金有限,当把资金投入拟建项目时,将失去从其他投资项目中获得收益的机会。因此,基准收益率 i_c 应不低于单位资金成本和单位投资机会成本中的最大值,这样才能使资金得到最有效的利用。即:

$$i_c \geqslant i_1 = \max\{单位资金成本,单位投资机会成本\} \tag{4-22}$$

2. 风险补贴率 i_2

在整个项目计算期内,存在着发生不利于项目的环境变化的可能性,这种变化难以预料,即投资者要冒着一定风险作决策。所以,在确定基准收益率时,仅考虑资金成本、投资机会成本因素是不够的,还应考虑风险因素。通常以一个适当的风险补贴率 i_2 来提高 i_c 的值。也就是说,以一个收益水平增量补偿投资者所承担的风险,风险越大,补贴率越高。为此,投资者自然要求获得较高的利润,否则他是不愿去冒风险的。为了限制对风险大、盈利低的项目进行投资,可以采取提高基准收益率的办法来进行项目经济评价。在中国境外投资的技术方案基准收益率的测定,应首先考虑国家风险因素。

3. 通货膨胀率 i_3

在通货膨胀的影响下,各种材料、设备、房屋、土地的价格以及人工费都会上升。为反映和评价拟建项目在未来的真实经济效果,在确定基准收益率时,应考虑通货膨胀因素。通货膨胀的影响用通货膨胀率 i_3 来表示,通货膨胀率主要表现为物价指数的变化,即通货膨胀率约等于物价指数变化率。由于通货膨胀年年存在,因此通货膨胀的影响具有复利性质。一般每年的通货膨胀率是不同的,但为了便于研究,通常取一段时间的平均通货膨胀率,即在所研究的计算期内,通货膨胀率可视为固定不变的。

4. 资金限制

资金越少,越需要精打细算,使之得到更加有效的利用。因此,资金短缺时,应采取高基准收益率的办法进行项目经济评价,以筛选掉盈利能力较低的项目。

5. 环境影响程度

项目对生态环境破坏程度越大,越应提高基准收益率,提高项目准入门槛。

4.5　技术方案类型

在项目投资决策时,会有多个备选方案,多方案比选就是根据实际情况,根据方案的类型,通过选择适当的经济评价方法和指标,对各个方案的经济效益进行比较,最终选择出具有最佳投资效果的方案。

技术方案类型是一组备选方案之间所具备的相互关系,主要分为单一方案和多方案两种情况。单一方案评价,即投资项目的方案只有一种,或虽有多个方案但彼此之间互相独立,直接采用经济评价指标进行分析即可。一般来说,根据多方案之间的经济关系类型,一组备选方案之间的各种关系类型主要有独立方案、互斥方案、混合方案和相关方案,见图 4-10。独立方案和互斥方案是经济效果评价中最常见的两类方案。

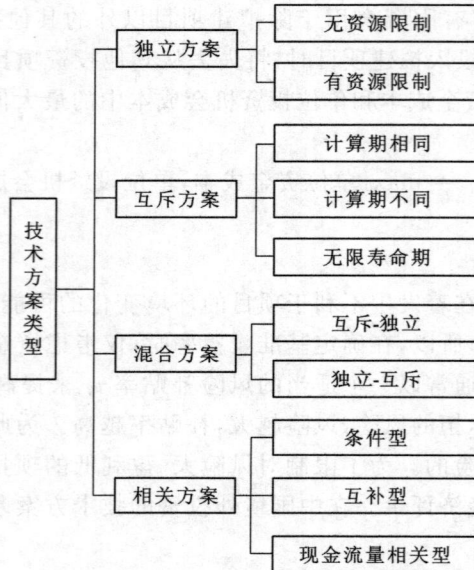

图 4-10 技术方案类型

1. 独立方案

独立方案是指各个投资方案的现金流量是相互独立的,不具有相关性,选择其中的一个方案并不排斥接受其他方案,即一个方案的采用与否与其可行性有关,而与是否采用其他方案没有关系。例如,某地区为实现社会经济的发展,可建设交通运输项目、资源开发项目、环境保护项目、高新技术产业项目等,在项目功能不存在矛盾的前提下,这些项目可视为独立方案。单一方案是独立方案的特例。

2. 互斥方案

互斥方案是指各个方案之间存在着互不相容、互相排斥的关系,各个方案可以互相代替,方案具有排他性。进行方案比选时,在多个备选方案中只能选择一个,其余的方案均须放弃,不能同时存在。例如一个建设项目的厂址选择、一座建筑物结构类型的选择、一座水库坝高的选择等。互斥型方案的经济比选,不仅需要考察各方案自身的经济效果,还需要考察哪个方案的经济效果相对最好。

3. 混合方案

混合方案是指在一组方案中,方案之间有些具有互斥关系,有些具有独立关系。混合方案在结构上又可组织成 2 种形式,其中独立-互斥方案是更常见的形式,混合方案多为这种形式。

(1)独立-互斥方案。

在一组独立方案中,每个独立方案下又有若干个互斥方案的形式。例如,某施工企业现欲参加工程 A 和工程 B 的投标,如果没有资源和其他条件的限制,显然 A、B 是相互独立的。施工企业针对这 2 个工程分别制作了不同报价的标书：A_1、A_2、A_3 和 B_1、B_2。则 A_1、A_2、A_3 是一组互斥方案，B_1、B_2 也是一组互斥方案，见图 4-11。

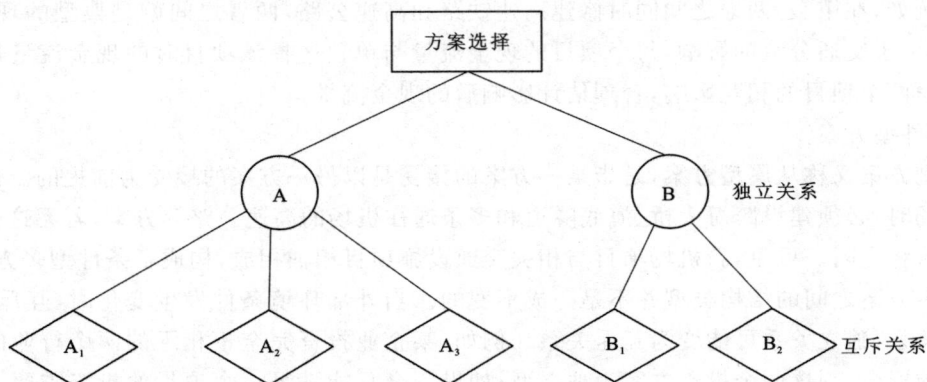

图 4-11　独立-互斥方案

（2）互斥-独立方案。

在一组互斥方案中，每个互斥方案下又有若干个独立方案。例如，某企业现面临两个投资机会，一个是投资住宅项目 C，另一个是厂房项目 D，由于资金有限，只能在这两个项目中选择其一，显然 C 和 D 是互斥的。其中，住宅项目 C 的户型可分为四室两厅的大户型 C_1、三室两厅的普通户型 C_2 和两室一厅的小户型 C_3；厂房项目 D 可分为双层厂房 D_1 和 5 层办公楼 D_2。很显然，C_1、C_2 和 C_3 是一组独立方案，D_1 和 D_2 也是一组独立方案，见图 4-12。

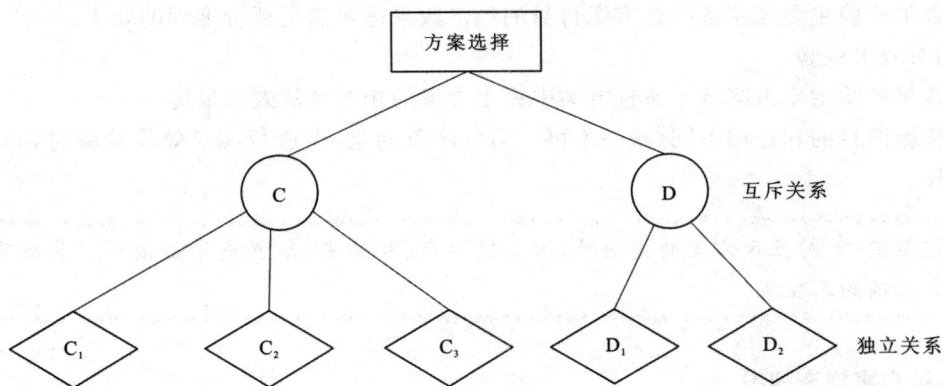

图 4-12　互斥-独立方案

4.相关方案

相关方案是指在一组备选方案中，若采纳或放弃某一方案，会影响其他方案的现金流量；或者采纳或放弃某一方案，会影响其他方案被采纳或放弃；或者采纳某一方案必须以先采纳其他方案为前提等。常见的相关方案有互补型方案、现金流量相关型方案和条件型方案。

（1）互补型方案。

互补型方案是指执行一个方案会增加另一个方案的效益，方案之间存在互为利用、互为补充的关系。例如，设计建筑物 A 时，可增加一个节能系统 B，该系统 B 不仅环保而且美观，A 与 B 构成了互补型方案，但节能系统 B 并非建筑物的必要条件。

（2）现金流量相关型方案。

现金流量相关型方案是指在一组方案中,方案之间不完全是排斥关系,也不完全是独立关系,但其中某一方案的采用与否会对其他方案的现金流量造成一定的影响,进而影响其他方案被采纳或放弃。例如,在甲、乙两地之间同时修建高速铁路和高速公路,两者之间就是典型的现金流量相关型关系,由于交通分流的影响,每个项目的现金流量与单独选择该项目时的现金流量是不同的,要充分考虑两个项目的相互影响,合理估计影响后的现金流量。

(3)条件型方案。

条件型方案又称从属型方案,是指某一方案的接受是以另一方案的接受为前提的。例如,某地建设新机场时,必须建设跨海大桥、海底隧道和多条通往机场的高速公路等方案,若无这些方案,新机场的运营将受阻。可见,新机场项目与相关交通设施项目相辅相成,构成了条件型多方案。

一组多方案之间的结构类型并不是一成不变的。当外部环境条件发生变化时,互斥关系可能变为独立关系,独立关系可能变为互斥关系。例如,某企业投资完全不相干的两个行业的项目,如果有足够的资金,则这两个投资方案为独立型;如果资金只能满足一个项目的投资需要,则这两个投资方案为互斥型。

4.6　互斥方案评价方法

互斥方案具有排他性,因此若干方案只能选择一个方案实施。为使资金发挥最大效益,选出的方案应是若干备选方案中经济性最优的。为此,互斥方案经济效果评价应包含以下两个方面:

(1)绝对效果检验。

绝对效果检验主要考察各备选方案自身的经济效果是否满足评价准则的要求。

(2)相对效果检验。

相对效果检验主要考察若干备选方案中哪个方案的相对经济效果最优。

两种检验的目的和作用不同,缺一不可。需要注意的是,在进行相对效果检验时,必须满足方案可比条件。

> **思政课堂**:针对互斥方案的排他性,结合钱学森、邓稼先、华罗庚等归国科学家故事,培养学生形成正确的人生观。

4.6.1　互斥方案静态评价

互斥方案可采用增量投资收益率、增量投资回收期、年折算费用、综合总费用等评价指标进行相对经济效果的静态评价。

1.增量投资收益率

令方案1和方案2为互斥方案,当其生产规模相同或基本相同时,如其中一个方案的投资额和总成本费用都为最小,则该方案就是最理想的方案。但是,在实践中经常出现的情况是,某一个方案的投资额小,但总成本费用却较高;而另一方案正相反,其投资额较大,但总成本费用却较小。这样投资大的方案与投资小的方案就形成了增量投资,但投资大的方案总成本费用较低,它相比投资小的方案在总成本费用上又有节约。增量投资所带来的总成本费用上的节约或增量净现金流量与增量投资之比就叫增量投资收益率,又称差额投资收益率。

现假设方案 1 和方案 2 的投资额分别为 I_1 和 I_2，经营成本分别为 C_1 和 C_2，年净现金流量分别为 A_1 和 A_2 而且 $I_1 < I_2$，$C_1 > C_2$，$A_1 < A_2$，则增量投资收益率 ΔR 为

$$\Delta R = \frac{C_1 - C_2}{I_2 - I_1} \times 100\% = \frac{A_2 - A_1}{I_2 - I_1} \times 100\% \tag{4-23}$$

判别准则：$\Delta R \geqslant i_c$，则投资大的方案更优；$\Delta R < i_c$，则投资小的方案更优。

【例 4-8】　甲、乙两个方案同时投入使用，效益相同，计算期相同。若甲方案投资为 10000 万元，年经营成本为 8000 万元；乙方案投资为 5000 万元，年经营成本为 9000 万元。若基准投资收益率为 8%，试选择较优的方案。

【解】　根据式（4-23），计算甲、乙两个方案的增量投资收益率：

$$\Delta R = \frac{9000 - 8000}{10000 - 5000} \times 100\% = 20\%$$

$\Delta R > 8\%$，因此投资大的甲方案更优。

2.增量投资回收期

当互斥方案的产量相等时，增量投资回收期 ΔP_t 就是用经营成本的节约或增量净现金流量来补偿其增量投资所需的年限。

当各年经营成本的节约（$C_1 - C_2$）或增量净现金流量（$A_2 - A_1$）基本相同时，其计算公式为

$$\Delta P_t = \frac{I_2 - I_1}{C_1 - C_2} = \frac{I_2 - I_1}{A_2 - A_1} \tag{4-24}$$

当各年经营成本的节约（$C_1 - C_2$）或增量净现金流量（$A_2 - A_1$）差异较大时，其计算公式为

$$I_2 - I_1 = \sum_{t=1}^{\Delta P_t}(C_1 - C_2) = \sum_{t=1}^{\Delta P_t}(A_2 - A_1) \tag{4-25}$$

判别准则：若 $\Delta P_t < P_c$，则投资大的方案更优；反之，投资小的方案更优。

【例 4-9】　某工程原技术方案的投资为 120 万元，年经营成本为 32 万元。现有一新技术方案，与原方案应用环境、施工效果相同，投资额为 160 万元，年经营成本为 27 万元。若基准投资回收期为 10 年，是否采用新技术方案？

【解】　根据式（4-24），其增量投资回收期为

$$\Delta P_t = \frac{160 - 120}{32 - 27} = 8（年）$$

由于 $\Delta P_t < 10$ 年，则新技术方案更优，建议采用新技术方案。

3.年折算费用和综合总费用

当互斥方案个数较多且产量相同时，用增量投资回收期和增量投资收益率的方法均要两两比较，逐个淘汰，比较烦琐，此时可采用年折算费用和综合总费用使计算更简单，评价准则更为直观明确。

（1）年折算费用。

年折算费用将投资额用基准投资回收期分摊到各年，再与各年的年经营成本相加，构成年折算费用，可将多方案同时比较。

$$Z_j = \frac{I_j}{P_c} + C_j \tag{4-26}$$

式中，Z_j 为第 j 个方案的年折算费用；I_j 为第 j 个方案的总投资；P_c 为基准投资回收期；C_j 为第 j 个方案的年经营成本。

采用年折算费用进行多方案比选时,其判断准则:年折算费用最小的方案为最优方案。

（2）综合总费用。

综合总费用是方案投资与基准投资回收期内年经营成本的总和,即基准投资回收期内年折算费用的总和。其计算公式为

$$S_j = I_j + P_c C_j \tag{4-27}$$

式中,S_j 为第 j 个方案的综合总费用;其余符号含义同前。

采用综合总费用进行多方案比选时,其判别准则为:综合总费用最小的方案为最优方案。

【例 4-10】 某工程项目有 4 个备选方案,其费用如表 4-7 所示,基准投资回收期为 5 年,试用年折算费用选择最优方案。

表 4-7　　　　　　　　　　　某工程各方案的费用(单位:万元)

方案	方案 1	方案 2	方案 3	方案 4
投资	2200	2500	2800	3000
年经营成本	2800	2850	2750	2700

【解】 由式(4-26)分别计算各方案的年折算费用:

$$Z_1 = \frac{2200}{5} + 2800 = 3240(万元)$$

$$Z_2 = \frac{2500}{5} + 2850 = 3350(万元)$$

$$Z_3 = \frac{2800}{5} + 2750 = 3310(万元)$$

$$Z_4 = \frac{3000}{5} + 2700 = 3300(万元)$$

由计算结果可知,方案 1 的年折算费用最小,因此方案 1 为最优方案。

4.6.2　计算期相同的互斥方案的动态评价

动态评价是通过等值换算,将不同时点的净现金流量换算到同一时点,从而消除方案时间上的不可比性。互斥方案动态评价常采用净现值法、增量内部收益率法、净年值法、最小费用法、净现值率法等方法。

1.净现值法

净现值法是通过计算比较各个方案的净现值的大小,从而判断方案的优劣,是多方案比选最常用的方法。其步骤如下:

（1）分别计算各个方案的净现值 NPV,剔除 $NPV<0$ 的方案,即进行方案的绝对效果检验。

（2）对所有 $NPV \geq 0$ 的方案比较其大小,选择 NPV 最大的方案为最佳方案。

因此,净现值评价互斥方案的判别标准:净现值不小于零且为最大的方案是最优可行方案。

很容易证明,净现值 NPV 既可以检验方案的绝对经济效果,又可以检验方案的相对经济效果。令方案 1 和方案 2 互为互斥方案,方案 2 投资更大,假设两方案各年的净现金流量分别为 A_{1t},A_{2t},则两方案的增量净现值 ΔNPV 为

$$\Delta NPV = \sum_{t=0}^{n}(A_2 - A_1)_t(P/F,i,t) = \sum_{t=0}^{n}A_{2t}(P/F,i,t) - \sum_{t=0}^{n}A_{1t}(P/F,i,t) = NPV_2 - NPV_1$$

$$\tag{4-28}$$

当增量净现值 $\Delta NPV \geqslant 0$ 时,投资大的方案 2 更优。此时, $NPV_2 > NPV_1$,因此方案 2 更优。由此可见,由增量净现值和由净现值得出的结论一致,但是直接用净现值判别优劣更为方便。

净现值法是评价互斥方案时最常用的方法,在采用不同的评价指标对方案进行比选时,会得出不同的结论,这时往往以净现值指标作为最后的衡量标准。

【例 4-11】 某市为创建国家文明城市,需在三个不同地点增建大型生活垃圾处理站,寿命周期为 10 年。现有三个规划设计方案 A、B、C,其现金流量如表 4-8 所示。若基准收益率为 10%,试用 NPV 法选出最佳方案。

表 4-8 　　　　　　　　　　　　方案 A、B、C 的现金流量(单位:万元)

方案	初始投资	年收入	年支出
A	5000	2400	1000
B	8000	3100	1200
C	10000	4000	1500

【解】 方案 A、B、C 的净现值分别为

$$NPV_A = -5000 + (2400 - 1000)(P/A, 10\%, 10) = 3602.4(万元)$$
$$NPV_B = -8000 + (3100 - 1200)(P/A, 10\%, 10) = 3674.7(万元)$$
$$NPV_C = -10000 + (4000 - 1500)(P/A, 10\%, 10) = 5361.5(万元)$$

方案 A、B、C 的净现值均大于零,满足经济可行性,其中方案 C 的净现值 NPV_C 最大,因此选择方案 C。

2. 增量内部收益率法

内部收益率是衡量项目综合能力的重要指标,也是项目经济评价中经常用到的指标。在应用内部收益率对互斥方案进行评价时,如果直接按内部收益率的高低来选择方案,往往不能得到正确的结论。

【例 4-12】 某工程项目有 1、2 两个设计方案,其寿命周期均为 10 年,各方案的净现金流量见表 4-9。若基准收益率为 10%,试用净现值 NPV 和内部收益率 IRR 选择最佳方案。

表 4-9 　　　　　　　　　　　　【例 4-12】净现金流量(单位:万元)

方案	初始投资	1—10 年末净现金流量
1	170	44
2	260	59

【解】 (1) NPV 法:

根据各方案净现金流量,可计算出的方案 1、2 的净现值分别为

$$NPV_1 = -170 + 44(P/A, 10\%, 10) = 100.36(万元)$$
$$NPV_2 = -260 + 59(P/A, 10\%, 10) = 102.53(万元)$$

由于 $NPV_2 > NPV_1$,因此方案 2 更优。

(2) IRR 法:

$$NPV_1(IRR_1) = -170 + 44(P/A, IRR_1, 10) = 0$$

解得 $IRR_1 = 22.47\%$ 。

$$NPV_2(IRR_2) = -260 + 59(P/A, IRR_2, 10) = 0$$

解得 $IRR_2 = 18.94\%$。

由结果可看出,方案 1 的内部收益率 IRR_1 大于方案 2 的内部收益率 IRR_2,但是方案 1 的净现值 NPV_1 小于方案 2 的净现值 NPV_2,如图 4-13 所示。

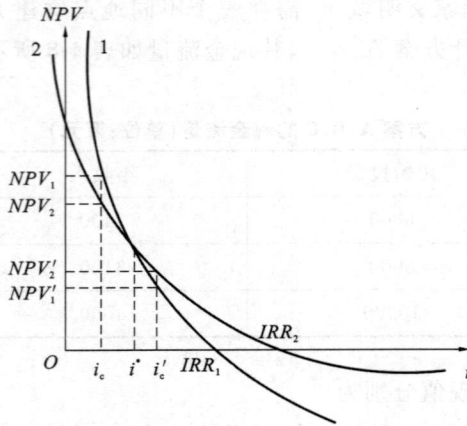

图 4-13 互斥方案净现值函数曲线

若 IRR 的大小可作为互斥方案优劣的评判标准,则方案 1 更优,与 NPV 法所得结论矛盾。那么哪个方法所得的结论是正确的呢?

由前面的讨论可知,净现值是相对效果和绝对效果合二为一的指标,评价结果有效。而内部收益率评价互斥方案,仅检验了绝对效果,想要验证相对效果需要判断增量内部收益率 ΔIRR 与基准收益率 i_c 的关系。

增量内部收益率 ΔIRR 是两方案各年净现金流量的差额的现值之和等于零时的折现率,其表达式为

$$\Delta NPV(\Delta IRR) = \sum_{t=0}^{n}(A_{1t} - A_{2t})(1 + \Delta IRR)^{-t} = 0 \qquad (4\text{-}29a)$$

$$\sum_{t=0}^{n}A_{1t}(1 + \Delta IRR)^{-t} = \sum_{t=0}^{n}A_{2t}(1 + \Delta IRR)^{-t} \qquad (4\text{-}29b)$$

式中,ΔIRR 为增量内部收益率;$A_{1t} = (CI - CO)_{1t}$ 为投资大的方案的年净现金流量;$A_{2t} = (CI - CO)_{2t}$ 为投资小的方案的年净现金流量。

从式(4-29b)可看出,增量内部收益率就是 $NPV_1 = NPV_2$ 时的折现率,即图 4-13 中两条曲线的交点所对应的折现率。

增量内部收益率进行互斥方案比选时,其判别准则为

若 $\Delta IRR \geqslant i_c$,则投资大的方案更优,否则投资小的方案更优。

【例 4-12】中方案 1 和方案 2 的增量内部收益率可表示为

$$\Delta NPV_{2-1} = -(260 - 170) + (59 - 44)(P/A, \Delta IRR_{2-1}, 10) = 0$$

取 $i = 10\%$ 时,$\Delta NPV_{2-1} = 2.169$ 万元;取 $i = 12\%$ 时,$\Delta NPV_{2-1} = -5.247$ 万元。

按线性插值法可得增量内部收益率 ΔIRR_{2-1}:

$$\Delta IRR_{2-1} = 10\% + \frac{2.169}{2.169 + 5.247} \times 2\% = 10.58\%$$

增量内部收益率 ΔIRR_{2-1} 大于基准收益率 10‰，故投资大的方案 2 更优，与用净现值法评价准则得出的结论一致。

因此，采用内部收益率评价互斥方案的绝对效果后，再采用增量内部收益率评价互斥方案的相对效果，可与按净现值评价的结果保持一致。

采用增量内部收益率法进行互斥方案比选的步骤：

(1)计算各备选方案的内部收益率 IRR，将 $IRR \geqslant i_c$ 的方案按投资额由小到大依次排列；

(2)按顺序计算相邻的两个方案的增量内部收益率 ΔIRR。若 $\Delta IRR \geqslant i_c$，则投资大的方案更优，保留投资大的方案；反之，若 $\Delta IRR < i_c$，则保留投资小的方案。两两比较，直至所有方案比较完毕。

3.净年值法

净年值法是通过计算互斥方案的净年值，按照净年值的大小进行互斥方案的比选，以净年值大于或等于零且最大的方案为最优方案。净年值与净现值是等价的指标，在互斥方案比选时，既能检验方案的绝对经济效果，又能检验方案的相对经济效果。

【例 4-13】　对【例 4-11】中的互斥方案 A、B、C，用净年值法选出最佳方案。

【解】　方案 A、B、C 的净年值分别为

$$NAV_A = -5000(A/P,10\%,10) + (2400-1000) = 586.50(万元)$$
$$NAV_B = -8000(A/P,10\%,10) + (3100-1200) = 598.40(万元)$$
$$NAV_C = -10000(A/P,10\%,10) + (4000-1500) = 873.00(万元)$$

方案 A、B、C 的净年值均大于零，满足经济可行性要求，其中方案 C 的净年值 NAV_C 最大，因此选择方案 C。

4.最小费用法

在工程经济分析中，通常会有一些特殊情况，即互斥方案所产生的收益相同或基本相同，或方案的效益无法或很难用货币直接计量。例如，环保、国防、教育等项目，一般假设各方案的收益是相同的，只需要对费用的大小进行比较，这种分析方法称为最小费用法，主要包括费用现值法和费用年值法。

费用现值 PC 是方案各年费用的现值之和，其表达式为

$$PC = \sum_{t=0}^{n} CO_t (1+i_c)^{-t} \tag{4-30}$$

费用年值 AC 是方案各年费用的等额年值之和，其表达式为

$$AC = \sum_{t=0}^{n} CO_t (P/F,i_c,t)(A/P,i_c,n) \tag{4-31}$$

采用最小费用法进行互斥方案比选，其判别准则：最小费用法以费用现值或费用年值最小的方案为最优方案。

【例 4-14】　某建筑公司预采购一台工程机械，市场上有 A、B 两种型号，两种型号的年产品数量和质量相同，即年收益相同，购置费和年运营成本见表 4-10。两种型号的机械寿命均为 5 年，若基准收益率 i_c 为 10%，试选择最经济的型号。

表 4-10   方案 A 和 B 的相关数据(单位:元)

型号	购置费	年运行成本	残值
A	16000	5000	1000
B	12000	7000	1500

【解】 方案 A、B 的现金流量图如图 4-14 所示,分别计算两方案的费用现值和费用年值。

(1)费用现值法。

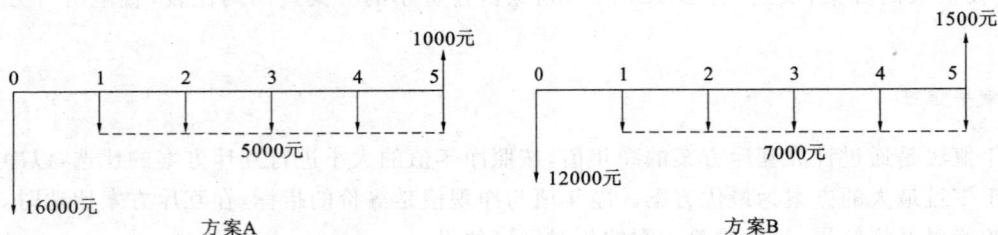

图 4-14 【例 4-14】现金流量图

$$PC_A = 16000 + 5000(P/A,10\%,5) - 1000(P/F,10\%,5) = 34333.1(元)$$
$$PC_B = 12000 + 7000(P/A,10\%,5) - 1500(P/F,10\%,5) = 37604.25(元)$$

由于 $PC_A < PC_B$,因此 A 型号机械更为经济。

(2)费用年值法。

$$AC_A = 16000(A/P,10\%,5) + 5000 - 1000(A/F,10\%,5) = 9057(元)$$
$$AC_B = 12000(A/P,10\%,5) + 7000 - 1500(A/F,10\%,5) = 9920(元)$$

由于 $AC_A < AC_B$,因此 A 型号机械更为经济。

从【例 4-14】可看出,根据最小费用原则,两种方案的计算结果是一致的,因此在实际应用中对于效益相同或基本相同但又难以具体估算的互斥方案进行比选时,若方案的寿命周期相同,则任意选择其中的一种方法即可,若方案的寿命周期不同,则一般适用费用年值比较法。

5.净现值率法

净现值率 NPVR 是净现值的辅助指标。净现值法不能反映单位投资的使用效率,往往会导致评价人选择投资大、盈利多的方案,忽视盈利稍少,但投资更少、经济效益更好的方案。因此,若无资金限制,可以考虑采用净现值法;若资金有限,可以采用净现值率法做辅助。

采用净现值率法评价方案时,淘汰 $NPVR < 0$ 的方案,对于 $NPVR > 0$ 的方案,以净现值率大的方案为优。

4.6.3 计算期不同的互斥方案的动态评价

实际生活中,往往会遇到备选方案寿命周期不同的情况,为使得这些方案具有时间的可比性,需要对备选互斥方案设定一个合理的共同计算期,常用的方法包括净年值法、净现值法和增量内部收益率法。

1.净年值法

对于计算期不同的互斥方案,净年值法可以说是最简便的一种方法。因为用净年值法在进行计算期不同的互斥方案比选时,隐含了一种假设:各方案在计算期结束时,均可按照原方案重复实施,无论实施多少次,方案的净年值均不变。这就使得计算期不同的互斥方案有了可比性。

【例4-15】　现有互斥方案 A、B,各方案的初始投资和年净收益见表 4-11,若基准收益率为 10%,试用净年值法选择最优方案。

表 4-11　　　　　　　　　　　　方案 A、B 的现金流量表

方案	初始投资/万元	年净收益/万元	寿命周期/年
A	300	100	6
B	450	150	9

【解】　两方案的净年值为

$$NAV_A = -300(A/P,10\%,6) + 100 = 31.12(万元)$$
$$NAV_B = -450(A/P,10\%,9) + 150 = 71.88(万元)$$

由于 $NAV_A < NAV_B$,故方案 B 更优。

2.净现值法

对于寿命周期不同的互斥方案的比选,若采用净现值法必须考虑时间的可比性,即需要构造相同的计算期,以消除计算期的不可比性。最常用的方法包括最小公倍数法、研究期法和无限研究期法。

(1)最小公倍数法。

最小公倍数法是将互斥方案寿命周期的最小公倍数作为共同的计算期,在此期间各互斥方案分别以原方案的规模重复实施若干次,因此又称方案重复法。在共同计算期上,计算各方案单位净现值,以净现值最大的方案为最优方案。

【例4-16】　某工程项目为提高工作效率,欲采购一批设备,现有 A、B 两种方案可供选择,其现金流量如表 4-12 所示,方案 A 和 B 的寿命周期分别为 4 年和 6 年。若基准收益率为 10%,试用最小公倍数法选择最佳方案。

表 4-12　　　　　　　　　　　【例 4-16】现金流量表(单位:万元)

方案	初始投资	年均净收益	预计净残值
A	3000	1500	100
B	6000	2000	500

【解】　方案 A 和 B 寿命周期的最小公倍数为 12 年,方案 A 重复实施 3 次,方案 B 重复实施 2 次,其现金流量图如图 4-15 所示。

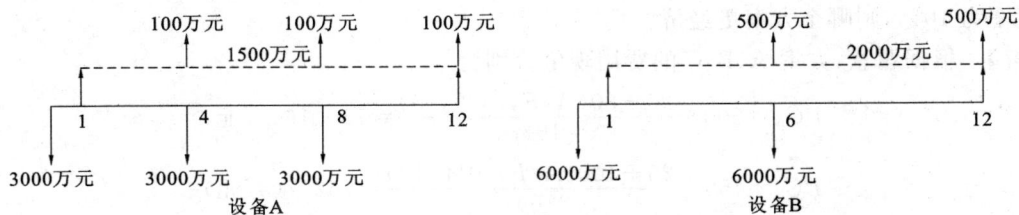

图 4-15　【例 4-16】现金流量图

$$NPV_A = -3000[1+(P/F,10\%,4)+(P/F,10\%,8)]+1500(P/A,10\%,12)+$$
$$100[(P/F,10\%,4)+(P/F,10\%,8)+(P/F,10\%,12)]=3918.86(万元)$$
$$NPV_B = -6000[1+(P/F,10\%,6)]+2000(P/A,10\%,12)+$$
$$500[(P/F,10\%,6)+(P/F,10\%,12)]=4681.95(万元)$$

由于 $NPV_B > NPV_A$，因此选择方案 B。

最小公倍数法是基于方案可以重复实施的假设，这种假设虽然在原理上是可行的，但在某些情况下并不符合实际，例如，石油等不可再生资源的开发项目或某些技术更新非常迅速的项目，方案重复实施不现实；或者某些寿命周期原本就较长的项目，按最小公倍数确定的共同计算期过长，甚至远超项目的市场寿命周期。

（2）研究期法。

针对上述最小公倍数法的不足，对计算期不相等的互斥方案，可采用研究期法。研究期法通过研究分析，根据对市场前景的预测，直接选取一个适当的分析期作为各个方案共同的计算期。研究期的选取需要考虑多重因素，一般包括以下 3 种情况：

①取最短寿命周期作为共同计算期；

②取最长寿命周期作为共同计算期；

③取所期望的年限作为共同计算期。

研究期法存在非常严重的缺陷：很难对资产的残值进行精确的估算。若采用最短寿命周期作为研究期，较长寿命周期的方案要提前终止使用，那么未被使用的几年存在一个资产残值估价问题；若采用最长寿命周期作为研究期，较短寿命周期的方案要重置，重置后的后几年也不使用，这也存在重估残值的问题，残值的估计非常复杂，在此不作过多介绍。

（3）无限研究期法。

对于诸如运河、隧道、桥梁、大坝、铁路等大型公共基础设施项目，其服务寿命甚至长达百年，按最小公倍数法确定的共同计算期较大，计算很麻烦，在项目经济评价中可认为该类项目的寿命周期为无穷大。

根据前述章节可知，净现值 NPV 与净年值 NAV 之间存在以下关系：

$$NPV = NAV(P/A,i,n) = NAV\frac{(1+i)^n-1}{i(1+i)^n} \tag{4-32}$$

当计算期取无穷大时，即 $n \to \infty$ 时，净现值为

$$NPV = \frac{NAV}{i} \tag{4-33}$$

【例 4-17】 某隧道工程有 A、B、C 三个设计方案，三个方案通行能力相同，建成后认为能永久使用。各方案的初始造价分别为 500 万元、450 万元和 550 万元，年维护费分别为 20 万元、25 万元和 10 万元，隧道工程需要每 10 年加固大修一次，费用分别为 80 万元、100 万元和 70 万元。若基准收益率为 10%，则哪个方案更经济？

【解】 根据题意，方案 A、B、C 的费用现值分别为

$$PC_A = 500 + \frac{20+80(A/F,10\%,10)}{10\%} = 750.16(万元)$$

$$PC_B = 450 + \frac{25+100(A/F,10\%,10)}{10\%} = 762.7(万元)$$

$$PC_C = 550 + \frac{10+70(A/F,10\%,10)}{10\%} = 693.89(万元)$$

由于方案 C 的费用现值 PC_C 最小,因此方案 C 更经济。

3.增量内部收益率法

增量内部收益率法用于互斥方案比选时,首先需要用内部收益率检验各方案的绝对经济效果,然后用增量内部收益率检验方案之间的相对经济效果。

由图 4-13 可知,增量内部收益率 ΔIRR 是两个互斥方案净现值相等时的折现率。净现值与净年值是等值指标,若互斥方案之间的净现值相等,那么净年值也相等,而净年值在寿命周期不等的互斥方案比选中,隐含了方案可以重复实施的假设,使得寿命周期不等的方案满足时间上的可比性。因此,求寿命周期不等的互斥方案的增量内部收益率,可令两方案的净年值相等,即:

$$\sum_{t=0}^{n} A_{1t}(P/F,\Delta IRR,t)(A/P,\Delta IRR,n_1) = \sum_{t=0}^{n} A_{2t}(P/F,\Delta IRR,t)(A/P,\Delta IRR,n_2) \quad (4\text{-}34)$$

若 $\Delta IRR \geqslant i_c$,则投资大的方案更优,否则投资小的方案更优。

【例 4-18】 某企业拟生产某新产品,有 A、B 两种建厂规模,初始投资和年净收益见表 4-13,若基准收益率为 10%,试用增量内部收益率法进行方案比选。

表 4-13 **【例 4-18】相关数据**

方案	初始投资/万元	年净收益/万元	寿命周期/年
A	3000	1000	4
B	5000	1500	8

【解】 (1)计算方案 A、B 的内部收益率 IRR。

方案 A、B 的净现值可表示为

$$NPV_A = -3000 + 1000(P/A,IRR_A,4) = 0$$
$$NPV_B = -5000 + 1500(P/A,IRR_B,8) = 0$$

按线性插值法可得,$IRR_A = 12.61\%$,$IRR_B = 24.96\%$,均大于基准收益率 10%。因此,方案 A、B 均可行。

(2)计算增量内部收益率 ΔIRR,令 $NAV_A = NAV_B$。

$$-3000(A/P,\Delta IRR,4) + 1000 = -5000(A/P,\Delta IRR,8) + 1500$$

利用线性插值法,可求得 $\Delta IRR = 38.87\% > i_c$,因此投资大的 B 方案更优。

4.7 独立方案评价方法

各独立方案之间是相互独立的,不具有排他性。此类方案的比选,首先需要考虑资源是否有限制。在没有资源限制的情况下,独立方案评价的选择与否仅取决于自身的绝对经济效果检验。但是实际经济建设中,资金短缺、资源有限是普遍现象。在资金有限时,不可能选择所有方案,可采用互斥方案组合法和净现值率排序法进行方案的选择。

思政课堂:通过独立方案的可加性,理解经济发展的协同性,理解低碳排放的必然性。

4.7.1 互斥方案组合法

互斥方案组合法是指在资源有限的情况下,列出不超过资源限制的所有可能的组合,每个组合可看作一个新方案,这样各组合方案之间是互斥关系,根据互斥方案的比选方法选出最优方案。

【例 4-19】 有 A、B、C 三个独立方案,寿命周期均为 10 年,其现金流量见表 4-14。若基准收益率为 8%,资金限额为 12000 万元,用互斥方案组合法试制定最佳投资决策。

表 4-14　　　　　　　　方案 A、B、C 的现金流量表(单位:万元)

方案	初始投资	年净收益
A	3000	600
B	5000	850
C	7000	1200

【解】 首先计算三个方案的净现值。

$$NPV_A = -3000 + 600(P/A, 8\%, 10) = 1026(万元)$$
$$NPV_B = -5000 + 850(P/A, 8\%, 10) = 704(万元)$$
$$NPV_C = -7000 + 1200(P/A, 8\%, 10) = 1052(万元)$$

方案 A、B、C 的净现值均大于零,因此方案本身均可行。

由于资金限额为 12000 万元,方案 A、B、C 不可能同时实施。因此,采用互斥组合法,先列出满足资金限额的所有组合,包括 A、B、C、A+B、A+C、B+C 各组合构成互斥方案,其净现值分别为 1026 万元、704 万元、1052 万元、1730 万元、2078 万元和 1756 万元。

组合 A+C 的净现值最大,因此最佳投资决策是方案 A+C。

资金有限时,采用互斥方案组合法能够保证最终得到最佳组合方案,但是当方案个数比较多时,确定的组合方案个数呈几何级数增加,计算往往比较烦琐。

4.7.2　净现值率排序法

净现值率排序法是把净现值率大于或等于零的各个方案,按照净现值率的大小排序,并按此次序选取方案,直至所选取的方案组合的投资总额最大限度地接近或等于投资限额。

【例 4-20】 根据【例 4-19】的资料,试利用净现值率排序法做出最佳投资决策。

【解】 方案 A、B、C 的净现值率为

$$NPVR_A = \frac{1026}{3000} \times 100\% = 34.20\%$$

$$NPVR_B = \frac{704}{5000} \times 100\% = 14.07\%$$

$$NPVR_C = \frac{1052}{7000} \times 100\% = 15.02\%$$

方案的优先顺序为 A、C、B,当资金限额为 12000 万元时,最优组合方案为 A+C。

净现值率排序法计算简便,选择方法简明扼要。但是,由于一个方案只能作为整体,不能被拆分,因此常会出现资金未被充分利用的情况,故不一定能保证获得最佳组合方案。

综合能力检测

一、选择题

1. 下列经济评价指标中,属于动态指标的是(　　)。(2021 年一建考试真题)

A. 净现值　　　　　B. 流动比率　　　　　C. 资本金净利润率　　　　D. 投资收益率

2.关于经济效果评价中独立型方案和互斥型方案的说法,正确的是(   )。(2023年一建考试真题)

A.独立型和互斥型是经济效果评价中最常见的两类方案

B.独立型在经济上是否接受,不取决于方案自身的经济性

C.互斥型意味着各方案间彼此不能互相替代

D.互斥型的经济比选,无须考察各方案自身的经济效果

3.某投资方案的现金流量如表4-15所示,该方案的静态投资回收期为(   )年。(2023年一建考试真题)

A.6.36   B.6.56   C.6.63   D.6.79

表4-15   **某投资方案现金流量表(单位:万元)**

年份	0	1	2	3	4	5	6	7
现金流入	—	—	—	130	260	450	480	550
现金流出	—	560	270	80	150	220	230	250

4.某技术方案净现金流量和财务净现值如表4-16所示,根据表中数据,关于该方案评价的说法,正确的是(   )。(2021年一建考试真题)

A.累计净现金流量小于零   B.内部收益率可能小于8%

C.静态投资回收期大于6年   D.项目在经济上可行

表4-16   **某技术方案净现金流量(单位:万元)**

年份	1	2	3	4	5	6	7
净现金流	−420	−470	200	250	250	250	250
净现值(折现率8%)			24.28				

5.关于基准收益率测定的说法,正确的是(   )。(2020年一建考试真题)

A.基准收益率最低限度不应小于资金成本

B.政府投资项目基准收益率的测定可以不考虑投资的机会成本

C.当资金供应充足时,基准收益率的测定可不考虑投资风险因素

D.基准收益率的测定不应考虑通货膨胀因素

6.某技术方案现金流量如表4-17所示。设基准收益率为8%,通过计算财务净现值,可得到的结论是(   )。(2020年一建考试真题)

A.财务净现值为−37.26万元,方案不可行

B.财务净现值为−10.83万元,方案不可行

C.财务净现值为13.64万元,方案可行

D.财务净现值为18.57万元,方案可行

表4-17   **某技术方案现金流量表(单位:万元)**

年份	0	1	2	3	4
现金流入	—	100	600	300	600
现金流出	370	400	200	300	200

二、思考题

1.多方案之间的经济关系类型有哪几种？

2.净现值的优缺点各是什么？

3.如果 $IRR_A > IRR_B$，能否说 A 方案优于 B 方案？为什么？

4.增量内部收益率的比选步骤是什么？

5.寿命周期不同的互斥方案的比选方法有哪些？

三、案例分析题

1.某建设项目方案表明，该项目在建设的第 1 年完工，投资金额为 10000 万元，第 2 年投产并获净收益 1000 万元，第 3 年获净收益 2000 万元，第 4~10 年获净收益 3000 万元，试求该项目的静态投资回收期。

2.用 15000 元能够建造一个任何时候均无残值的临时仓库。估计年收益为 2500 元，假如基准收益率为 12%，仓库能使用 8 年，问这项投资是否满意？如果不满意，那么临时仓库至少使用多少年这项投资才合理？

3.某投资方案的数据见表 4-18，基准收益率为 10%，试计算其净现值和内部收益率，并判别方案的可行性。

表 4-18 投资方案数据（单位：万元）

时点	0	1	2~10
净现金流量	−2500	−2000	1200

4.某企业拟购建一处新厂房用于生产专利产品，生产线购置费 500 万元，使用期 10 年。有 A、B、C 三种建厂方案，初始投资分别为 4000 万元、5000 万元、6000 万元，由于厂房规模不同，每年产量也不相同，三种方案每年的净收益分别为 900 万元、1100 万元、1250 万元。若基准收益率为 12%，试用增量内部收益率法确定最优方案。

5.某设备有两种不同型号 A 和 B，寿命周期分别为 10 年和 8 年，其相关数据见表 4-19，若基准收益率为 5%。试问哪种型号的设备更经济？

表 4-19 设备相关数据（单位：元）

方案	初始投资	年收入	年费用	残值
A	120000	70000	6000	20000
B	90000	70000	8500	100000

6.某桥梁工程，初步拟定 2 个结构方案供备选。A 方案为钢筋混凝土结构，初始投资为 1500 万元，年维护费为 10 万元，每 5 年大修 1 次，费用为 100 万元；B 方案为钢结构，初始投资为 2000 万元，年维护费为 5 万元，每 10 年大修 1 次，费用为 100 万元，若基准收益率为 5%，哪一个方案更经济？

◢◣ **本章实训** ◢◣

一、实训目的

1.掌握各类项目经济评价指标的计算方法。

2.掌握不同方案类型的比选方法。

二、实训案例

小张买彩票，意外中了一个 2000 万元的大奖，扣税 400 万元，他给灾区捐款 200 万元。他想将余下的 1400 万中的 1000 万元用于投资，有 4 个投资机会可选择：①存入银行，按年计息，年利率 3％；②购买五年期国债，按年计息，年利率 5％；③购买某企业五年期债券，按月计息，年利率为 9.57％；④投资朋友的项目，年净收益为 300 万元，计算期 5 年。均按复利计算，不考虑税收因素。

1.按题干背景，不考虑其他因素，你认为小张应该选择哪个投资机会？为什么？

2.如果朋友告诉他，他可以将另外的 400 万元投资于朋友的项目，每年可另外多得 100 万元净收益，他该如何选择？

3.假设你是小张的邻居，因为你在大学里学习过工程经济学相关课程，所以他向你咨询他的投资问题，就题干的 4 个投资机会，你将给他什么更好的建议，供他参考？

三、实训要求

1.分别用净现值法和增量净现值判别各方案的投资效果。

2.根据投资效果比选出最优方案，并说明所选方案的利弊，以供小张参考。

四、实训步骤

1.指导教师布置任务，指出实训要点、难点和注意事项。

2.学生自主分为 4～5 人一组，对案例进行自由讨论，并进行计算，教师从旁辅导。

3.各组代表陈述对案例的认识，随后其他发言代表各自负责用一种评价方法对案例进行讲解。讲解结束后要派代表对案例以及不同评价方法进行总结。

4.教师点评该案例的要点。

■ 延伸阅读 ■

1.王圣志，文贻炜，拉巴.进藏铁路为何首选青藏线[N].中国旅游报，2006-06-14(9).

2.唐少卿，王明奎.论修建进藏铁路及首期线路的确定[J].兰州大学学报，2000(4):35-40.

5 风险与不确定性分析

【本章目标】

◆ 知识目标

1. 熟练掌握盈亏平衡分析的概念、计算与优缺点。
2. 熟练掌握单因素敏感性分析方法,了解多因素敏感性分析方法。
3. 了解风险分析的相关内容,熟练掌握其中的概率树方法和决策树方法。

◆ 能力目标

学习任务	能力目标	重要程度
盈亏平衡分析	能对实际情况计算盈亏平衡点,分析方案的风险和抗风险能力	★★★★☆
敏感性分析	能确定实际工程的不确定因素,通过敏感性分析找出其中的敏感因素,以判断未来的风险状况	★★★★★
风险分析	能应用概率树、决策树方法分析项目的实际风险,为科学决策提供依据	★★★★★

◆ 素养目标

1. 认识到风险无处不在,强化风险意识,提高抗风险能力。
2. 培养学生永不言弃、开拓进取的优良品格。

思政案例导入

失败的巨人大厦

史玉柱是一位具有传奇色彩的商业奇才,他用了不到 20 年的时间,创造了从白手起家到身价过百亿的传奇。但是,其间他却差点儿因为一项不慎的工程投资,而从此湮没无闻。

这要追溯到 1992 年,那年史玉柱的巨人集团计划在珠海投资建设巨人大厦,但是设计方案一变再变,从最初 18 层的公司自用办公楼,到 38 层、48 层、58 层、64 层,最后定为 72 层,计划建成全国最高的楼宇。工程预算由开始的 2.2 亿元增加到 12 亿元。1994 年年初,巨人大厦动工,计划 3 年完工。该项目的资金来源主要是自有资金和卖"楼花"的收益,但此时政府开始对过热的房地产市场进行宏观调控,卖"楼花"受到一定的限制,巨人集团无奈求助银行,但恰逢国家实行宏观紧缩政策,贷款未获批准。1997 年年初,巨人大厦未能按期完工,购"楼花"者又因不能按时交房而要求退款,巨人集团的财务危机在媒体"地毯式"的轰炸下爆发,其超过 3 亿元的应收款也因此无法收回,只建至地面 3 层的巨人大厦停工,终成"烂尾楼"。

资料来源:黄有亮.工程经济学原理及应用[M].北京:机械工业出版社,2022.

思政课堂:在投资之前或在做出人生决策之前,都应预测可能发生的各种状况,运用科学方法进行风险和不确定性分析。

思维导图

```
不确定性分析的概念          概述          不确定性或风险产生的原因
风险分析与不确定性分析的关系              不确定性分析的方法

线性盈亏平衡分析          盈亏平衡分析          优劣盈亏平衡分析

敏感性分析的概念与目的      敏感性分析      单因素敏感性分析和多因素敏感性分析
敏感性分析的步骤                    敏感性分析的优缺点

风险识别          风险分析          风险评价
风险估计                    风险决策
                         风险应对
```

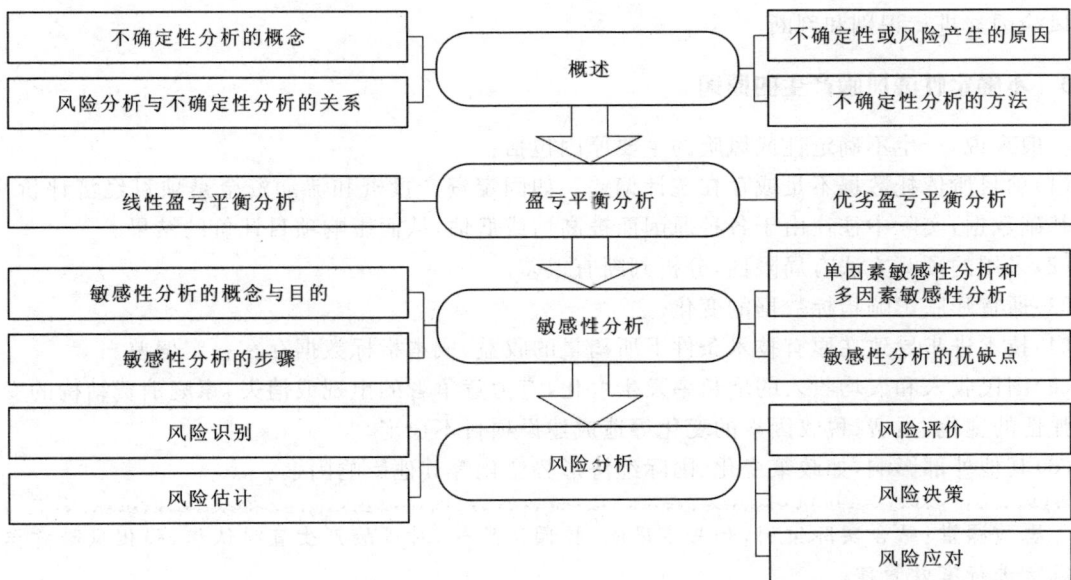

在前述章节的工程项目经济分析中,投资、成本、收入和寿命周期等经济要素均可通过预测或估算取得确定值,这种分析称为确定性分析。由于相关经济要素在实际实施中往往存在一定程度的不确定性和风险,使得预测值与实际值存在一定偏差,因此,为提高经济评价效果的可靠性与投资决策的科学性,有必要进行风险分析和不确定性分析。

5.1 概　述

5.1.1 不确定性分析的概念

由于客观条件及有关因素的变动和主观预测能力的局限,一个工程技术项目的实施结果不一定符合原来某种确定的预测和估计,由于缺少足够信息来估计其变化的因素对项目实际值与预期值所造成的偏差,这种现象称为项目的不确定性。不确定性的直接后果是使技术方案经济效果的实际值与评价值相偏离,从而给决策者带来风险。

不确定性分析是指为了提高经济效果评价的可靠性和投资决策的科学性,需要在确定性评价的基础上,进一步分析各种外部条件的变化或预测数据的误差对方案经济效果的影响程度,以及方案本身对各种风险的承受能力。

5.1.2 风险分析与不确定性分析的关系

从理论上讲,风险与不确定性是有区别的。风险是由随机原因引起的项目总体实际值与预期值之间的差异,其结果可用概率分布规律来描述,而不确定性是事先只知道所采取行动的可能后果,不知道它出现的可能性,只能对其做粗略估计,无法用概率分布规律来描述。然而,从投资项目评价的实用性角度来看,区别风险与不确定性没有多大的实际意义。因此,多数人认为二者含义相同,可以相互通用。

二者的主要区别在于分析方法不同,不确定性分析主要通过盈亏平衡分析和敏感性分析对项目的不确定性因素进行分析,并粗略了解项目的抗风险能力。风险分析则是通过概率分析方法对项目风险因素进行识别和判断。

5.1.3 不确定性或风险产生的原因

一般来说,产生不确定性或风险的主要原因包括:

(1)项目所依托数据不足或存在统计偏差。如固定资产投资和流动资金是项目经济评价中的重要基础数据,实际中往往由于各种原因而被高估或低估,从而影响项目评价的结果。

(2)采用的预测方法有局限性,分析判断有误差。

(3)通货膨胀影响指标数据的变化。

(4)技术进步导致在原有技术条件下所衡量的收益、成本指标数据存在一定偏差。

(5)国民收入和人均收入的增长率发生变化,有力竞争者的出现或消失,家庭消费结构的变化,需求弹性的变化,运费、税收因素的变化等造成建设项目不稳定。

(6)其他外部影响,如政策变化、国际经济形势变化等其他影响因素。

> **思政课堂**:结合实际案例,如房市风险、校园风险等,对风险产生直观认识,强化风险意识,对风险进行有效管理。

5.1.4 不确定性分析的方法

不确定性分析常用的方法有盈亏平衡分析、敏感性分析和风险分析(又称概率分析)3种。其中,盈亏平衡分析只用于工程项目的财务评价,运用"量-本-利"模型和盈亏平衡点分析项目的财务安全性;敏感性分析和风险分析可同时用于财务评价和国民经济评价。敏感性分析通过确定敏感度系数或临界点确定项目的敏感因素,以便加以控制。风险分析通过确定 $NPV \geq 0$ 的概率、$IRR \geq i_c$ 的概率等指标,分析实现经济效益的可能性。具体采用哪种分析方法,取决于项目的性质,决策者的需要和相应的财力、人力等。

5.2 盈亏平衡分析

盈亏平衡分析又称损益平衡分析、成本效益分析或量本利分析,是一种在一定的市场、经营管理条件下,计算项目的盈亏平衡点,研究项目成本与收入之间的平衡关系的分析方法。该方法根据产品产销量、成本和利润之间的关系,确定盈亏平衡时的临界点,以此判断不确定因素对技术方案经济效果的影响程度,说明技术方案实施的风险大小及技术方案承担风险的能力,为决策提供科学依据。

盈亏平衡点(break even point,BEP)又称零利润点、保本点、盈亏临界点、损益分歧点或收益转折点,是随着影响项目的投资额、生产成本、产品价格等不确定性因素的变化而变化的,是项目盈利与亏损的转折点。项目盈利与亏损的转折点标志着不盈不亏的生产经营临界水平,反映了在达到一定的生产经营水平时,收益与成本的平衡关系。

盈亏平衡分析主要考察当影响方案的各种不确定因素的变化达到某一临界值(处于盈亏平衡点)时,对项目取舍的影响。盈亏平衡分析的目的就是确定盈亏平衡点,以判断项目对不确定性因素变化的适应能力和抗风险能力。该方法只适合在财务分析中应用。

盈亏平衡分析可分为线性盈亏平衡分析和优劣盈亏平衡分析,项目评价中仅进行线性盈亏平衡分析。

5.2.1 线性盈亏平衡分析

1.基本假设

(1)产量等于销量,即当前生产的产品当年全部销售出去。
(2)随着产量的变化,固定成本不变,单位可变成本不变,因此总成本是产量的线性函数。
(3)随着产量的变化,产品单位售价不变,从而销售收入是销量的线性函数。
(4)按单一产品计算,当生产多种产品时,应换算为单一产品,不同产品的生产负荷率的变化应保持一致。

2.基本模型

根据成本费用与产量的关系,可以将总成本费用分解为固定成本和可变成本。固定成本是不随产品产量变化的各项成本费用,如工资及福利费(计件工资除外)、折旧费、修理费、摊销费、管理费、房屋租金等,通常把运营期发生的全部利息也作为固定成本。可变成本是随产品产量的增加或减少而成正比变化的各项费用,如原材料燃料动力、包装费和计件工资等。

基于基本假设,线性盈亏平衡分析的相关关系如下。

(1)年销售收入:

$$R = PQ \tag{5-1}$$

式中,R 为年销售收入;P 为产品单位售价;Q 为项目设计生产能力或年产销量。

(2)年总成本费用:

$$C = F + VQ + TQ \tag{5-2}$$

式中,C 为年总成本费用;F 为年固定成本;V 为单位变动成本;T 为单位增值税金及附加。

(3)利润:

$$B = R - C = PQ - (F + VQ + TQ) \tag{5-3}$$

式(5-3)表达了量本利之间的数量关系,是基本的损益方程。收入、成本与产销量之间的关系如图 5-1 所示。从图 5-1 可知,销售收入线与总成本费用线的交点,即盈亏平衡点,在该点的收入等于成本,表示项目既不盈利也不亏损。

盈亏平衡点反映了方案对市场的适应能力和抗风险能力,该点越低,达到此点的盈亏平衡产量就越少,方案投产后盈利的可能性就越大,适应市场变化的能力就越强,抗风险能力也越强。

3.盈亏平衡点

盈亏平衡点的表达方式有多种,项目评价中最常用产销量和生产能力利用率来表示盈亏平衡点。

(1)盈亏平衡点的产销量 BEP_Q。
令利润 $B=0$,此时可得盈亏平衡点的产销量,计算公式为

$$BEP_Q = \frac{F}{P - V - T} \tag{5-4}$$

(2)盈亏平衡点的生产能力利用率 $BEP_\%$。

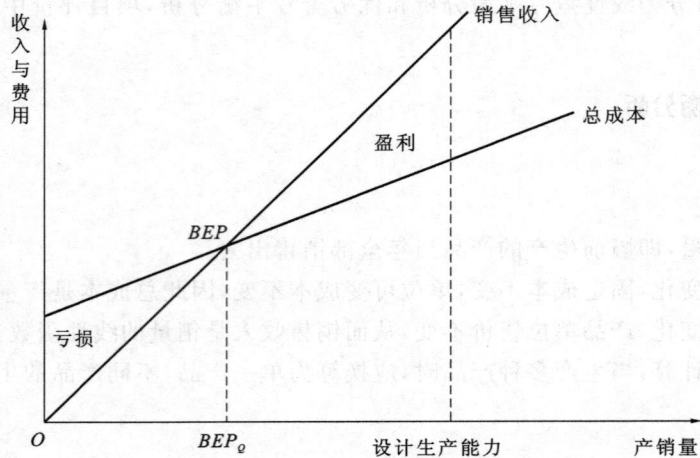

图 5-1　收入、成本与产销量的关系

生产能力利用率是盈亏平衡点产量占设计生产能力的百分比,通常用来表示技术方案运营的安全程度。生产能力利用率 $BEP_\%$ 可表示为

$$BEP_\% = \frac{BEP_Q}{Q} = \frac{F}{(P-V-T)Q}$$ (5-5)

经验表明,盈亏平衡点的生产能力利用率一般应不大于 70%,此时方案可以承受较大的风险,运营比较安全。

(3)盈亏平衡点的产品售价 BEP_P。

$$BEP_P = \frac{F}{Q} + V + T$$ (5-6)

(4)盈亏平衡点的收入 BEP_R。

$$BEP_R = P\left(\frac{F}{P-V-T}\right)$$ (5-7)

(5)盈亏平衡点的固定成本 BEP_F。

$$BEP_F = (P-V-T)Q$$ (5-8)

(6)盈亏平衡点的单位变动成本 BEP_V。

$$BEP_V = P - T - \frac{F}{Q}$$ (5-9)

【例 5-1】　某公司生产某种结构件,年设计生产能力为 30000 件,每件的售价为 300 元,单位产品的变动成本为 120 元,单位产品营业增值税金及附加为 40 元,年固定成本为 280 万元。

(1)该公司不盈不亏时的最低年产销量是多少?

(2)达到设计生产能力时盈利是多少?

(3)年利润为 100 万元时的年产销量是多少?

【解】　(1)不盈不亏时的最低产销量为

$$BEP_Q = \frac{F}{P-V-T} = \frac{2800000}{300-120-40} = 20000(件)$$

计算结果表明,当公司生产的结构件产销量低于 20000 件时,公司亏损;当公司产销量大于 20000 件时,公司盈利。

（2）达到设计生产能力时的盈利：

$$B = PQ - (F + VQ + TQ) = 3 \times 300 - (280 + 120 \times 3 + 40 \times 3) = 140(万元)$$

（3）利润为 100 万时的产销量：

$$B = PQ - (F + VQ + TQ) = 100(万元)$$

从而可得，

$$Q = \frac{B + F}{P - V - T} = \frac{1000000 + 2800000}{300 - 120 - 40} = 27143(件)$$

4.盈亏平衡点的优缺点

（1）优点。

①在项目的一些主要参数（如产销量、产品售价、固定成本、单位可变成本）已经初步确定的情况下，通过盈亏平衡点的计算可以确定项目的合理生产规模，初步了解项目抗风险能力的强弱。

②线性盈亏平衡分析还可用于生产能力不同、工艺流程不同的互斥方案的优选等。

③线性盈亏平衡分析是一种简单实用的不确定性分析方法。

（2）缺点。

①使用的前提是产量等于销量，即产品全部销售没有积压。

②所用数据是以正常生产年份数据修正后得出的，精确程度有待提高，适合现有项目的短期分析。

③虽然能够度量项目风险的大小，但不能揭示风险的根源。

5.2.2 优劣盈亏平衡分析

在工程经济分析中，盈亏平衡分析可用于互斥方案的选择，也称优劣盈亏平衡分析。在对互斥方案进行比选时，如果有某个共有的不确定因素影响这些方案的取舍，可以先求出其盈亏平衡点，再根据盈亏平衡点进行方案的取舍。

【例 5-2】 某单位修建面积为 $500 \sim 1000 \text{m}^2$ 的住宅，寿命周期为 20 年，拟定 A、B、C 三种方案，其费用如表 5-1 所示。若基准收益率为 8%，试确定各方案的经济范围。

表 5-1   **【例 5-2】的相关数据**

方案	单方造价/(元/m²)	维修费/(元/年)	取暖费/(元/年)	残值
A	600	28000	12000	0
B	725	25000	7500	3.2%造价
C	875	15000	6250	1%造价

【解】 设住宅的总面积为 x，住宅总年度成本为 $C(x)$。现金流量图由总造价 P、年维修费 A_1、年取暖费 A_2、残值 L 组成，见图 5-2。

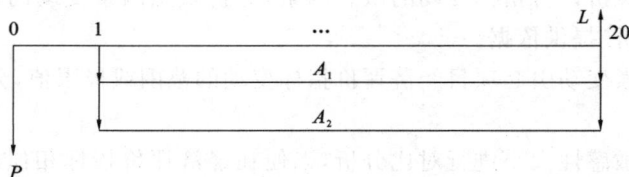

图 5-2 【例 5-2】现金流量图

方案 A、B、C 的总成本可表示为

$$C_A(x) = 600x(A/P, 8\%, 20) + 28000 + 12000 = 61.14x + 40000$$

$$C_B(x) = 725x(A/P, 8\%, 20) + 25000 + 7500 - 0.032 \times 725x(A/F, 8\%, 20) = 73.37x + 32500$$

$$C_C(x) = 875x(A/P, 8\%, 20) + 15000 + 6250 - 0.01 \times 875x(A/F, 8\%, 20) = 88.97x + 21250$$

在盈亏平衡点上，$C_A(x) = C_B(x)$；$C_A(x) = C_C(x)$；$C_B(x) = C_C(x)$。可得 $x_{AB} = 613 \text{m}^2$；$x_{AC} = 674 \text{m}^2$；$x_{BC} = 721 \text{m}^2$。方案 A、B、C 的优劣盈亏平衡图见图 5-3。

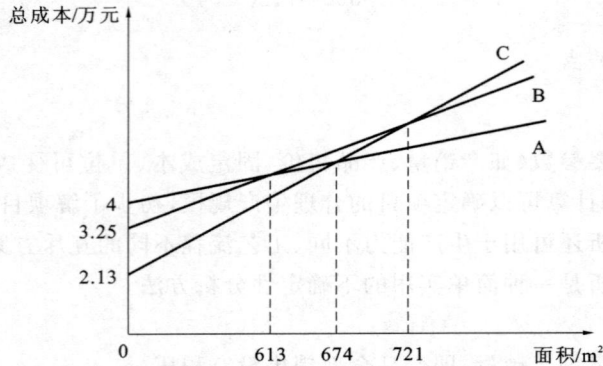

图 5-3 【例 5-2】方案 A、B、C 优劣盈亏平衡分析图

由图 5-3 可知，修建 $500 \sim 674 \text{m}^2$ 住宅，采用方案 C 为宜；修建 $674 \sim 1000 \text{m}^2$ 住宅，采用方案 A 为宜。

5.3 敏感性分析

敏感性分析是建设项目评价中应用十分广泛的一种不确定性分析方法，用于研究和预测不确定因素对技术方案经济效果的影响程度。

5.3.1 敏感性分析的概念与目的

1. 概念

敏感性分析是在技术方案确定性分析的基础上，通过进一步分析、预测技术方案主要不确定因素的变化对技术方案经济评价指标（NPV，IRR）的影响，从中找出敏感因素，估计经济评价指标对该因素的敏感程度和技术方案对其变化的承受能力，为进一步风险分析打下基础。

2. 目的

进行敏感性分析的目的如下：

（1）找出影响项目经济评价指标变动的敏感因素，分析敏感因素变动的原因，并为进一步的不确定性分析（如概率分析）提供依据。

（2）研究不确定因素变动引起项目经济评价指标变动的范围或极限值，分析判断项目承担风险的能力。

（3）通过对多方案敏感性大小进行对比分析，以便在经济评价指标相似的情况下，从中选出不敏感的投资方案。

（4）通过对可能出现的最有利的与最不利的经济评价指标范围分析，用寻找替代方案或对原方案采取某些控制措施的办法，来确定最优的方案。

5.3.2　敏感性分析的步骤

1.确定分析指标

在进行敏感性分析时，首先需要确定分析指标，即反映方案经济效果的指标，如净现值、净年值、内部收益率、投资回收期等。各种反映经济效果的指标都有其各自特定的含义，分析评价其所反映的问题也有所不同。对于某个特定方案的经济分析而言，一般是根据项目的特点、不同的研究阶段、实际需求情况和指标的重要程度来选择，与进行分析的目标和任务有关。

由于敏感性分析是在确定性经济分析的基础上进行的，一般而言，敏感性分析的指标应与确定性经济评价的指标一致，不应超出确定性经济评价指标范围而另立新的分析指标。

2.选择不确定因素，并设定变化幅度

在进行敏感性分析时，并不需要考虑和计算所有的不确定因素。选择不确定因素应遵循 2 个原则：一是选取变化可能性较大的因素；二是选取对经济评价指标影响较大的因素。这些因素主要包括产品售价变动、产量规模变动、投资额变化、主要资源价格、建设工期、项目寿命周期等，这些都会对方案的经济效益大小产生影响。

在选定需要分析的不确定因素后，还要根据实际情况和各不确定因素可能波动的范围，对选定因素设定变化幅度，如±5%、±10%、±15%、±20%等。

3.计算不确定因素变化对经济评价指标的影响程度

令各不确定因素分别取设定的变化幅度，计算发生这种变化时经济评价指标的取值，并将其与该指标的原始值相比较，从而得出该指标的变化率。各不确定因素对经济评价指标的变化率的影响，可采用敏感性分析图或敏感性分析表的形式表示出来，以便进一步确定敏感因素。

敏感性分析图见图 5-4。该图中每种不确定因素对应斜线的斜率反映了经济评价指标对该因素的敏感度，斜率越大，敏感度越高。每条斜线与基准收益率线的交点即对应不确定因素的变化率，其中 C_1、C_2、C_3 分别对应该不确定因素的临界点。

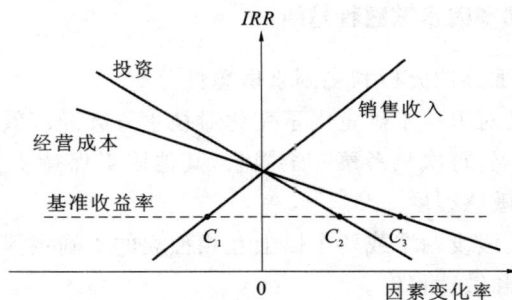

图 5-4　敏感性分析图

4.计算敏感度系数和临界点，找出敏感因素

各因素的变化均会引起经济评价指标的变化，但是其影响程度各不相同。敏感因素是小幅变化就能引起经济评价指标较大变化的因素。经济评价指标对不确定因素的变化所产生的反应越大,分析指标对该因素越敏感。非敏感因素是即使变化幅度较大,对经济评价指标的影响也不大的因素。确定敏感因素可采用相对测定法(敏感度系数)和绝对测定法(临界点)。

(1)相对测定法。

相对测定法是指各不确定因素以一个相同的幅度变化,比较此情况下各因素的变动对分析指标的影响程度,影响程度大者为敏感因素。这种敏感程度可用敏感度系数 S_{AF} 表示,即经济评价指标的变化百分率与不确定因素的变化百分率的比值。计算公式为

$$S_{AF} = \frac{\Delta A/A}{\Delta F/F} \tag{5-10}$$

式中,S_{AF} 为经济评价指标 A 对于不确定因素 F 的敏感度系数;$\Delta F/F$ 为不确定因素 F 的变化率;$\Delta A/A$ 为 F 变化时,经济评价指标 A 的变化率。

$S_{AF} > 0$,表示经济评价指标与不确定因素同向变化;$S_{AF} < 0$,表示经济评价指标与不确定因素反向变化。敏感度系数可用于敏感因素的敏感程度排序,$|S_{AF}|$ 越大,表示经济评价指标对该不确定因素越敏感。

(2)绝对测定法。

绝对测定法可利用临界点确定敏感因素,不确定因素临界点的高低,可作为判断风险的依据。临界点是方案允许不确定因素向不利方向变化的极限值,超过该值,经济评价指标将不可行($NPV < 0$,$IRR < i_c$)。例如,当投资上升到某值时,净现值 NPV 刚好等于 0,此点称为建设投资上升的临界点。临界点可采用不确定因素相对基本方案的变化率或其对应的具体数值表示。

> **思政课堂**:通过对临界点的学习,提高底线思维能力,在生活中设立最低目标,懂得居安思危,增强忧患意识和前瞻意识。

5.综合评价,优选方案

根据敏感因素的数量及其对技术方案经济评价指标的影响程度,判断项目风险的大小,并结合确定性分析的结果,对方案进行综合评价。如果敏感性分析是针对不同方案进行的,优选对不确定因素变化不敏感的方案,其承受风险能力更强,可靠性更高。

5.3.3 单因素敏感性分析和多因素敏感性分析

敏感性分析包括单因素敏感性分析和多因素敏感性分析。

(1)单因素敏感性分析是对单一不确定因素变化对技术方案经济效果的影响进行分析,即假设各个不确定因素之间相互独立,每次只考察一个因素,其他因素保持不变,以分析这个可变因素对经济评价指标的影响程度和敏感程度。

(2)多因素敏感性分析是假设两个或两个以上互相独立的不确定因素同时变化,分析这些变化对经济评价指标的影响程度和敏感程度。

为找出关键的敏感性因素,通常多进行单因素敏感性分析。下面通过例题介绍单因素敏感性分析。

> **思政课堂**:结合敏感性分析,培养防微杜渐的意识。

【例5-3】 某小型电动汽车的投资方案,用于确定性经济分析的现金流量表见表5-2,所采用的数据是根据未来最可能出现的情况而预测估算的。由于对未来影响经济环境的某些因素把握不大,投资额、经营成本和销售收入均有可能在±20%的范围内变动。设基准折现率为10%,不考虑所得税,试就三个不确定因素作敏感性分析。

表5-2

某小型电动汽车投资项目现金流量表(单位:万元)

时点	0	1	2~10	11
投资额	15000	—	—	—
销售收入	—	—	19800	19800
经营成本	—	—	15200	15200
期末资产残值	—	—	—	2000

【解】 (1)选择净现值作为分析指标。

确定性分析时,净现值为

$$NPV = -15000 + (19800 - 15200)(P/A, 10\%, 10)(P/F, 10\%, 1) + 2000(P/F, 10\%, 11) = 11397(万元)$$

(2)将投资额、销售收入、经营成本作为不确定因素。

令投资额变动的百分比为x,分析投资额变动对方案净现值的影响,此时计算公式为

$$NPV = -15000(1+x) + (19800 - 15200)(P/A, 10\%, 10)(P/F, 10\%, 1) + 2000(P/F, 10\%, 11)$$

令销售收入变动的百分比为y,分析销售收入变动对方案净现值影响的计算公式为

$$NPV = -15000 + [19800(1+y) - 15200](P/A, 10\%, 10)(P/F, 10\%, 1) + 2000(P/F, 10\%, 11)$$

令经营成本变动的百分比为z,分析经营成本变动对方案净现值影响的计算公式为

$$NPV = -15000 + [19800 - 15200(1+z)](P/A, 10\%, 10)(P/F, 10\%, 1) + 2000(P/F, 10\%, 11)$$

令x、y、z分别取±10%、±20%,计算出各不确定因素在不同变化幅度下的净现值,计算结果见表5-3。

表5-3

某小型电动汽车项目敏感性分析表(单位:万元)

不确定因素	变化幅度				
	−20%	−10%	0	10%	20%
投资额	14397	12897	11397	9897	8397
销售收入	−10724	336	11397	22457	33518
经营成本	28378	19888	11397	2906	−5585

(3)计算敏感度系数。

投资额、销售收入和经营成本的敏感度系数分别为

$$S_I = \frac{|8397 - 14397|/11397}{40\%} = 1.32$$

$$S_R = \frac{(33518 + 10724)/11397}{40\%} = 9.70$$

$$S_C = \frac{|-5585 - 28378|/11394}{40\%} = 7.45$$

由此可知,在相同的变化率下,净现值对销售收入最敏感,对经营成本敏感程度次之,对投资额最不敏感。敏感性分析还可用单因素敏感性分析图表示,见图5-5。

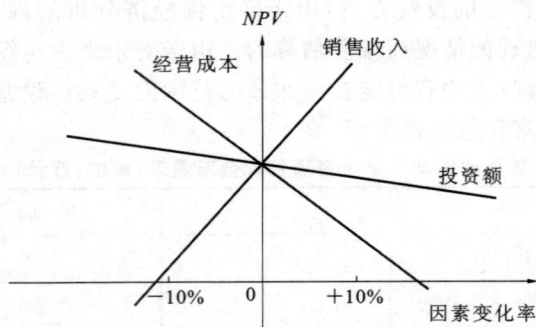

图 5-5　单因素敏感性分析图

从图 5-5 可看出,斜率最大、与横轴截距最小的因素最敏感。因此,净现值对不确定因素的敏感程度从大到小分别为销售收入、经营成本、投资额。

(4)计算临界点。

以上是相对测定法,也可采用绝对测定法确定敏感因素。令 $NPV=0$,分别求投资额、销售收入和经营成本的临界值。

$$NPV=-15000(1+x)+(19800-15200)(P/A,10\%,10)(P/F,10\%,1)+2000(P/F,10\%,11)=0$$

$$NPV=-15000+[19800(1+y)-15200](P/A,10\%,10)(P/F,10\%,1)+2000(P/F,10\%,11)=0$$

$$NPV=-15000+[19800-15200(1+z)](P/A,10\%,10)(P/F,10\%,1)+2000(P/F,10\%,11)=0$$

求解方程可得 $x=76.0\%$,$y=-10.3\%$,$z=13.4\%$。

其他因素不变,当投资额增长 76.0% 时,项目才变得不可接受。同理,当经营成本增长 13.4% 或销售收入降低 10.3% 时,方案就变得不可接受。由此可知,销售收入和经营成本的小幅变化,就会使方案变得不可接受。因此,三个因素按敏感程度由高到低排序依次为销售收入、经营成本、投资额。

(5)综合评价。

对于该方案来说,销售收入与经营成本都是敏感因素。在做出决策前,应该对销售收入和经营成本以及其可能变动的范围做出更为精确的预测估算。如果销售收入低于原来预测值的 10.3% 以上或经营成本高于原预测值的 13.4% 以上的可能性较大,则意味着这笔投资有较大的风险。另外,"经营成本的变动对方案经济效果有较大影响"这一分析结论还说明,如果实施该方案,严格控制经营成本将是提高项目经营效益的重要途径。至于投资额,显然不是该方案的敏感因素,即使增加 20% 甚至更多,也不会影响决策的结论。

5.3.4　敏感性分析的优缺点

1.优点

在一定程度上就各种不确定因素的变动对方案经济效果的影响做了定量描述,有助于决策者了解方案的不确定程度,有助于确定在决策过程中及方案实施过程中需要重点研究与控制的因素,对提高方案经济评价的可靠性具有重要意义。

2.缺点

只考虑了各不确定因素对方案经济效果的影响程度,没有考虑各不确定因素在未来发生变动的概率。可能出现一个敏感因素,其在未来发生变动的概率很小,以至于可以不必考虑它的影响;或者存在一个不敏感因素,但可能发生变动的概率很大,以至于必须考虑其变化对技术方案经济评价指标的影响。这一问题需要借助概率分析解决。另外,敏感性分析是依据分析人员的主观经验进行的,有可能存在片面性。

5.4 风 险 分 析

项目风险主要来自影响项目效果的各种因素和外界环境的不确定性。敏感性分析仅估算了项目经济评价指标对各不确定因素的敏感程度,找出了敏感因素,但没有说明不确定因素发生变化的概率。因此,为正确估算项目的风险,有必要进行风险分析。

风险分析又称概率分析,是利用概率方法研究和预测各种不确定因素对项目经济指标影响的一种定量分析方法。风险分析的关键在于确定影响方案经济效果的关键因素及其可能变动的范围,并确定关键因素发生变动的概率,对方案的净现金流及经济评价指标做出概率描述,从而对方案的风险情况做出比较准确的判断。

从风险分析的角度看,方案在进行决策前,应考虑清楚以下问题。

(1)方案有哪些风险?这些风险出现的可能性有多大?

(2)若发生风险,造成的损失有多大?怎样减少或消除这些可能造成的损失?

(3)若改用其他方案,是否有新的风险?

因此,风险分析的步骤主要包括风险识别、风险估计、风险评价和风险决策。风险分析可同时用于财务评价和国民经济评价。它是风险分析的基础,重在辨识潜在风险因素,按其重要性进行排序,并赋予权重。风险估计是估算单个风险因素发生的概率及其对方案的影响程度。风险评价是对方案的整体风险、经济主体对风险的承受能力等进行评价。风险决策是在已知的风险因素下,对互斥方案进行比选。

5.4.1 风险识别

风险识别,是在整个项目决策和管理期间,采用系统论的观点对项目全面考察,找出潜在的各种风险因素,并对各种风险进行比较、分类,确定各因素间的相关性与独立性,判断其发生的可能性及对项目的影响程度,按其重要性进行排序,或赋予权重。它是风险分析和管理的一项基础性工作,其主要任务是明确风险存在的可能性,为风险估计、风险评价和风险决策奠定基础。敏感性分析是初步识别风险因素的重要手段。

风险识别常用的方法包括问卷调查法、专家调查法、层次分析法等,一般情况下可以编制项目风险因素调查表,通过问卷调查法或专家调查法完成,复杂情况下可以使用层次分析法。

例如:某工程项目经济评价指标为净现值 NPV,识别项目风险的基本过程如下。

(1)找出 NPV 的各影响因素,见图 5-6。

(2)对各因素逐层分解,直至可直接判断其变动可能性。

(3)根据分析的知识和经验,判断可能发生不利变化的主要因素及其可能性大小。

5.4.2 风险估计

风险估计,是采用概率分析方法,估计项目风险因素发生的可能性,确定风险因素的概率分布,运用数理统计分析方法,估计项目经济评价指标的概率分布及其相关统计参数,以确定风险因素对

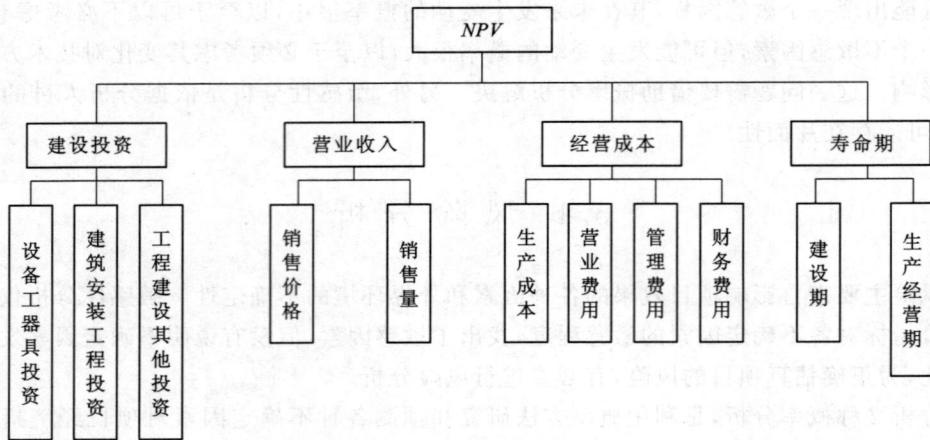

图 5-6 工程项目风险识别图

项目的影响程度。即估算风险因素发生的概率及其严重后果。

1. 概率分布类型

概率分布包括离散型概率分布和连续型概率分布。估算风险因素常采用的概率分布类型包括三角形分布、梯形分布、正态分布等。若风险因素是离散型随机变量,可采用概率树分析法,求风险因素取值的概率分布、期望值、方差、标准差及变异系数等统计参数,从而评价项目风险,判断其可行性。

2. 概率树分析法

概率树分析的步骤如下:

(1)列出可能的风险因素,如投资额、销售收入、经营成本等。

(2)判断风险因素可能发生变化的情况。

(3)确定各种状态发生的可能概率,并使可能发生的概率之和等于1。

(4)确定风险因素发生变化时,方案净现金流量在各状态下发生的概率及其相应的净现值 $NPV(j)$。

(5)求方案净现值的期望值 $E(NPV)$:

$$E(NPV) = \sum_{j=1}^{n} P_j NPV(j) \tag{5-11}$$

式中,P_j 为第 j 种状态的概率;n 为可能的状态个数。

(6)求净现值非负的累计概率,并判断项目风险。

【例 5-4】 某项目寿命周期为 10 年,投资额和年净收益存在一定的不确定性。据预测,项目投资额为 120 万元、150 万元和 170 万元的概率分别为 0.3、0.5 和 0.2;年净收益为 20 万元、30 万元和 35 万元的概率分别为 0.2、0.4 和 0.4。若基准收益率为 10%,试进行概率分析。

【解】 (1)根据题干,该项目的风险因素为投资额和年净收益,两者均有 3 种状态,因此项目的净现金流量可能包括 9 种状态,见图 5-7。

(2)9 种状态下的净现金流量的概率,见图 5-7。

(3)计算各状态下的净现值。

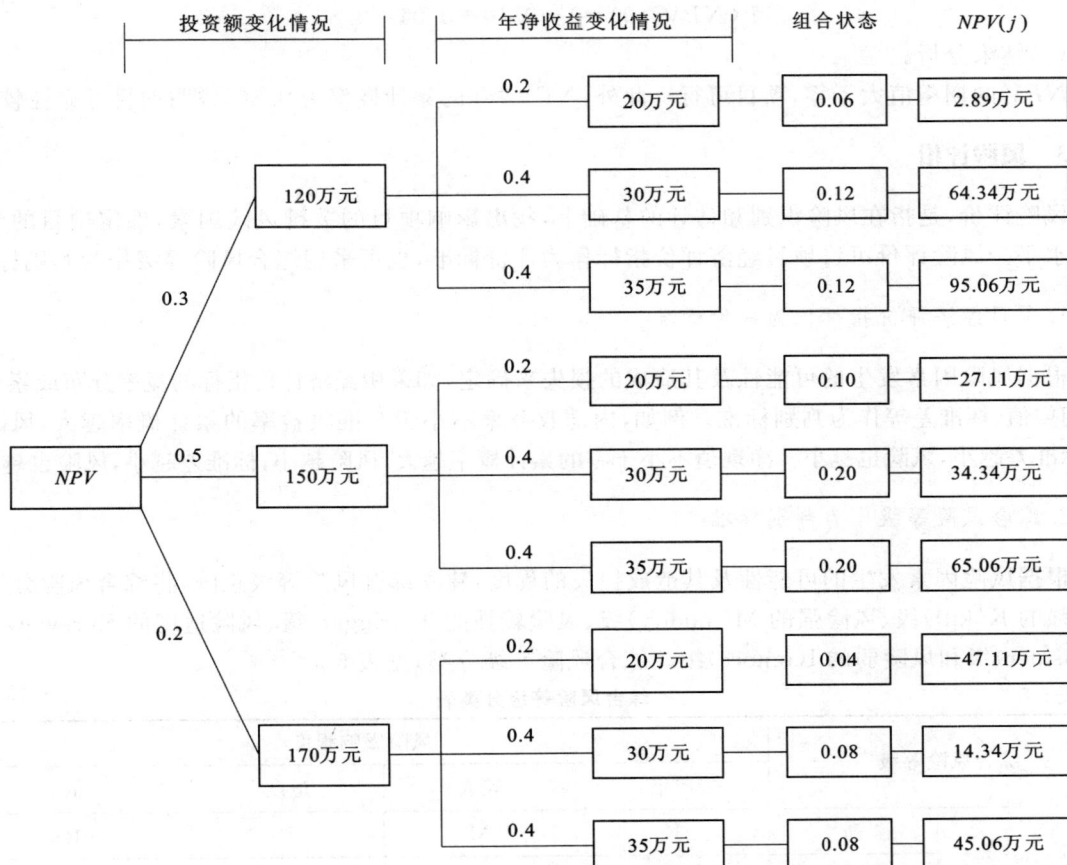

图 5-7 【例 5-4】概率树图

若投资额为 I,年净收益为 R,则净现值可表示为

$$NPV(j) = -I + R(P/A, 10\%, 10)$$

投资额和年净收益分别取 3 种不同状态的取值时,两两组合可得到 9 种净现金流量状态下的净现值,见表 5-4。

表 5-4 　　　　　　　　　　　　　　　【例 5-4】项目的净现值

投资额/万元	120			150			170		
年净收益/万元	20	30	35	20	30	35	20	30	35
状态概率	0.06	0.12	0.12	0.10	0.20	0.20	0.04	0.08	0.08
NPV/万元	2.89	64.34	95.06	−27.11	34.34	65.06	−47.11	14.34	45.06

(4)净现值期望值。

根据式(5-11),净现值的期望值为

$$E(NPV) = 0.06 \times 2.89 + 0.12 \times 64.34 + 0.12 \times 95.06 + 0.10 \times (-27.11) +$$
$$0.20 \times 34.34 + 0.20 \times 65.06 + 0.04 \times (-47.11) + 0.08 \times 14.34 +$$
$$0.08 \times 45.06 = 39.34(万元)$$

由此可看出,净现值非负的概率为

$$P(NPV \geqslant 0) = 1 - 0.10 - 0.04 = 0.86$$

(5)结果分析。

NPV 的期望值大于零,项目可行。此外,$NPV \geqslant 0$ 的累计概率为 0.86,说明项目可靠性较高。

5.4.3 风险评价

风险评价,是指在风险识别和估计的基础上,找出影响项目的关键风险因素,确定项目的整体风险水平。风险评价可将项目经济评价指标作为评价标准,也可采用综合风险等级作为判别标准。

1.项目经济评价指标作为评价标准

根据风险因素发生的可能性及其造成的损失来确定,如采用经济评价指标的概率分布或累计概率、期望值、标准差等作为判别标准。例如,内部收益率不小于基准收益率的累计概率越大,风险越小;标准差越小,风险也越小。净现值不小于零的累计概率越大,风险越小;标准差越小,风险也越小。

2.综合风险等级作为判别标准

根据风险因素发生的可能性及其造成损失的程度,建立综合风险等级矩阵,将综合风险分为风险很强的 K(kill)级、风险强的 M(modify)级、风险较强的 T(trigger)级、风险适度的 R(review and reconsider)级和风险弱的 I(ignore)级。综合风险等级分类,见表5-5。

表 5-5　　　　　　　　　　　　　　**综合风险等级分类表**

综合风险等级		风险影响程度			
		严重	较大	适度	低
风险的可能性	高	K	M	R	R
	较高	M	M	R	R
	适度	T	T	R	I
	低	T	T	R	I

注:本表资料来源为《建设项目经济评价方法与参数(第三版)》。

综合风险因素等级 K:风险很强,后果非常严重,应放弃项目方案。

综合风险因素等级 M:风险强,需要修正拟议中的方案,改变设计或采取补偿措施等。

综合风险因素等级 T:风险较强,需设定某些临界值,指标一旦达到临界值,就要变更设计或对负面影响采取措施。

综合风险因素等级 R:表示风险适度(较小),适当采取措施后不影响项目。

综合风险因素等级 I:表示风险弱,可忽略。

5.4.4 风险决策

风险评价确定关键风险因素后,需要制定相关应对措施。对不同方案进行风险决策时,可采用决策树方法。

决策树方法是风险决策的一种图解方法,在已知各方案每种可能情况发生概率的基础上,通过构造决策树求取各方案净现值的期望值,采用期望值最大准则确定最优方案。决策树方法的优点是决策问题形象直观,便于思考与集体讨论,特别是在多级决策问题中层次分明、一目了然、计算简便。

思政课堂:面对风险能做出科学决策,树立科学发展观。

决策树一般包括决策点、方案枝、机会点(也称状态点或方案点)、概率分枝、损益点等,如图 5-8 所示。其中:

(1)"□"表示决策点,决策点引出的直线称为方案枝,每个方案枝表示一个备选方案。

(2)"○"表示机会点(也称状态点或方案点),机会点上方标注该方案的损益期望值,机会点引出若干直线,称为概率分枝,每一直线上标注对应客观状态及其对应的概率。

(3)"△"表示结果节点(末梢),旁边标注对应备选方案在相应状态下的损益值,称为可能结果。

决策树绘制完成后,从结果节点开始,从右向左,利用损益值及其对应的概率求解每个备选方案的损益期望值。

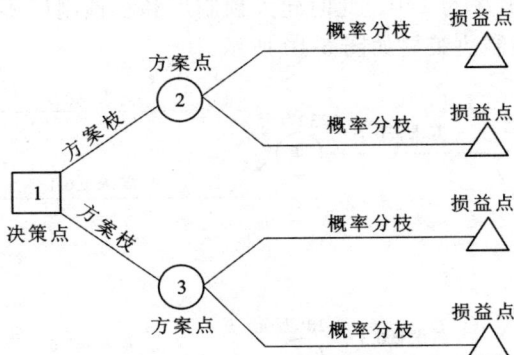

图 5-8　决策树示意图

【例 5-5】　为适应市场需求,欲新建一个预制构件厂。现有 2 个备选方案:方案 1 为建大预制厂,需要投资 600 万元;方案 2 为建小预制场,需要投资 280 万元。两者的使用期都是 10 年,每年的损益情况及概率见表 5-6。试用决策树方法选择最优方案。

表 5-6
【例 5-5】项目损益值及概率

销售状态	概率	损益值/(万元/年)	
		大预制厂	小预制厂
需要量较高	0.7	200	80
需要量较低	0.3	−40	60

【解】　(1)根据题意,绘制决策树,如图 5-9 所示。

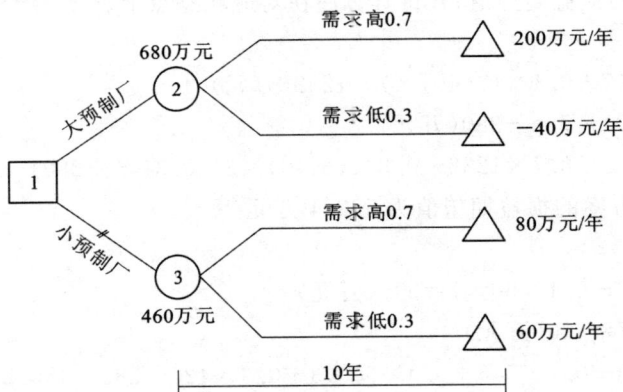

图 5-9　【例 5-5】决策树

(2)计算各状态点的损益期望值,并将其标注在对应状态点上。

节点 2:0.7×200×10+0.3×(−40)×10−600＝680(万元)

节点 3:0.7×80×10+0.3×60×10−280＝460(万元)

(3)决策。

由于节点 2 的损益期望值更大,因此选择建大预制厂。用符号"∥"在决策树图上"剪去"建小预制厂的方案。

【例 5-6】 在【例 5-5】的基础上,分前 3 年和后 7 年两期考虑。根据对市场的预测,前 3 年预制构件需求高的概率为 0.7,如果前 3 年需求高,则后 7 年需求高的概率为 0.9;如果前 3 年需求低,则后 7 年需求肯定较低,即概率为 1.0。此时建大预制厂和小预制厂哪个较好?

【解】 (1)根据题意,绘制决策树如图 5-10 所示。

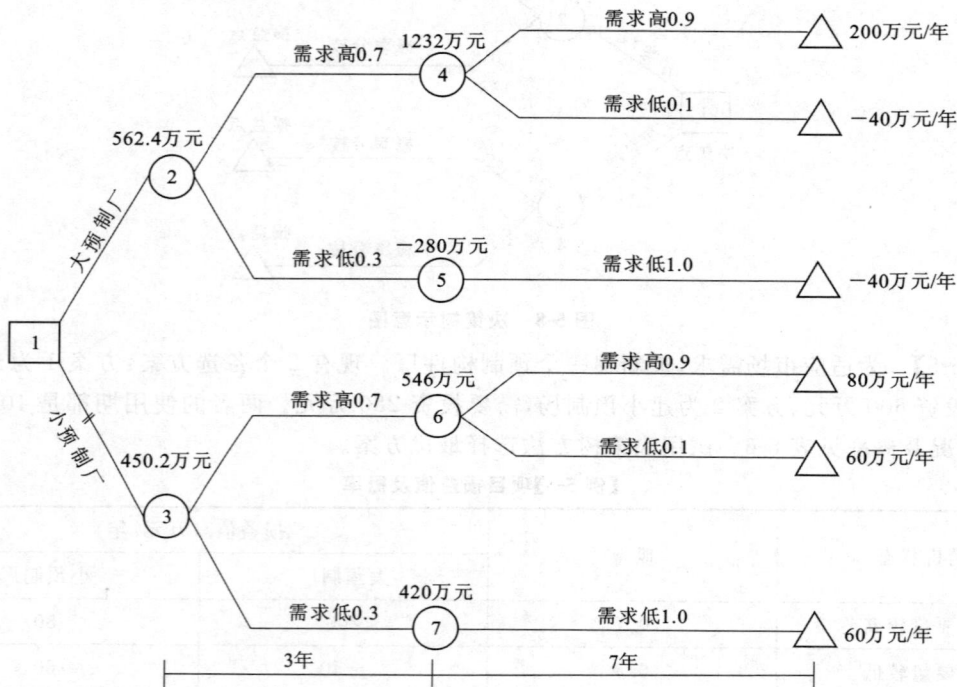

图 5-10 【例 5-6】决策树图

(2)计算各状态点的损益期望值,并将其标注在对应状态点上。

建大预制厂:

节点 4:0.9×200×7+0.1×(−40)×7＝1232(万元)

节点 5:1.0×(−40)×7＝−280(万元)

节点 2:0.7×200×3+0.7×1232+0.3×(−40)×3+0.3×(−280)−600＝562.4(万元)

因此,建大预制厂方案的损益期望值为 562.4 万元。

建小预制厂:

节点 6:0.9×80×7+0.1×60×7＝546(万元)

节点 7:1.0×60×7＝420(万元)

节点 3:0.7×80×3+0.7×546+0.3×60×3+0.3×420−280＝450.2(万元)

因此,建小预制厂方案的损益期望值为 450.2 万元。

（3）决策。

由节点 2 和节点 3 处的损益期望值可看出，建大预制厂损益期望值更大，因此选择建大预制厂。

【例 5-7】 在【例 5-6】的基础上，再增加一个考虑方案，这个方案是先建小预制厂，若前 3 年对预制构件的需求量较高（其概率与上题相同），3 年后再将小预制厂扩建。根据计算，扩建需要投资 400 万元，可使用 7 年，每年的损益值与建大预制厂相同。此时哪种方案更好？

【解】 （1）根据题意，绘制决策树如图 5-11 所示。

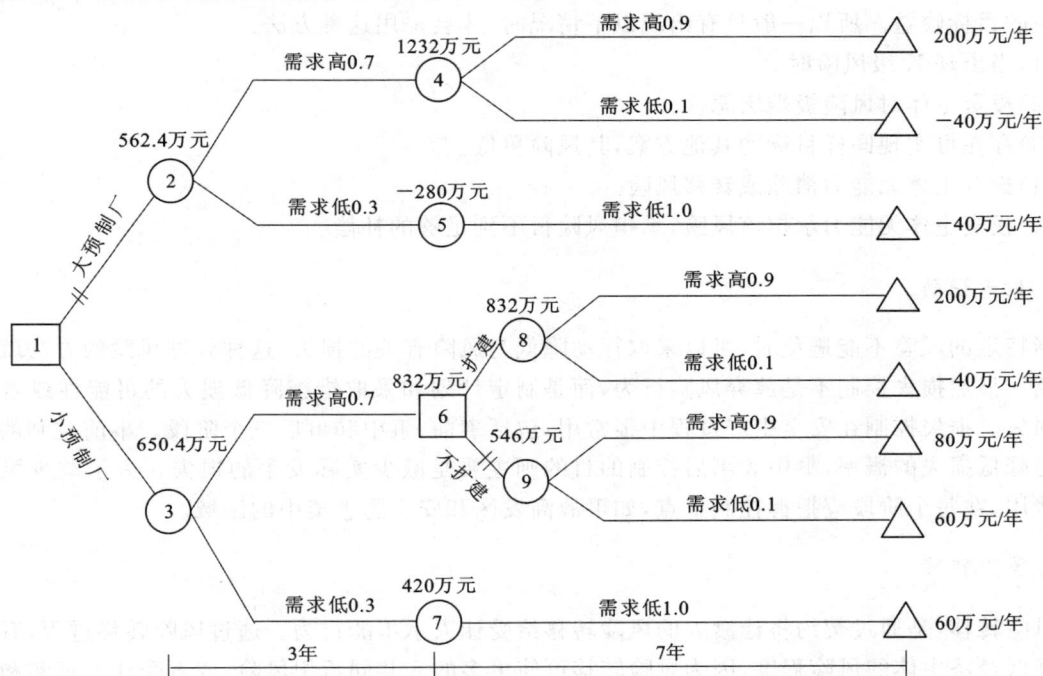

图 5-11 【例 5-7】决策树

（2）计算各状态点的损益期望值，并将其标注在对应状态点上。

建大预制厂，即节点 2 的损益期望值与【例 5-6】相同，为 562.4 万元。

先建小预制厂，判断 3 年后是否扩建。

节点 8：$0.9 \times 200 \times 7 + 0.1 \times (-40) \times 7 - 400 = 832$（万元）

节点 9：$0.9 \times 80 \times 7 + 0.1 \times 60 \times 7 = 546$（万元）

从节点 8 和节点 9 可看出，3 年后扩建的方案的损益期望值大。因此，应选择在 3 年后进行扩建，节点 6 的损益期望值为 832 万元。

节点 7：$1.0 \times 60 \times 7 = 420$（万元）

节点 3：$0.7 \times 80 \times 3 + 0.7 \times 832 + 0.3 \times 60 \times 3 + 0.3 \times 420 - 280 = 650.4$（万元）

（3）决策。

由于节点 3 的损益期望值大于节点 2 的，因此最优方案是先建小预制厂，3 年后再扩建。

5.4.5 风险应对

风险应对，是根据风险决策的结果，研究规避、控制与防范风险的措施，为项目全过程风险管理提供依据。风险应对的 4 种基本方法：风险回避、损失控制、风险转移和风险保留。

1. 风险回避

风险回避是投资主体有意识地放弃风险行为，完全避免特定的损失风险。在这个意义上，风险回避也可以说是投资主体将损失概率降至零。例如，在货物采购合同中，业主可以推迟承担货物的责任，即让供货商承担货物进入业主仓库之前的所有损失风险。这样，在货物运输时，业主可避免货物入库前的损失风险。

简单的风险回避是一种消极的风险处理办法，因为投资者在放弃风险行为的同时，往往也放弃了潜在的目标收益。所以一般只有出现以下情况时，才会采用这种方法：

(1)当出现 K 级风险时。

(2)投资主体对风险极端厌恶。

(3)存在可实现同样目标的其他方案，其风险更低。

(4)投资主体无能力消除或转移风险。

(5)投资主体无能力承担该风险，承担风险得不到足够的补偿。

2. 损失控制

当特定的风险不能避免时，可以采取行动降低与风险有关的损失，这种处理风险的方法就是损失控制。显然损失控制不是放弃风险行为，而是制定计划和采取措施降低损失的可能性或者减少实际损失。损失控制在安全生产过程中很常用，包括事前、事中和事后三个阶段。事前控制的目的主要是降低损失的概率，事中和事后控制的目的则主要是减少实际发生的损失。为了减少风险管理的费用，在每个阶段应把握控制重点，如事故高发区和安全隐患集中的区域。

3. 风险转移

风险转移，是通过契约将让渡人的风险转移给受让人承担的行为。通过风险转移过程，有时可大大降低经济主体的风险程度，因为风险转移可使更多的人共同承担风险，或者受让人预测和控制损失的能力比风险让渡人大得多。风险转移的主要形式是合同和保险。

4. 风险保留

风险保留，即风险承担。也就是说，如果损失发生，经济主体将以当时可利用的任何资金进行支付。风险保留包括无计划自留、有计划自我保险。

(1)无计划自留。

无计划自留是风险损失发生后从收入中支付，即不是在损失前做出资金安排。当经济主体没有意识到风险并认为损失不会发生时，或者意识到了风险，但明显低估了风险造成的最大可能损失时，可采用无计划自留方式承担风险。一般来说，应当谨慎使用，因为如果实际总损失远远大于预计损失，将引起资金周转困难。

(2)有计划自我保险。

有计划自我保险是在可能的损失发生前，通过做出各种资金安排以确保损失出现后能及时获得资金以补偿损失。有计划自我保险主要是通过建立风险预留基金的方式来实现。

综合能力检测

一、选择题

1.某方案年设计生产能力为 3 万吨,产销量一致,单位产品售价为 300 元/吨,单位产品可变成本为 150 元/吨,单位产品税金及附加为 3 元/吨,年固定成本为 280 万元,用生产能力利用率表示的盈亏平衡点为(　　)。(2022 年一建考试真题)

A.31.11％　　　　　B.63.49％　　　　　C.31.42％　　　　　D.62.22％

2.计年产销量 6 万件,每件 400 元,变动成本 150 元/件,营业税金及附加 50 元/件,年固定成本 300 万元。该厂年利润达到 100 万元时的产销量是(　　)。

A.2 万件　　　　　B.4 万件　　　　　C.6 万件　　　　　D.8 万件

3.关于投资项目敏感性分析中临界点的说法,正确的是(　　)。(2023 年一建考试真题)

A.随着设置的投资项目基准收益率提高,临界点也会变高

B.用临界点判别敏感因素的方法是一种相对测定法

C.通过敏感性分析图可以直接得到临界点的准值

D.临界点是不确定因素变化,项目由可行转为不可行的临界数值

4.关于方案敏感性分析的说法,正确的是(　　)。(2022 年一建考试真题)

A.不确定因素的临界点越低,该因素对方案的评价指标影响越小

B.敏感性分析可以通过计算敏感度系数和临界点确定敏感因素

C.敏感度系数大于 0,表示评价指标与不确定因素反方向变化

D.敏感度系数的绝对值越大,表明评价指标对于不确定因素越不敏感

5.关于方案的敏感度系数的说法,正确的是(　　)。(2024 年一建考试真题)

A.敏感度系数的绝对值越大,表示分析指标对该不确定因素的敏感度越小

B.敏感度系数可以直接表示不确定因素变化后分析指标的值

C.敏感度系数的计算结果与不确定因素、变化率、取值大小无关

D.敏感度系数大于 0,表示分析指标与不确定因素同方向变化

6.已知某投资方案内部收益率 IRR 为 10％,现选择 4 个影响因素分别进行单因素敏感性分析,计算结果如下:当产品价格上涨 10％时,IRR＝11.0％;当原材料价格上涨 10％时,IRR＝9.5％;当建设投资上涨 10％时,IRR＝9.0％;当人民币汇率上涨 10％时,IRR＝8.8％。根据上述条件判断,最敏感的因素是(　　)。(2021 年一建考试真题)

A.建设投资　　　　　B.原材料价格　　　　　C.人民币汇率　　　　　D.产品价格

二、思考题

1.什么是盈亏平衡分析?盈亏平衡分析的缺点是什么?

2.如何对多方案进行盈亏平衡分析?

3.什么是敏感性分析?敏感性分析的目的是什么?包括哪几个步骤?

4.什么是投资方案的敏感因素?如何加以确定?

5.简述风险分析的基本步骤。

6.风险分析常用的方法有哪些?各有什么特点?

7.试述概率树分析的步骤及其适用范围。

三、案例分析题

1.某公司计划上一个新项目,生产某种新产品,设计生产能力为年产量 1000 万件,单位产品

售价预计 20 元，每年的固定成本为 4000 万元，单位产品变动成本为 12 元，总变动成本、总销售收入均与产品产量成正比。不考虑税金，试分别画出年固定成本、年变动成本、单位产品固定成本、单位产品变动成本与年产量的关系曲线，并求以产量、销售收入、生产能力利用率、单位产品销售价格、单位产品变动成本表示的盈亏平衡点。

2. 某企业生产某种产品，设计年产量为 6000 件，每件产品的出厂价格估算为 50 元，企业每年固定性开支为 66000 元，每件产品成本为 28 元。

(1)计算企业的最大可能盈利。

(2)计算企业不盈不亏时的最低产量。

(3)计算企业年利润为 5 万元时的产量。

3. 某企业拟投资某项目，其初始投资为 200 万元，寿命周期 10 年，期末残值为 20 万元，各年的销售收入、经营成本均相等，分别为 70 万元和 30 万元。经预测，将来投资、销售收入、经营成本均可能在 ±10% 的范围内变化，若基准收益率为 10%，试对净现值 NPV 进行敏感性分析，画出敏感性分析图，并指出敏感因素，确定敏感因素变化的临界值。

4. 某房地产公司的一个开发项目，据预测，初始投资为 4500 万元，计算期为 10 年，每年租售收入为 800 万元，期末残值为 400 万元。根据敏感性分析，项目的主要风险因素为开发成本和租售收入，可能状态及其概率见表 5-7。若计算期为 10 年，基准收益率为 10%，试求净现值的期望值、净现值不小于零的累计概率。若投资者要求净现值大于零的累计概率为 70%，问此时项目在经济上是否可行。

表 5-7 不确定因素每种状态的概率

变化状态	−20%	0	+20%
开发成本	0.1	0.6	0.3
租售收入	0.3	0.5	0.2

5. 某投资者欲投资兴建一个工厂，建设方案有两种选择：一是大规模投资 300 万元，销路好时，年损益值为 100 万元，销路差时，年损益值为 −20 万元；二是小规模投资 160 万元，销路好时，年损益值为 60 万元，销路差时，年损益值为 20 万元。两个方案的生产期均为 10 年，销路好的概率为 0.7，销路差的概率为 0.3。试用决策树法选择最优方案。

6. 某钢筋混凝土预制构建厂为了生产一种新产品，拟定了三个方案：一是建大厂，需投资 320 万元，销路好时，年损益值为 110 万元，销路差时，年损益值为 −22 万元；二是建小厂，需投资 180 万元，销路好时，年损益值为 55 万元，销路差时，年损益值为 14 万元；三是先建小厂，如销路好，则第 3 年年末需投资 120 万元扩建成大厂。三种方案的使用年限均为 10 年。在前 3 年内，销路好和销路差的概率分别为 0.7 和 0.3。3 年后根据新的市场信息预测，前 3 年若销路好，则后 7 年销路也好的概率为 0.9；前 3 年若销路差，则后 7 年销路一定差。小厂扩建后损益与大厂相同。若基准收益率为 10%，试用决策树法进行正确决策。

本章实训

一、实训目的

1.学会分析风险的来源和进行风险识别。

2.掌握风险评估方法。

3.能撰写风险分析报告。

二、实训案例

以小组形式,对学校周边饭店进行风险分析,并撰写风险分析报告。

三、实训要求

1.学生进行自由分组,推选出组长和发言代表。

2.小组成员进行课下调研并上网搜集资料。

3.课上小组集体讨论,将调研结果和风险分析结果以报告的形式呈现。

四、实训步骤

1.指导教师布置实训任务,指出实训的要点和目的。

2.各小组选定实训目标,广泛搜集资料,并进行图文记载。

3.小组内经过讨论,对案例进行风险分析,确定风险因素,并对其进行评估,最终形成风险分析报告。

4.小组成员介绍实训结果,并组组互评,教师评定,确定成绩。

5.教师进行最后综合评定和总结。

延伸阅读

1.陈中柘,李海庆.工程经济学[M].北京:机械工业出版社,2020.

2.史玉柱与巨人大厦[J].中外企业文化,2001(8):47-49.

3.张兴韬.从巨人大厦说起[N].中国房地产报,2004-08-19(T00).

6 设备更新分析

【本章目标】

◆ 知识目标

1. 熟练掌握设备磨损原因与设备更新分析特点。
2. 熟练掌握设备经济寿命计算方法。
3. 掌握设备更新方案比选方法。
4. 掌握设备租赁与购买方案比选分析。
5. 了解设备大修理及经济界限。

◆ 能力目标

学习任务	能力目标	重要程度
设备更新概述	能判断实际设备的磨损情况与磨损类型,制定合适的补偿方案	★★★★☆
设备经济寿命	能确定实际设备的经济寿命,制定合理的更新决策	★★★★☆
设备更新分析方法	能根据设备更新理论,选择合适的设备选型,制定合适的更新方案	★★★★☆
设备租赁经济分析	能通过设备租赁经济分析,确定租赁更新决策	★★★★★

◆ 素养目标

1. 在磨损类型讲解中,结合人类有形磨损的案例,培养学生的民族情怀与爱国精神。
2. 在磨损类型讲解中,结合人类无形磨损的情况,帮助学生树立"学无止境"的学习态度。
3. 通过思政案例导入,践行生态优先、绿色发展理念。

思政案例导入

一盏灯的绿色转型

北京的长安街,在每个中国人心中都意义非凡,它也是世界了解中国的一扇窗口。每当夜晚来临,长安街都会被华灯点亮。在天安门广场,除了家喻户晓的"国旗班",还有一个默默无闻的群体——"华灯班",无论春夏秋冬、阴晴雨雪,他们都坚守一线,守护着华灯的光亮。"华灯",是新中国成立10周年前夕由周恩来总理亲自定名,与首都十大建筑同步建成的。几十年来,华灯的造型始终如一,光源却不断更新换代。在新中国成立35周年前夕,华灯的光源经历了第一次升级,自镇流高压汞灯代替了白炽灯,球灯下也新加装了投光灯。

2006—2008年,当时的北京市路灯管理中心分两次对华灯的光源进行升级改造,将华灯内的450W自镇流高压汞灯换成了85W的电磁无极感应灯,将八角亭内的500W特制自带反光的应急白炽灯更换为100W的电磁无极感应灯。高光效、低能耗的光源大大降低了华灯出现故障的概率,大部分光源都可以运行几万小时以上,也更加节能。

多年来,华灯车也在不断升级迭代,功能越来越多,也越来越绿色环保。第四代华灯车加装了污水处理循环系统,用过的废水被回收到废水箱内,经过沉淀、过滤后,可以重复再利用。

2019 年,第五代华灯车(也是目前正在使用的华灯车)正式投入使用,这一代华灯车集车辆定位、路线规划、状态监测等多种功能于一身,拥有了更加聪明的"大脑"——在智能操作平台上,可通过可视化系统全景展现升降过程、设备参数,实时感知作业进程、设备状态,并可将数据通过网络实时回传至后台,值班人员可与现场实时互动。

资料来源:刘发为,潘俊强.一盏灯的绿色转型[N].金台资讯,2024-10-03.

思政课堂:通过长安街"华灯"的更新换代,践行生态优先、绿色发展理念,同时感受精益求精的"华灯精神"。

🔍 思维导图

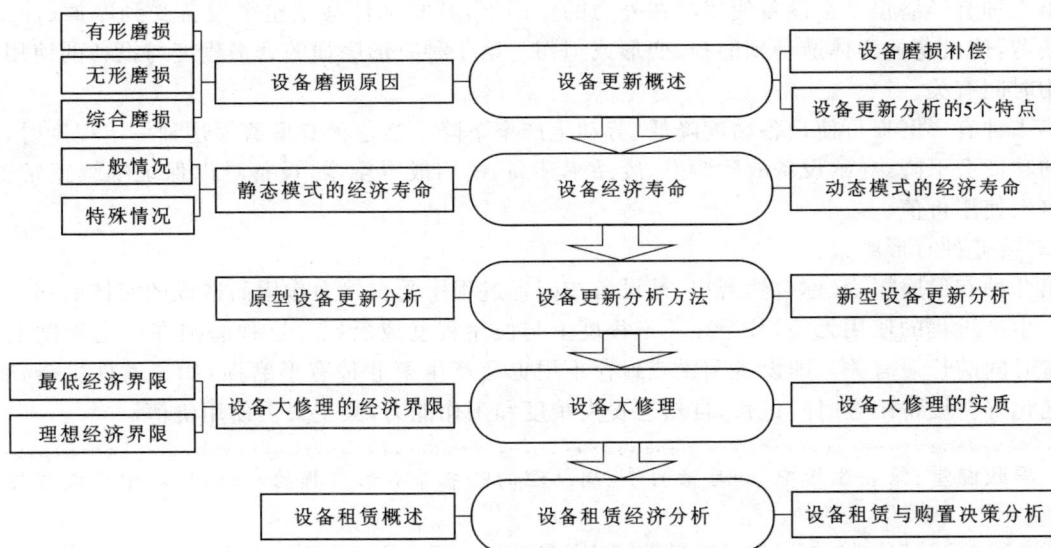

在工程项目投资的过程中,必然要投入大量的设备,其在生产使用过程中会出现磨损、效率降低和过时的现象,若不及时对设备进行更新,会严重影响其生产使用效率。因此,是否进行设备更新、何时更新以及用何种设备进行更新就成了企业关心的问题。

6.1 设备更新概述

设备更新就是用经济性更好、性能更完善、技术更先进和使用效率更高的设备更换陈旧过时的设备。设备更新包括两个方面:一是决定是否更新,即继续使用旧设备还是更换新设备;二是决定选择什么样的设备来更新。可以是原型设备更新,即用相同结构和效能的设备更换有形磨损严重、不能继续使用的旧设备,这种更新不能促进技术进步,只能解决设备的损坏问题;也可以用技术更先进、效率更高的新型设备替换技术或经济上不宜继续使用的旧设备,这种更新不仅能解决设备的损坏问题,而且能解决设备技术落后的问题。所以,设备更新决策实际上是继续使用旧设备与购置新设备之间的互斥关系分析。

6.1.1 设备磨损原因

设备更新源于设备的磨损,设备磨损会影响设备的使用价值甚至使用寿命。设备磨损是指设备在使用或闲置过程中,由于物理作用(如冲击、摩擦、振动、扭转、弯曲等)、化学作用(如锈蚀、老化等)或技术进步等影响而遭受损耗。设备磨损包括有形磨损和无形磨损,设备更新是有形磨损与无形磨损共同作用的结果。

1. 有形磨损

设备有形磨损,又称物质磨损,是设备在使用过程中因受外力作用和自然力的影响,其实体形成的磨损、变形和损坏。根据引起设备有形磨损的原因不同,有形磨损可分为第Ⅰ种有形磨损和第Ⅱ种有形磨损。

(1)第Ⅰ种有形磨损。

第Ⅰ种有形磨损是指设备使用时在外力的作用下,其零部件甚至整个设备受到摩擦、冲击、振动或疲劳,使设备的实体遭受到磨损、变形或损伤。第Ⅰ种有形磨损的磨损程度与设备的使用强度和使用时间有关。

第Ⅰ种有形磨损可使设备精度降低、劳动生产率下降。当这种有形磨损达到一定程度时,整个设备的功能会下降,导致设备故障频发、废品率升高、使用成本剧增,设备难以保证继续正常工作,甚至丧失使用价值。

(2)第Ⅱ种有形磨损。

第Ⅱ种有形磨损,又称自然磨损,是设备在闲置过程中受自然力作用而造成的实体磨损。这种磨损与生产过程的使用无关,甚至在一定程度上与使用程度成反比。这种磨损在一定程度上与设备闲置时间的长短有关。即设备闲置或封存不用也会产生第Ⅱ种有形磨损,如金属件生锈、腐蚀、橡胶老化等。设备闲置时间过长,自然会丧失精度和工作能力,甚至失去使用价值。

> **思政课堂:**结合生活中,如母亲的手、周总理的睡衣等有形磨损的实例,培养中华民族传统美德。

2. 无形磨损

设备的无形磨损又称精神磨损或经济磨损,是由技术进步引起设备发生相对贬值的现象。设备的无形磨损与生产过程中的使用或自然力无关,所以它不表现为设备实体的变化和损坏。设备无形磨损也可分为第Ⅰ种无形磨损和第Ⅱ种无形磨损。

(1)第Ⅰ种无形磨损。

第Ⅰ种无形磨损是随着技术进步,设备制造工艺不断改进,成本不断降低,劳动生产率不断提高,生产同种设备所需的社会必要劳动减少,因而设备的市场价格降低,这样就使原来购买的设备相应地贬值了。

第Ⅰ种无形磨损只是现有设备的原始价值发生部分贬值,设备本身的技术特性和功能,即使用价值并未发生变化,因此不会影响现有设备的使用,但会使产品成本相对升高,产品价格失去竞争力。

（2）第Ⅱ种无形磨损。

第Ⅱ种无形磨损是由于技术进步，社会上出现了结构更先进、性能更完善、生产效率更高、耗费材料和能源更少的新型设备，而使原有设备在技术上显得陈旧落后。不仅会使原有设备价值降低，而且会使原有设备局部或全部丧失使用价值。

思政课堂：结合"问渠那得清如许，为有源头活水来"等有关学无止境的古诗词，体会唯有不断学习充电才能避免人的"无形磨损"这一事实。

3.综合磨损

综合磨损是指设备在使用过程中，既有有形磨损，又有无形磨损。也就是说，设备遭受的磨损是双重的。两种磨损均会引起设备原始价值的贬值。对于有形磨损比较严重的设备，在修复补偿之前，往往不能正常运转，设备的工作性能大大降低；而遭受无形磨损的设备，如果其有形磨损程度比较小，则无论其无形磨损的程度如何，均不会影响正常使用，但继续使用在经济上是否合算，需要进行进一步的分析研究。

6.1.2 设备磨损补偿

为维持设备的正常工作特性和功能，必须对磨损设备进行合理的补偿。设备磨损类型不同，采用的补偿方式也不同。设备补偿有局部补偿和完全补偿2种补偿方式。设备有形磨损的局部补偿是修理，设备无形磨损的局部补偿是现代化技术改造。有形磨损和无形磨损的完全补偿是更新，即淘汰旧设备、更换新设备。设备磨损与补偿方式之间的关系如图 6-1 所示。

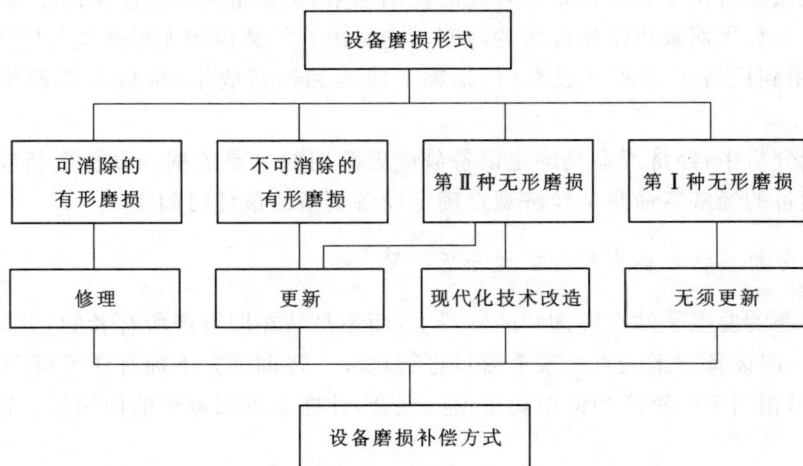

图 6-1 设备磨损的补偿方式

对综合磨损后的补偿形式应进行更深入的研究，以确定恰当的补偿方式。对于陈旧落后的设备，即消耗高、性能差、使用操作条件不好、对环境污染严重的设备，应当用较先进的设备尽早替代；对整机性能尚可，有局部缺陷，个别工程经济指标落后的设备，应适应技术进步的发展要求，吸收国内外的新技术，不断地加以改造和进行现代化改装。

6.1.3　设备更新分析特点

设备更新分析时,需要注意其自有特点。

1. 设备更新分析的中心内容是确定设备的经济寿命

设备的寿命是设备从开始投入使用,直至由于磨损在技术上或经济上不宜使用为止的时间。由于设备磨损类型不同,设备寿命一般具有以下几种不同的形态。

(1)自然寿命。

自然寿命,又称物理寿命,是设备从全新状态投入使用开始,直到即使通过大修也不能使其恢复到原有用途而只能报废所经历的全部时间。自然寿命的长短主要取决于设备有形磨损的速度。做好设备的维修和保养工作,可延长设备的物理寿命,但不能从根本上避免设备磨损。任何一台设备磨损到一定程度时,都必须进行更新。

随着设备的使用,设备不断老化,维修所支出的费用也逐渐增加,从而出现恶性使用阶段,即经济上不合理的使用阶段,因此自然寿命不能成为设备更新的依据。

(2)技术寿命。

技术寿命是设备从开始使用到因为技术落后而被淘汰所延续的时间,也是设备在市场上维持其使用价值的时期。技术寿命主要是由设备的无形磨损决定的,它一般比自然寿命要短。科学技术进步越快,技术寿命越短。例如一部手机,即使是全新的,完全未使用过,它也可能被功能更优越的手机取代,那么其技术寿命就为零。通过现代化改装,可以延长设备的技术寿命。

(3)经济寿命。

经济寿命是从经济角度分析设备最合理的使用期限,是设备从投入使用的全新状态开始,到因继续使用经济上不合理而被更新所经历的时间。它是由有形磨损和无形磨损共同决定的。具体来说,是从投入使用到设备年等额总成本(包括购置成本和运营成本)最低或等额年净收益最高的时间。

在设备更新分析中,经济寿命是确定设备最优更新期的主要依据。设备更新应该以经济寿命为决策依据。设备的经济寿命是从经济观点确定设备更新的最佳时间。

2. 设备更新分析应站在咨询师的立场分析问题

设备更新问题的要点是站在咨询师的立场上,而不是站在旧资产所有者的立场上考虑问题,不能简单地按照新、旧设备方案的直接现金流量进行比较。咨询师并不拥有任何资产,故若要保留旧资产,首先要付出相当于旧资产当前市场价值的现金,才能取得旧资产的使用权。这是设备更新分析的重要概念。

3. 设备更新分析只考虑未来发生的现金流量,不考虑沉没成本

旧设备经过磨损,其实物资产的价值降低,但旧设备经过折旧后所剩下的账面价值并不一定等于其当前的市场价值,即更新旧设备往往会产生一笔沉没成本。

$$沉没成本 = 旧设备账面价值 - 当前市场价值 \tag{6-1}$$

沉没成本是本方案实施之前已经发生或者按某种凭证而必需的费用。由于沉没成本是过去发生的,它并不因为采纳或拒绝某个方案的决策而改变,因此对方案是否采纳的决策不应对其造成影响。其不应计入工程经济分析的现金流中。因此,设备更新分析中的另一个重要的特点,就是在分析中只考虑今后发生的现金流量。对于以前发生的现金流量及沉没成本,因为它们都属于不可恢复的费用,与更新决策无关,所以不需要再参与经济计算。

【例 6-1】 某设备 10 年前的原始成本是 100000 元,目前的账面价值是 30000 元,现在的市场价值为 20000 元。关于该设备沉没成本和更新决策时价值的说法,正确的是(　　)。

A. 沉没成本为 10000 元,更新决策时价值应为 40000 元

B. 沉没成本为 10000 元,更新决策时价值应为 20000 元

C. 沉没成本为 80000 元,更新决策时价值应为 30000 元

D. 沉没成本为 70000 元,更新决策时价值应为 70000 元

【解析】 根据式(6-1),沉没成本 $=30000-20000=10000$ 元。由于沉没成本是过去发生的,与更新决策无关,因此更新决策的价值应为当前市场价值,即为 20000 元。因此,正确选项为 B。

4. 设备更新分析以年费用为主

在比较更新方案时,通常假设设备产生的收益是相同的,因此只对费用进行比较。一般而言,不同设备的服务寿命不同,因此通常采用年费用进行比较。

5. 设备更新分析采用逐年滚动比较

逐年滚动比较是指在确定最佳更新时机时,应首先计算现有设备的剩余经济寿命和新设备的经济寿命,然后利用逐年滚动方法进行比较。

6.2　设备经济寿命

具体来说,经济寿命是指能使投入使用的设备年等额总成本(包括购置成本和运营成本)最低或等额年净收益最高的年限。经济寿命是由维护费用等使用费用的提高和使用价值的降低决定的。例如,一台卡车随着使用年限的增加,每年所分摊的设备购置费(资金恢复成本)越来越少,维修费、燃料费等年使用费用却在逐年增加。因此,资产恢复成本的降低会因年等额总成本的增加被抵消。在此消彼长的变化过程中,存在着某个年份,其年等额总成本最低,经济效益最好,如图 6-2 所示,在 m 年时,年等额总成本达到最低值,m 即设备的经济寿命。

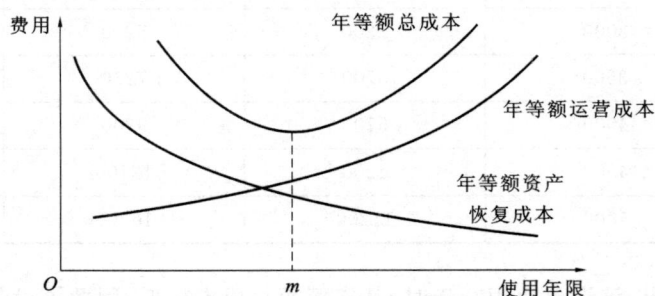

图 6-2　设备经济寿命示意图

设备更新时,往往以经济寿命作为决策依据,因此科学合理地确定设备经济寿命十分重要。设备经济寿命的确定方法包括静态模式和动态模式 2 种。

6.2.1 静态模式的经济寿命

静态模式下设备经济寿命的确定方法,是在不考虑资金时间价值的基础上计算设备的年等额总成本,使其为最小的使用年限就是设备的经济寿命。

1. 一般情况

设备年等额总成本的计算公式为

$$AC_n = \frac{P - L_n}{n} + \frac{1}{n}\sum_{j=1}^{n}C_j \tag{6-2}$$

式中,AC_n 为 n 年内设备的年等额总成本;P 为设备的实际价格;C_j 为第 j 年设备的运营成本;L_n 为第 n 年年末设备的残值;n 为设备的使用年限;$\frac{P - L_n}{n}$ 为设备的年等额资产恢复成本;$\frac{1}{n}\sum_{j=1}^{n}C_j$ 为设备的年等额运营成本。

在所有设备使用年限中,能使设备等额总成本 AC_n 最低的年份就是设备的经济寿命。如果设备的经济寿命为 m,则

$$AC_{m-1} \geq AC_m, \quad AC_{m+1} \geq AC_m \tag{6-3}$$

【例6-2】 某设备原价6000万元,年运营成本和各年年末残值如表6-1所示,求其经济寿命。

表 6-1　　　　　　　　　　　　【例6-2】某设备相关数据(单位:万元)

年数	1	2	3	4	5	6
运营成本	1000	1200	1500	2000	2500	3000
年末残值	4000	3000	2500	2000	1500	1000

【解】 根据式(6-2),某设备各年的年等额总成本见表6-2。

表 6-2　　　　　　　　　　　　【例6-2】年等额总成本计算表(单位:万元)

n	$P - L_n$	$\sum_{j=1}^{n}C_j$	$P - L_n + \sum_{j=1}^{n}C_j$	AC_n
1	2000	1000	3000	3000
2	3000	2200	5200	2600
3	3500	3700	7200	2400
4	4000	5700	9700	2425
5	4500	8200	12700	2540
6	5000	11200	16200	2700

由计算结果可看出,该设备使用3年时,其年等额总成本最低,因此该设备的经济寿命为3年。

2. 特殊情况

设备运营成本包括能源费、保养费、修理费、停工损失、废次品损失等。一般随着设备使用期的增加,年运营成本每年以某种速度递增,这种运营成本的逐年递增称为设备的劣化。假设每年运营成本的增量是均等的,即经营成本呈线性增长时,其现金流量如图6-3所示。

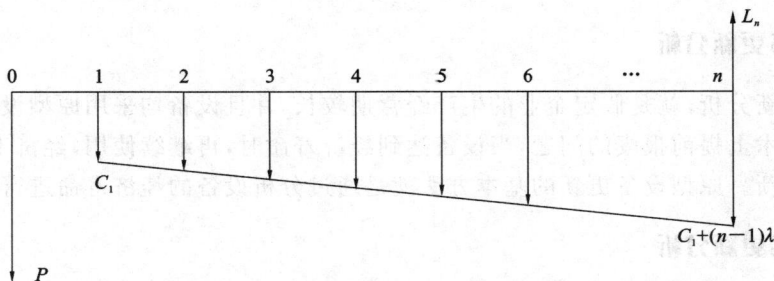

图 6-3 劣化增量均等现金流量图

设 C_1 为第 1 年的运营成本,每年运营成本增加额为 λ,则设备第 j 年的年运营成本为

$$C_j = C_1 + (j-1)\lambda \tag{6-4}$$

n 年内,设备的年等额总成本为

$$AC_n = \frac{P-L_n}{n} + C_1 + \frac{n-1}{2}\lambda \tag{6-5}$$

设 L_n 为常数,对 n 求上式的一阶导数,并令其等于 0,则设备的经济寿命 m 为

$$m = \sqrt{\frac{2(P-L_n)}{\lambda}} \tag{6-6}$$

【例 6-3】 某单位新购一台新的机械设备,购置费为 10000 元,第 1 年的使用费为 2000 元,以后每年增加 1000 元,残值为 2000 元,试确定该设备的经济寿命。

【解】 已知购置费 P 为 10000 元,残值 L_n 为 2000 元,运营成本增加额 λ 为 1000 元,根据式(6-6),该设备的经济寿命为

$$m = \sqrt{\frac{2(10000-2000)}{1000}} = 4(年)$$

6.2.2 动态模式的经济寿命

动态模式下设备经济寿命是在考虑资金时间价值的基础上计算设备的年等额总成本,通过比较年均费用来确定。用年等额总成本估算设备的经济寿命的过程为:在已知设备现金流量和利率的情况下,逐年计算出从寿命 $1 \sim n$ 年全部使用期的年等额值,确定年等额总成本的最小值及其所对应的年限,从而确定设备的经济寿命。

若考虑资金时间价值,一般情况时设备的年等额总成本 AC_n 可表示为

$$AC_n = P(A/P, i, n) - L_n(A/F, i, n) + \left[\sum_{j=1}^{n} C_j(P/F, i, n)\right](A/P, i, n) \tag{6-7}$$

特殊情况下,设备的年等额总成本 AC_n 可表示为

$$AC_n = P(A/P, i, n) - L_n(A/F \cdot i, n) + C_1 + \lambda(A/G, i, n) \tag{6-8}$$

式中,$(A/G, i, n)$ 为等差系列现金流量的等差年金系数,又称年金定差因子。

6.3 设备更新分析方法

设备更新分析的结论取决于所采用的分析方法,而设备更新分析的假定条件和设备的研究期是选用设备更新分析方法时应考虑的重要因素。

思政课堂:体会设备更新中的优胜劣汰原则。

6.3.1 原型设备更新分析

原型设备更新分析,就是假定企业的生产经营期较长,并且设备均采用原型设备重复更新。这种情况不存在技术上提前报废的问题,当设备达到经济寿命时,再继续使用,经济上不合理,此时可采用原型设备更新。原型设备更新的基本方法就是通过分析设备的经济寿命进行更新决策。

6.3.2 新型设备更新分析

由于存在第Ⅱ种无形磨损,设备往往未达到其经济寿命,市场上就出现了性能更好、经济效益更高的新型设备,此时需要决策是继续使用旧设备还是用新型设备更新旧设备。因此,新型设备更新分析,就是假定企业现有设备可被其经济寿命内年等额年总成本更低的新型设备取代。

新型设备更新主要是比较旧设备的年等额总成本 AC_O 和新型设备的年等额总成本 AC_N。

(1)若 $AC_O > AC_N$,则应立即更新。

(2)若 $AC_O < AC_N$,则继续使用旧设备,直至旧设备的年等额总成本 AC_O 高于新型设备的年等额总成本 AC_N。

【例 6-4】 某设备原始值 9200 元,使用寿命 8 年,已使用 4 年,当前净值为 5800 元,估计后 4 年的年维持费 6000 元,残值为 1000 元。现有一种新型设备价格为 14000 元,年维持费为 4000 元,使用寿命 8 年,残值为 3000 元。如购买新型设备,旧设备可以 3600 元售出。若基准投资收益率为 10%,判断现在是否应更换设备。

【解】 站在咨询师的客观立场上,现金流量图如图 6-4 所示。

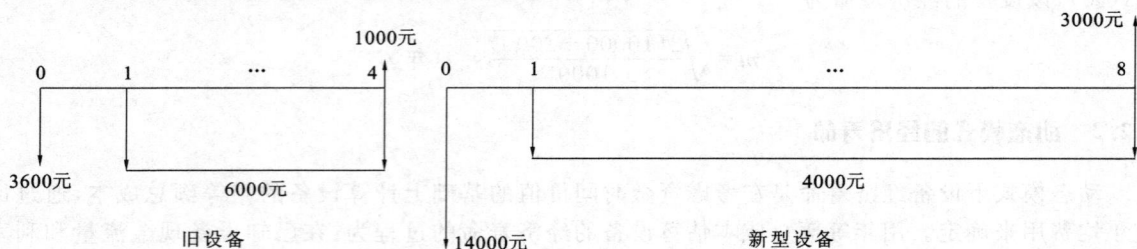

图 6-4 【例 6-4】现金流量图

$$AC_O = 3600(A/P, 10\%, 4) - 1000(A/F, 10\%, 4) + 6000 = 6920(元)$$
$$AC_N = 14000(A/P, 10\%, 8) - 3000(A/F, 10\%, 8) + 4000 = 6361(元)$$

由于新设备的年等额总成本更小,因此现在应更换设备。

【例 6-5】 某建筑公司承接一项新项目,需要使用某设备,公司现有的旧设备价值为 5000 元,其从现在起每年预计的残值和使用成本如表 6-3 所示。目前市场上有一种新型设备,其售价为 8000 元,使用期内每年的使用成本为 1200 元,预计经济寿命为 8 年,8 年后的残值为 2000 元。若基准收益率为 10%,问是否更新该设备?若更新,旧设备使用几年后更新最合适?

表 6-3 【例 6-5】旧设备相关数据(单位:元)

使用年限	1	2	3	4	5
使用成本	1500	1800	2000	2400	2800
年末残值	4500	4000	3500	3000	2500

【解】 (1)判断是否更新。

继续使用旧设备 5 年的年等额总成本:

$$AC_O = [5000 - 2500(P/F, 10\%, 5) + 1500(P/F, 10\%, 1) + 1800(P/F, 10\%, 2) +$$
$$2000(P/F, 10\%, 3) + 2400(P/F, 10\%, 4) + 2800(P/F, 10\%, 5)](A/P, 10\%, 5)$$
$$= 2949.1(元)$$

新型设备年等额总成本：
$$AC_N = 8000(A/P, 10\%, 8) - 2000(A/F, 10\%, 8) + 1200 = 2524.4(元)$$

显然，旧设备的年等额总成本大于新型设备，因此需要更新旧设备。

(2) 逐年滚动比较，判断何时更新。

旧设备保留 1 年时的年等额总成本：
$$AC_1 = [5000 - 4500(P/F, 10\%, 1) + 1500(P/F, 10\%, 1)](A/P, 10\%, 1) = 2500.0(元)$$

由于 $AC_1 < AC_N$，因此保留 1 年合适。

旧设备保留 2 年时的年等额总成本：
$$AC_2 = [5000 - 4000(P/F, 10\%, 2) + 1500(P/F, 10\%, 1) +$$
$$1800(P/F, 10\%, 2)](A/P, 10\%, 2) = 2619.2(元)$$

由于 $AC_2 > AC_N$，因此旧设备保留 1 年后就应该更换。

思政课堂：设备更新对提高企业竞争力，创建新型国家，具有重要意义。

6.4 设备大修理

6.4.1 设备大修理的实质

实际应用中，为保持设备的使用状态，需要对设备进行日常保养或对故障局部零件进行替换与修理。按照其经济内容来讲，设备修理可分为日常保养、小修理、中修理和大修理等形式。其中，大修理是设备修理中规模最大、花费最多的一种设备磨损补偿方式，因此设备修理工作的经济性分析，主要是针对设备大修理。设备大修理是对发生磨损的设备采用较大范围或规模的调整、修复或更换已经磨损的零部件的方法，以恢复或基本恢复设备局部丧失的生产能力。它是补偿设备的有形磨损的方法之一。

虽然通过大修理可以延长设备的物理寿命，但是这种寿命的延长，不管是在技术上还是在经济上，都是有上限的，如图 6-5 所示。

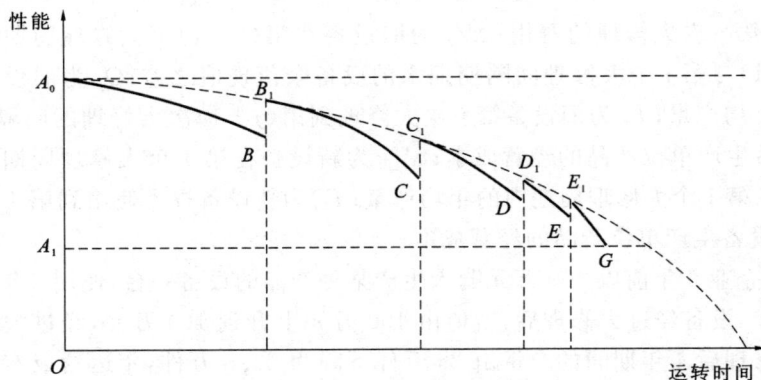

图 6-5 设备大修理性能劣化曲线

图 6-5 中的 A_0 点表示设备初始性能,A_1 点表示设备基本性能。事实上,设备在使用过程中其性能是沿着 A_0B 线下降的,如不及时大修,设备的寿命可能会很短。如在 B 点(即第一个大修期限时)进行大修,其性能可恢复到 B_1 点。自 B_1 点继续使用,其性能又继续劣化,当降到 C 点时,又进行第二次修理,其性能可恢复到 C_1 点,但经过使用后又会下降,直至 G 点,设备不能再修。因此,设备大修理并不是无止境的,而是有限度的。

设备更新分析时,大修理是设备更新的替代方案。这是大修理的经济实质,也是大修理这种对设备磨损进行补偿的方式能够存在的前提。对设备进行更新时,应与大修理方案进行比较;同样地,进行设备大修理决策时,也应同设备更新及设备其他再生产方式相比较。

6.4.2 设备大修理的经济界限

从经济角度出发,为了提高设备的经济效益,降低设备使用费用,必须确定设备大修理的经济界限。

1. 最低经济界限

若大修理的费用大于同种设备的重置价值,则这样的大修理在经济上是不合理的,将这一标准视为大修理在经济上具有合理性的起码条件,或称最低经济界限。即:

$$I \leqslant P - L \tag{6-9}$$

式中,I 为此次大修理所需的费用;P 为同种设备的重置价格;L 为旧设备被替换时的残值。

最低经济界限未考虑大修理后设备在性能等方面与同种新设备的差异,因此,仅满足最低经济界限,并不一定达到最佳经济效果。

2. 理想经济界限

经大修理后设备的整体性能会有所降低,可能导致生产单位产品的成本高于同种新设备的单位产品成本,此时对原设备进行大修并不合适。因此,设备大修理还需满足其理想经济界限,即大修后生产产品的质量达到规定要求,且单位产品的生产成本低于同种新设备的单位产品成本。

$$C_j \leqslant C_0 \tag{6-10}$$

式中,C_j 为第 j 次大修理后旧设备生产单位产品的成本;C_0 为用具有相同功能的新设备生产单位产品的成本。其中,

$$C_j = (I_j + \Delta V_j)(A/P, i_c, T_j)/Q_j + C_{gj} \tag{6-11}$$

$$C_0 = \Delta V_{01}(A/P, i_c, T_{01})/Q_{01} + C_{g01} \tag{6-12}$$

式中,I_j 为旧设备第 j 次大修理的费用;ΔV_j 为旧设备在第 $(j+1)$ 个大修理周期内的价值损耗现值,其值为第 $(j-1)$ 与第 j 个大修理间隔期期末的设备余值现值之差;Q_j 为旧设备在第 $(j+1)$ 个大修理周期内的年均产量;T_j 为旧设备第 j 次大修理到第 $(j+1)$ 次大修理的间隔年数;C_{gj} 为旧设备第 j 次大修理后生产单位产品的经营成本;ΔV_{01} 为新设备在第 1 个大修理周期内的价值损耗现值;Q_{01} 为新设备在第 1 个大修理周期内的年均产量;T_{01} 为新设备投入使用到第 1 次大修理的间隔年限;C_{g01} 为用新设备生产单位产品的经营成本。

【例 6-6】 某企业 6 年前以 300 万元购入生产某种产品的设备一台,使用 6 年后进行设备大修理,费用为 50 万元,设备经过大修理后,残值由 100 万元上升到 120 万元,经过大修理后可继续使用 4 年。预计大修理后 4 年期间的产量由 25 万件下降为 23.5 万件,年运营成本由 300 万元上升到 320 万元,到期残值为 40 万元。已知市场目前同种设备的价格为 240 万元,使用 6 年后残值为

80万元。基准折现率为10％,问设备大修理是否合理?

【解】　(1)最低经济界限:

设备大修理费 $I=50$ 万元;重置价格 $P=240$ 万元;残值 $L=100$ 万元。由于 $50<(240-100)=140$,因此,符合设备大修理的最低经济界限,故应进行大修理。

(2)理想经济界限:

$$C_j = \frac{[50+120-40(P/F,10\%,4)](A/P,10\%,4)+320}{23.5} = 15.53(元/件)$$

$$C_0 = \frac{[240-80(P/F,10\%,6)](A/P,10\%,6)+300}{25} = 13.79(元/件)$$

由此可知 $C_0<C_j$,因此对设备进行大修理并不合理。

6.5　设备租赁经济分析

企业所需设备都是通过自有资金或借入资金购置或研制,若企业资金紧张且筹措困难,或者有些设备价格昂贵、专业化程度高、结构复杂、难以研制,可考虑通过租赁的方式获得。在企业经营管理中,设备租赁常见于老企业设备更新和新建企业设备投资决策这两种场合。此时,企业需要抉择是租赁设备还是购买设备,如果租赁,应选择何种租赁方式对企业最有利;如果购买,应选择何种购买方式对企业最有利。因此,在进行租赁决策分析时,通常将设备租赁与设备更新进行比较。

6.5.1　设备租赁概述

1.设备租赁的基本概念

设备租赁是设备的使用者(承租人)按照合同规定,按期向设备的所有者(出租人)支付一定费用而取得设备使用权的一种经济活动。由于租赁具有将融资和融物结合起来的特点,这使得租赁能够提供及时而灵活的资金融通方式,是企业家取得设备进行生产经营的一种重要手段。

2.设备租赁的方式

常见的设备租赁方式包括经营租赁和融资租赁。

(1)经营租赁。

经营租赁又称运行租赁,是在一定时期内,承租人支付租金而拥有设备使用权的行为。一般由设备所有者(出租人)负责设备的维修、保养与保险,租赁的期限通常远远短于设备的寿命周期。出租人和承租人通过订立租约维系租赁业务关系,双方均有权在租赁期限内预先通知对方后解除租约。

经营租赁具有可撤销、租期短、租金高等特点,适用于技术进步快、用途较广泛、使用具有季节性的设备。经营租赁设备的租赁费计入企业成本,可减少企业所得税。

(2)融资租赁。

融资租赁是双方明确租赁期限和付费义务,出租人按照要求提供规定的设备,然后以租金形式回收设备的全部资金,出租人对设备的整机性能、维修保养等不承担责任。

融资租赁的租费总额通常足够补偿全部设备成本,并且租约到期之前不得解除,租约期满后,租赁设备的所有权无偿或低于其残值转让给承租人,租赁期间的设备维修费、保养费、保险费等均由承租人负责。融资租赁具有租期长、不可撤销等特点,适用于贵重大型设备、专有技术设备等。

(3)经营租赁与融资租赁的区别。

两种租赁方式的主要区别在于租赁双方承担义务的约束力。经营租赁的任一方可以以一定方式在通知对方后的规定期限内取消租约。融资租赁的任一方不得随意中止和取消租约。

3.设备租赁的优缺点

对于承租人来讲,设备租赁相较于设备购买具有如下优点:

(1)在资金短缺的情况下,既可用较少资金获得生产急需的设备,又可引进先进设备,加快技术进步的步伐,降低或避免设备陈旧、技术落后的风险。

(2)可获得良好的技术服务。

(3)可以保持资金的流动状态,防止资金呆滞,也不会使企业资产负债状况恶化。

(4)可避免通货膨胀和利率波动的冲击,降低投资风险。

(5)设备租金可在所得税前扣除,能享受税费上的优惠。

设备租赁的缺点:

(1)在租赁期间承租人对租用设备无所有权,只有使用权。故承租人无权随意对设备进行改造,不能处置设备,也不能用于担保、抵押贷款。

(2)承租人在租赁期间所交的租金总额一般比直接购置设备的费用要高,因为租金包含出租人的管理费和边际利润。

(3)长年支付租金,形成承租人的长期负债,不管企业的现金流量和经营状况如何,都要按照合同按时支付租金。

(4)租赁合同规定严格,若承租人毁约则要赔偿出租人的损失,违约金较多。

6.5.2 设备租赁与购置决策分析

设备租赁与购置决策分析是将租赁方式与设备购置的不同付款方式作为互斥方案进行比较优选。无论是购置设备还是租赁设备,均应做好方案的经济分析,即对两种方案在经济上进行比较优选,其方法与设备更新方案选择无实质上的差别。无论设备如何获得,其投入运行以后使项目或企业获得的收入应该是相同的。因此,决策问题就变成将租赁成本和购买成本进行比较的问题,可采用费用现值法或费用年值法。

1.设备租赁与购置时的年净现金流量

(1)经营租赁。

$$净现金流量 = 销售收入 - 经营成本 - 租赁费 - 税金及附加 -$$
$$(销售收入 - 经营成本 - 租赁费 - 税金及附加) \times 所得税税率 \qquad (6-13)$$

(2)融资租赁。

$$净现金流量 = 销售收入 - 经营成本 - 租赁费 - 租赁手续费和利息 - 税金及附加 -$$
$$(销售收入 - 经营成本 - 租赁费 - 租赁手续费和利息 - 税金及附加) \times 所得税税率$$
$$(6-14)$$

(3)设备购置。

$$净现金流量 = 销售收入 - 经营成本 - 设备购置费 - 贷款利息 - 销售税金及附加 -$$
$$(销售收入 - 经营成本 - 折旧费 - 贷款利息 - 销售税金及附加) \times 所得税税率$$
$$(6-15)$$

经营租赁的租赁费全部在所得税前抵扣。融资租赁的费用包括初始直接费（律师费、公证费和手续费等）和资产本身价值，前者作为成本，一次性在税前抵扣，后者作为固定资产，主要通过折旧分期在税前抵扣。下面的例子均属于经营租赁。

无论采用何种方式获取设备，均假设设备的收入与年经营成本相同，因此设备购置与设备租赁方案仅比较差异部分即可。

设备购置时，年费用的差异部分为

$$设备购置费 ＋ 贷款利息 － （折旧费 ＋ 贷款利息）× 所得税税率 \qquad (6-16)$$

设备租赁时，年费用的差异部分为

$$租赁费 － 租赁费 × 所得税税率 \qquad (6-17)$$

2. 设备租赁与购置方案比选

（1）不考虑税收影响。

在不考虑税收影响的情况下，是购置设备还是租赁设备，可以直接用费用现值或费用年值的方法进行方案的比选。

【例6-7】 某建筑企业急需一台挖掘机。若直接购买，价格为200000元，使用寿命10年，预计净残值为6000元。若通过租赁方式获得设备，需要每年年底支付租金35000元。无论何种方式获得设备，其每年的运行费均为23000元，其他可能费用为4000元。基准收益率为10%，问企业应该购买还是租赁设备？

【解】 选择购买设备，其年费用为

$$AC_B = 200000(A/P,10\%,10) － 6000(A/F,10\%,10) = 32164（元）$$

选择租赁设备，其费用年值为

$$AC_R = 35000（元）$$

由于购买设备的年费用更低，因此选择购买设备对企业更有利。

（2）考虑税收影响。

从年净现金流量公式可看出，租赁设备的租金允许计入成本，购买设备每年计提的折旧费也允许计入成本。如果借款购买设备，每年支付的利息也应计入成本。在其他费用保持不变的情况下，计入成本越多，则利润总额越少，企业缴纳的所得税越少。因此，在充分考虑各种方式的税收影响下，应该选择税后收益大或者税后成本小的方案。

【例6-8】 企业急需一台设备，该设备购置价格为40000元，使用寿命5年，预计净残值为5000元。设备也可租赁，需每年年末支付租赁费5000元。无论采用何种方式获得设备，其每年运行费均为3000元。所得税税率为25%，年末纳税。折旧采用直线折旧，基准收益率为10%。若购买设备，资金全部借款，年利率为8%，等额利息法偿还本利，借款期和设备使用寿命都为5年。应采用何种方式获得设备？

【解】 ①设备租赁：

租赁设备时，其费用年值为

$$AC_R = 5000 － 5000 × 25\% = 3750（元）$$

②设备购置：

$$年折旧费 = \frac{40000 － 5000}{5} = 7000（元）$$

$$借款年利息 = 40000 × 8\% = 3200（元）$$

设备购置时,费用年值为

$$AC_B = 40000(A/P,10\%,5) - 5000(A/F,10\%,5) - (7000+3200) \times 25\% = 7183(元)$$

由于 $AC_R < AC_B$,因此从企业角度应该选择租赁设备。

综合能力检测

一、选择题

1.设备第Ⅰ种无形磨损造成的后果是(　　)。(2024年一建考试真题)

A.导致设备自身技术特性和功能发生改变　　　　B.导致原有设备相对贬值

C.导致设备生产精度达不到新标准要求　　　　D.导致设备在修理前不能正常工作

2.企业现有设备出现了第Ⅰ种无形磨损时对设备及其管理产生的影响是(　　)。(2023年一建考试真题)

A.需要更换替损的零部件　　　　　　　　　　B.需要提前更换现有设备

C.导致现有设备原始价值贬值　　　　　　　　D.导致现有设备折旧增加

3.关于设备磨损补偿方式的说法,正确的是(　　)。(2021年一建考试真题)

A.设备的无形磨损可以通过修理进行补偿

B.设备的综合磨损只能通过更新进行补偿

C.可消除的有形磨损只能通过现代化改装进行偿

D.不可消除的有形磨损可以通过更新进行补偿

4.某设备目前实际价值为30000元,有关资料如表6-4所示,则该设备的经济寿命为(　　)年。(2020年一建考试真题)

A.3　　　　　　　B.4　　　　　　　C.5　　　　　　　D.6

表6-4　　　　　　　　　　　　　　　　　　设备相关数据

继续使用年限/年	1	2	3	4	5	6	7
年末净残值/元	15000	7500	3750	3000	2000	900	600
年运行成本/元	5000	6000	7000	9000	11500	14000	18200
年均使用成本/元	20000	16750	14750	13500	13300	13600	14300

5.某企业有一台原值30万元的设备,预计使用年限10年,净残值3万元,年折旧2.7万元,已计提折旧6年。现以10万元价格售出,该设备的沉没成本为(　　)万元。(2024年一建考试真题)

A.0.8　　　　　　B.3　　　　　　　C.13.8　　　　　　D.3.8

二、思考题

1.什么是设备的有形磨损和无形磨损?各有什么特点?请举例说明。

2.设备磨损的补偿方式有哪些?各自针对哪种磨损形式?

3.设备更新有何特点?

4.设备寿命可分为哪几种?各与设备的哪种磨损方式有关?

三、案例分析题

1.某设备原价为6000元,其他数据如表6-5所示,求其经济寿命。

表 6-5   **设备相关数据 1**

使用年限/年	1	2	3	4	5	6
使用成本/元	1000	1200	1500	2000	2500	3000
年末残值/元	4000	3000	2500	2000	1500	1000

2. 某单位新购一台试验设备，购置费为 10000 元，第 1 年的使用费为 2000 元，以后每年增加 1000 元，残值 2000 元，每年相等，试确定该设备的经济寿命。

3. 某设备原始价值 62000 元，其他数据如表 6-6 所示，若考虑资金时间价值，基准收益率为 10%，试计算其经济寿命。

表 6-6   **设备相关数据 2**

使用年限/年	1	2	3	4	5	6	7
使用成本/元	10000	12000	14000	18000	22500	27500	33000
年末残值/元	32000	17000	9500	5750	4000	2000	10000

4. 某企业决定更新正在使用的一种旧式水泵，若购买安装一套原型新水泵 1925 元，每年耗电 900 元。现有一种新式水泵，购买安装需要 2450 元，电费一年不超过 500 元。若以 8 年为分析期，新旧水泵残值均为零，基准折现率为 12%，判断是否应购买新水泵。

5. 建筑公司现有装卸设备现售出可得 3500 元，可使用年限多于 8 年。已知有一种新设备使用寿命 8 年，年维持费比现有设备少 1500 元，若基准收益率为 15%，试计算新设备的价格不能超过多少时才应该购买新设备，不计新设备的残值。

6. 某设备目前的净残值为 8000 元，还能继续使用 4 年，保留使用的情况下相关数据如表 6-7 所示。新设备购置费为 35000 元，经济寿命为 10 年，第 10 年年末的净残值为 4000 元，平时年使用费为 500 元。若基准折现率为 12%，问旧设备是否需要更新，如需更新，何时更新？

表 6-7   **设备相关数据 3**

年限/年	0	1	2	3	4
年末残值/元	8000	6500	5000	3500	2000
年运行费/元		3000	4000	5000	6000

7. 某航空公司由于业务的扩展，需要引进一架飞机增加运力。如果直接购买，某型号飞机价格是 4 亿元，使用寿命 20 年，预计该飞机的净残值为 1200 万元；如果通过租赁的方式获得飞机使用权，则每年需支付租金 3600 万元。该飞机每年的运营费为 4000 万元，各种维修费平均每年大约 2000 万元。若基准收益率为 10%，试求租赁和购买哪种方式对企业有利。

8. 某企业急需某设备，有两种方案可供选择：方案 1 是花费 35 万元购置一台设备，估计其寿命周期为 10 年，10 年末的残值为 1.5 万元，运行费为 2 万元/年，年维修费为 1 万元/年，采用直线折旧法计提折旧；方案 2 是租用设备，每年租赁费为 5 万元，所得税税率为 25%，基准贴现率为 12%。该企业应采用购置方案还是租赁方案？

本章实训

一、实训目的

1.掌握设备经济寿命的计算方法。

2.掌握设备更新方案的比较方法。

二、实训案例

某市某条路上有一座钢结构天桥需要进行加固或更新。若进行加固,加固费用为 20 万元,加固后可继续使用 5 年,每年维护费用 4 万元,服役期满后市场价值(拆下的旧钢材销售收入扣除拆除成本后的净值)为 12 万元。若进行更新,需拆掉现有钢天桥,市场价值为 10 万元。旧天桥拆除后,可建造一座钢筋混凝土天桥,造价估计 70 万元,年维护费用 2 万元,可使用 30 年,期末没有市场价值。若基准收益率为 10%。试回答以下问题:

1.该天桥应加固还是更新?

2.假设估计 5 年后,随着城市改造和景观建设要求,该天桥将被拆除并改为地下通道,在这种情况下,该天桥应加固还是更新?

3.假设旧桥无须加固仍可使用 5 年,但维护费用逐年增加,今年的维护费为 6 万元,以后每年维护费比前一年增加 2 万元,每年年末退出使用时的市场价值均为 10 万元,则是否需要更新? 如果需要更新,什么时候更新最有利?

三、实训要求

1.指导教师布置实训内容,安排任务。

2.将班级同学分为若干组,每组选出 1 名组长、1 名发言代表。

3.以小组为单位,学习实训案例,通过书籍、网络等途径了解相关知识,结合本章所学内容,形成初步解决实训案例问题的思路。

四、实训步骤

1.指导教师介绍实训的目的、要求、注意事项和评分标准,并对案例进行介绍与分析。

2.实训课堂上,以小组为单位,小组内部先进行讨论,对实训案例进行充分理解,讨论并整理案例分析思路,并制定最优更新方案。

3.在最后 20 分钟,指导教师组织各小组代表依次进行发言,发言主要阐述本组对所选实训案例的理解及实训案例的分析结果。

4.指导教师最后对各小组表现进行点评,并提出启发式问题供学生进一步思考。

延伸阅读

1.周海波.淄博"三个加快"推进工业领域设备更新和技改[N].经济导报,2024-12-04(7).

2.江婷婷.设备更新带动产业升级[J].当代贵州,2024(48):20-21.

3.周义."大规模设备更新"推动交通业向"绿"向"新"[N].经济参考报,2024-10-21(8).

4.国家发展改革委举行专题新闻发布会介绍设备更新行动进展成效和典型做法[J].中国产经,2024(19):54-63.

7 价值工程

【本章目标】

◆ 知识目标

1. 掌握价值工程的基本概念。

2. 了解价值工程的特点，掌握提高价值的途径。

3. 掌握价值工程的工作步骤。

4. 熟练掌握价值工程对象的选择方法和功能评价方法。

5. 了解方案创新与评价方法。

◆ 能力目标

学习任务	能力目标	重要程度
价值工程基本原理	能基于价值工程基本理论，制定产品提高价值的合理途径	★★★★☆
价值工程工作程序	能运用价值工程基本原理、程序和方法，解决产品的优化改进和方案优选等实际问题	★★★☆☆
价值工程对象的选择	能正确选择当前迫切要改进的对象	★★★★☆
功能评价	能运用价值工程原理对实际项目进行分析与评价	★★★★★
方案创新与评价	能对备选方案进行评价且初具方案创新能力	★★☆☆☆

◆ 素养目标

1. 引导学生树立正确的价值观，厚植爱国情怀。

2. 为实现人生价值，养成终身学习的习惯。

3. 培养学生的团队合作能力和大国工匠精神。

思政案例导入

石棉板事件

第二次世界大战期间，美国为保证战争需要，造成原材料严重短缺，一些重要的材料很难买到。彼时，麦尔斯正供职于美国通用电气公司的采购部门，长期负责生产军用产品的原材料采购工作。当时麦尔斯正在采购公司急需的石棉板，而恰逢此时石棉板的价格疯涨。他经过研究后发现，采购某种材料的目的不在于材料本身，而在于其功能。他提出了两个问题："为什么要用石棉板？它的功能是什么？"麦尔斯通过调查发现，在产品生产的过程中，需要在喷刷涂料时，把石棉板铺到地上，这样做是为了避免污染地板和引起火灾。麦尔斯弄清楚这种材料的功能后，找到了一种便宜而且能够满足防火要求的防火纸来代替石棉板。经过试用和检验，美国消防部门批准了这一代用材料。

由此，麦尔斯发现了产品的功能与成本的关系。他总结得出结论：对用户而言，需要的不是产品本身，而是它的功能。并且客户会按照功能的必要程度付款，因为产品设计是根据用户对产品功能的要求进行的。于是,设计出物美价廉的产品问题变成了以最低费用提供用户所要求功能的问题。之后,麦尔斯通过一系列成功的实践活动,总结出了一套在保证同样功能的前提下降低成本的比较完整的科学方法,并将其定名为"价值分析"。

资料来源:罗汉奎.价值工程[J].管理现代化,1984(4):29-32,47.

> **思政课堂**:麦尔斯找寻代用材料的过程中,引入"价值"的概念,产生了一种新的产品评价形式,即把功能与成本结合起来进行评价,将技术与经济价值统一对比作为衡量问题的标准,这种思路和研究问题的特殊方法为工程项目技术方案决策提供了路径。提高价值不仅是广大消费者追求物有所值、物超所值的愿望,也是企业和国家利益对稀缺资源进行有效配置的要求。

思维导图

```
┌─────────────────┐
│  价值工程的概念  │─┐
└─────────────────┘ │                          ┌──────────────────┐
┌─────────────────┐ │   ┌──────────────────┐   │  提高价值的途径  │
│      功能        │─┼───│  价值工程基本原理  │───┤                  │
└─────────────────┘ │   └──────────────────┘   │  价值工程的特点  │
┌─────────────────┐ │            │             └──────────────────┘
│   寿命周期成本   │─┘            ↓
└─────────────────┘                              ┌──────────────────┐
┌─────────────────┐     ┌──────────────────┐     │     功能评价     │
│ 价值工程对象选择 │─┐   │  价值工程工作程序  │────┤                  │
└─────────────────┘ ├───│                  │     │  方案创新与评价  │
┌─────────────────┐ │   └──────────────────┘     └──────────────────┘
│     功能分析     │─┘            │
└─────────────────┘              ↓
                       ┌──────────────────┐
                       │  价值工程应用案例  │
                       └──────────────────┘
```

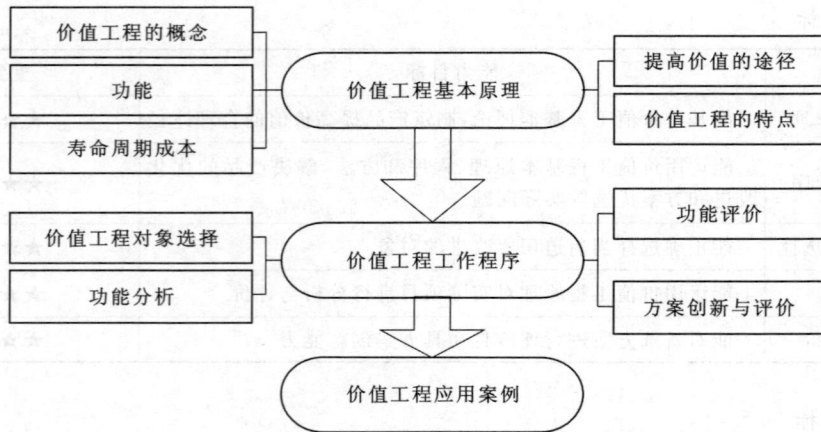

7.1 价值工程基本原理

7.1.1 价值工程的概念

价值工程(value engineering,VE)是通过各相关领域的协作,对研究对象的功能和费用进行系统分析,不断创新,旨在提高研究对象价值的一种管理思想和管理技术。

价值工程是以产品或作业的功能分析为核心,以提高产品或作业的价值为目的,力求以最低寿命周期成本实现产品或作业使用所要求的必要功能的一项有组织的创造性活动。在建筑工程领域,价值工程是基于客户需求,以建筑工程经济寿命周期的最低成本、实现必备功能为原则,提升建筑辅助功能,达到产品价值最优的目标。

价值工程中的"价值"是对象所具有的功能与获得该功能所发生费用的比值,不是对象的使用价值,也不是对象的交换价值,而是对象的比较价值,即性价比。因此,在价值工程中,价值常用下式表示:

$$价值 V = \frac{功能 F}{成本 C} \tag{7-1}$$

式中,价值 V 为对象所具有的功能与获得该功能所发生费用的比值,是产品的比较价值;F 为功能,是对象能满足某种需求的效用或属性;C 为成本,又称寿命周期成本。

由式(7-1)可看出,价值工程的基本要素包括价值、功能和寿命周期成本。价值的大小取决于功能和成本。人们购买商品常常要求其"物美价廉"。"物美"其实就是商品性能、质量水平的反映。"价廉"就是商品的成本水平的反映,顾客购买时要求合算,是针对商品的价值而言。

> **思政课堂:**运用价值工程基本原理阐释社会主义核心价值观,思考如何树立社会主义核心价值观,进而思考如何实现自身价值。

7.1.2 功能

功能指产品能满足某种需求的效用或属性,是构成产品本质的核心内容。对于某件产品而言,功能就是产品的用途与性能。任何一种产品都有着一定的功能,这是消费者购买该产品的基本目的。正如价值工程创始人麦尔斯所言:人们需要的不是产品本身,而是产品的功能。例如,住宅的功能是为人类提供居住空间,建筑物基础的功能是承受荷载等。

一个产品可以具有多种功能,这些功能并不是同等重要的。因此,有必要对功能进行分类,以便抓住主要矛盾。如图 7-1 所示,价值工程一般将功能分为以下几类。

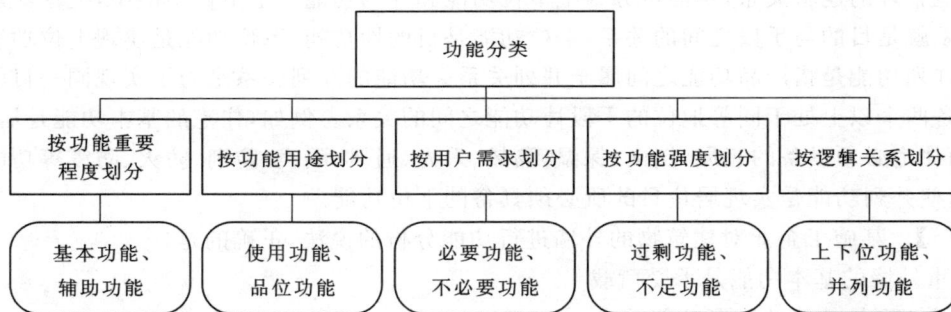

图 7-1 价值工程功能分类

1.按功能重要程度划分

按功能的重要程度,功能可分为基本功能和辅助功能。基本功能是与对象的主要目的直接有关的功能,是对象存在的主要理由。辅助功能是为更好地实现基本功能而服务的功能。基本功能是必要功能,而辅助功能有的是必要的,有的是不必要的。例如,建筑物的墙体,其中承重墙的基本功能是承受荷载,室内墙的基本功能是分隔空间,而建筑墙体的辅助功能是隔声隔热。手机的基本功能是打电话,而辅助功能可能包括听歌、拍照、拍视频等。

2.按功能用途划分

按功能的用途,功能可分为使用功能和品位功能。使用功能是对象具有的与技术经济用途直接有关的功能,例如住宅的使用功能是提供居住空间,桥梁的使用功能是方便行人交通。品位功能是与使用者的精神感觉、主观意识有关的功能,如美学功能、外观功能、欣赏功能等。

产品的使用功能和品位功能往往要求兼而有之,根据用途和消费者要求的不同而有所侧重。例如,地下电缆、地下管道和建筑物基础等更侧重使用功能,墙纸、壁画等更注重品味功能。当然,有的产品,如房屋建筑、桥梁等,要求两种功能兼而有之。

3.按用户需求划分

按用户的需求,功能可划分为必要功能和不必要功能。必要功能是为满足使用者的需求而必须具备的功能。使用功能、美学功能、基本功能、辅助功能均属于必要功能。不必要功能是对象具有的与满足使用者需求无关的功能。如果一个服务项目、设计方案,其中有某些服务步骤、某些零部件既无使用功能又无品味功能,则可称之为不必要功能,如多余功能、重复功能、过剩功能。

4.按功能强度划分

按功能的强度,功能可划分为过剩功能和不足功能。过剩功能是超量满足使用者需求的必要功能。不足功能是对象尚未足量满足使用者需求的必要功能。过剩功能和不足功能具有相对性,同样的一件产品,对于不同的用户,可能功能不足,也可能功能过剩。

一种产品往往有几种不同的功能,明确区分上述功能,有助于在功能分析中确保必要功能,消除不必要功能。

5.按逻辑关系划分

按功能整理的逻辑关系,功能可分为上下位功能和并列功能。上下位功能中,上位功能和下位功能的关系就是目的与手段之间的关系,上位功能是目的性功能,下位功能是实现上位功能的手段性功能。并列功能是指产品功能之间属于并列关系。功能的并列关系是为了实现同一目的性功能而必须具备两个以上处于同等地位的手段性功能之间的关系。例如,住宅的基本功能是居住,是上位功能,而住宅必须具备的遮风、挡雨、保温、隔热、采光、通风、隔声、防潮、防火、防震等功能属于并列功能,这些并列功能是实现居住目的所必须具备的下位功能。

【例 7-1】 某施工企业对建筑物的外墙进行功能分析的说法,正确的是(   )。

A.承重外墙的基本功能是承受荷载

B.防风挡雨是外墙的过剩功能

C.隔热保温是外墙的辅助功能

D.造型美观是外墙的美学功能

E.分隔空间是外墙的上位功能

【解析】 防风挡雨是外墙的必要功能,故选项 B 错误。分隔空间是内墙的功能,而且分隔空间也属于下位功能,故选项 E 错误。正确选项为 A、C、D。

7.1.3 寿命周期成本

价值工程中的成本是产品的总成本,即寿命周期成本,指该产品从策划、设计、采购、制造、使用直至报废的产品寿命周期内所花的全部费用,见图 7-2。

产品寿命周期成本包括生产成本 C_1 和使用成本 C_2。

(1)生产成本 C_1。

生产成本是产品在研究开发、设计制造、运输施工、安装调试过程中发生的成本。

(2)使用成本 C_2。

使用成本是用户使用产品过程中所发生的费用(维护费、保养费、管理费、能耗费等)总和。

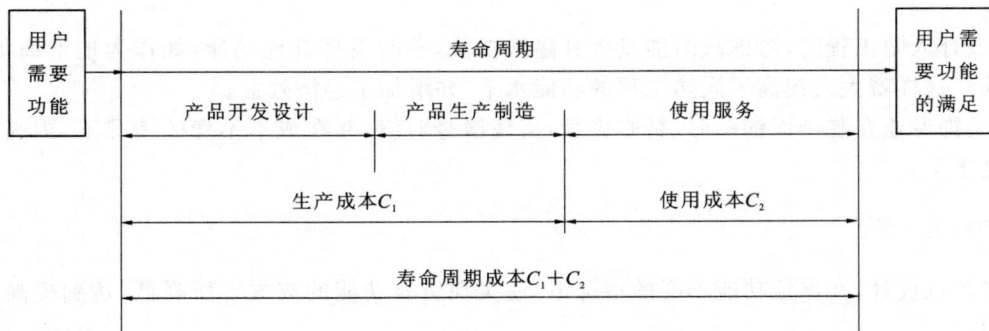

图 7-2　寿命周期与寿命周期成本的关系

寿命周期成本上升或降低,不仅关系制造企业和用户的利益,也和社会劳动的节约密切相关。降低产品寿命周期成本,既符合用户和企业的利益,也可使整个社会的人力、物力、资源得到合理利用和节约。因此,价值工程应着眼于整个产品寿命周期的费用。

通常,生产成本 C_1 随产品功能水平的提高而上升,使用成本 C_2 随产品功能水平的提高而下降。寿命周期成本随产品功能水平的变化呈开口向上的抛物线形变化,如图 7-3 所示。

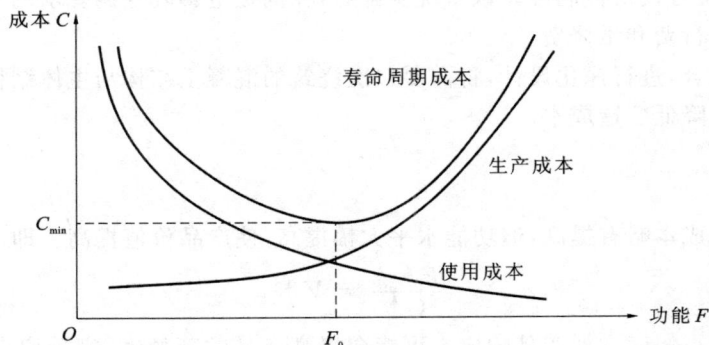

图 7-3　寿命周期成本

对于建设工程项目而言,全寿命周期涵盖了从项目前期可行性研究、投资决策开始,经过工程设计、施工安装、竣工投产,直至项目生产期末的全过程,因此对建设项目的评价,应充分考虑该项目在整个寿命周期内的成本费用。

7.1.4　提高价值的途径

价值工程以提高产品价值为目的,这既是为了满足用户的需要,又是生产经营者追求的目标,两者的根本利益是一致的。因此,企业应当研究产品功能与成本的最佳匹配。价值工程的基本原理公式 $V = F/C$,不仅反映了产品价值与功能和实现此功能所耗成本之间的关系,也为提高价值提供了有效途径。

1.改进型

在成本不变的情况下,企业可通过采用新技术、改进设计等手段来提高产品的性能和可靠性,或通过延长产品的寿命等来提高功能水平,使价值得到提高。即

$$\frac{F\uparrow}{C\rightarrow} = V\uparrow$$

示例：

（1）设计人防工程时，考虑战时能发挥其隐蔽功能，平时发挥其他功能，如作为地下商场、地下停车场等。这样就大大提高了人防工程的功能水平，并增加了经济效益。

（2）装饰专业在装饰面铺贴时，精心排版，实现横竖对缝，并在成本不变的情况下，提高工程的美学功能水平。

2. 节约型

通过改进设计，在保证功能不变的情况下，使实现所有功能的成本有所降低，达到提高价值的目的。即

$$\frac{F \rightarrow}{C \downarrow} = V \uparrow$$

随着行业生产技术以及劳动生产率的不断提高，新设计、新材料、新结构、新技术、新施工方法和新型管理方法的应用，无疑会在功能不变的条件下，降低产品的成本。

示例：

（1）某电影院，由于夏天气温高，需要设计空调系统，满足人的舒适度要求。经讨论，决定采用人防地道风降温系统替代机械制冷。该系统实施后，在满足电影院空调要求的前提下，不仅降低了造价，而且节约了运行费和维修费。

（2）采用两图融合，进行深化设计，将需要二次浇筑的混凝土结构与主体结构一次施工，在保证功能不变的情况下，降低建造成本。

3. 投资型

通过改进设计，成本略有提高，但功能水平大幅提高，使产品价值提高。即

$$\frac{F \uparrow \uparrow}{C \uparrow} = V \uparrow$$

在某些情况下，小幅度增加产品的成本可能会提高产品的新颖性，完善原有产品的综合性能，或增加产品用途等，从而大幅提高产品的功能水平，使产品更受欢迎。

示例：

（1）电视塔设计，如果仅考虑单一功能，电视塔只能用于发射电视和广播节目，国家每年还要拿出数百万元对电视塔及其内部设备进行维护和更新，经济效益较差。若从价值工程角度考虑，利用电视塔高度，在塔上增加综合利用机房，可为气象、环保、交通、消防、通信等部门服务，或在塔上增加观光厅和旋转餐厅，虽增加了工程造价，但功能水平大幅提高，每年的综合服务和游览收入显著增加，既可加快投资回收，又可实现"以塔养塔"。

（2）采用 AI 技术，打造智能家居系统，将安防、灯光、窗帘、家电、健康医疗等有机结合实现智能控制，在适度增加建造成本的情况下，大幅提高客户使用功能水平。

4. 牺牲型

功能略有降低，但成本大幅度降低，使产品或作业的价值提高。即

$$\frac{F \downarrow}{C \downarrow \downarrow} = V \uparrow$$

大多数用户喜欢经济实惠的产品，企业抓住这点，可以通过去除产品中一些用户并不需要的附加功能来大幅度降低产品的成本，从而更好地满足用户的需求。

示例：

（1）老年机在保证接听拨打电话这一基本功能的基础上，根据老人需要，保留或增加有别于普通手机的大字体、大按键、大音量、一键亲情拨号、收音机、一键求救、手电筒、监护定位、助听等功能。减少手机的办公、游戏、拍照、多媒体娱乐、数据应用等功能。总体上比普通手机功能少，但仍能满足老人对手机的需求，整体成本大幅降低。

（2）在用户不敏感的地方降低标准，成本大幅下降，如风井仅做抹灰处理，减少风管安装，在风井漏风量稍有损失情况下，大幅降低风管安装的建造成本。

5. 双向型

通过改进设计，提高功能的同时降低成本，大幅提高产品的价值。即

$$\frac{F\uparrow}{C\downarrow} = V\uparrow\uparrow$$

这是提高价值最为理想的途径，也是对资源最有效的利用方式，但是对生产者要求较高，往往要借助技术的突破和管理的改善才能实现。

示例：

采用 BIM（建筑信息模型）技术进行机电深化设计，预留管道孔洞，减少敲墙补洞费用，同时提升管道安装净空，提高空间利用率，既降低了建造过程的拆改修补成本，又提高了空间使用功能水平。

以上 5 种途径，改进型、投资型、双向型是改善功能，节约型、牺牲型、双向型是降低成本。双向型是提高价值的最理想途径，但是这 5 条途径中究竟选择哪一条，需要加强市场调查，分析研究社会消费水平和销售方向的变化，分析商品的消费性质和消费对象，从实际出发做出正确的决策。

思政课堂：结合大国工匠故事，体会大国工匠是如何以精湛的技艺、执着的追求和无私的奉献提升产品价值和人生价值的，培养工匠精神和正确的价值观。

7.1.5 价值工程的特点

价值工程从出发点来看，是以用户的功能需求为出发点；从目的上看，是致力于提高价值的创造性活动；从方法上看，是以产品功能分析为核心，并系统研究功能与成本的关系；从活动领域上看，涉及整个寿命周期，是提高产品价值的一种有组织、有计划的创造性活动和科学管理方法。

价值工程的特点可归纳如下：

（1）目标上的特点。

价值工程的目标是着眼于提高价值，即以最低的寿命周期成本实现必要功能的创造性活动。

（2）方法上的特点。

对产品进行功能分析是价值工程的核心，即在价值工程开展中，以使用者的功能需求为出发点。用户向生产企业购买产品，是要求生产企业提供这种产品的功能，而不是产品的具体结构（或零部件）。企业生产的目的，也是通过生产获得具有用户所期望的功能的产品，而结构、材质等是实现这些功能的手段。目的是主要的，手段可以广泛地选择。因此，价值工程分析产品，首先不是分析其结构，而是分析其功能。

（3）活动领域上的特点。

价值工程侧重于在产品的研制与设计阶段开展工作，寻求技术上的突破，取得最佳的综合效

果。在产品形成的各个阶段都可以应用价值工程提高产品的价值。但应注意,在不同的阶段进行价值工程活动,其经济效果的提高幅度却大不相同。对于大型复杂的产品,应用价值工程的重点在于产品的研究设计阶段。

(4)组织上的特点。

价值工程是以集体的智慧开展的有计划、有组织、有领导的管理活动。企业在开展价值工程活动时,必须集中人才,包括技术人员、经济管理人员、有经验的工作人员,甚至用户,以适当的组织形式将他们组织起来,共同研究,依靠集体的智慧和力量,发挥各方面、各环节人员的知识、经验和积极性,有计划、有组织、有领导地开展活动,才能达到既定的目标。

(5)价值工程将产品的价值、功能和成本作为一个整体同时考虑。

价值工程中对价值、功能、成本的考虑,不是片面和孤立的,而是在确保产品功能的基础上综合考虑生产成本和使用成本,兼顾生产者和用户的利益,从而创造出总体价值最高的产品。

价值工程是以提高价值为目的,如因降低成本而引起产品功能大幅度下降,损害用户利益,则这样降低成本的做法是不合理的。同样,如片面追求提高功能而使成本大幅度提高,导致用户买不起,以致产品滞销或亏损出售,也是不可取的。

(6)价值工程要求将功能定量化,即将功能转化为能够与成本直接相比的量化值。

7.2 价值工程工作程序

价值工程工作程序,实质就是针对产品的功能和成本提出问题、分析问题、解决问题的过程。整个价值工程活动主要围绕以下8个基本问题展开:

①研究对象是什么?

②产品的功能是什么?

③成本是多少?

④价值有多大?

⑤有其他方案能实现这个功能吗?

⑥新方案的成本是多少?

⑦新方案能满足要求吗?

⑧偏离目标了吗?

按上述顺序回答和解决这8个问题的过程,就是价值工程的工作程序和步骤,见表7-1。

表7-1　　　　　　　　　　　　　　**价值工程工作程序**

阶段	价值工程实施步骤		对应问题
	基本步骤	详细步骤	
准备阶段	确定目标	对象选择	研究对象是什么?
		情报收集	
分析阶段	功能分析	功能定义	产品的功能是什么?
		功能整理	
	功能评价	功能成本分析	成本是多少?
		功能评价	价值有多大?
		确定改进范围	

阶段	价值工程实施步骤		对应问题
	基本步骤	详细步骤	
创新阶段	制定创新方案	方案创造	有其他方案能实现这个功能吗？
		概略评价	新方案的成本是多少？
		调整完善	
		详细评价	
		编写提案	新方案能满足要求吗？
实施阶段	方案实施与成果评价	提案审批	偏离目标了吗？
		实施与检查	
		成果评价	

7.2.1 价值工程对象选择

价值工程准备阶段的主要任务是工作对象选择与信息资料搜集,目的是明确价值工程的研究对象是什么。价值工程对象的选择是在众多产品、零部件中从总体上选择价值分析的对象,为后续深入开展价值工程活动选择工作对象。

价值工程对象选择的方法有多种,不同方法适用于不同的价值工程对象。为取得较好的效果,最好能兼顾定性分析和定量分析。此处主要介绍经验分析法、ABC分析法、百分比法、价值指数法。

思政课堂:选择具有价值的价值工程对象,懂得在生活学习中区分主次,聚焦主攻方向。

1. 经验分析法

经验分析法,又称因素分析法,是一种定性分析方法,是根据价值工程人员的经验以及直接感受,经过主观判断确定价值工程对象的一种方法。运用该方法进行对象选择,要对各种影响因素进行综合分析,区分主次轻重,既考虑需要,又考虑可能,以保证对象选择的合理性。

经验分析法的优点是简便易行,不需要特殊训练,特别是在时间紧迫或信息资料不充分的情况下,能综合全面地考虑问题。缺点是缺少定量依据,准确性较差,受分析人员的能力和主观因素的影响,可结合其他定量分析方法使用。

2. ABC分析法

ABC分析法,又称成本分析法或帕累托分析法,是一种运用数理统计分析原理,根据研究对象对某项目技术经济指标的影响程度和研究对象数量的比例大小2个因素,把所有研究对象划分成主次有别的A、B、C三类的方法。A类成本比重大,应作为重点研究对象;C类成本比重小,一般不作为研究对象;B类成本比重介于A类和C类之间,可以作为研究对象。该方法的关键在于明确"关键的少数"和"一般的多数",准确地选择价值工程的研究对象。研究对象A、B、C类别划分参考值见表7-2和图7-4。

表 7-2 A、B、C 类别划分参考值

类别	数量占总数百分比	成本占总成本百分比
A	10%左右	70%左右
B	30%左右	20%左右
C	60%左右	10%左右

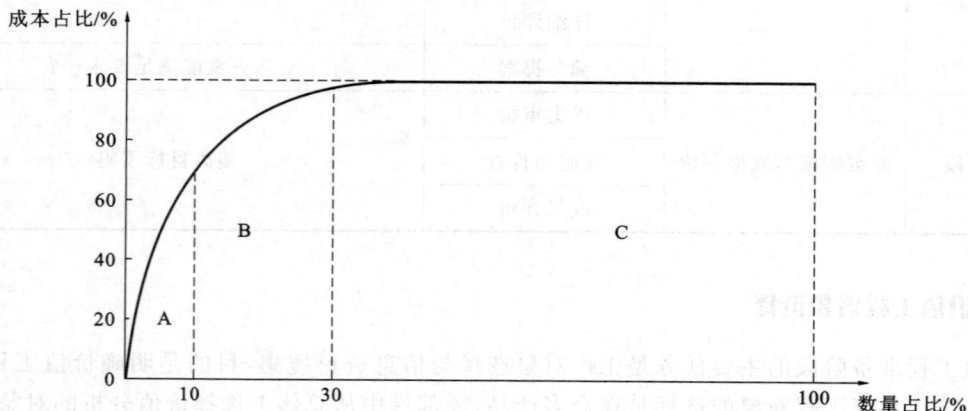

图 7-4 ABC 曲线(帕累托曲线)

ABC 分析法的实施步骤如下:

(1)将全部产品或一种产品的零部件按成本大小依次排序;

(2)按顺序计算产品的累积件数,并求出占产品总数的百分比;

(3)根据产品累积成本,求占总成本的百分比;

(4)按 ABC 分析法将全部产品分为 A、B、C 三类;

(5)画出帕累托曲线,并首选 A 类产品为价值工程对象,其次选 B 类。

ABC 分析法的优点是能抓住重点,突出主要矛盾,把数量少而成本大的零部件或工序作为价值工程的对象,利于集中精力,突出重点,取得较大成果。

ABC 分析法的缺点是仅从成本比重大小的角度确定价值工程对象,没有考虑功能因素。在实际工作中,由于成本分配不合理,常会出现构配件功能比较重要但成本低,导致不能被选为价值工程的对象。这一缺点可以通过经验分析法加以修正。

【例 7-2】 某企业生产一种产品,该产品共有 14 种零件,总成本为 15040 元,各零件的数量及单件零件成本见表 7-3。该企业拟对此种产品进行价值工程分析工作,请用 ABC 分析法选择价值工程的研究对象。

表 7-3 零件数量及单件成本

零件名称	数量/件	单件成本/元
A	30	40
B	10	160
C	10	400
D	50	10

零件名称	数量/件	单件成本/元
E	20	60
F	80	3
G	8	300
H	20	50
I	100	3
J	60	5
K	60	10
L	20	50
M	50	6
N	80	5

【解】 如表7-4所示,先计算各种零件的成本总额,按成本总额由大到小排序,然后计算出各种零件的成本百分比、数量百分比,并按新的排序计算累计成本百分比和累计数量百分比。根据ABC分类规则,零件C、G、B、E、A属于A类,可将其作为价值工程的对象。

表7-4 各类零件分类计算过程表

零件名称	数量/件	单件成本/元	成本总额/元	成本百分比/%	数量百分比/%	累计成本百分比/%	累计数量百分比/%	分类
C	10	400	4000	26.60	1.67	26.60	1.67	A
G	8	300	2400	15.96	1.34	42.55	3.01	
B	10	160	1600	10.64	1.67	53.19	4.68	
E	20	60	1200	7.98	3.34	61.17	8.03	
A	30	40	1200	7.98	5.02	69.15	13.04	
L	20	50	1000	6.65	3.34	75.80	16.39	B
H	20	50	1000	6.65	3.34	82.45	19.73	
K	60	10	600	3.99	10.03	86.44	29.77	
D	50	10	500	3.32	8.36	89.76	38.13	
N	80	5	400	2.66	13.38	92.42	51.51	
M	50	6	300	1.99	8.36	94.41	59.87	C
J	60	5	300	1.99	10.03	96.41	69.90	
I	100	3	300	1.99	16.72	98.40	86.62	
F	80	3	240	1.60	13.38	100.00	100.00	
合计	598	—	15040	100.00	100.00	—	—	

3.百分比法

百分比法是通过分析产品对两个或两个以上经济指标的影响程度（百分比）来确定价值工程对象。通过分析不同产品在各类技术经济指标中所占的百分比，对其进行比较，找出价值工程的对象。这种技术经济指标一般包括产值、成本、利润、销售额、造价等。

百分比法的优点是，当企业在一定时期要提高某些经济指标且拟选对象数目不多时，其具有较强的针对性和有效性。缺点是不够系统和全面。百分比法可与 ABC 分析法联用。比如先用 ABC 分析法找出 A 类费用之后，再用百分比法找出其中某项费用作为价值工程对象。

【例 7-3】 某房地产企业有 4 种不同的住宅产品，其成本和利润及其占总成本和总利润的百分比见表 7-5。目前企业急需提高利润，试用百分比法确定价值工程的对象。

表 7-5　　　　　　　　　　　成本和利润百分比

产品	别墅	花园洋房	低端住宅	中端住宅
成本/亿元	20	30	20	10
成本百分比/%	25	37.5	25	12.5
利润/亿元	10	6	6	1.5
利润百分比/%	42.55	25.53	25.53	6.38
利润百分比/成本百分比	1.70	0.68	1.02	0.51

【解】 计算得到的利润百分比/成本百分比见表 7-5。一般来说，某种产品的收益能力应该与花在该产品上的成本相适应。由表 7-5 可看出，中端住宅和花园洋房的利润百分比/成本百分比分别为 0.51 和 0.68，利润和成本不匹配。因此，将中端住宅和花园洋房选为价值工程的重点分析对象。

4.价值指数法

价值指数法是在产品成本已知的情况下，将产品功能量化，进一步确定价值 $V=F/C$。在应用价值指数法选择价值工程的对象时，应当综合考虑价值指数偏离 1 的程度和改善幅度，优先选择 $V<1$ 且改进幅度大的产品或零部件。

价值指数法一般适用于产品功能单一、可计量、产品性能和生产特点可比的系列产品或零部件的价值工程对象选择。

【例 7-4】 某房地产项目有几种类型的单体住宅的初步设计方案，其居住面积及概算造价见表 7-6，试采用价值指数法选择价值工程的研究对象。

表 7-6　　　　　　　　　　　居住面积及概算造价

方案	A	B	C	D	E
单位住宅居住面积/m²	9900	3500	3200	5500	7000
概算造价/万元	1100	330	326	610	660
价值指数 V	9.00	10.61	9.82	9.02	10.61

【解】 根据价值指数公式确定方案 A、B、C、D、E 的价值指数，结果见表 7-6。从表中可看出，方案 A 和方案 D 的价值指数明显偏低，应将其作为价值工程的研究对象。

7.2.2 功能分析

功能分析,又称功能研究或功能设计,是为完整描述各功能及其相互关系而对各功能进行定性和定量的系统分析过程。通过功能分析,可以回答"用它干什么"这一问题,从而准确掌握用户对功能的要求,去掉不合理的功能,使产品的功能结构更加合理。功能分析是价值工程的核心内容,主要包括功能定义和功能整理。

1. 功能定义

功能定义是根据收集的信息资料,通过对象产品或构配件的物理特征(或现象)找出其效用或功用的本质属性,并逐项加以区分和规定,以简洁的语言描述出来,回答"它是做什么的"这一问题。

功能定义要用简明准确的语言来描述分析对象的功能。功能定义一般由一个"动词"和一个"名词"组成。功能定义一般采用"两词法"——用两个词组成的词组来定义改善对象所承担的功能。例如,建筑物基础的功能是"承受荷载"、室内墙的功能是"分隔空间"、手表的功能是"显示时间"等。这里要求描述的是产品的"功能",而不是结构、外形或材质。因此,对产品功能进行定义时,必须深入理解和认识产品的作用,功能定义的过程就是解剖分析的过程,如图 7-5 所示。

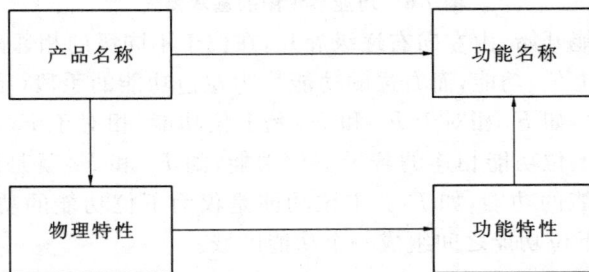

图 7-5 功能定义过程

价值工程的特点是从对象的功能出发对事物的功能进行本质的思考。在评价方案时,是以最低成本为尺度,衡量产品是否实现了用户所要求的功能。因此,功能定义的目的主要包括:

(1)明确对象产品和组成产品各构配件的功能,借以弄清产品的特性。

(2)便于进行功能评价,通过评价弄清哪些是价值低的功能和有问题的功能,实现价值工程的目的。

(3)便于构思方案,对功能下定义的过程实际上也是为对象产品改进设计的构思过程,为价值工程的方案创新做准备。

2. 功能整理

产品各功能相互配合、相互联系,都在为实现产品的整体功能而发挥各自的作用。功能整理,就是在功能定义的基础上,按照功能之间的逻辑关系,把产品构成要素的功能按照一定的关系进行系统的整理与排列,然后绘制功能系统图,以便从局部与整体的相互关系上把握问题,从而达到掌握必要功能和发现不必要功能的目的,并提出改进方案。

功能整理的主要任务是建立功能系统图。功能系统图是对象功能得以实现的功能逻辑关系图。功能系统图按照一定的规则,将定义的功能连接起来,从个体到局部,从局部到整体,形成一个完整的功能体系,即产品的设计构思。功能系统图包括总功能、上位功能、下位功能、同位功能和末位功能以及上述功能组成的功能区域。功能系统图的基本模式如图 7-6 所示。

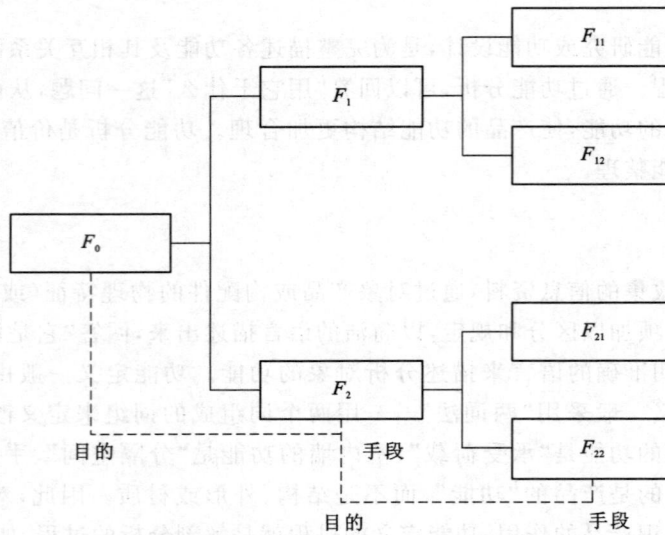

图 7-6 功能系统图的基本模式

由图可知,从整体功能开始,由左向右逐级展开,在位于不同级的相邻两个功能之间,左边的功能称为右边功能的目标(上位)功能,而右边的功能称为左边功能的手段(下位)功能。上位功能和下位功能通常具有相对性,如 F_1 相对于 F_{11} 和 F_{12} 是上位功能,相对于 F_0 是下位功能。同位功能是功能系统图中,与同一上位功能相连的若干下位功能,如 F_{11} 和 F_{12} 就是同位功能。总功能是功能系统图中,仅为上位功能的功能,如 F_0。末位功能是仅为下位功能的功能,如 F_{11} 和 F_{12}、F_{21} 和 F_{22}。任一功能与其各级下位功能之间组成一个功能区域。

以平屋顶为例,在对其功能进行定义的基础上,通过功能整理,得到的功能系统图如图 7-7 所示。

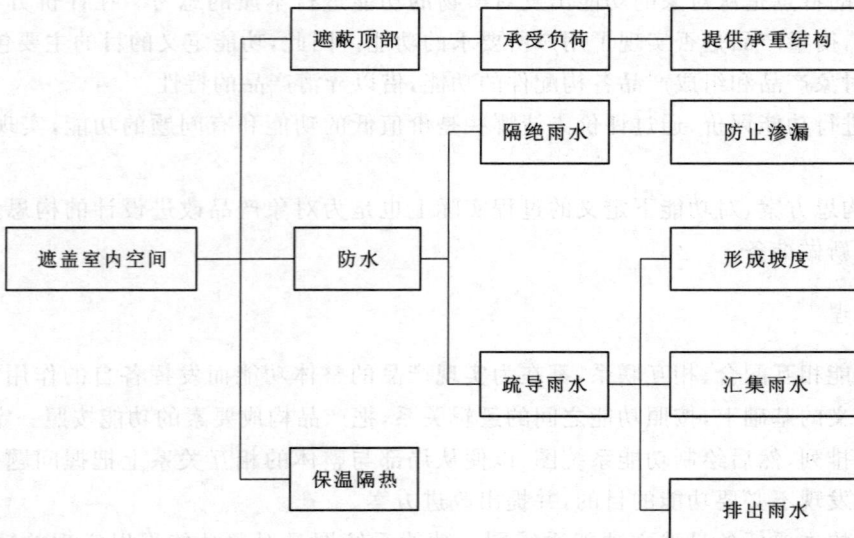

图 7-7 平屋顶功能系统图

7.2.3 功能评价

在功能定义和功能整理完成之后，价值工程的下一步工作就是功能评价，即评价功能的价值。

价值工程的成本有2种：一种是现实成本，即当前的实际成本；另一种是目标成本，即功能评价值。功能评价就是找出实现功能的最低费用作为功能的目标成本，以功能目标成本作为基准，通过与现实成本进行比较，求出两者的比值（价值系数）或两者的差异值（改善期望值），然后选择功能价值低、改善期望值大的功能作为价值工程活动的重点对象。功能评价工作可以更准确地选择价值工程的研究对象，同时，制定目标成本，有利于提高价值工程的工作效率，增强工作人员的信心。功能评价所回答的问题是"它的成本是多少"和"它的价值有多大"。

功能评价的过程如图7-8所示。

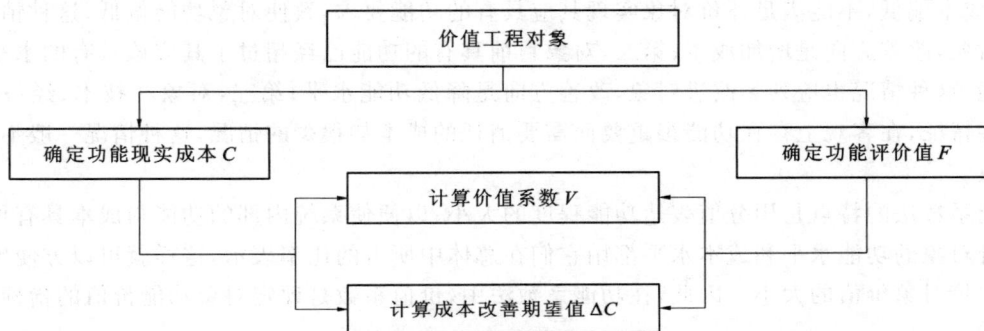

图 7-8 功能评价的过程

通过分析和计算评价对象的价值系数 V，可以分析成本与功能的匹配程度，其关键在于功能的量化。根据功能价值测定方法及相应评价基准选择的不同，功能评价方法可分为功能成本法（绝对值法）和功能系数法（相对值法），下面重点介绍功能系数法。

1. 功能成本法

功能成本法又称绝对值法，通过比较功能评价值 F 与功能现实成本 C，求评价对象的价值系数和成本的改善期望值，其表达式为

$$价值系数\ V = \frac{功能评价值\ F}{功能现实成本\ C} \tag{7-2}$$

上式中，功能现实成本比较容易确定，而功能评价值较难确定。评价对象的功能评价值 F（目标成本）是可实现用户要求功能的最低成本，可以理解为企业有把握或者说应该达到的实现用户要求功能的最低成本。从企业目标的角度来看，功能评价值可以看成企业预期的、理想的成本目标值。功能评价值一般以功能货币值的形式表达。

价值 V 计算出来以后，需要进行分析，以揭示功能与成本之间的内在联系，确定评价对象是否为功能改进的重点，以及其功能改进的方向及幅度，从而为后面的方案创新打下良好的基础。

2. 功能系数法

功能系数法又称相对值法，即用表示对象功能重要程度的功能系数与成本系数之比表示价值系数，从而确定改进对象，并确定该对象的成本改善期望值。其表达式为

$$价值系数\ VI_i = \frac{功能系数\ FI_i}{成本系数\ CI_i} \tag{7-3}$$

式中,FI_i 为功能系数,又称功能评价系数、功能指数、功能重要性系数,是从用户需求角度确定产品或零部件中各功能重要性之间的比例关系;CI_i 为成本系数,是评价对象的当前成本占总成本的比重。

价值系数 VI_i 可能有以下几种结果:

(1)$VI_i=1$。此时评价对象的功能系数与成本系数大致平衡,合理匹配,可以认为功能的现实成本与实现功能所必需的最低成本大致相当。此时评价对象的价值为最佳,一般无须改进。

(2)$VI_i<1$。此时评价对象的成本系数大于其功能系数,表明评价对象目前所占的成本偏高,而功能要求不高,可能是由于存在过剩功能或者功能虽无过剩,但实现功能的条件或方法不佳。应将评价对象列为改进对象,改善方向主要是剔除过剩功能及降低现实成本,使成本与功能比例趋于合理。

(3)$VI_i>1$。此时评价对象的成本系数小于其功能系数。出现这种结果的原因可能有三种:第一,现实成本偏低,不能满足评价对象实现其应具有的功能要求,致使对象功能偏低,这种情况应列为改进对象,改善方向是增加成本;第二,对象目前具有的功能已经超过了其应该具有的水平,存在过剩功能,这种情况也应列为改进对象,改善方向是降低功能水平;第三,对象在技术、经济等方面具有某些特征,在客观上存在功能很重要而需要消耗的成本却很少的情况,这种情况一般不应列为改进对象。

功能系数法的特点是用分值表达功能程度的大小,以便使系统内部的功能与成本具有可比性,由于评价对象的功能水平和成本水平都用它们在总体中所占的比率表示,这样就可以方便地、定量地表达评价对象价值的大小。因此,在功能系数法中,价值系数是评定对象功能价值的指标。

3. 功能系数的确定方法

功能系数的确定方法包括 0—1 评分法、直接评分法、0—4 评分法和倍比法等,其中 0—1 评分法和 0—4 评分法又称强制确定法,强制确定法不仅可以用于功能评价,也可以用在价值对象的选择上,区别仅在于对象选择时比较的是产品或零部件,而功能评价时比较的是功能。

(1)0—1 评分法。

0—1 评分法在评分时,请 5～15 名对产品熟悉的专家参加,各自独立打分,不讨论,不干扰。先将构成产品的零部件或功能排列成矩阵,站在用户的角度按功能重要程度进行一对一循环对比,两两比较,功能重要的得 1 分,不重要的得 0 分,自己和自己相比不得分,用"×"表示。为避免有累计 0 分出现,可将累计得分加 1 分进行修正。求出各零部件的得分值,除以全部零部件的得分值总和,就得出各零部件的功能重要性系数。

【例 7-5】 某产品包括 A、B、C、D、E 5 种零件,先组织 6 位专家对其功能重要性进行评分。

【解】 专家 1 的评分经修正后得到的功能重要性系数见表 7-7。

表 7-7 专家 1 给出的功能重要性系数表

零件	A	B	C	D	E	功能总分	修正得分	功能重要性系数
A	×	1	0	1	1	3	4	0.27
B	0	×	0	1	1	2	3	0.20
C	1	1	×	1	1	4	5	0.33
D	0	0	0	×	0	0	1	0.07
E	0	0	0	1	×	1	2	0.13
合计						10	15	1.00

综合 6 位专家的评分结果,确定各零件的功能重要性系数,见表 7-8。

表 7-8 　　　　　　　　　　　　　　平均功能重要性系数表

零件	专家 1	专家 2	专家 3	专家 4	专家 5	专家 6	平均功能 重要性系数
A	0.27	0.33	0.33	0.20	0.33	0.27	0.29
B	0.20	0.07	0.07	0.13	0.13	0.27	0.15
C	0.33	0.27	0.27	0.33	0.20	0.20	0.27
D	0.07	0.20	0.13	0.07	0.13	0.13	0.13
E	0.13	0.13	0.20	0.27	0.13	0.13	0.17
合计	1.00	1.00	1.00	1.00	1.00	1.00	1.00

(2)直接评分法。

直接评分法是 5~15 个对产品熟悉的人员对评价对象的功能直接打分,评价时规定总分标准,每个参评人员对评价对象各零件功能的评分之和必须等于总分。例如,对表 7-9 的评价人员规定总分标准为 10 分,则功能评价系数计算结果见表 7-9。

表 7-9 　　　　　　　　　　　　直接评分法确定的功能重要性系数

零件	专家 1	专家 2	专家 3	专家 4	专家 5	专家 6	总得分	功能重要性系数
A	3	3	2	2	3	3	16	0.27
B	2	2	2	2	3	2	13	0.22
C	4	3	4	4	3	4	22	0.37
D	0	1	1	0	0	0	2	0.03
E	1	1	1	2	1	1	7	0.12
合计	10	10	10	10	10	10	60	1.00

(3)0—4 评分法。

因为 0—1 评分法的重要程度差别仅为 1 分,不能拉开档次,为弥补这一不足,可采用 0—4 评分法对 0—1 评分法进行改进。0—4 评分法和 0—1 评分法一样,将功能两两比较进行打分,区别在于将打分规则分为以下 4 档:

①非常重要的功能得 4 分,很不重要的功能得 0 分;

②比较重要的功能得 3 分,不太重要的功能得 1 分;

③两个功能重要程度相同时,各得 2 分;

④自身对比不得分。

0—4 评分法得分总和为 $2n(n-1)$,n 为产品零件或功能的数量。例如,某产品有 5 项功能,则采用 0—4 评分法得到的总评分为 40 分。

【例 7-6】 某产品有 F_1、F_2、F_3、F_4、F_5 5 项基本功能,经专家讨论,对其功能的重要性达成以下共识:F_1 与 F_2 相比同等重要,与 F_3 相比比较重要,与 F_4 和 F_5 相比非常重要;F_2 与 F_3 相比同等重要,与 F_4 和 F_5 相比非常重要;F_3 与 F_4 相比同等重要,与 F_5 相比比较重要;F_4 与 F_5 相比比较重要。试采用 0—4 评分法确定功能重要性系数。

【解】 根据 0—4 评分法的评分规则,计算结果见表 7-10。

表 7-10 　　　　　　　　　　　　0—4 评分法确定的功能重要性系数

功能	F_1	F_2	F_3	F_4	F_5	功能得分	功能重要性系数
F_1	×	2	3	4	4	13	0.33
F_2	2	×	2	4	4	12	0.30
F_3	1	2	×	2	3	8	0.20
F_4	0	0	2	×	3	5	0.13
F_5	0	0	1	1	×	2	0.05
合计						40	1.00

（4）倍比法。

倍比法是利用评价对象之间的相关性进行比较从而定出功能评价系数，具体步骤如下。

①根据各评价对象的功能重要性程度，按上高下低原则排序；

②从上至下按倍数比较相邻两个评价对象；

③令最后一个评价对象得分为 1，按各对象相对比值计算其他对象的得分；

④计算各评价对象的功能评价系数。

【例 7-7】　某产品共有 F_1、F_2、F_3、F_4 4 项功能，其重要性关系为 F_1 的重要性为 F_2 的 2 倍；F_2 的重要性为 F_3 的 1.5 倍；F_3 的重要性为 F_4 的 3 倍。试用倍比法确定功能重要性系数。

【解】　采用倍比法计算的功能重要性系数见表 7-11。

表 7-11 　　　　　　　　　　　　倍比法确定的功能重要性系数

评价对象	相对价值	得分	功能评价系数
F_1	$F_1/F_2=2$	9	0.51
F_2	$F_2/F_3=1.5$	4.5	0.26
F_3	$F_3/F_4=3$	3	0.17
F_4	1	1	0.06
合计		17.5	1.00

4.功能改进目标的确定

功能评价后，得到其价值的大小，也就明确了价值工程改进的方向、目标和具体范围。确定对象改进范围的原则如下：

（1）价值低的功能区域。

确定功能改进的目标可采用价值系数法，从上述分析可看出，对产品零部件进行价值分析，就是使每个零部件的价值系数 V 尽可能趋近于 1。那么在选择价值工程对象的产品或零部件时，应当综合考虑价值系数 V 偏离 1 的程度和改善幅度，优选价值系数 $V<1$ 且改进幅度大的产品或零部件。

（2）ΔC 值大的功能区域。

在确定功能现实成本 C 和功能评价值 F 后，分析、测算成本改善期望值，从而排列出改进对象的重点及优先次序。当 n 个功能区域的价值系数同样低时，就要优选 ΔC 值大的功能区域作为重点对象（$\Delta C=C-F$）。一般情况下，$\Delta C>0$ 时，ΔC 值大的为优先改进对象。

7.2.4　方案创新与评价

价值工程能否取得成效,关键在于确定功能改进目标之后,针对所存在的问题能否提出有效的解决方案,完成产品的改进。因此,方案的创新与评价是非常重要的。

1.方案创新

寻求或构思最佳方案的过程就是方案创新的过程。因此,在方案创新的过程中,要充分发挥价值工程工作人员的创造能力,尽可能多地提出改进设想和构思设计,从中选择最佳答案。方案创新回答的问题是"有其他方案能实现这个功能吗?"。

方案创新的理论依据是功能载体具有替代性。这种功能载体替代的重点应放在以功能创新的新产品替代原有产品和以功能创新的结构替代原有结构方案。方案创新的过程是思想高度活跃、进行创造性开发的过程。为了引导和启发创造性的思考,可以采取各种方法,如头脑风暴法、哥顿法、德尔菲法等。

(1)头脑风暴法。

头脑风暴法,又称智暴法,是指自由奔放地思考问题。具体地说,就是由对改进对象有较深了解的人员组成的小集体,在非常融洽和不受任何限制的气氛中进行讨论、座谈,打破常规、积极思考、互相启发、集思广益,提出创新方案。运用这种方法可以获得新颖、全面、富于创造性的方案,并可以防止片面和遗漏。

(2)哥顿法。

哥顿法,又称模糊目标法,是美国人哥顿于 1964 年提出的一种价值工程"方案创新"方法。该方法采取讨论会的方式进行"方案创造"。其特点是会议主持人不立即把要解决的问题告诉大家,只是抽象地介绍功能方面的问题,要求大家敞开思路为解决这一功能问题提出各种设想。实行哥顿法的关键是会议主持人要善于引导和启发,要选择适当的时机揭开具体问题。该方法一般用于开发新产品的方案。

(3)德尔菲法。

德尔菲法,又称专家函询法,是依靠一些价值工程专家和技术、经济、管理专家,"背靠背"提出方案,代替"面对面"的会议,使不同的意见充分发表,克服专家会议的缺陷,最后经过整理分析,提出可行的最优方案。

方案创新的方法很多,总的原则是要充分发挥有关人员的聪明智慧,集思广益,多提方案,从而为评价方案创造条件。

在方案创新过程中,可以从以下 3 个方面着手,以取得更好的效果:

①优先考虑上位功能;

②优先考虑价值低的功能区;

③优先考虑首位功能的实现手段,因为首位功能比较抽象,受限制少,更易于提出不同的构想。

2.方案评价

方案创新阶段所产生的大量方案需要进行评价和筛选,从中找出有实用价值的方案付诸实施。方案评价一般可以分为概略评价、调整完善和详细评价 3 个阶段,视方案具体情况从技术、经济和社会 3 个方面进行评价。

概略评价就是初步评价,是对方案创新阶段所提出的各种设想进行粗略评价,淘汰那些明显不可行的方案,筛选出价值高的方案,再进行进一步的详细评价。

详细评价是通过具体调查,在掌握了比较充足的数据和资料的基础上进行的,需要全面分析各个方案,评出优劣,比概略评价更深入、更复杂。

无论是概略评价还是详细评价,都包括技术评价、经济评价和社会评价等内容。一般可先做技术评价,再分别做经济评价及社会评价,最后做综合评价及优选方案议价内容,具体步骤如图 7-9 所示。

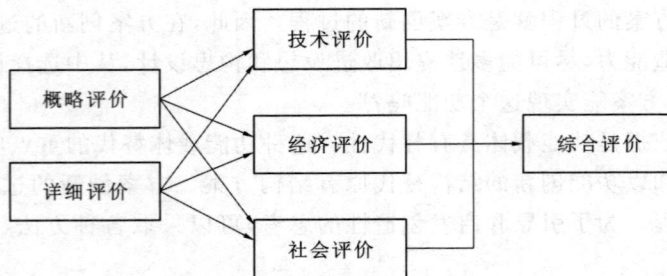

图 7-9　方案评价步骤

（1）技术评价。

技术评价主要围绕功能进行,内容是方案能否实现所需功能以及实现程度,包括功能实现程度（性能、质量、寿命等）、可靠性、可维修性、可操作性、安全性、系统协调性、环境协调性等。

（2）经济评价。

经济评价围绕经济效果进行,包括费用的节省、对企业或公众产生的效益,同时应考虑产品的市场情况,同类竞争企业、竞争产品、产品盈利的多少和能保持盈利的年限。

（3）社会评价。

社会评价围绕社会效果进行,是方案给国家和社会带来的影响和后果,如污染、噪声、能源消耗、国民经济效益等。

最后在技术评价、经济评价和社会评价的基础上进行综合评价,其目的在于找出技术、经济和社会效果彼此协调的最佳方案。

7.3　价值工程应用案例

星光房地产公司准备在某处开发商品房小区,该小区包括多层住宅、小高层住宅和高层住宅,根据潜在客户的偏好,整理了平面布局,采光通风,层高层数,牢固耐用,三防（防火防震防空）设施,建筑造型,室内外装饰,环保、易施工等功能评价因素。为优化设计,技术人员采用价值工程方法对项目进行分析,具体步骤如下。

1. 价值工程研究对象

基于当前市场需求,该小区以多层住宅为主,因此选择了多层住宅设计方案作为价值工程研究对象。

2. 情报收集

选定价值工程研究对象后,工作人员对周围竞品、潜在客户、相关专业人员等进行了广泛调查,收集了有关住宅成本、客户对住宅各方面的需求等信息。

3.功能分析

价值工程分析人员通过分组讨论和集体讨论,对住宅的功能进行了系统分析,并绘制了功能系统图,如图7-10所示。

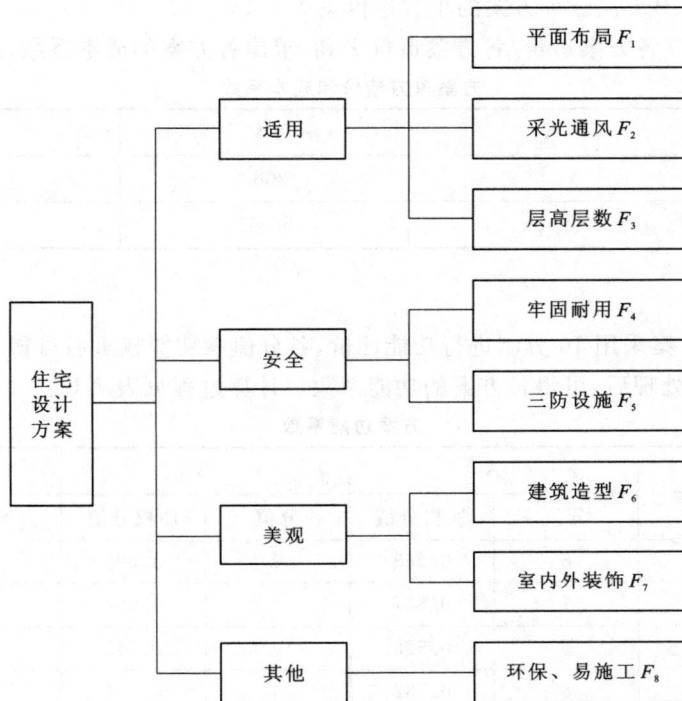

图7-10 住宅的功能系统图

根据功能系统图,价值工程分析人员组织潜在用户、设计人员和施工人员共同对功能进行定量分析,即确定各功能的权重。把潜在用户、设计人员和施工人员评分的权重分别设定为50%、40%和10%,各方人员对功能权重的打分采用百分制,具体分析结果如表7-12所示。

表7-12　　　　　　　　　　　　　　住宅功能重要性系数

功能	潜在用户评分(50%)		设计人员评分(40%)		施工人员评分(10%)		功能权重
	$F_{用户}$	$0.5F_{用户}$	$F_{设计}$	$0.4F_{设计}$	$F_{施工}$	$0.1F_{施工}$	
F_1	41	20.50	43	17.20	34	3.40	0.411
F_2	10	5.00	14	5.60	15	1.50	0.121
F_3	8	4.00	13	5.20	13	1.30	0.105
F_4	9	4.50	6	2.40	10	1.00	0.079
F_5	11	5.50	5	2.00	11	1.10	0.086
F_6	10	5.00	11	4.40	10	1.00	0.104
F_7	7	3.50	5	2.00	5	0.50	0.060
F_8	4	2.00	3	1.20	2	0.20	0.034
合计	100	50	100	40	100	10	1

4.功能评价

(1)成本系数。

根据收集到的情报和资料,价值工程分析人员从初步设计阶段提出的十几个不同方案中,保留了三个较优的方案 A、B、C。三个方案的单方造价见表 7-13。

根据成本系数 $C=$ 各方案造价/各方案造价之和,求出各方案的成本系数,见表 7-13。

表 7-13　　　　　　　　　　方案单方造价和成本系数

方案	A	B	C
单方造价/(元/m²)	2800	2080	1800
成本系数	0.419	0.311	0.269

(2)功能系数。

对 A、B、C 3 个方案采用 10 分制进行功能评价,各分值乘功能权重后可得功能加权分,对功能加权分的和进行指数处理后,可得各方案的功能系数。计算过程见表 7-14。

表 7-14　　　　　　　　　　方案功能系数

功能	功能权重	A		B		C	
		分值	加权分值	分值	加权分值	分值	加权分值
F_1	0.411	8	3.288	9	3.699	5	2.055
F_2	0.121	7	0.847	9	1.089	8	0.968
F_3	0.105	5	0.525	9	0.945	6	0.630
F_4	0.079	8	0.632	6	0.474	4	0.316
F_5	0.086	8	0.688	10	0.860	5	0.430
F_6	0.104	10	1.040	9	0.936	8	0.832
F_7	0.060	10	0.600	9	0.540	8	0.4180
F_8	0.034	9	0.306	8	0.272	9	0.306
合计	1	65	7.926	69	8.815	53	6.017
功能系数		0.348		0.387		0.265	

(3)价值系数。

根据价值系数 $V=$ 功能系数 F/成本系数 C,计算方案 A、B、C 的价值系数,见表 7-15。

表 7-15　　　　　　　　　　方案价值系数

方案	A	B	C
功能系数	0.348	0.387	0.265
成本系数	0.419	0.311	0.269
价值系数	0.831	1.244	0.985
最优方案		√	

由表 7-15 可知,B 方案的价值系数最高,因此方案 B 最优。

综合能力检测

一、选择题

1.某工程施工方案的计划工期为 350 天,对方案运用价值工程原理优化后,工期缩短了 10 天,可实现同样的功能,并降低了工程费用。根据工程价值原理,该价值提升的途径属于(　　)。(2020 年一建考试真题)

A.功能提高,成本降低　　　　　　B.功能提高,成本不变

C.功能不变,成本降低　　　　　　D.功能不变,成本不变

2.价值工程中产品功能与成本的关系图如图 7-11 所示,关于图中两者关系的说法,正确的是(　　)。(2022 年一建考试真题)

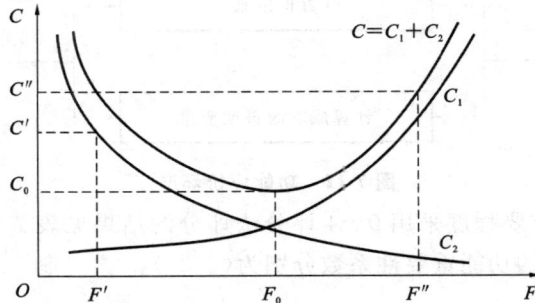

图 7-11　功能与成本的关系图

A.随着产品功能水平 F 提高,生产成本 C_1 降低,使用及维护成本 C_2 增加

B.在 F' 处,产品功能较少,生产成本 C_1、使用及维护成本 C_2 较低,寿命周期成本较低

C.在 F'' 处,产品功能较多,生产成本 C_1、使用及维护成本 C_2 较高,寿命周期成本较高

D.在 F_0 时,产品满足必要的功能需求生产成本 C_1、使用及维护成本 C_2 之和对应的寿命周期成本最低

3.功能整理的主要任务是(　　)。

A.确定功能定义　　　　　　B.确定功能成本

C.建立功能系统图　　　　　　D.确定功能系数

4.在价值工程的分析阶段,确定改进范围前应依次进行的工作是(　　)。(2020 年一建考试真题)

A.功能整理→功能定义→功能评价→功能成本分析

B.功能定义→功能评价→功能整理→功能成本分析

C.功能整理→功能定义→功能成本分析→功能评价

D.功能定义→功能整理→功能成本分析→功能评价

5.(　　)的依据是一种按照局部成本在总成本中所占比重的多少以及依据"关键少数,次要多数"的思想来选择价值工程对象的方法。

A.寿命周期法　　　　　　B.强制确定法

C.最适合区域法　　　　　　D. ABC 分析法

6.洗衣机的目的是洗净衣服,实现这一目的的手段是提供动力。则洗净衣服与提供动力的关系是(　　)。

A.左位功能和右位功能　　　　　　B.右位功能和左位功能

C. 上位功能和下位功能　　　　　　　　D. 下位功能和上位功能

7. 价值工程中功能评价环节的程序如图 7-12 所示,图框中①所对应的单位内容应为(　　)。(2020 年一建考试真题)

A. 定义功能　　　　　　　　　　　　B. 确定现实成本

C. 确定目标成本　　　　　　　　　　D. 进行功能分析

图 7-12　功能评价环节

8. 某产品各零件功能重要程度采用 0—4 评分法评分的结果见表 7-16。在不修正各功能累计得分的前提下,零件Ⅳ和Ⅴ的功能重要性系数分别为(　　)。

A. 0.15 和 0.20　　　　　　　　　　B. 0.20 和 0.15

C. 0.23 和 0.20　　　　　　　　　　D. 0.28 和 0.23

表 7-16　　　　　　　**产品零件功能重要程度 0—4 评分结果**

零件	Ⅰ	Ⅱ	Ⅲ	Ⅳ	Ⅴ
Ⅰ	×				
Ⅱ		×			
Ⅲ		3	×		
Ⅳ	0	1	2	×	
Ⅴ	4	3	0	1	×

二、思考题

1. 什么是价值工程?提高价值的途径有哪些?

2. 什么是寿命周期成本?价值工程中为什么要考虑寿命周期成本?

3. 什么是功能?功能如何分类?

4. 什么是价值工程对象的选择?ABC 分析法的基本思路是什么?

5. 什么是功能整理?如何绘制功能系统图?对你熟悉的某种生活用品及其组成部分进行功能分析,并绘制功能系统图。

6. 功能评价的主要方法有哪些?

7. 方案创新有哪些方法?如何进行方案评价?

三、案例分析题

1. 某产品由 5 个零件 A、B、C、D、E 组成,其成本分别为 300 元、75 元、125 元、100 元和 100 元。A 零件有 F_1、F_2、F_3、F_4 四种功能,其功能重要程度比例分别为 1∶1/2∶1∶1/2;B 零件有 F_2、F_4

两种功能,其功能重要程度为 1：1/2；C 零件有 F_1、F_2、F_3 三种功能,其重要性比例为 1：1：1/2；D 零件有 F_1、F_3 两种功能,其重要程度一样；E 零件只有 F_3 功能。试求 F_1、F_2、F_3、F_4 功能的成本。

2.星光房地产开发公司拟开发高新云璟住宅小区,其智能化系统的初步设计方案由有线电视、局域网综合布线、访客对讲、住户报警、周界防越(A)、电子巡更(B)、停车管理(C)、小区闭路电视(D)、背景音乐(E)、网络信息发布(F)等 10 个功能块组成。前 4 个功能为目前住宅智能化系统必备功能。后 6 个功能,按初步设计方案造价为 500 万元,考虑 20 年的长期运行费用现值为 500 万元,各功能块全寿命周期成本现值见表 7-17。鉴于目前许多小区建设中存在片面追求智能化系统的先进性而忽视其适用性和经济性的问题,星光公司相关部门拟组织价值工程小组,对后 6 个功能开展价值工程研究,并计划将全寿命周期总成本降到 800 万元。价值工程小组对各功能重要程度比较结果见表 7-17。

表 7-17 智能系统的功能重要程度

功能	功能重要性比较	各功能全寿命周期成本/万元
A	比 D、E、F 重要	100
B	与其他功能相比,B 最重要	120
C	比 A、D、E、F 重要	180
D	比 E、F 重要	300
E	比 F 重要	200
F	与其他功能相比,F 最不重要	100
合计		1000

(1)你认为价值工程小组成员应该由哪些人员构成?

(2)请根据题干的数据与资料,对该小区的智能化系统进行价值分析,确定价值分析的改进对象和改进目标。

(3)本案例采用全寿命周期成本进行价值分析是否合理? 为什么?

本章实训

一、实训目的

1.掌握价值工程对象的选择方法。

2.会收集价值工程所需的信息资料。

3.掌握功能整理及功能评价的程序。

4.懂得方案创新的方法。

二、实训案例

运用价值工程的相关知识,对本市的几个知名房企进行价值工程分析,找出该企业需要进行价值工程分析的对象,再收集所需资料进行功能分析与评价,最终创新方案并优选方案。

三、实训要求

1.指导教师布置实训任务,说明实训目的与内容,明确实训要点。

2.指导教师将全班学生分为若干小组,每小组 5～6 人,并指定 1 人为组长。

3.各小组通过网络、刊物、电话访问、实地调查等方式收集自己要进行价值工程分析的企业的相关资料。

4.小组根据收集的资料进行内部讨论,选择该企业需要进行价值工程分析的改进对象,并对该对象进行功能分析与评价,选择最终的改进对象。

四、实训步骤

1.各小组发言人依次上台讲述本组进行企业价值工程分析的基本情况。

2.各小组在课堂上相互交流,采用头脑风暴法,为进行价值工程分析的对象寻求替代方案。

3.各小组在教师的指导下根据讨论,选出几个不同方案进行评价,并选出最优方案。

4.根据本组研究情况撰写价值工程应用案例报告,并将报告提交给任课教师。

5.指导教师进行最后评分。

延伸阅读

1.杨建昊,金立顺.广义价值工程[M].北京:国防工业出版社,2009.

2.陈光华,谢洪涛,孙柏锋.基于价值工程的既有建筑加固改造项目经济性及模式创新研究[J].工程管理学报,2024,38(6):117-122.

3.汪荣华.价值工程在淮河特大桥施工成本管控中的应用[J].建材发展导向,2024,22(18):68-70.

8 工程项目进度管理

【本章目标】

◆ 知识目标

1. 了解进度管理的概念和进度计划的表达方式。
2. 熟练掌握双代号网络图的绘制方法和时间参数的计算方法。
3. 掌握确定最短工期和关键线路的方法。
4. 掌握工期-费用的优化方法。
5. 掌握项目进度计划的编制、调整方法及工程进度控制措施。

◆ 能力目标

学习任务	能力目标	重要程度
网络计划技术	能对实际工程进行任务分解,正确制定网络计划	★★★★★
	能计算双代号网络的6个时间参数,并确定关键线路	★★★★★
工程网络计划优化	能运用网络优化方法对初始网络计划进行优化	★★★★☆
工程项目进度控制	能运用进度偏差分析方法判断项目的实际进展情况,并对进度进行检查、优化和调整	★★★☆☆

◆ 素养目标

1. 培养学生学习工程项目进度管理的兴趣,学会合理规划时间。
2. 培养学生严谨的工作作风,养成良好的职业习惯,培养团队合作意识。
3. 养成严谨认真的工作学习态度,树立正确的工程伦理意识。
4. 培养学生的民族自豪感、爱国情怀。

思政案例导入

丁谓巧修皇宫

《梦溪笔谈》中记载,祥符中,禁中火,时丁晋公主营复宫室,患取土远,公乃令凿通衢取土,不日皆成巨堑。乃决汴水入堑中,诸道竹木排筏及船运杂材,尽自堑中入至宫门。事毕,却以斥弃瓦砾灰壤实于堑中,复为街衢。一举而三役济,省费以亿万计。

这段话记录了这样一个故事:宋真宗大中祥符八年(1015年),皇宫曾起火,大片的宫室楼台殿阁亭榭变成废墟。为了修复这些宫殿,宋真宗派当时的晋国公丁谓主持修缮工程。当时,要完成这项重大的建筑工程,面临着三个问题:第一,烧砖取土难;第二,建材运输难;第三,建筑垃圾清运难。经过一番筹划,丁谓命令工匠在都城大街就地取土,运到皇宫里面。修复宫殿的泥土有了着落,大道变成了宽阔的深沟。于是,丁谓又下一道命令,将城外汴河水引到刚刚挖好的深沟。河水进沟,为运送木料、砖瓦的船只直接开到皇宫门口提供了方便。皇宫很快修好,烧焦的碎砖、烂瓦、废土回填沟中,从而达到了"一举而三役济,省费以亿万计"的目的。在修建皇宫的过程中,丁谓为了精确计算工程进度,发明了一种工程进度表,其中使用了当时最先进的"统筹法"。

资料来源:陈日铭.丁谓修皇宫与整体思维[J].小学生导读,2020(Z2):36-38.

> **思政课堂**:通过我国古代项目管理的经典案例,了解古人的工程管理思维、进度管理和成本控制的理念,培养系统思维,以及顶层设计、整体谋划、提高综合效益的管理理念。

思维导图

```
概念 ─────────┐                      ┌───── 工程进度计划表达方式
              工程项目进度管理概述
                    ↓
双代号网络图组成要素 ─┐                 ┌── 双代号网络图的绘制
              网络计划技术
双代号网络图绘制规则 ─┘                 └── 双代号网络图的时间参数
                    ↓
工期优化 ──────┐                      ┌───── 工期-费用优化
              工程网络计划优化
资源优化 ──────┘
                    ↓
进度计划实施中的检查与调整 ─ 工程项目进度控制 ─ 实际进度与进度计划比较方法
```

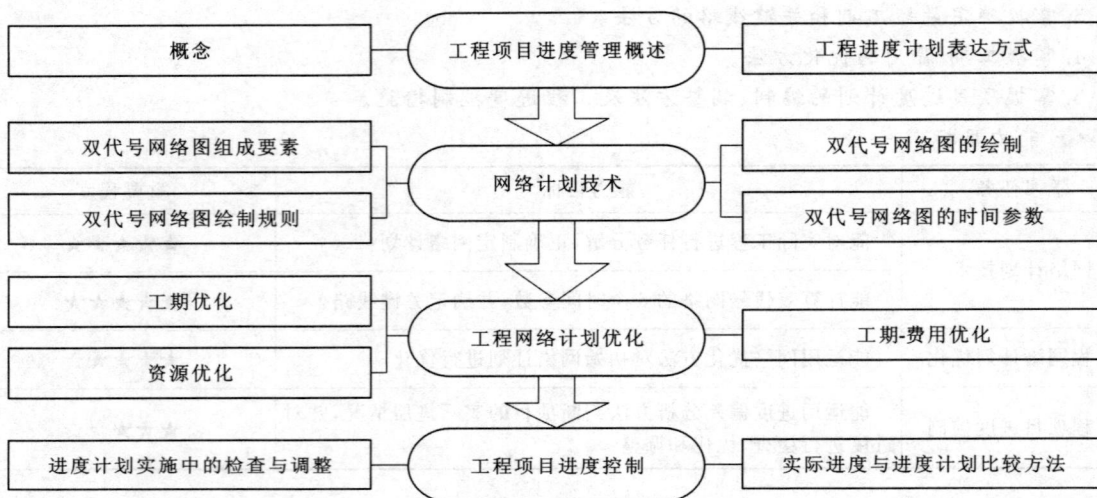

工程项目进度管理是工程项目管理的三大目标(质量、进度、成本)之一,进度管理是一个综合性的管理过程。工程项目能否在预定的时间内完成并交付使用,是投资者最关心的问题,这直接关系投资效益的发挥,也是工程建设其他参与方最关心的问题。工程项目进度管理的主要内容包括工程项目进度计划和进度控制。目前广泛运用的进度计划编制方法是网络计划技术。

8.1 工程项目进度管理概述

8.1.1 概念

工程项目进度管理是在保证工程建设要求和目标等相关条件的前提下,通过组织、计划、协调、控制等方式对工程项目进行进度控制,实现项目进度的预定目标,并尽可能地缩短建设周期的一系列管理活动的统称。

工程项目进度管理涉及工程项目建设的方方面面。因此,进度管理应贯穿整个项目的各个实施阶段,是对工程项目全过程、全方位动态管理的过程,主要包括:

(1)进度目标的分析和论证。其目的是论证进度目标是否合理,进度目标有无可能实现。如果经过科学的论证,目标不能实现,则必须调整目标。

(2)在收集资料和调查研究的基础上编制进度计划。

（3）进度计划的跟踪检查与调整。包括定期跟踪检查所编制进度计划的执行情况，若其执行有偏差，则采取纠偏措施，并再次审视计划的合理性，根据需要调整进度计划。

工程项目进度管理应与其他管理工作相协调。在工程项目建设过程中，进度、质量和成本三者之间具有相互依存的关系，例如，工程项目工期拖延后，可增加施工机械和人力追赶进度，但这会对成本目标产生不利影响。因此，当采取进度控制措施时，应统一协调工程项目的进度、成本和质量三者之间的关系，以提高工程项目建设的综合效益。

8.1.2　工程进度计划表达方式

为了实现工程项目进度控制的目标，参与工程项目建设的建设单位、设计单位、施工单位、监理单位都要编制进度计划。进度控制计划体系主要包括建设单位的计划系统、监理单位的计划系统、设计单位的计划系统和施工单位的计划系统。工程进度计划的表达方式有多种，最常见的有横道图和网络图。

1. 横道图

横道图，又称甘特图，是一种图和表相结合的进度计划表现形式，由于形象直观，易于编制和理解，被广泛应用于工程项目进度管理中。

横道图主要包括 2 个基本部分：

（1）工程名称和工程持续时间。

工程活动的具体内容用表格形式置于图的左侧，按项目对象、时间先后、责任、同类资源等顺序纵向排列。

（2）横道。

图的主体部分以横道（进度线）表示工程活动从开始到结束的时间，横道的位置与时间坐标相对应，横道的长短表示工程活动持续时间的长短。

横道图示例如图 8-1 所示。

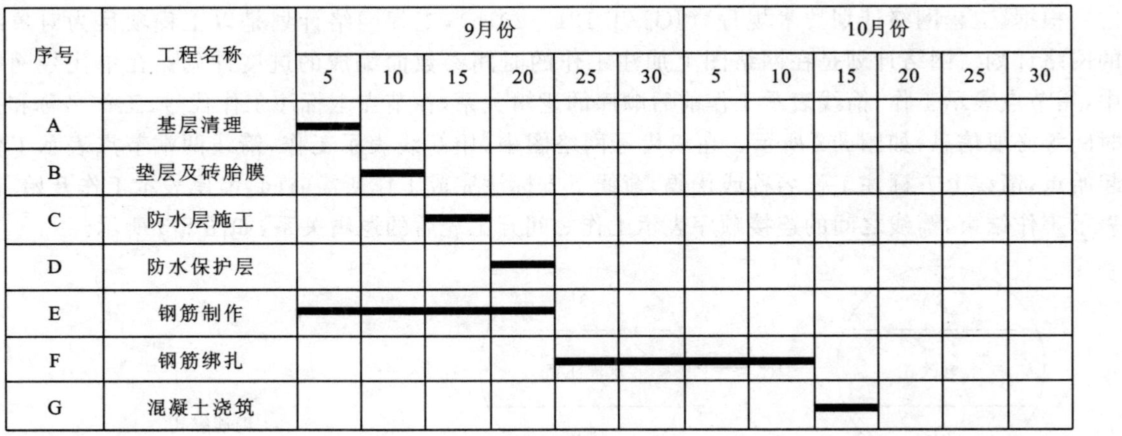

序号	工程名称	9月份						10月份					
		5	10	15	20	25	30	5	10	15	20	25	30
A	基层清理	▬											
B	垫层及砖胎膜		▬										
C	防水层施工			▬									
D	防水保护层				▬								
E	钢筋制作	▬▬▬▬▬											
F	钢筋绑扎												
G	混凝土浇筑									▬			

图 8-1　横道图示例

虽然横道图因其表达形式简单直观，应用范围较广，但是也存在以下不足之处：

（1）不能清晰表达工作之间的逻辑关系。若由于某种原因，工程进度提前或延迟，不利于分析对其他工作及总工期的影响，不便于工程项目进度的动态控制。

（2）未进行严谨的进度计划时间参数计算，不能明确关键线路和关键工作，不能反映工程项目关键所在，不利于抓住主要矛盾。

（3）不能反映工程费用与工期之间的关系，不利于缩短工期和降低成本。

（4）不能用计算机处理，需要手动编制、调整，计划调整工作量大，不适用于复杂工程项目的进度计划。

2.网络图

网络图又称箭头图，是由箭线和节点组成的，用来表示工作流程的有向、有序的网状图形。按照箭线和节点表示的含义不同，网络图又可分为双代号网络图和单代号网络图。用网络图形式编制进度计划，称为网络计划。以网络计划为基础，对工程项目进行系统管理，称为网络计划技术。

网络计划技术最初是由美国杜邦公司提出的，一经提出，就以其极为显著的应用效果在各国得到了广泛的应用。20 世纪 60 年代初，华罗庚将网络计划技术引入我国。由于网络计划技术具有统筹兼顾、合理安排的思想，华罗庚概括地称其为"统筹法"，该法在各个行业，尤其是建筑业中得到了广泛应用，一些大工程应用该技术取得了良好的效果。

> **思政课堂**：分享华罗庚的《致中国全体留美学生的公开信》，厚植爱国情怀。

网络计划技术弥补了横道图的诸多不足，具有以下特点：
（1）能够明确表达各工作之间的逻辑关系。
（2）通过计算时间参数，可明确工程项目的关键线路和关键工作。
（3）通过计算时间参数，可明确各工作之间的机动时间，便于降低时间资源需求，进行计划优化。
（4）可利用计算机进行网络计划编制、调整和优化。

8.2 网络计划技术

根据《工程网络计划技术规程》（JGJ/T 121—2015），工程网络计划是以工程项目为对象编制的网络计划。网络计划是在网络图上加注工作的时间参数而编成的进度计划。在单代号网络图中，用节点表示工作，箭线表示工作前后顺序的逻辑关系，在节点上标注工作代号、工作名称和持续时间等必要信息，如图 8-2 所示。在双代号网络图中，用箭线表示工作，箭线两端节点表示工作的起始点，箭线上方标注工作名称或代码，箭线下方标注完成工作所需时间，箭尾表示工作开始，箭头表示工作结束，箭线之间的连接顺序表示工作之间开工先后的逻辑关系，如图 8-3 所示。

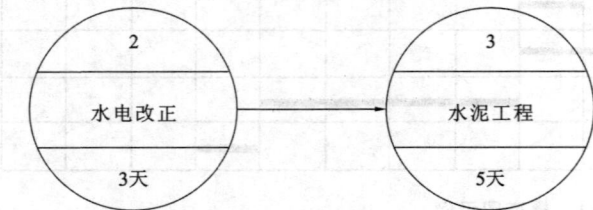

图 8-2　单代号网络图示例　　　　图 8-3　双代号网络图示例

此处主要介绍双代号网络图的绘制方法和主要时间参数的计算方法。

8.2.1 双代号网络图组成要素

双代号网络图主要包括箭线、两端节点、网络图节点编号、线路和逻辑关系等要素，如图 8-4 所示。

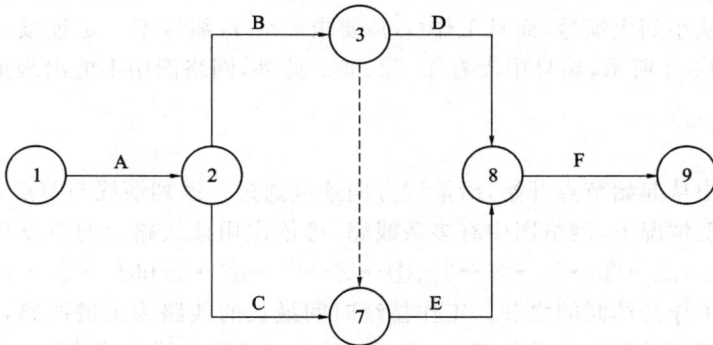

图 8-4 双代号网络图组成要素

1. 箭线

箭线是一端带箭头的实箭线（——）或虚箭线（---→）。实箭线代表实工作，既占用时间，又消耗资源，如图 8-3 所示。虚箭线又称虚工作，为正确表达工作之间的逻辑关系，设置虚箭线，虚箭线不占用时间，不消耗人力、资金等资源，如图 8-4 中的虚工作(3,7)。虚箭线一般起着联系、区分和断路的作用。

联系作用，是指应用虚箭线正确表达工作之间的相互依存关系。虚工作也可用于表示相邻工作之间的工艺联系和组织联系，起到断路作用。如图 8-4 中的虚工作(3,7)表示工作 B 完工后，进行工作 D，工作 B 和 C 都完成后再进行工作 E。

区分作用，是指双代号网络图中每一项工作都必须用一条箭线和两个代号表示，若两项工作的代号相同，应使用虚箭线加以区分，如图 8-5 所示。

断路作用，是用虚箭线断掉多余联系，即在网络图中把无联系的工作连接上时，应加上虚箭线将其断开，如图 8-6 所示。

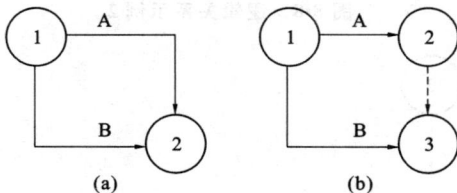

图 8-5 虚箭线的区分作用

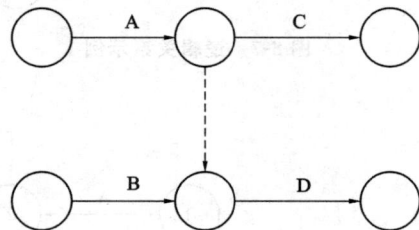

图 8-6 虚箭线的断路作用

2.节点

节点是网络图中箭线之间的连接点,用圆圈表示。在时间上,节点表示指向某节点的工作全部完成后,该节点以后的工作才能开始,它反映前后工作的交接点。网络图中包括起始节点、中间节点和终点节点。

3.网络图节点编号

为便于计算网络图的相关时间参数和检查调整网络图,每个节点都应有自己的编号。从起始节点到终点节点要从小到大编号,而且工作(i,j)要求$i < j$,编号不一定连续,可留些间隔便于修改和添加工作,如图 8-4 所示,编号中没有④、⑤、⑥。此外,网络图中不能出现重复编号。

4.线路

线路是网络图中从起始节点开始,沿箭线方向连续通过一系列箭线与节点,最后到达终点节点所经过的通路。一般情况下,网络图中有多条线路,可依次用该线路上的节点代号来表示。图 8-4 中存在 3 条线路:①→②→③→⑦→⑧→⑨、①→②→③→⑧→⑨和①→②→⑦→⑧→⑨。线路长度是该线路上各项工作持续时间之和。工作持续时间最长的线路为关键线路,网络图中至少有一条关键线路。关键线路并不是一成不变的,当项目采取相关技术措施或组织措施后,缩短了某些工作持续时间,关键线路可能变为非关键线路。

5.逻辑关系

网络图中工作之间相互制约或相互依赖的关系称为逻辑关系,它包括工艺关系和组织关系,在网络图中均应表现为工作之间的先后顺序。

(1)工作 A 完成后,进行工作 B、C,如图 8-7 所示。

(2)工作 A、B 都完成后,进行工作 C,如图 8-8 所示。

(3)工作 A 完成后,工作 B、C 才开始,且工作 B、C 完成后工作 D 才能开始,见图 8-9。

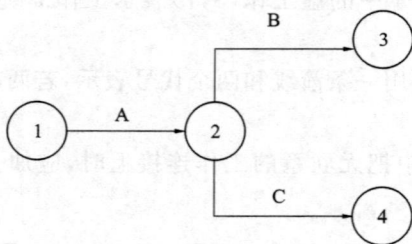

图 8-7 逻辑关系示例 1   图 8-8 逻辑关系示例 2

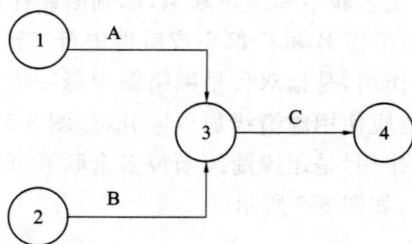

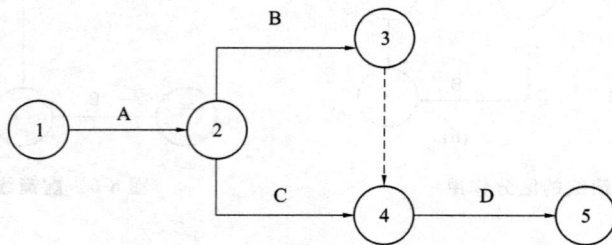

图 8-9 逻辑关系示例 3

（4）工作 A、B 均完成后，工作 C、D 才能开始，如图 8-10 所示。

（5）A、B、C 三项工作同时开始，如图 8-11 所示。

（6）A、B、C 三项工作同时结束，如图 8-12 所示。

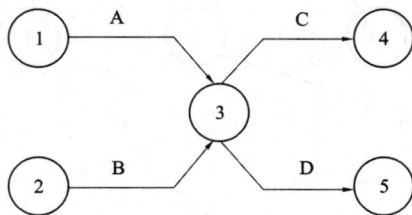

图 8-10   逻辑关系示例 4

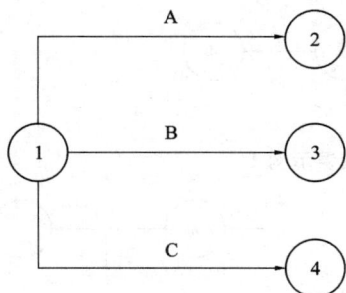

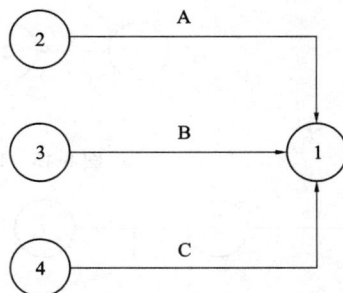

图 8-11   逻辑关系示例 5   图 8-12   逻辑关系示例 6

8.2.2   双代号网络图绘制规则

为正确表达工程项目各工作之间的逻辑关系和正确绘制网络图，应遵循以下规则和术语。

（1）网络图只能有一个总起点和总终点（多目标网络计划除外），表示工程的开始和完成。如图 8-13 所示，有①、⑥两个起点，有④、⑧两个终点，因此该网络图错误。

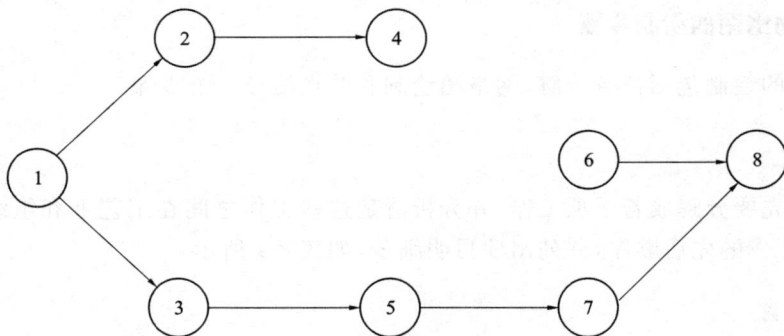

图 8-13   网络图起点和终点错误示例

（2）网络图不能有缺口和回路，如图 8-14 所示。

（3）网络图中不允许有双向箭头的箭线或无箭头的线段。网络图是一种有向图，是沿着箭头指引方向前进的。图 8-15 中的双向箭头和无箭头均为错误示例。

（4）严禁在箭线上引出或引入箭线。图 8-16 为箭线错误示例。

（5）正确使用虚箭线，减少不必要的虚箭线。

（6）网络图应布局合理、层次分明、条理清晰，如尽量避免箭线交叉。

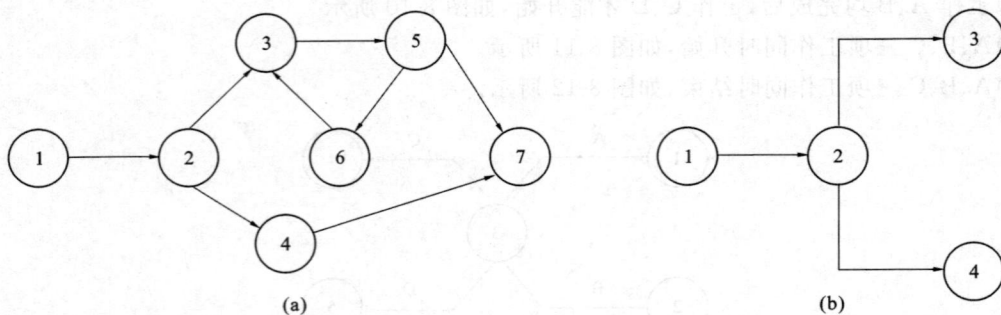

图 8-14　网络图回路和缺口示例

（a）存在回路；（b）存在缺口

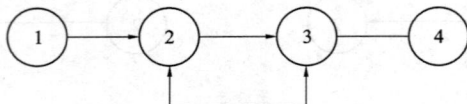

图 8-15　网络图箭线错误示例 1

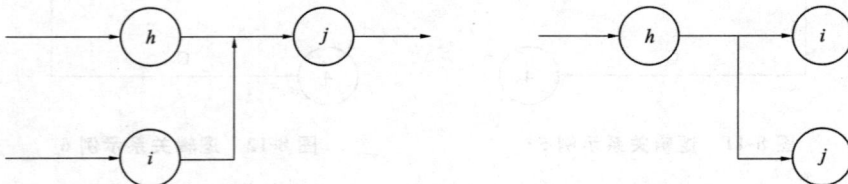

图 8-16　网络图箭线错误示例 2

（7）紧前工作与紧后工作。

紧前工作是指紧排在本工作前面的工作，且开始或完成后才能开始本工作；紧后工作是指紧排在本工作之后的工作，而且本工作开始或完成后才能做的工作。

8.2.3　双代号网络图的绘制步骤

一般网络图的绘制包括任务分解、网络图绘制和节点编号 3 个步骤。

1. 任务分解

一个任务首先要分解成若干项工作，并分析清楚这些工作之间在工艺上和组织上的联系及制约关系，确定各工作的先后顺序，并列出项目明细表，如表 8-1 所示。

2. 网络图绘制

按照明细表所示工作遵循前面的画图规则，绘制网络图，并在箭线下方标注工时。

3. 节点编号

节点编号要满足前述要求，从始点到终点从小到大进行编号，工作 (i,j) 要求 $i<j$。

【例 8-1】　某企业拟开发新产品，需要完成的工作、先后关系以及各项工作所需时间，如表 8-1所示。要求编制该项目的双代号网络图。

表 8-1   任务分解表

序号	工作名称	工作代号	持续时间/天	紧后工作
1	产品设计	A	60	B、C、D、E
2	外购配套件	B	45	J
3	锻件准备	C	10	F
4	工装制造1	D	20	G、H
5	铸件	E	40	H
6	机械加工1	F	18	J
7	工装制造2	G	30	I
8	机械加工2	H	15	J
9	机械加工3	I	25	J
10	装配与调试	J	35	—

【解】 根据表 8-1 给出的工作之间的逻辑关系和双代号网络图规则,绘制的双代号网络图如图 8-17 所示。

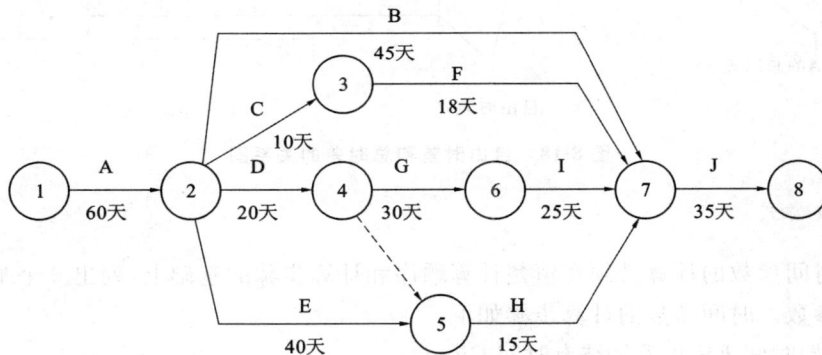

图 8-17 双代号网络图

8.2.4 双代号网络图的时间参数

确定网络图有关时间参数的主要目的是找出关键路线,为网络计划的优化、调整和执行提供明确的时间概念。下面介绍主要时间参数的计算方法。

1. 时间参数的含义

(1)工作持续时间 D。

一项工作从开始到完成所持续的时间。

(2)工期 T。

工期根据情况不同,可分为计算工期 T_c、要求工期 T_r 和计划工期 T_p。

①计算工期 T_c 是根据网络计划时间参数计算得出的工期。

②要求工期 T_r 是按照任务委托人要求确定的工期。

③计划工期 T_p 是在要求工期和计算工期的基础上综合考虑各种因素后确定的工期。

（3）工作的 6 个时间参数。

①最早开始时间 ES：在紧前工作和有关时限约束下，该工作可能开始的最早时刻。

②最早结束时间 EF：在紧前工作和有关时限约束下，该工作可能完成的最早时刻。

③最迟开始时间 LS：在不影响整个任务按期完成和有关时限约束下，该工作最迟必须开始的时刻。

④最迟结束时间 LF：在不影响整个任务按期完成和有关时限约束下，该工作最迟必须完成的时刻。

⑤总时差 TF：在不影响总工期和有关时限的前提下，该工作可以利用的机动时间。

⑥自由时差 FF：在不影响紧后工作最早开始和有关时限的前提下，该工作可以利用的机动时间。

双代号网络计划时间参数的关系，如图 8-18 所示。

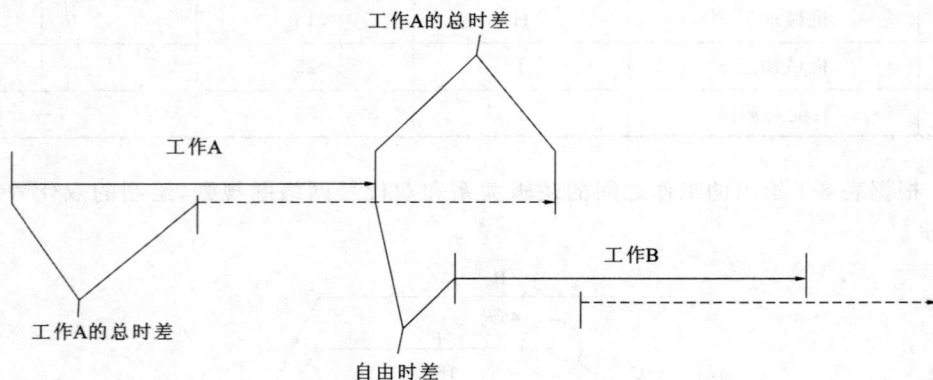

图 8-18　自由时差和总时差的关系图

2.时间参数公式

网络计划时间参数的计算必须在清楚计算顺序和计算步骤的基础上，列出 6 个基本公式，以更好地理解时间参数。时间参数的计算步骤如下。

（1）最早开始时间 ES 和最早结束时间 EF。

最早开始时间和最早结束时间应从起点向终点顺着箭头方向递推计算。

$$ES(i,j) = \begin{cases} 0, & i = 1 \\ \max[ES(h,i) + D(h,i)], & i > 1 \end{cases} \tag{8-1}$$

式中，$ES(i,j)$ 为工作 (i,j) 的最早开始时间；$ES(h,i)$ 为工作 (i,j) 的紧前工作 (h,i) 的最早开始时间；$D(h,i)$ 为工作 (h,i) 的持续时间。

$$EF(i,j) = ES(i,j) + D(i,j) \tag{8-2}$$

式中，$EF(i,j)$ 为工作 (i,j) 的最早结束时间。

（2）计算工期 T_c。

计算工期应等于以终点节点为箭头节点的各个工作的最早完成时间中的最大值。若终点节点编号为 n，计算工期为

$$T_c = \max[EF_{i,n}] \tag{8-3}$$

（3）最迟开始时间 LS 和最迟结束时间 LF。

最迟开始时间和最迟结束时间受紧后工作的约束，因此其计算顺序应从终点逆着箭线的方向依次计算。

最迟结束时间 $LF(i,j)$ 可表示为

$$LF(i,j) = \begin{cases} T_c, & j = n \\ \min[LF(j,k) - D(j,k)], & j < n \end{cases} \tag{8-4}$$

式中，$LF(i,j)$ 为工作 (i,j) 的最迟结束时间；$LF(j,k)$ 为工作 (i,j) 的紧后工作 (j,k) 的最迟结束时间；$D(j,k)$ 为工作 (j,k) 的持续时间。

最迟开始时间 $LS(i,j)$ 可表示为

$$LS(i,j) = LF(i,j) - D(i,j) \tag{8-5}$$

（4）工作总时差。

由工作总时差的定义和图 8-18 可知，总时差可表示为

$$TF(i,j) = LS(i,j) - ES(i,j) \tag{8-6}$$

$$TF(i,j) = LF(i,j) - EF(i,j) \tag{8-7}$$

（5）工作自由时差。

由图 8-18 和自由时差的定义可知，自由时差可表示为

$$FF(i,j) = ES(j,k) - EF(i,j) \tag{8-8}$$

3.关键工作和关键线路

（1）关键工作。

若计算工期 T_c 等于计划工期 T_p，则工作总时差为零的工作为关键工作；若计算工期 T_c 小于计划工期 T_p，则总时差最小的工作为关键工作。

（2）关键线路。

由关键工作组成的线路或总持续时间最长的线路即关键线路。关键线路宜用粗线、双线或彩线标注。

> **思政课堂**：在关键工作讲解中引入"木桶原理"，培养学生把握工作核心的意识，了解团队合作的重要性。

4.时间参数的计算方法

网络图时间参数的计算方法很多，如图上计算法（六时标注法）、表上计算法、矩阵法以及使用计算机计算等。此处介绍图上计算法和表上计算法。图上计算法简单直观，但是当工作数量较多时，图形复杂，易遗漏和出错，因此常采用表上计算法。下面针对【例 8-1】进行介绍。

（1）表上计算法。

首先列出计算用表，见表 8-2，注意工作的排列应严格按照箭尾事项编号由小到大的顺序排列。箭尾事项相同的工作，按其箭头事项由小到大排列。

表 8-2   表上计算法结果

工作代号	持续时间 $D(i,j)$	最早开始 $ES(i,j)$	最早结束 $EF(i,j)$	最迟开始 $LS(i,j)$	最迟结束 $LF(i,j)$	工作总时差 $TF(i,j)$	工作自由时差 $FF(i,j)$	关键工作
A(1,2)	60	0	60	0	60	0	0	√
B(2,7)	45	60	105	90	135	30	30	
C(2,3)	10	60	70	107	117	47	0	

续表

工作代号	持续时间 $D(i,j)$	最早开始 $ES(i,j)$	最早结束 $EF(i,j)$	最迟开始 $LS(i,j)$	最迟结束 $LF(i,j)$	工作总时差 $TF(i,j)$	工作自由时差 $FF(i,j)$	关键工作
D(2,4)	20	60	80	60	80	0	0	√
E(2,5)	40	60	100	80	120	20	0	
E′(4,5)	0	80	80	120	120	0	20	
F(3,7)	18	70	88	117	135	47	47	
G(4,6)	30	80	110	80	110	0	0	√
H(5,7)	15	100	115	120	135	20	20	
I(6,7)	25	110	135	110	135	0	0	√
J(7,8)	35	135	170	135	170	0	0	√

由表 8-2 可知,【例 8-1】的关键线路为 A→D→G→I→J。

（2）图上计算法。

按图上计算法将 6 个基本时间参数计算出来,并按照图 8-19 所示在各个工作上进行标注,又称六时标注法。

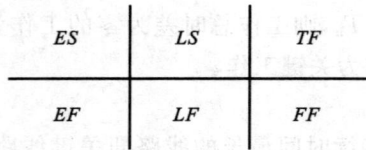

图 8-19 六时标注法

【例 8-1】的图上计算法结果,如图 8-20 所示。

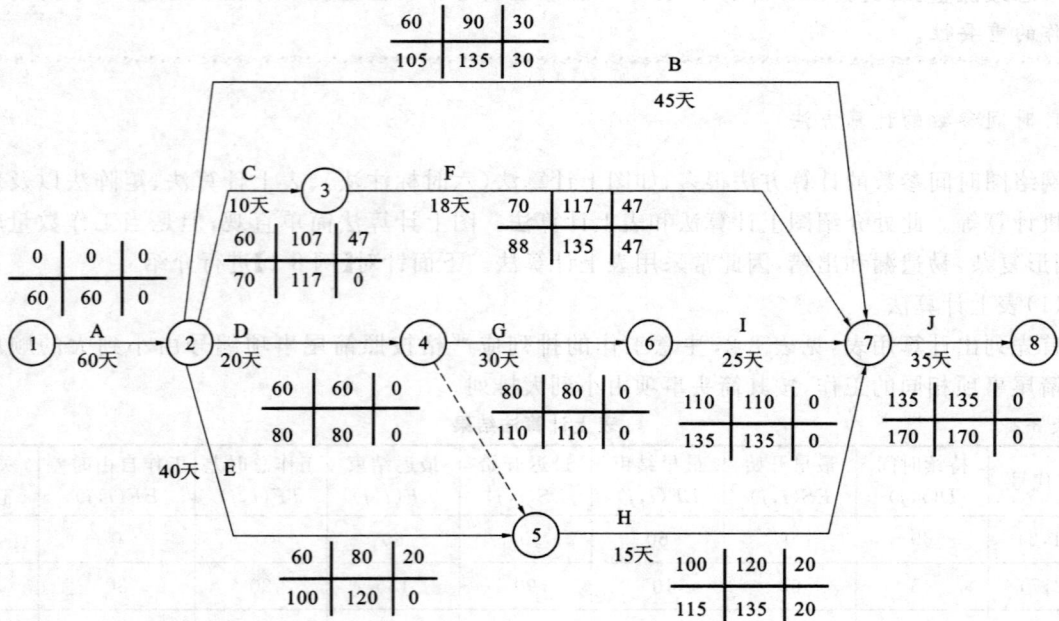

图 8-20 【例 8-1】图上计算法

8.3　工程网络计划优化

通过网络图的绘制与时间参数的计算,仅得到了一个初始网络计划方案。而网络计划的核心在于从工期、成本、资源等方面对初始方案进行进一步改善和调整,求解满意方案,即网络计划优化。网络计划优化包括工期优化、费用优化和资源优化。目前,还没有全面反映这些指标的综合数学模型。一般只是按照某一个或两个指标来衡量计划的优劣。例如:

(1)以工期最短为指标的时间优化问题。

(2)在资源有限的条件下争取工期最短的优化问题。

(3)兼顾成本与工期的最低成本日程和最低成本赶工等优化问题。

思政课堂:通过网络计划优化,培养学生的科学精神及严谨的时间观念和工作态度。

8.3.1　工期优化

若网络计划的计算工期大于要求工期,可压缩关键工作的持续时间以满足工期的要求,无须改变网络计划中各项工作之间的逻辑关系。工期优化可按下述步骤进行:

(1)确定初始网络计划的计算工期、关键工作及关键线路。

(2)按要求工期确定应缩短的时间。

(3)确定各关键工作能缩短的持续时间。

(4)按规定选择关键工作,压缩持续时间,并重新计算网络计划的计算工期。当被压缩的关键工作变为非关键工作,则应延长其持续时间,使之仍为关键工作。

(5)当计算工期仍超过要求工期时,重复(1)～(4)条步骤,直到满足工期要求或工期已不能再缩短为止。

(6)当所有关键工作的持续时间都已达到其能缩短的极限而工期仍不能满足要求时,应遵循相关规定对计划的技术方案、组织方案进行调整或对要求工期重新审定。

选择缩短持续时间的关键工作,应优先考虑有作业空间、备用资源充足和增加费用最小的工作。

8.3.2　资源优化

网络计划可按"资源有限,工期最短"和"工期固定,资源均衡"原则进行资源优化。资源优化的目的是通过改变工作的开始时间和完成时间,使资源需求量按时间的分布更符合优化目标。但是,资源优化并没有将工程任务所需的资源量减少。

1.资源有限,工期最短

此原则下宜逐个检查各个时段的资源需求量,当出现资源需求量(R_t)大于资源限量(R_a)的情况时,应进行计划调整,对超过资源限量时段内的工作进行新的顺序安排,并计算工期的变化。

2.工期固定,资源均衡

此原则下可用削高峰法,利用时差降低资源高峰值,获得资源消耗量尽可能均衡的优化方案。

【例8-2】　某网络计划图见图8-21,已知关键路线为①→②→③→⑤→⑥,总工期为11天。假设所有工作都需要同一种专业工人,箭杆上△中数字为工作每天所需人数。试用资源优化原则进行网络计划的优化。

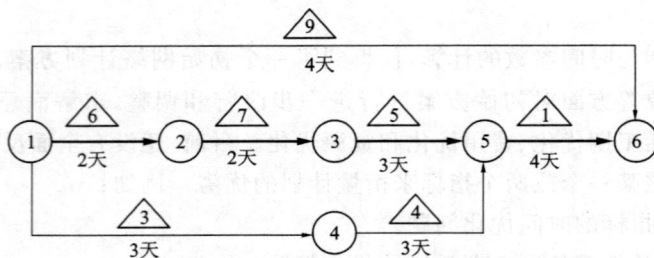

图 8-21 【例 8-2】网络计划图

【解】 首先绘制带日程的网络图及资源动态曲线,见图 8-22(图中虚线为非关键工作的总时差)。由图可知,若按每道工作的最早开工时间安排,人力需求很不均匀,最多为 20 人/天,最少为 1 人/天,这种情况即使在人力资源充足的条件下也是很不经济的。

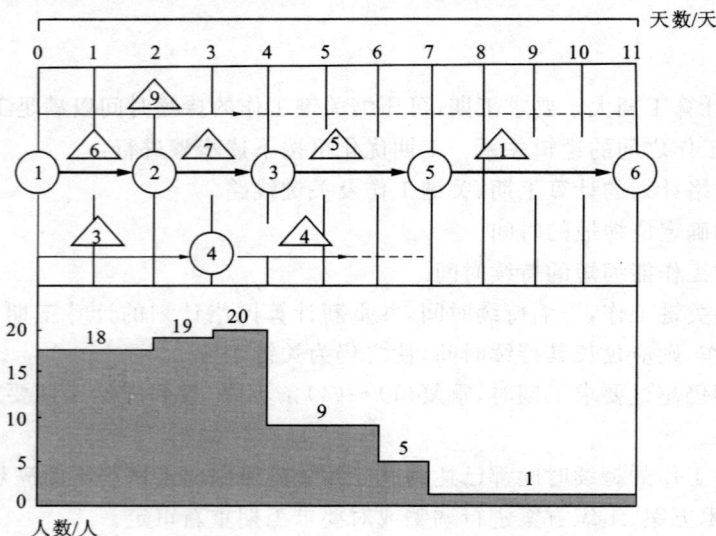

图 8-22 【例 8-2】带日程的网络图及资源动态曲线

现假设资源有限,每日可用人力仅为 10 人,在总工期不延迟或尽量少延迟的情况下,对网络计划进行调整。调整原则如下:

(1)优先安排关键工作所需资源。

(2)利用非关键工作总时差,错开各工作的开始时间,避开在同一时区内集中使用同一资源,避免出现高峰。

(3)在确实受到资源制约或在考虑综合经济效益的条件下,经许可可适当推迟工期,实现错开高峰的目的。

按资源的日需求所划分的时间段从始点到终点逐步调整。第一个时间段位为[0,2],需求量为 18 人/天,将此段各工作按总时差递增顺序排列,即:

工作(1,2),总时差 0,编号为 1#。

工作(1,4),总时差 1,编号为 2#。

工作(1,6),总时差 7,编号为 3#。

优先满足编号小的工作,当累计资源需求超过 10 人时,未得到安排的工作应移入下一时间段。

各时间段进行类似处理,可得图 8-23。此时资源需求量已满足 10 人的资源限制要求,总工期未受影响。

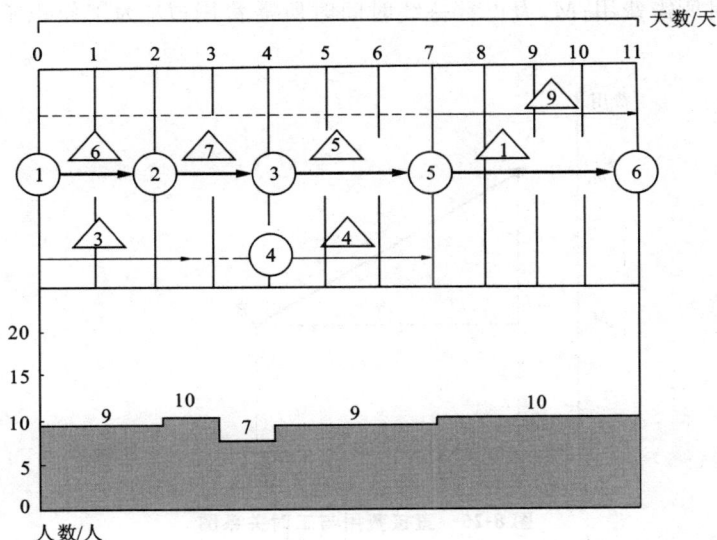

图 8-23 调整后网络计划图

需要说明的是,由于编号及调整规则只是一种原则,所以调整结果往往是较好方案,但不一定是工期最短方案。由于求精确解有时很复杂,网络计划优化中多采用这类近似算法。

8.3.3 工期-费用优化

工期-费用优化,又称最低成本日程,是确定工程总成本最低时的工期安排或按要求工期寻求最低成本的计划安排的过程。工程总成本包括直接费用和间接费用。

直接费用是项目直接所需人力、资源、设备等费用。为缩短时间,需采用一些技术组织措施,工期越短,直接费用越高。间接费用包括管理费、办公费等,一般按工期长度进行分摊。工期越长,间接费用越高。直接费用和间接费用与工期的关系,如图 8-24 所示。

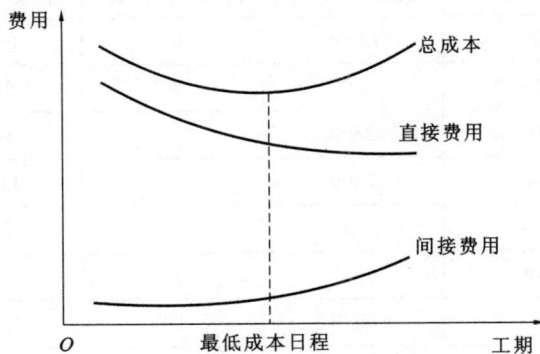

图 8-24 费用与工期的关系图

工期-费用优化应按以下步骤进行:

(1)计算成本斜率/费用率。

为简化计算,假设工作的直接费用与其持续时间之间为直线下降关系,如图 8-25 所示。工作 (i,j) 从正常工时每缩短一个单位时间所需增加的费用称为成本斜率 c_{ij},可表示为

$$c_{ij} = \frac{m_{ij} - M_{ij}}{D_{ij} - d_{ij}} \tag{8-9}$$

式中，m_{ij} 为特需工时所需费用；M_{ij} 为正常持续时间时所需费用；D_{ij} 为工作正常持续时间；d_{ij} 为特需工时。

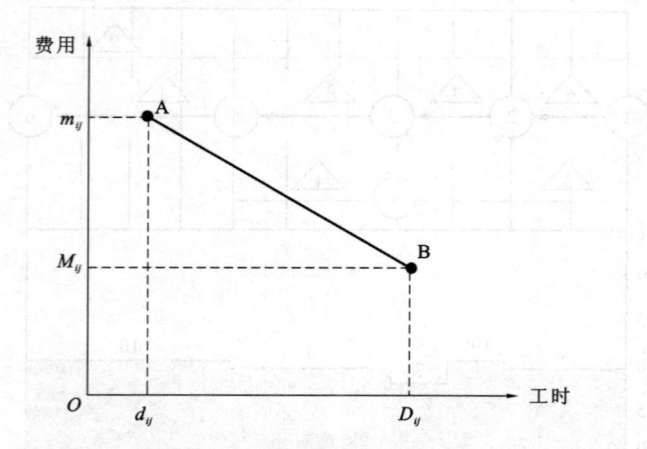

图 8-25　直接费用与工时关系图

(2)缩短费用率最低的关键工作。

在网络图中找出费用率最低的一项或一组关键工作，作为缩短持续时间的对象。

（**注意**：其缩短后的值不能小于最短持续时间，不能成为非关键工序。）

(3)计算相应增加的直接费用。

(4)根据间接费用的变化，确定工程总费用。

重复实施以上步骤，直至获得的总成本最低为止。

【例 8-3】　假设【例 8-1】每天间接费用为 400 元/天，正常工期为 170 天，项目的直接费用为 68900 元，间接费用为 68000 元，总成本 136900 元。项目正常工期和最短工期的直接费用及费用率如表 8-3 所示。试用工期-费用优化原则，确定费用最低的工期。

表 8-3　　　　　　　　　　　　　　　　　　　　　**【例 8-3】相关数据**

序号	工序	正常时间/天	直接费用/元	最短时间/天	直接费用/元	费用率
1	A	60	10000	60	10000	—
2	B	45	4500	30	6300	120
3	C	10	2800	5	4300	300
4	D	20	7000	10	11000	400
5	E	40	10000	35	12500	500
6	F	18	3600	10	5440	230
7	G	30	9000	30	12500	350
8	H	15	3750	10	5750	400
9	I	25	6250	15	9150	290
10	J	35	12000	35	1200	—

【解】 （1）首先，缩短关键线路上直接费用率最小的工作，即工作 I 和 G，两项工作的持续时间都只能缩短 10 天。此时，总工期缩短为 150 天。

150 天工期时的直接费用为

$$68900+290\times10+350\times10=75300(元)$$

150 天工期时的间接费用为

$$150\times400=60000(元)$$

因此，工程总成本为

$$75300+60000=135300(元)$$

与 170 天工期时相比，节省了 1600 元。

此时，存在两条关键线路：①→②→④→⑥→⑦→⑧和①→②→⑤→⑦→⑧。

（2）如果在此基础上继续缩短工期，直接费用增加的幅度将大于间接费用降低的幅度。例如，工期缩短为 140 天，费用率最低的为工作 D 和 H。此时，可选择工作 D 缩短 10 天，工作 H 缩短 5 天，工作 E 缩短 5 天。

140 天工期的直接费用为

$$75300+400\times10+400\times5+500\times5=83800(元)$$

140 天工期的间接费用为

$$140\times400=56000(元)$$

因此，工程总成本为

$$83800+56000=139800(元)$$

由于此时的总成本比 170 天工期和 150 天工期时都大，故选择 150 天工期作为最佳方案。

8.4　工程项目进度控制

实现进度控制的前提是编制一个科学合理的进度计划。但在工程进度计划实施的过程中，由于组织、管理、经济、技术、资源及外部环境的变化，实际进度可能偏离计划进度。如果不及时纠正偏差，必将影响进度总目标的实现。因此，在实际进度实施过程中，必须采取一定的措施对其进行检查和调整。

> **思政课堂：** 针对雷神山医院和火神山医院建设过程中进度控制方法的应用，了解我国的资源调配能力，感受吃苦耐劳的工匠精神，培养学生民族自豪感的同时，强调在技术上不断创新，为国家建设服务。

8.4.1　进度计划实施中的检查与调整

1.进度计划的动态检查

（1）跟踪检查实际进度。

为了对施工进度计划的完成情况进行统计、进度分析，为调整计划提供信息，应依据其实施记录对施工进度计划进行跟踪调查。一般检查的时间间隔与项目类型、规模、施工条件和进度的执行情况有关。通常可以确定每月、半月、旬或周进行一次检查。

在施工进度计划执行过程中，需要通过跟踪检查进度计划的执行情况收集反映工程实际进度的有关数据,这些实际进度数据是分析施工进度和调整施工进度计划的直接依据。施工进度管理人员可通过施工进度报表和现场实地检查等方式收集实际进度数据。此外,施工进度协调会议也是收集实际进度数据的主要方式。将收集到的实际进度数据进行加工处理,形成与计划进度具有可比性的数据。

(2)对比实际进度与计划进度。

将收集到的资料整理和统计成与计划进度有可比性的数据后,用施工项目实际进度与计划进度进行比较。常用的比较方法包括横道图比较法、S曲线比较法、香蕉曲线比较法、前锋线比较法和列表比较法等。通过比较得出实际进度与计划进度相一致、提前、滞后的3种情况。

(3)施工进度与检查结果的处理。

按照检查报告制度的规定,形成进度控制报告,向有关主管人员和部门报告施工进度检查的结果。进度控制报告是把检查比较结果、有关施工进度线和发展趋势,提供给项目经理及各级业务职能负责人的最简单的书面形式报告。

2.施工进度计划的动态调整

在进行施工进度检查的过程中,当发现实际进度偏离计划进度,即出现进度偏差时,必须分析偏差产生的原因及对后续工作和总工期的影响,必要时采取合理、有效的进度计划调整措施,以确保进度目标的实现。施工进度计划的动态调整过程,如图8-26所示。

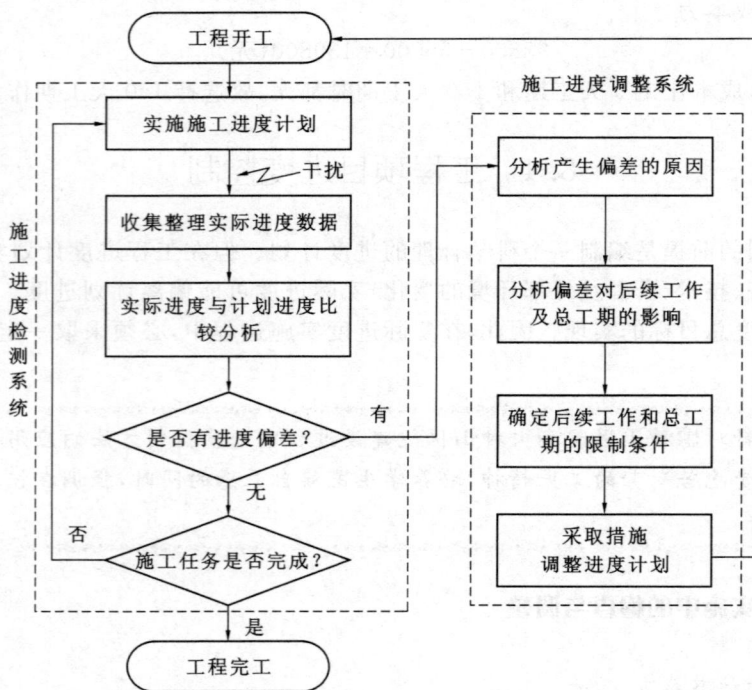

图 8-26 施工进度计划的动态调整过程

(1)分析产生偏差的原因。

通过比较实际进度与计划进度,当发现进度偏差时,为了采取有效措施调整进度计划,必须深入现场进行调查,分析产生进度偏差的原因。

（2）分析偏差对后续工作及总工期的影响。

确定进度偏差的原因之后，分析进度偏差对后续工作和总工期的影响程度，以确定是否应采取措施调整进度计划。

（3）确定后续工作和总工期的限制条件。

当出现的进度偏差影响后续工作或总工期而需要采取进度调整措施时，应当首先确定可调整进度的范围，主要包括关键节点、后续工作的限制条件，以及总工期允许变化的范围。这些限制条件往往与合同条件有关，需要认真分析后确定。

（4）采取措施调整进度计划。

采取进度调整措施，应以后续工作和总工期的限制条件为依据，确保要求的进度目标得以实现。

（5）实施调整后的进度计划。

调整进度计划之后，应执行相应的组织、经济、技术措施，并继续监测其执行情况。

8.4.2　实际进度与计划进度比较方法

实际进度和计划进度的比较是工程进度检查的主要环节。常用的方法包括横道图比较法、S 曲线比较法、香蕉曲线比较法、前锋线比较法和列表比较法。

1. 横道图比较法

横道图比较法是一种基于横道计划的进度比较方法。由于横道计划的应用具有广泛性，横道图比较法成为最常用的实际进度与计划进度比较方法。在施工进度计划执行过程中，只需将检查收集的实际进度数据加工整理后直接以横道线形式平行绘制于原计划横道线下方，即可形象直观地反映各项工作的实际进度、计划进度及其偏差情况。

【例 8-4】　某基础工程计划施工进度及截至第 9 周周末实际进度，如图 8-27 所示。其中，粗实线表示各项工作的计划进度，双线表示相应工作的实际进度。

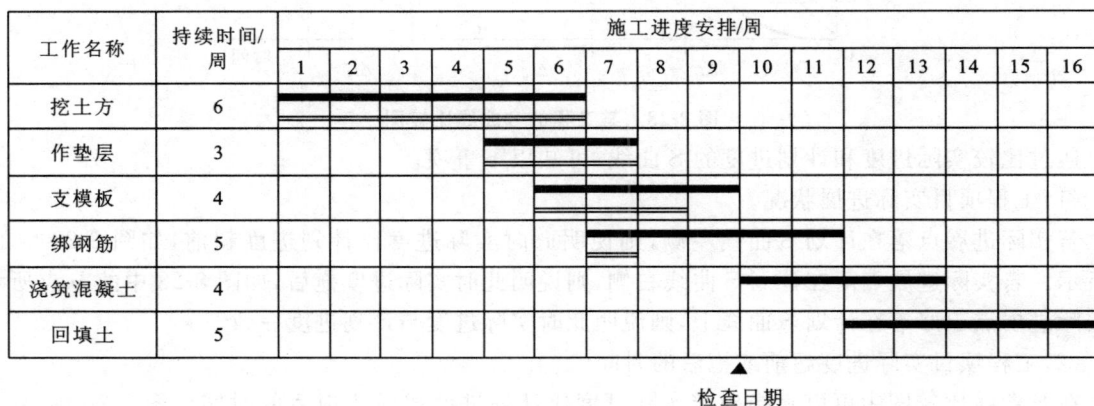

工作名称	持续时间/周	施工进度安排/周															
		1	2	3	4	5	6	7	8	9	10	11	12	13	14	15	16
挖土方	6																
作垫层	3																
支模板	4																
绑钢筋	5																
浇筑混凝土	4																
回填土	5																

检查日期

图 8-27　某基础工程计划施工进度及截至第 9 周周末实际进度

从图 8-27 中比较实际进度与计划进度可以看出：截至第 9 周周末，挖土方和作垫层两项工作已完成；支模板工作的实际进度比计划进度拖后 25%；绑钢筋工作按计划应完成 60% 的工作量，但实际只完成 20%。

需要说明的是，图 8-27 所表达的比较方法仅适用于施工进度计划中各项工作都是匀速进展的情况,即每项工作在单位时间内完成的任务量都相等的情况。施工进度计划中各项工作不是匀速进展时,则需要对每项工作在不同时间段的实际进度与计划进度进行比较。

2.S 曲线比较法

S 曲线比较法是首先以横坐标表示时间,纵坐标表示累计完成任务量,绘制一条按计划时间累计完成任务量的 S 曲线,然后将工程项目实施过程中各检查时间实际累计完成任务量的 S 曲线也绘制在同一坐标系中,将实际进度与计划进度进行比较的一种方法。

S 曲线绘制步骤如下:

(1)确定单位时间计划完成任务量。

(2)确定不同时间累计完成任务量。

(3)根据累计完成任务量绘制 S 曲线。

与横道图比较法一样,S 曲线比较法也是在图上进行工程项目实际进度与计划进度的直观比较。在工程项目实施过程中,按照规定时间将检查收集到的实际累计完成任务量绘制在原计划 S 曲线图上,即可得到实际进度的 S 曲线,如图 8-28 所示。

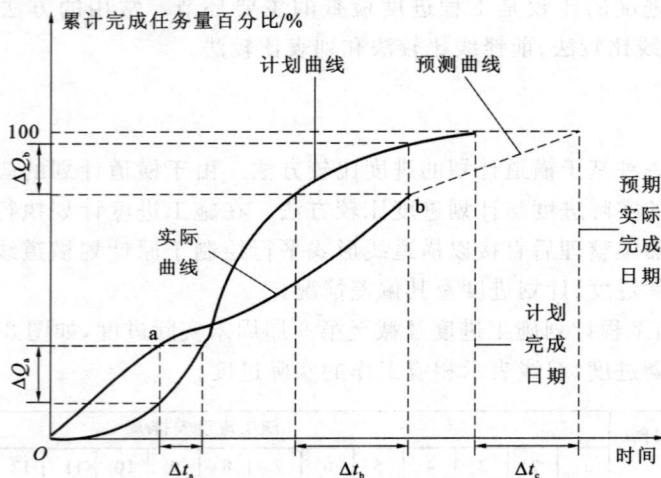

图 8-28　某工程的 S 曲线比较图

通过比较实际进度和计划进度的 S 曲线,可知以下事项。

(1)工程项目实际进展状况。

若实际进展点落在计划 S 曲线左侧,则说明此时实际进度比计划进度超前,如图 8-28 中的 a 点所示。若实际进展点落在计划 S 曲线右侧,则说明此时实际进度拖后,如图 8-28 中的 b 点所示。若实际进展点正好落在计划 S 曲线上,则说明此时实际进度与计划进度一致。

(2)工程项目实际进度超前或拖后的时间。

在 S 曲线比较图中可以直接确定实际进度比计划进度超前或拖后的时间。图 8-28 中 Δt_a 表示 t_a 时刻实际进度超前的时间;Δt_b 表示 t_b 时刻实际进度拖后的时间。

(3)工程项目实际超额或拖欠的任务量。

在 S 曲线比较图中也可直接确定实际进度比计划进度超额或拖欠的任务量。图 8-28 中 ΔQ_a 表示 t_a 时刻超额完成的任务量;ΔQ_b 表示 t_b 时刻拖欠的任务量。

（4）后期工程进度预测。

如果后期工程按原计划速度进行，则可作出后期工程计划 S 曲线，即图 8-28 中的虚线，从而可以确定工期拖延预测值 Δt_c。

3. 香蕉曲线比较法

香蕉曲线是由两条 S 曲线组合而成的闭合曲线。由 S 曲线比较法可知，工程项目累计完成的任务量与计划时间的关系，可以用一条 S 曲线表示。对于一个工程项目的网络计划，以其中各项工作的最早开始时间安排进度绘制成的 S 曲线称为 ES 曲线；以其中各项工作的最迟开始时间安排进度绘制成的 S 曲线称为 LS 曲线。两条 S 曲线有相同的起点和终点，因此两条曲线是闭合的。一般而言，ES 曲线上的各点均落在 LS 曲线相应点的左侧，由于形似"香蕉"，故称为香蕉曲线，如图 8-29 所示。

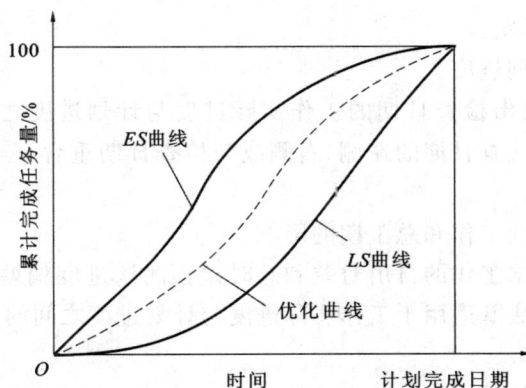

图 8-29　香蕉曲线

香蕉曲线的绘制步骤如下。

（1）绘制各项工作按最早开始时间安排进度的时标网络图和按最迟开始时间安排进度的时标网络图。

（2）计算各项工作的最早开始时间和最迟开始时间。

（3）计算项目总任务量，即对所有工作在各单位时间计划完成的任务量累加求和。

（4）根据各项工作按最早开始时间安排的进度计划，确定各项工作在各单位时间的计划完成任务量。

（5）根据各项工作按最迟开始时间安排的进度计划，确定各工作在各单位时间的计划完成任务量。

（6）绘制香蕉曲线。分别根据各项工作按最早开始时间、最迟开始时间安排的进度计划而确定的累计完成任务量或任务量的百分比描绘各点，并连接各点得到 ES 曲线和 LS 曲线，由两条曲线组成香蕉曲线。

香蕉曲线具有以下作用。

（1）合理安排工程项目进度计划。

（2）定期比较工程项目的实际进度与计划进度。

（3）预测后期工程的进展趋势。

4. 前锋线比较法

前锋线比较法是通过绘制某检查时刻工程项目实际进度前锋线，以进行工程实际进度与计划进度比较的方法,它主要适用于时标网络计划。前锋线是在原时标网络计划上,从检查时刻的时标点出发,用点划线依次将各项工作实际进展点连接而成的折线。前锋线比较法就是通过实际进度前锋线与原进度计划中各工作箭线交点的位置,来判断工作实际进度与计划进度的偏差,进而判定该偏差对后续工作及总工期影响程度的一种方法。

采用前锋线比较法进行实际进度与计划进度的比较,其步骤如下。

(1)绘制时标网络计划图。

在时标网络计划图上标示工程项目实际进度前锋线,为使计划图更清晰,可在时标网络计划图的上方和下方各设一时间坐标。

(2)绘制实际进度前锋线。

一般从时标网络计划图上方时间坐标的检查日期开始绘制,依次连接相邻工作的实际进展点,最后与时标网络计划图下方坐标的检查日期相连接。工作实际进展点可按该工作已完成任务量比例或按尚需作业时间进行标定。

(3)比较实际进度与计划进度。

前锋线可以直观地反映出检查日期的工作实际进度与计划进度之间的关系。对某项工作来说,其实际进展点可能落于检查日期的左侧、右侧或与检查日期重合,分别代表该工作实际进度拖后、超前或与计划进度一致。

(4)预测进度偏差对后续工作和总工期的影响。

确定进度偏差后,可根据工作的自由时差和总时差预测该进度偏差对后续工作及项目总工期的影响。因此,前锋线比较法既适用于工作实际进度与计划进度之间的局部比较,又可用来分析和预测工程项目整体进度状况。

值得注意的是,以上比较是针对匀速进展的工作。对于非匀速进展的工作,比较方法较复杂,此处不赘述。

【例 8-5】 某工程项目时标网络计划如图 8-30 所示。该计划执行到第 6 周周末检查实际进度,发现工作 A 和 B 已全部完成,工作 D 和 E 分别完成计划任务量的 20％和 50％,工作 C 尚需 4 周完成,试用前锋线比较法进行实际进度与计划进度的比较。

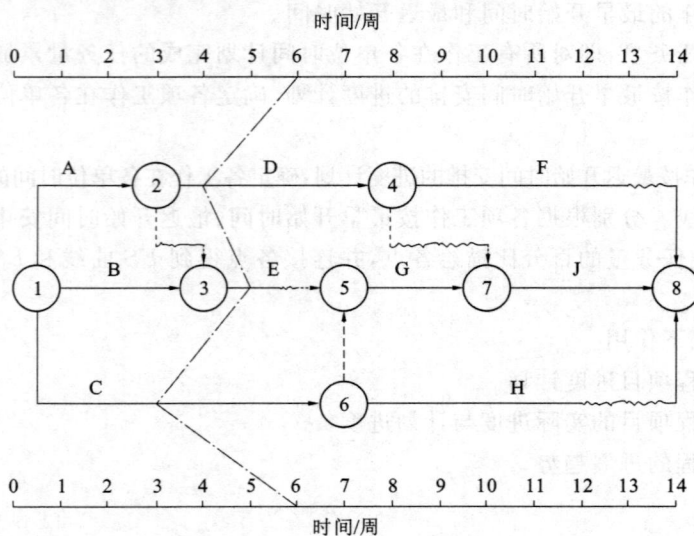

图 8-30 某工程前锋线比较图

【解】 根据第 6 周周末实际进度的检查结果绘制前锋线,如图 8-30 中的虚线所示。通过比较可知:

(1)工作 D 实际进度拖后 2 周,将使其后续工作 F 的最早开始时间推迟 2 周,并使总工期延长 1 周。

(2)工作 E 实际进度拖后 1 周,既不影响总工期,也不影响其后续工作的正常进行。

(3)工作 C 实际进度拖后 3 周,将使其后续工作 J、H、G 的最早开始时间推迟 3 周。由于工作 C 为关键工作,工作 J、G 开始时间的推迟,将使总工期延长 3 周。

因此,如果不采取措施加快进度,该工程项目的总工期将延长 3 周。

5. 列表比较法

当采用无时间坐标网络计划时,也可以采用列表比较法。这种方法是通过将某一检查日期时,某项工作的尚有总时差与原有总时差的计算结果列于表格之中进行比较,以判断工程实际进度与计划进度相比超前或滞后的情况,即记录检查时正在进行的工作名称和已进行的天数,然后列表计算有关参数,根据原有总时差和尚有总时差判断实际进度与计划进度。

列表比较法的步骤如下。
(1)弄清楚检查时正在进行的工作。
(2)计算工作最迟完成时间。
(3)计算工作总时差和尚有总时差。
(4)填表分析工作实际进度与计划进度的偏差。

【例 8-6】 某工程项目进度计划,如图 8-30 所示。该计划执行到第 10 周周末检查实际进度时,发现工作 A、B、C、D、E 已全部完成,工作 F 已进行 1 周,工作 G 和工作 H 均已进行 2 周,试用列表比较法进行实际进度与计划进度的比较。

【解】 根据工程项目进度计划及实际进度检查结果,可以计算出检查日期应进行工作的尚余作业时间、原有总时差及尚有总时差等,见表 8-4。通过比较尚有总时差和原有总时差,可判断当期工程的实际进展情况。

表 8-4   某工程工作进度检查比较

工作代号	工作名称	检查计划时尚余周数/周	原有总时差/周	尚有总时差/周	情况判断
5—8	F	4	1	0	拖后 1 周,不影响总工期
6—7	G	1	0	−1	拖后 1 周,影响总工期 1 周
4—8	H	3	2	1	拖后 1 周,不影响总工期

▌*综合能力检测*▌

一、选择题
1. 横道图计划的特点之一是( )。
　A. 适用于大的进度计划系统　　　　B. 能方便地确定关键工作
　C. 工作之间的逻辑关系不易表达清楚　　D. 计划调整只能采用计算机进行
2. 某工程网络计划进行过程中,经检查发现仅有工作 D 的实际进度拖后 4 天。该工作原计划

总时差和自由时差分为 5 天和 2 天,则工作 D 实际进度拖后造成的影响是(   )。(2024 年一建考试真题)

A.影响后续工作最迟开始时间,但不影响总工期

B.使紧后工作最早开始时间推迟 2 天,但不影响总工期

C.使紧后工作最早开始时间推迟 1 天,总工期延长 2 天

D.不影响后续工作最早开始时间,但会影响总工期

3.关于双代号网络计划总时差的说法,正确的是(   )。(2023 年一建考试真题)

A.关键工作的总时差一定是零

B.最长线路上工作的总时差最小

C.以关键节点为完成节点的工作,其总时差大于自由时差

D.实际持续时间和计划持续时间相同的工作,总时差为零

4.关于双代号网络绘图规范的说法,正确的是(   )。(2023 年一建考试真题)

A.任何情况下,只能有一个起点和一个终点

B.箭线可以从其他箭线上引出或引入

C.节点间的连线必须是实箭线

D.任何情况下,不允许出现循环回路

5.某工程双代号网络图如图 8-31 所示,图中存在的错误是(   )。

A.编号节点混乱   B.存在逆向箭线

C.存在多余的虚箭线   D.存在多个终点节点

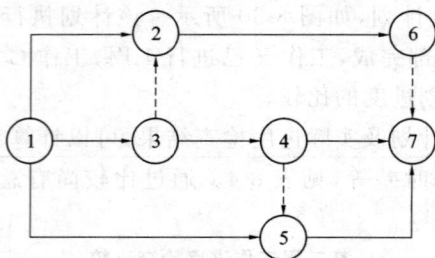

图 8-31　工程双代号网络图

6.某网络计划中,M 工作的持续时间为 2 天,自由时差 1 天,该工作有 3 项紧后工作,紧后工作的最早开始时间分别为第 5、第 6 和第 8 天,总时差分别为 3 天、2 天、1 天,则 M 工作的最迟开始时间为第(   )天。

A.3   B.5   C.4   D.6

7.关于双代号网络计划中关键工作的说法,正确的是(   )。

A.关键工作是总时差最小的工作

B.关键工作不可以在非关键线路上

C.关键工作上相邻关键工作之间的间隔时间必为零

D.关键工作的自由时差全部为零

8.某工作有两个紧前工作,最早完成时间分别是第 2 和第 4 天,该工作持续时间为 5 天,则其最早完成时间是第(   )天。

A.9   B.6   C.7   D.11

二、思考题

1.工程进度通常可用横道图和网络计划表示,两者各有什么优缺点?

2.简述双代号网络图时间参数的计算方法。

3.简述工程项目实际进度与计划进度的比较方法。

三、案例分析题

1.某工程项目各工序之间的逻辑关系如表8-5所示,试绘制双代号网络图。

表8-5　　　　　　　　　　　　　　**某工程项目逻辑关系表**

工作代码	紧前工作	紧后工作	工作代码	紧前工作	紧后工作
A	—	C、E、F	E	A、B	C、H
B	—	E、F	F	A、B	B
C	A	D	G	D、E	—
D	C	G	H	E、F	—

2.已知表8-6中资料,试求出该工程的最低成本日程。

表8-6　　　　　　　　　　　　　　**某工程项目相关资料**

工作代码	持续时间/天	紧前工作	正常完工的直接费用/百元	赶进度1天所需费用/百元
A	4	—	20	5
B	8	—	30	4
C	6	B	15	3
D	3	A	5	2
E	5	A	18	4
F	7	A	40	7
G	4	B、D	10	3
H	3	E、F、G	15	6
合计			153	
工程间接费用			5(百元/天)	

本章实训

一、实训目的

1.掌握网络计划的绘制方法和绘制规则。

2.掌握进度控制过程中的进度管理措施和纠偏、调整、优化方法。

二、实训案例

以三峡工程等大型工程或某房地产项目为例,运用工程项目进度控制相关理论,对其网络计划和进度管理措施展开介绍。

三、实训要求

1.说明案例的网络计划是如何安排的。

2.说明案例选取了哪些管理措施。

四、实训步骤

1.教师讲解实训目的、要求、评分标准,并对案例进行介绍与分析。

2.将学生分为若干小组,每小组约 5 名学生,选定 1 名学生为组长。

3.各小组通过网络、刊物、实地调查等途径,收集所需资料。

4.各小组根据收集的资料,进行内部讨论后,撰写进度控制报告。

5.各小组发言人阐述本组的调研报告,各组课堂讨论,并在教师指导下,进一步完善报告。

6.组组互评后,教师进行最后评价。

延伸阅读

1.王付宇,汪和平,夏明长.工程经济与项目管理[M].北京:机械工业出版社,2021.

2.全国一级建造师执业资格考试用书编写组.建设工程项目管理[M].哈尔滨:哈尔滨工程大学出版社,2024.

3.中华人民共和国住房和城乡建设部.工程网络计划技术规程:JGJ/T 121—2015[S].北京:中国建筑工业出版社,2015.

4.中国建设监理协会.建设工程进度控制(土木建筑工程)[M].北京:中国建筑工业出版社,2021.

9 工程项目质量管理

【本章目标】

◆ 知识目标

1. 了解工程项目质量控制的基本概念和影响因素。
2. 掌握全面质量管理的特点和基本方法。
3. 掌握工程质量管理体系的特性与结构。
4. 掌握工程项目施工质量控制的基本内容和方法。
5. 熟练掌握工程项目质量统计分析的相关方法。
6. 了解施工质量事故的预防措施和处理方法。

◆ 能力目标

学习任务	能力目标	重要程度
工程项目质量控制内涵	具备全面工程项目质量管理的思想和意识	★★★☆☆
工程项目施工质量控制	能运用质量控制的基本内容,对施工现场质量进行检查	★★★☆☆
工程项目质量统计分析方法	能运用工程项目质量统计分析方法,进行工程项目施工质量的有效控制	★★★★★
施工质量事故预防与处理	能应用质量控制原理,分析工程项目质量事故产生的原因,能够进行科学有效的处理和防范	★★★★☆

◆ 素养目标

1. 领悟质量控制过程中精益求精的工匠精神。
2. 培养学生爱岗敬业的职业精神和严谨的职业素养。
3. 培养学生的社会责任和工程担当。
4. 体会大国工程的质量,激发民族自豪感。

思政案例导入

南京城墙砖的秘密

明朝开国皇帝朱元璋不仅具有卓越的政治军事才能,更是优秀的风险控制专家和"质量追溯制度"的鼻祖。其在位期间修建的南京明城墙,历经 600 多年依然屹立不倒,秘诀就在于修建过程中实行严格的质量管理。从现代企业管理的视角来看,明代城墙堪称卓越质量管理的典范。

(1)改进组织系统,从管理上保证质量。

早在定都南京前两年,即公元 1366 年,朱元璋采纳"高筑墙,广积粮,缓称王"的建议,开始修筑城墙。前后共历时 28 年。有人形容说,它是"人穷其谋,地尽其险,天造地设"。建造这样一座城池,工序繁杂,时间跨度长,涉及部门广,动用人员数以万计。没有有效的组织管理,成本、质量和进度均无法保证。为此,朱元璋想出了一套完善的管理体制,对原来的行政架构进行了调整,从组织系统上确保城墙工程的进度和质量。这也与现代全面质量管理的5个核心理念中的改进整个组织系统不谋而合,合理、高效的组织结构无疑是卓越质量的首要保障。

(2)质量追溯制,让质量观念深入人心。

为保证城墙砖的质量,朱元璋不仅对制砖、筑城的工艺做出严格的规定,还要求"物勒其名,以考其诚,功有不当,必行其罪"。即为保证城砖质量,要求各地在生产的城墙砖上注明府、州、县、总甲、甲首、小甲、制砖人夫、窑匠等各级责任人的名字,以便验收时对不合格的城砖追究责任人。

思政课堂:通过古代质量控制典型案例,领悟质量控制过程中精益求精的工匠精神。

思维导图

工程项目质量控制相关概念		全面质量管理
工程项目质量控制影响因素	工程项目质量控制内涵	工程质量管理体系
工程项目施工质量控制基本环节	工程项目施工质量控制	工程项目施工质量控制基本内容和方法
直方图法		因果分析图法
分层法	工程项目质量统计分析方法	排列图法
质量事故原因及分类	施工质量事故处理与预防	质量事故处理与预防措施

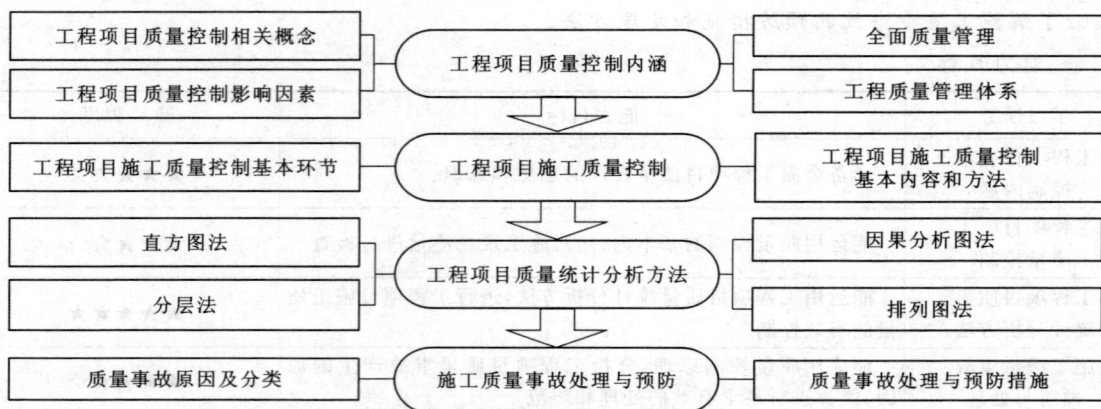

质量是工程项目管理的主要控制目标之一,保证工程质量是工程项目管理的永恒主题。由于工程项目的一次性、复杂性和不确定性,工程项目质量很难保证。因此,在工程项目实施过程中应按照质量管理的基本原则,建立完善的质量管理体系,项目各参与方加强质量管理,以确保工程项目按质按量完工。

9.1 工程项目质量控制内涵

9.1.1 工程项目质量控制相关概念

1.质量与工程项目质量

《质量管理体系 基础和术语》(GB/T 19000—2016/ISO 9000:2015)对质量的定义为:质量是一组固有特性满足要求的程度。美国质量管理专家朱兰认为质量就是适用性。

工程项目质量是通过项目实施形成的工程实体的质量,是反映建筑工程满足法律、法规的强制性要求和合同约定的要求,包括在安全、使用功能、耐久性能、环境保护等方面满足要求的明显和隐含能力的特性总和。其质量特性主要体现在适用性、安全性、耐久性、可靠性、经济性以及与环境的协调性6个方面。

2.质量管理与工程项目质量管理

质量管理就是关于质量的管理,是在质量方面指挥和控制组织的协调活动,包括建立和确定质量方针和质量目标,并在质量管理体系中通过质量策划、质量保证、质量控制和质量改进等手段来实施全部质量管理职能,从而实现质量目标的所有活动。

工程项目质量管理是在工程项目实施过程中,指挥和控制项目各参与方关于质量的相互协调的活动,是围绕着使工程项目满足质量要求而开展的策划、组织、计划、实施、检查、监督和审核等所有管理活动的总和。它是工程项目的建设、勘察、设计、施工、监理等单位的共同职责。项目各参与方的项目经理必须调动与项目质量有关的所有人员的积极性,共同做好本职工作,才能完成工程项目质量管理的任务。

3.质量控制与工程项目质量控制

质量控制是质量管理的一部分,是致力于满足质量要求的一系列相关活动,是在具体的条件下围绕着明确的质量目标,通过行动方案和资源配置的计划、实施、检查和监督,进行事前控制、事中控制和事后控制,致力于实现预定质量目标的系统过程。

工程项目的质量要求主要是由业主方提出的。项目的质量目标,是业主方的建设意图通过项目策划(包括项目的定义及建设规模、系统构成、使用功能和价值、规格、档次、标准等的定位策划和目标决策)来确定的。项目承包方为了获得较高的顾客满意度,也可以提出更高的质量目标,满足业主方既没有明示,通常也不是隐含或必须履行的期望。

工程项目质量控制,就是在项目实施整个过程(包括项目的勘察设计、招标采购、施工安装、竣工验收等各个阶段)中项目各参与方致力于实现项目质量总目标的一系列活动。工程项目质量控制包括项目的建设、勘察、设计、施工、监理各方的质量控制活动。

思政课堂:结合我国建筑工程鲁班奖获奖工程,介绍质量管理的重要性,领悟大国工匠精神,增强工程伦理意识,培养良好的职业道德,树立严谨求实、恪尽职守的工作态度。

9.1.2 工程项目质量控制影响因素

工程项目质量的影响因素,是在项目质量目标策划、决策和实现过程中影响质量形成的各种主、客观因素,主要包括人员、机械、材料(含设备)、方法、环境因素,简称人、机、料、法、环或4M1E。

1.人员因素(Man)

在工程项目质量管理中,人员因素是影响工程项目质量的一个重要因素。影响工程项目质量的人员因素,包括两个方面:一是直接履行项目质量管理职能的决策者、管理者和作业者个人的质量意识及质量活动能力;二是承担项目策划、决策或实施的建设单位、勘察设计单位、咨询服务机构、工程承包企业等实体组织的质量管理体系及其管理能力。前者是个体的人,后者是群体的人。我国实行建筑业企业资质管理、专业从业人员持证上岗制度和培育新时代建筑产业工人队伍政策。因此,在建筑施工过程中,人是最重要的因素,因为人是建筑生产活动的主体,只有工程项目的各方参与人员都具有良好的素质并共同合作,才能保证工程质量。

2. 机械因素（Machine）

机械包括组成工程实体及配套的工艺设备和各类机具（如电梯、泵机），即工程设备，以及施工过程中使用的各类机具设备（如吊装设备、计量器具），即施工机械设备。施工机械设备对工程质量也有重要的影响。工程所用机械设备，其产品质量直接影响工程的使用功能质量。施工机械设备的类型是否符合施工特点、性能是否先进稳定、操作是否方便安全等，都会影响工程项目的质量。因此，合理选择和正确使用机械设备是保证工程质量和安全的重要条件。

3. 材料因素（Material）

工程材料是构成工程实体的各类建筑原材料、构配件、半成品、成品、周转材料等，它是工程建设的物质条件，是工程质量的基础。工程材料选用是否合理、产品是否合格，将直接影响建设工程的结构刚度和强度，影响工程外表及观感，影响工程的使用功能及使用安全。

在施工中必须对材料严格检查、验收并且正确使用，建立管理台账，做好收、发、储、运等各个环节的管理，避免使用不合格的原材料。对材料质量，主要是控制其力学性能、化学性能和物理性能。进入现场的工程材料必须有产品合格证或质量保证书及性能检测报告，并能符合设计标准，凡需复试检测的建材必须复试合格才能使用。

4. 方法因素（Method）

方法具体是指工艺方法、操作方法和施工方案。在工程施工中，施工方案是否合理、施工工艺是否先进、施工操作是否正确，都将对工程质量产生重大的影响。采用新技术、新工艺、新方法，不断提高工艺技术水平，是保证工程质量稳定提高的重要手段。

一定的技术工艺水平，会对质量产生一定的影响。采用先进合理的工艺、技术，依据规范的工法和作业指导书进行施工，将对组成质量因素的产品精度、平整度、清洁度、密封性等物理、化学特性的改善起到推进作用。比如近年来，住房城乡建设部在全国建筑业中推广的地基基础和地下空间工程技术、高性能混凝土技术、高效钢筋和预应力技术、新型模板脚手架应用技术、钢结构技术、建筑防水技术、信息化应用技术、绿色施工技术等，对确保建设工程质量和消除质量通病起到了积极作用，收到了明显的效果。

5. 环境因素（Environment）

环境条件是对工程质量特性起重要作用的环境因素，包括施工质量管理环境、施工现场自然环境、施工技术环境等。其中，施工质量管理环境主要包括质量管理制度、质量管理体系、各单位之间协调等因素；施工现场自然环境主要包括水文、地质、气象、地下管线、周边建筑、不可抗力等因素；施工技术环境主要包括施工设计图纸及方案、施工依据的标准及规范等因素。

环境条件往往会对工程质量产生特定的影响。加强环境管理，改进作业条件，把握好技术环境，辅以必要的措施，是控制环境对质量影响的重要保证。

9.1.3 全面质量管理

全面质量管理（total quality management）是20世纪中叶开始在欧美和日本广泛应用的质量管理理念和方法，我国从20世纪80年代开始引进和推广全面质量管理。全面质量管理是一个组织以产品质量为核心，以全员参与为基础，以让顾客满意和本组织所有者及社会等相关方受益为目的建立起一套科学严密高效的质量体系,从而提供满足用户需要的产品的全部活动,实现长期成功的管理途径。

1. 全面质量管理的特点

全面质量管理是一种预先控制和全面控制相结合的管理制度,主要特点在于"全",也称"三全一多样"。

(1)管理对象(内容)是全面的(横向而言)。

质量管理的对象是全面的,既要管理产品质量,又要管理产品质量赖以形成的工作质量。在工作质量方面,要管理好影响产品质量的设计质量、工作质量、检验质量、交货质量、使用质量和服务质量等,以满足用户的需要为宗旨。

(2)管理范围是全面的(纵向而言)。

质量管理贯穿产品生产经营管理的全过程。产品质量始于设计,成于制造,终于使用。这一过程的各个环节都会对产品质量造成不同程度的影响(产品质量取决于设计、制造、使用质量),因此必须对全过程进行管理,这样就把质量管理的范围从原来的制造过程向前、后扩展或延伸,形成一个螺旋式的上升过程。从访问用户、市场调查、产品设计方案论证开始,到设计、试制、生产、测试检验、销售、使用、服务的全过程,都要严格实施质量管理,保证达到既定的质量标准。这个过程不断循环,产品质量也不断提高。

(3)全员参加质量管理。

质量管理环环相扣,人人有责。质量管理不仅是质量管理部门的工作,组织内部各个部门的工作、各个环节的活动都会直接或间接影响产品质量。提高产品质量需要依靠组织全部人员共同努力,从企业领导、技术人员、经营管理人员到生产工人,都要学习质量管理的理论和方法(如组建质量控制小组,调动全员积极性),树立质量第一的观念,提高工作质量和产品质量。

(4)采用的管理方法和手段是全面的(管理方法多样性)。

采用的管理方法和手段不是单一的,而是综合运用质量管理的管理技术和科学方法,组成多样化、复合的质量管理方法体系。把质量检验、数理统计、改善经营管理和生产技术革新等有机结合起来,全面综合地管理质量。

2. 全面质量管理的 PDCA 循环

全面质量管理的基本方法为 PDCA 循环,又称戴明循环,是美国质量管理专家戴明根据质量管理工作经验总结的一套科学的质量管理方法和工作程序。PDCA 循环是一个持续的改进模型,它包括 4 个循环反复的阶段:计划(Plan)、实施(Do)、检查(Check)和处理(Action)。

(1)计划 P 是通过集体讨论或个人思考确定某一行动或某一系列行动的方案。

(2)实施 D 是执行人按照计划去落实。

(3)检查 C 是检查或学习执行人的执行情况,比如到计划执行过程中的"控制点""管理点"收集信息,弄清楚计划执行得怎么样,有没有达到预期的效果或要求。

(4)处理 A 是对检查的结果进行处理、认可或否定。成功的经验要加以肯定,或者将其模式化、标准化以适当推广;失败的教训要加以总结,以免重现。这一轮未解决的问题放到下一个 PDCA 循环。

PDCA 循环示意图如图 9-1 所示,PDCA 循环每运行一次,工程项目质量就提高一步。PDCA 循环具有大环套小环、互相衔接、互相促进、螺旋上升、最终形成完整的循环和不断推进等特点。

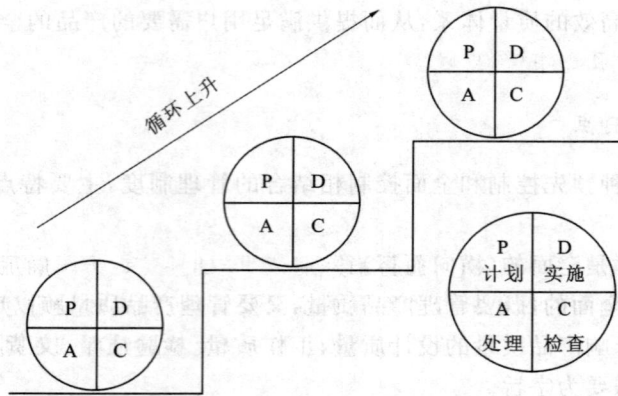

图 9-1　PDCA 循环图

9.1.4　工程质量管理体系

1. 质量管理体系的概念

根据《工程建设施工企业质量管理规范》(GB/T 50430—2017),质量管理的各项要求是通过质量管理体系实现的。质量管理体系是在质量方面指挥和控制企业建立质量方针和质量目标,并实现质量方针、质量目标的相互关联或相互作用的一组要素。施工企业需按照规范的要求建立或完善质量管理体系,并形成书面文件。建立质量管理体系需考虑自身特点、相关方期望、应对风险和机遇及质量管理需要。这些因素是施工企业参与市场竞争和持续发展的基本条件。

2. 质量管理体系的特性

项目质量管理体系具有以下几个方面的特性。
①以工程项目为目标。
②是建设工程项目管理组织的一个总体目标控制体系。
③是一次性的质量控制工作体系。

3. 质量管理体系的建立

为了合理地开展系统和全方位的质量管理,必须由项目实施的总承担企业承担建设工程项目质量管理体系的建立和运行,执行质量总体目标的控制。

项目质量管理体系应依据以下原则建立。
①质量责任制原则;
②系统有效性原则;
③分层次规划原则;
④目标分解原则。
质量管理体系的建立程序如下:
①建立系统质量责任的网络架构;
②制定质量管理制度;
③分析质量管理界面;
④编制质量计划。

4.质量管理体系的运行

建设工程项目质量管理体系的运行,实质上就是系统功能的发挥过程,也是质量活动职能和效果的控制过程。质量管理系统要能有效地运行,还有赖于系统内部的运行环境和运行机制的完善。运行环境包括项目的合同结构、质量管理的人员、物质资源配置(运行的基础条件)、质量管理的组织制度(系统有序运行的基本保证)等。运行机制包括动力机制(核心)、约束机制(内部约束和外部监控)、反馈机制和持续改进机制。

5.质量管理体系的结构

项目质量管理体系根据其合同结构和任务委托方式,可产生多层次结构和多单元结构。在大型群体工程项目中,质量管理体系第一层次可由建设单位、委托项目管理单位、交钥匙工程总承包企业的项目管理机构负责建立;第二层次可由项目设计总负责单位、施工总承包单位负责建立;第三层次可由工程设计单位、施工设备安装单位、材料机械供应单位负责建立。

质量管理体系可分为项目质量管理体系和企业质量管理体系,两者在控制目标、服务范围、建立目的、评价方式和作用时效方面均不同,具体见表9-1。

表 9-1　　　　　　　　　　**项目质量管理体系与企业质量管理体系的区别**

类别	项目质量管理体系	企业质量管理体系
控制目标	项目的质量目标	企业或组织的质量管理目标
服务范围	项目实施过程所有的质量责任主体	企业或组织
建立目的	特定项目的质量管理	企业或组织的质量管理
评价方式	不需要第三方认证,由项目管理的组织者进行评价	需要第三方认证
作用时效	一次性的质量管理体系	永久性的质量管理体系

9.2　工程项目施工质量控制

9.2.1　工程项目施工质量控制基本环节

工程项目施工质量控制应贯彻全面、全员、全过程质量管理的思想,运用动态控制原理,进行质量的事前控制、事中控制和事后控制。

1.事前控制

事前控制是在正式施工前进行的事前主动质量控制,通过编制施工质量计划,明确质量目标,制订施工方案,设置质量管理点,落实质量责任,分析可能导致质量目标偏离的各种影响因素,针对这些影响因素制定有效的预防措施,防患于未然。事前控制必须充分发挥组织的技术和管理方面的整体优势,把长期形成的先进技术、管理方法和经验智慧,创造性地应用于建设工程项目。

2.事中控制

事中控制也称作业活动过程质量控制,是质量活动主体的自我控制和他人监控的控制方式。

自我控制是第一位的,即作业者在作业过程中对自己质量活动行为的约束和技术能力的发挥,以完成预定质量目标。他人监控是作业者的质量活动过程和结果,接受来自企业内部管理者和企业外部有关方面的检查检验。事中质量控制的目标是确保工序质量合格,杜绝质量事故发生。

由此可知,事中控制的关键是增强质量意识,发挥作业者自我约束、自我控制的作用。他人监控是必要的补充。没有前者或用后者取代前者,都是不正确的。

3.事后控制

事后控制也称事后质量把关,是杜绝不合格的工序或最终产品流入下道工序和市场的控制方式。事后控制包括对质量活动结果的评价、认定,对工序质量偏差的纠正,对不合格产品的整改和处理。事后控制的重点是发现施工质量方面的缺陷,并通过分析提出施工质量改进的措施,保证质量处于受控状态。

以上三大环节不是相互孤立和截然分开的,它们共同构成有机的系统过程,实质上也就是质量管理 PDCA 循环的具体化,在每一次滚动循环中不断提高质量,实现质量管理和质量控制的持续改进。

> **思政课堂**:结合我国大型工程中的质量控制实例,体会精益求精的工匠精神和勇攀高峰的创新精神。

9.2.2　工程项目施工质量控制基本内容和方法

1.质量文件审核

审核有关技术文件、报告或报表,是工程管理人员对工程质量进行全面控制的重要手段,其具体内容有:

①审核有关技术资质证明文件。
②审核施工方案、施工组织设计和技术措施。
③审核有关材料、半成品的质量检验报告。
④审核反映工序质量动态的统计资料或控制图表。
⑤审核设计变更、修改图纸和技术核定书。
⑥审核有关质量问题的处理报告。
⑦审核有关应用新工艺、新材料、新技术、新结构的技术鉴定书。
⑧审核有关工序交接检查,分项、分部工程质量检查报告。
⑨审核并签署现场有关技术签证、文件等。

2.现场质量检查

现场质量检查的内容主要有:
①开工前检查。主要检查是否具备开工条件,开工后能否连续正常施工,能否保证工程质量。
②工序交接检查。对于重要的工序或对工程质量有重大影响的工序,应严格执行"三检制度"(自检、互检、专检),在自检、互检的基础上,还要组织专职人员进行工序交接检查。
③隐蔽工程检查。隐蔽工程经检查合格后,办理隐蔽工程验收手续,如果隐蔽工程未达到验收条件,施工单位应采取措施进行返修,合格后通知现场监理、甲方检查验收;未经检查验收的隐蔽工

程一律不得自行隐蔽。

④停工后复工前的检查。因处理质量问题或某种原因停工后需复工时,也应经检查认可后方能复工。

⑤分项、分部工程完工后,应经现场监理、甲方检查认可,签署验收记录后,才能进行下一工程项目施工。

⑥成品保护检查。检查成品有无保护措施,或保护措施是否可靠。

此外,现场工程管理人员必须经常深入现场,对施工操作质量进行巡视检查;必要时,还应进行跟班或追踪检查。只有这样才能及时发现问题、解决问题。

3.现场质量检查方法

现场进行质量检查的方法有目测法、实测法和试验法 3 种。

(1)目测法。

目测法即凭借感官进行检查,也称观感质量检查法。其手段可归纳为"看、摸、敲、照"四个字。

①看,就是根据质量标准进行外观目测。如混凝土拆模后是否有蜂窝、麻面、漏筋现象,施工顺序是否合理,工人操作是否正确等,均是通过目测检查、评价。

②摸,就是手感检查,主要用于装饰工程的某些检查项目,如墙面是否掉粉,地面有无起砂等,均可通过手摸加以鉴别。

③敲,就是运用工具进行音感检查。对地面工程、装饰工程中的水磨石、面砖和大理石贴面等,均应进行敲击检查,通过声音的虚实确定有无空鼓,还可根据声音的清脆或沉闷程度,判定是否为面层空鼓或底层空鼓。

④照,对于难以看到或光线较暗的部位,则可采用镜子反射或灯光照射的方法进行检查。

(2)实测法。

实测法就是通过实测数据与施工规范及质量标准所规定的允许偏差对照,来判别质量是否合格。实测法的手段,可归纳为"靠、吊、量、套"四个字。

①靠,是用直尺、塞尺检查结构的平整度。

②吊,是用托线板以线锤吊线检查垂直度。

③量,是用测量工具和计量仪表等检查断面尺寸、轴线、标高等的偏差。

④套,是以方尺套方,辅以塞尺检查。如常用的对门窗口及构配件的对角线(窜角)检查,也是套方的特殊手段。

(3)试验法。

试验法是必须通过试验手段,才能对质量进行判断的检查方法。如对桩或地基进行静载试验,确定其承载力;对混凝土、砂浆试块进行抗压强度试验,确定其强度是否满足设计要求;对钢筋焊接头进行拉力试验,检验焊接的质量等。

9.3　工程项目质量统计分析方法

工程项目质量统计分析方法是 20 世纪 30 年代发展起来的科学管理理论与方法,是将数理统计方法用于产品生产过程的抽样检验,通过研究样本质量特性数据的分布规律,研究分析生产过程的质量控制情况。工程项目质量统计分析方法有很多,此处主要介绍直方图法、分层法、因果分析图法、排列图法。

9.3.1 直方图法

直方图法是频数分布直方图法的简称,是将收集到的质量数据进行分组整理,绘制成频数分布直方图,用于描述质量分布状态的一种分析方法,因此又称质量分布图法。通过对直方图的观察与分析,可以了解工程质量的波动情况,掌握质量特征的分布规律,以便对质量状况进行分析判断。

1.直方图的绘制步骤

直方图的绘制步骤如下:

(1)收集数据。用随机抽样的方法抽取数据。

(2)计算极差 R。即计算数据中最大值与最小值之差。

(3)确定组数、组距、组限。确定组数的原则是分组的结果能正确反映数据的分布规律。组距是组与组之间的间隔,即一个组的范围,各组组距应相等。每组的最大值为上限,最小值为下限,上、下限统称为组限。

(4)编制数据频数统计表。统计各组数据频数,频数总和应等于全部数据个数。

(5)绘制直方图。在直方图中,横坐标表示质量特性值,纵坐标表示频数。

2.直方图的用途

施工现场质量管理中,直方图的主要用途包括:

(1)分析生产过程质量是否处于稳定状态、受控状态和正常状态。

(2)分析质量水平是否保持在公差允许范围内。

(3)整理统计数据,了解其分布特征。

(4)掌握质量能力状态。

3.直方图的观察与分析

(1)观察直方图的形状,判断质量分布状态。

绘制完直方图后,首先要认真观察直方图的整体形状,看其是否属于正常型直方图。正常型直方图应是中间高、两侧低、左右接近对称的图形,如图 9-2(a)所示。

出现异常直方图时,表明生产过程或收集数据作图有问题。这就要求进一步分析判断,找出原因,从而采取措施加以纠正。凡属非正常型直方图,其图形分布有各种不同缺陷,归纳起来有折齿型、缓坡型、孤岛型、双峰型和峭壁型 5 种类型,如图 9-2 所示。

折齿型一般是由分组不当或者组距确定不当导致的。左(或右)缓坡型主要是由操作中对上限(或下限)控制太严造成的。孤岛型通常是由原材料发生变化,或他人临时顶替班造成的。双峰型一般是用两种不同方法或两台设备或由两组工人进行生产,然后把两方面数据混在一起整理而造成的。峭壁型通常是由数据收集不正常,可能有意识地去掉下限以下的数据,或是在检测过程中存在某种人为因素造成的。直方图的分布形状及分布区间宽度主要取决于质量特性统计数据的平均值和标准差。

(2)观察分布位置,判断实际生产能力。

将直方图与质量控制标准的上、下限相比较分析,从而判断实际生产能力。正常型直方图与质量标准比较,一般有 6 种情况,如图 9-3 所示。

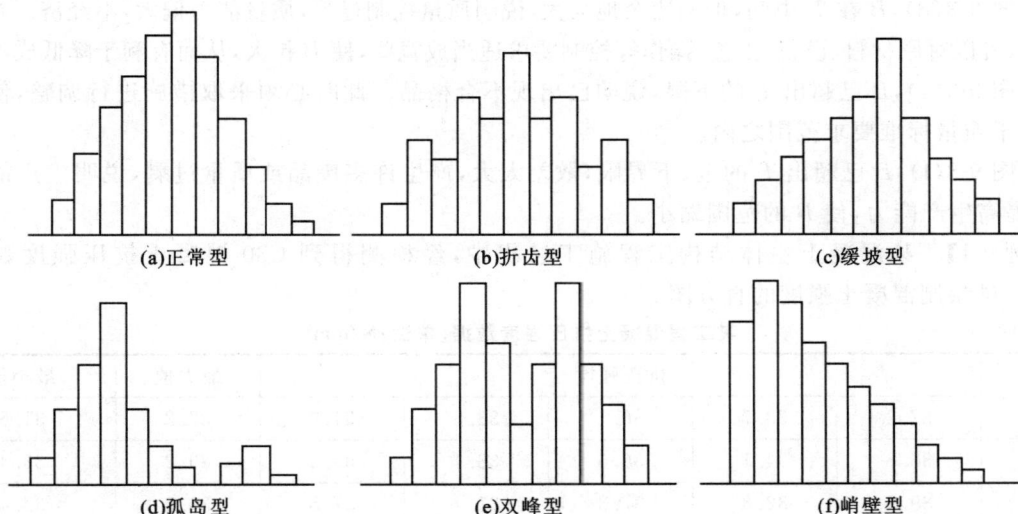

図 9-2 常见直方图类型

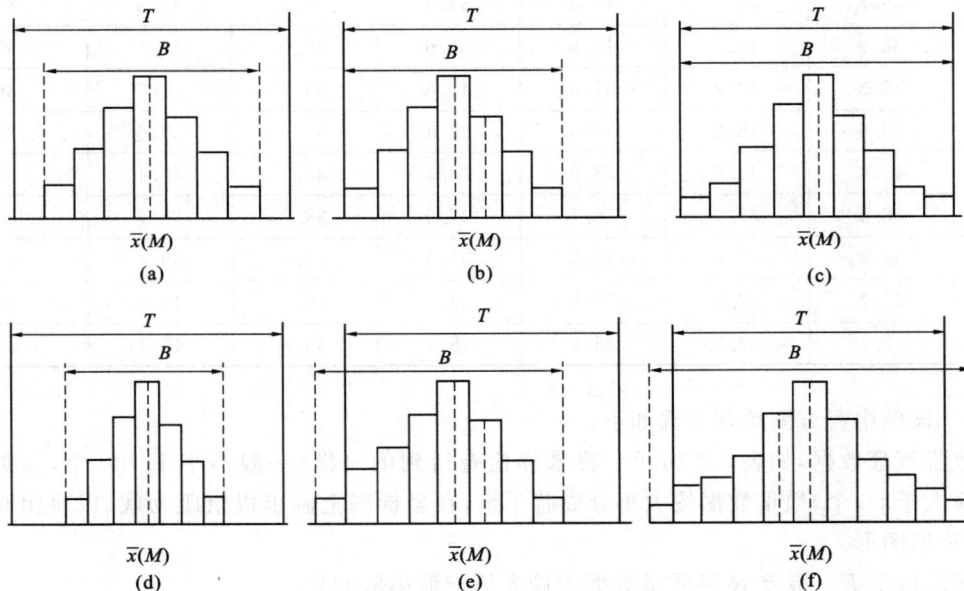

図 9-3 实际质量特性分布与标准比较

注：B 表示质量特性（如混凝土强度、尺寸）的实际分布范围；T 表示质量标准的范围。

①图 9-3(a)，B 在 T 中间，质量分布中心 $\bar{x}$ 与质量标准中心 M 正好重合，实际数据分布与质量标准比较两边还有一定的余地。这样的生产过程是理想的，说明生产过程处于正常稳定状态，在这种情况下生产出来的产品应认为全部是合格品。

②图 9-3(b)，B 虽然落在 T 内，但质量特性数据分布偏下限，易出现不合格品。出现这种情况时应迅速采取措施，使直方图移到中间来。

③图 9-3(c)，B 在 T 中间，且 B 的范围接近 T 的范围，没有余地，处于临界状态，生产过程一旦发生小的变化，产品的质量特性值就可能超出质量标准要求范围。出现这种情况时，必须立即采取措施，以缩小质量分布范围。

④图 9-3(d),B 在 T 中间,但两边余地太大,说明质量控制过严,质量能力偏大,不经济。在这种情况下,可以对原材料、设备、工艺、操作等控制要求适当放宽些,使 B 扩大,从而有利于降低成本。

⑤图 9-3(e),B 已超出 T 的下限,说明已出现不合格品。此时必须采取措施进行调整,使质量分布位于质量标准要求范围之内。

⑥图 9-3(f),B 已超出 T 的上、下界限,散差太大,产生许多废品或质量过剩,说明生产能力不足,应提高生产能力,使 B 的范围缩小。

【例 9-1】 某混凝土主体结构工程施工过程中,经检测得到 C30 混凝土抗压强度数据见表 9-2。试绘制混凝土强度的直方图。

表 9-2   某工程混凝土抗压强度数据(单位:N/mm²)

序号	抗压强度					最大值	最小值
1	37.2	33.7	36.1	33.8	31.6	37.2	31.6
2	35.8	34.1	36.5	33.4	39.2	39.2	33.4
3	39.9	32.8	37.8	32.4	37.8	39.9	32.4
4	39.2	33.2	35.2	33.2	40.5	40.5	33.2
5	39.8	34.7	41.3	34.4	38.5	41.3	34.4
6	38.9	35.5	40.8	35.6	39.5	40.8	35.5
7	42.3	42.2	37.6	41.8	36.4	42.3	36.4
8	36.6	38.2	36.9	38.4	39.6	39.6	36.6
9	46.4	42.8	38.0	43.2	38.3	46.4	38.0
10	36.4	37.6	38.5	37.9	38.7	38.7	36.4
11	39.8	35.9	39.2	37.5	37.8	39.8	35.9
12	43.2	42.3	37.8	38.2	36.4	43.2	36.4
13	42.1	39.2	36.5	38.4	35.9	42.1	35.9

【解】 该例中直方图绘制步骤如下:

(1)收集整理数据,如表 9-2 所示。将抽样检查得到的一批(一般不小于 100 个,如确实达不到,至少应大于 50 个)质量数据按大小分成若干组,在坐标图上画出以组距为底、以每组频数为高的一系列矩形图形。

(2)确定极差 R。极差 R 是质量数据中最大值与最小值的差。

$$R = X_{max} - X_{min} = 46.4 - 31.6 = 14.8 (N/mm^2)$$

(3)对数据分组,确定组距和组界。

确定组数 k,组数的多少应根据数据总量来确定。组数过少,会掩盖数据分布规律;组数过多,数据分布过于零乱,不能显示出总体分布状况。数据分组参考值见表 9-3。本例中 k=8。

表 9-3   数据分组参考值

数据总数 n	分组数 k
<50	5~7
50~100	6~10
100~250	7~12
>250	10~20

确定组距 h。组距是组与组之间的间隔,即一个组的范围。各组组距应相等。

$$h = \frac{R}{k} = \frac{14.8}{8} = 2 \ (\text{N/mm}^2)$$

组数、组距的确定应结合极差综合考虑,并进行调整。数值尽量取整,使分组结果能包括全部数据,同时便于计算分析。

(4)确定组界。

第一组下限值为 $X_{\min} - h/2 = 31.6 - 1 = 30.6$,上限值为第一组下限值 $+h = 30.6 + 2 = 32.6$。

第二组的下限值为第一组的上限值 32.6,第二组上限值就是第二组下限值加上组距,结果为 34.6,以此类推。

最后一组的界限值为 44.6~46.6,分组结果覆盖了全部数据。

(5)作频数分布表。混凝土抗压强度数据频数分布表,见表 9-4。

表 9-4   混凝土抗压强度数据频数分布表

组序	分组界限	频数
1	30.6~32.6	2
2	32.6~34.6	8
3	34.6~36.6	14
4	36.6~38.6	18
5	38.6~40.6	12
6	40.6~42.6	7
7	42.6~44.6	3
8	44.6~46.6	1
合计	—	65

(6)绘制频数分布直方图,如图 9-4 所示。

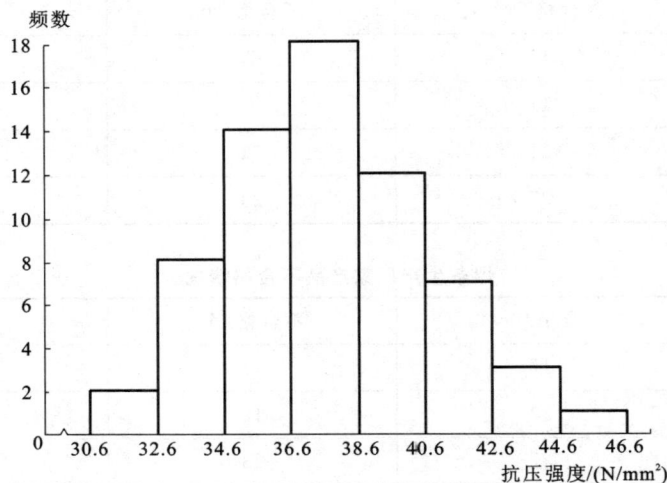

图 9-4   混凝土抗压强度频数分布直方图

9.3.2 分层法

1. 分层法的思想

由于影响项目质量的因素众多,对工程质量状况的调查和质量问题的分析,必须分门别类地进行。分层法也称分类法或分组法,它把"类"或"组"称为层。分层法可将杂乱无章的数据和错综复杂的因素按不同的目的、性质、来源等加以分类,使之系统化、条理化。如对工程质量状况和质量问题,按总包、专业分包和劳务分包分门别类地进行调查和分析,以准确有效地找出问题及其原因所在。这就是分层法的基本思想。

2. 分层法的实际应用

应用分层法的关键在于调查分析的类别和层次划分,在分析质量的影响因素时,一般可以按以下几种特征分层:

(1)按时间划分,如按不同的班次、不同的日期等进行分类。

(2)按操作人员划分,如按新老、男女、不同工龄等进行分类。

(3)按使用设备划分,如按不同的机床型号、不同的工器具等进行分类。

(4)按操作方法划分,如按不同的切削用量、温度、压力等工作条件进行分类。

(5)按原材料划分,如按不同的供料单位、不同的进料时间、不同的材料成分等进行分类。

(6)按其他划分,如按不同的工厂、使用单位、使用条件、气候条件等进行分类。

工程质量管理中,可应用分层法准确、有效地找出主要质量问题及其原因。

【例9-2】 某钢结构工程焊接,由A、B、C三个焊工操作完成,焊条由甲、乙两家生产厂提供。施工过程中,共检测60个焊接点质量,其中有23个焊接点不合格,不合格率38.3%,存在严重的质量问题。为此,通过分层分析,得出焊接操作者和焊条生产厂家产品不合格情况,分别见表9-5和表9-6。

表9-5　　焊接操作者不合格情况

操作人员	合格/个	不合格/个	不合格率
A	15	7	31.8%
B	11	4	26.7%
C	11	12	52.2%
合计	37	23	38.3%

表9-6　　焊条生产厂家产品不合格情况

配件厂家	合格/个	不合格/个	不合格率
甲	17	11	39.3%
乙	20	12	37.5%
合计	37	23	38.3%

【解】 由表9-5和表9-6分层分析可以看出,焊工B的焊接质量较好,不合格率为26.7%;而无论是采用甲厂家或乙厂家生产的焊条,不合格率都比较高且两者相差不大。为了找出问题所在,

需要进一步采用综合分层分析。考虑两种因素共同影响的焊接质量综合分层分析结果,见表 9-7。

表 9-7　焊接质量综合分层分析结果

操作者	焊接质量	甲厂		乙厂		合计	
		焊接点/个	不合格率	焊接点/个	不合格率	焊接点/个	不合格率
A	不合格	7	70%	0	0	7	31.8%
	合格	3		12		15	
B	不合格	0	0	4	44.4%	4	26.7%
	合格	6		5		11	
C	不合格	4	33.3%	8	72.7%	12	52.2%
	合格	8		3		11	
合计	不合格	11	39.3%	12	37.5%	23	38.3%
	合格	17		20		37	

从表 9-7 综合分层分析可知,焊接质量与焊工的操作手法有直接关系。使用甲厂家生产的焊条时,采用焊工 B 的操作方法更好;使用乙厂家生产的焊条时,采用焊工 A 的操作方法更好,这样会使焊接合格率大大提高。

9.3.3　因果分析图法

1. 因果分析图的内涵

因果分析图又称质量特性要因图或鱼刺图,是用于寻找质量问题产生原因的有效工具,通过系统分析和寻找造成某一具体问题的可能原因,从而确定关键原因,将其作为制定质量改进措施的重点考虑对象。

2. 因果分析图的绘制步骤

因果分析图的绘制是从结果开始将原因逐层深入分解,确定主要原因,进行有的放矢的处理和管理,其具体步骤如下:

(1)明确质量问题—结果。画出质量特性的主干线,箭头指向右侧的一个矩形框,框内注明研究的质量问题,即结果。

(2)分析确定影响质量特性大的方面原因。一般来说,影响质量的因素有 5 个方面,即人员、机械、材料、方法、环境等。如人员的分工、培训、技术交底等属于人员方面的原因;搅拌机、振捣器等的失修、损坏属于机械方面的原因;水泥、砂石等质量问题属于材料方面的原因;计量、养护、振捣等质量问题属于方法方面的原因;温度、施工场地等属于环境方面的原因。

(3)将每方面的大原因进一步分解为中原因、小原因,直至分解的原因可以采取具体措施加以解决。

(4)检查图中所列原因是否齐全,可以对初步分析结果广泛征求意见,并做必要的补充及修改。

(5)选择影响较大的因素做出标记,以便重点采取措施。

3.因果分析图的特点

因果分析图的表现形式简单明了,但分析质量问题、绘制成图是比较复杂的过程。首先,要求绘制者熟悉专业技术与施工工艺,调查、了解施工现场实际条件和操作的具体情况。应集思广益,以各种形式广泛收集现场工人、班组长、质检员、工程技术人员的意见,相互启发,使因果分析图更加符合实际。其次,绘制因果分析图并不是最终目的,根据图中反映的主要原因,制定改进措施和对策,限期解决问题,保证产品质量不断提高,才是最终目的。

【例9-3】 某混凝土生产过程中发现产品存在混凝土强度不足的质量问题,通过召开质量管理小组会议,大家对该产品出现质量问题的原因进行分析,小组成员通过绘制的因果分析图(图9-5),从人员、机械、材料、方法、环境5个方面逐一对影响因素进行改进,最终找出了该产品的质量问题。

【解】 混凝土强度不足的因果分析图如图9-5所示。

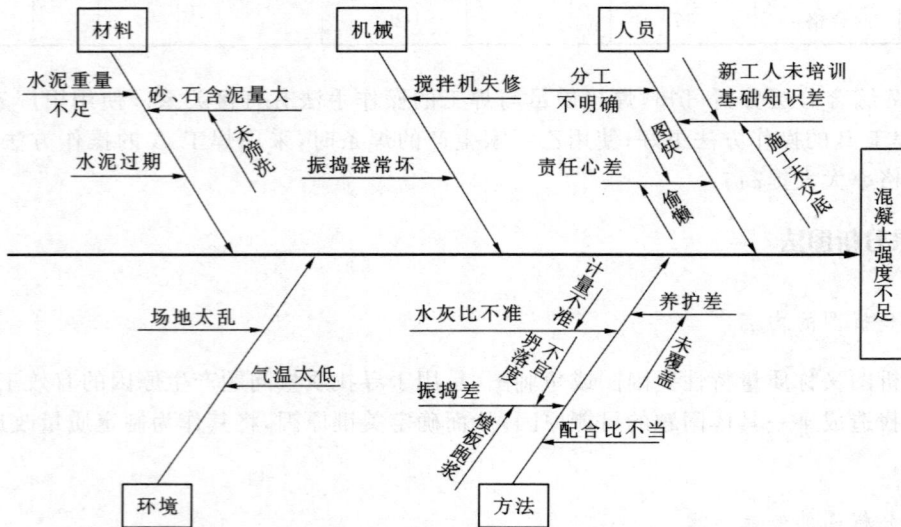

图 9-5 【例9-3】因果分析图

9.3.4 排列图法

1.排列图法的基本原理

排列图法又称 ABC 分类法、主次因素分析图法或帕累托图法。意大利学者帕累托最先将其用于分析社会财富分布状况,他发现约 20%的人掌握了全社会 80%的财富。根据累积经验,发现很多问题往往是由少数问题或原因引起的,若集中资源解决关键的少数问题,将会得到显著的效益。

如图 9-6 所示,排列图的横轴表示影响质量的各种因素或问题,按影响程度,从左到右依次排列,矩形的高度表示某个因素的影响大小;左纵轴表示频数(件数、金额、工时等),右纵轴表示频率(以百分比表示),即某因素发生的累计频率。

一般将影响因素分为 A、B、C 三类,其中 A 类是累计频率在 0～80%范围内的有关因素,是影响质量的关键因素;B 类是累计频率在 80%～90%范围内的因素,是次要因素;C 类是累计频率在 90%～100%范围内的因素,是一般因素。排列图观察分析的目的是找出关键的少数,A 类是重点管理对象,应对其采取必要措施。

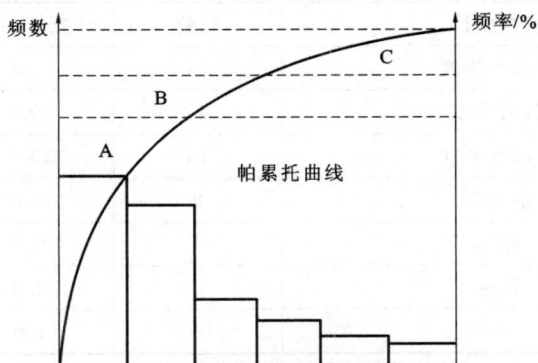

图9-6 帕累托曲线图

2.排列图绘制步骤

(1)绘制横坐标。根据已经收集的项目质量数据,确定分类角度(如项目产品不良情况),将横坐标按项目数等分,并按项目频数由大到小的顺序从左至右排列。

(2)绘制纵坐标。整理数据,绘制2条纵坐标,左侧的纵坐标表示项目不合格点数,即频数,右侧的纵坐标表示累计频率。

(3)绘制频数矩形。将不良项目的频数在横坐标上画成并列矩形,并记下相应名称。

(4)绘制频率曲线。从横坐标左端点开始,依次连接各项目矩形右边线及所对应的累计频率值的交点,所得的曲线即累计频率曲线。

(5)记录必要事项。将项目名称、排列图标题、收集数据的方法和时间等必要事项记录在图上。

(6)分析影响因素。运用排列图分析影响项目产品质量的主次因素,根据排列图分析结果,制定改进措施并实施,并跟踪数据绘制排列图,与项目质量改进前排列图进行比较,评估项目质量改进效果。

3.排列图法适用范围

排列图可形象、直观地反映主次因素,在质量管理过程中,通过抽样检查或检验试验得到的关于质量问题、偏差、缺陷、不合格等方面的统计数据,以及造成质量问题的原因分析统计数据,均可采用排列图法进行状况描述,它具有直观、主次分明的特点。

【例9-4】 质量管理人员对某项模板施工精度进行抽样检查,得到150个不合格点数的统计数据,见表9-8。试绘制排列图。

表9-8　　　　　　　　　　　　　　　　**某模板施工精度抽样检查数据**

序号	检查项目	不合格点/个	序号	检查项目	不合格点/个
1	轴线位置	1	5	平面水平度	15
2	垂直度	8	6	表面平整度	75
3	标高	4	7	预埋设施中心位置	1
4	截面尺寸	45	8	预留空洞中心位置	1

【解】 按照质量特性不合格点数(频数)由大到小的顺序整理数据,见表9-9,并分别计算出累计频数和累计频率。

表 9-9　　　　　　　　　　重新整理后的抽查数据

序号	检查项目	频数	频率/%	累计频率/%
1	表面平整度	75	50.0	50.0
2	截面尺寸	45	30.0	80.0
3	平面水平度	15	10.0	90.0
4	垂直度	8	5.3	95.3
5	标高	4	2.7	98.0
6	其他	3	2.0	100.0
合计	—	150	100	—

　　根据表 9-9 统计数据绘制排列图,如图 9-7 所示。按累计频率,将表面平整度和截面尺寸定义为 A 类问题,即主要问题,进行重点管理;将平面水平度定义为 B 类问题,即次要问题,作为次重点管理;将包括垂直度、标高在内的其他 5 类项目定义为 C 类问题,即一般问题,按照常规适当加强管理即可。

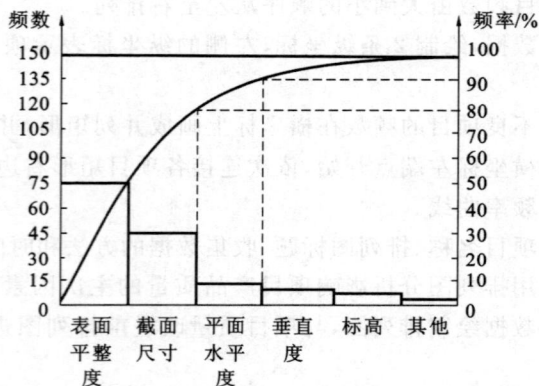

图 9-7　某模板不合格点排列图

9.4　施工质量事故预防与处理

　　建立健全施工质量管理体系,加强施工质量控制,是为了预防施工质量问题和质量事故,在保证工程质量合格的基础上,不断提高工程质量。所以,施工质量控制的所有措施和方法都是预防施工质量事故的措施。具体来说,施工质量事故的预防,应运用风险管理的理论和方法,从寻找和分析可能导致施工质量事故发生的原因入手,抓住影响施工质量的各种因素和施工质量形成过程的各个环节,采取针对性的预防控制措施。

　　思政课堂:通过分析施工质量事故实例,培养严谨、敬业的职业素养,增强法律意识。

9.4.1　质量事故原因及分类

　　1.质量事故原因

　　常见的质量事故原因有以下几类。

(1)未遂事故。

凡通过检查所发现的问题,经自行解决处理,未造成经济损失或延误工期的,均属于未遂事故。未遂事故原因与已遂事故原因基本一致。

(2)已遂事故。

凡造成经济损失及不良后果者,则构成已遂事故。事故原因如下:

①违反建设程序和法律法规。如"三边"(边勘测、边设计、边施工)工程、"七无"(无立项、无报建、无开工许可、无招投标、无资质、无监理、无验收)工程。

②建设工程地质勘察或地基处理不当,设计计算问题等勘察设计失误。例如,勘察报告不准、不细,构造设计不合理等。

③工程施工的非法承包,偷工减料。

④施工及其管理的失误。例如,使用不合格的工程材料、半成品、构配件,忽视安全生产施工,违反相关规范施工,施工人员不具备上岗的技术资质,施工管理混乱等。

⑤自然条件等不可抗力的影响。

2.质量事故分类

建设工程质量事故一般可按下述方法进行分类。

(1)按事故发生的时间分类。

质量事故可分为施工期事故和使用期事故。国外大量的统计资料表明,绝大多数质量事故都发生在施工阶段到交工验收前这段时间。

(2)按事故损失的严重程度分类。

根据《关于做好房屋建筑和市政基础设施工程质量事故报告和调查处理工作的通知》,工程质量事故,是指由于建设、勘察、设计、施工、监理等单位违反工程质量有关法律法规和工程建设标准,使工程产生结构安全、重要使用功能等方面的质量缺陷,造成人身伤亡或者重大经济损失的事故。

根据工程事故造成的人员伤亡或直接经济损失,工程质量事故可分为4个等级——特别重大事故、重大事故、较大事故和一般事故,如图9-8所示。

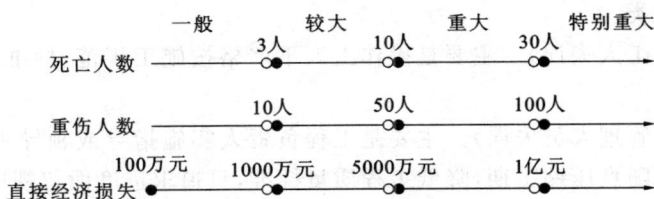

图9-8 质量事故等级

注:○表示不包含本数;●表示包含本数。

【例9-5】 某工程发生质量事故导致12人重伤,按照事故损失的程度分级,该质量事故属于( )。

A.特别重大事故　　　　B.较大事故　　　　C.重大事故　　　　D.一般事故

【解析】 由图9-8可知,较大事故是指造成3人及以上10人以下死亡,或10人及以上50人以下重伤,或1000万元及以上5000万元以下直接经济损失的事故。故题中质量事故等级属于较大事故,正确答案为B。

(3)按事故性质分类。

①倒塌事故。如建筑物整体或局部倒塌。

②开裂事故。如砌体或混凝土结构开裂。

③错位偏差事故。如位置错误,结构构件尺寸、位置偏差过大,预埋件、预留洞等错位偏差超过规定等。

④地基工程事故。如地基失稳或变形,斜坡失稳等。

⑤基础工程事故。如基础错位、变形过大,设备基础振动过大等。

⑥结构或构件承载力不足事故。如混凝土结构中漏放或少放钢筋,钢结构中杆件连接达不到设计要求等。

⑦功能事故。如房屋漏水、渗水,隔热或隔声功能达不到设计要求,装饰建设工程质量达不到标准等。

⑧其他事故。如高处坠落、物体打击、机械伤害、触电、起重伤害、淹溺、爆炸、放炮、中毒和窒息等。

(4)按事故原因分类。

①管理原因。主要包括管理体系、措施、检验制度、检测仪器管理等存在缺陷造成的质量事故。

②技术原因。在项目勘察、设计以及施工中,技术、工艺、设计、方法存在失误等造成的质量事故。

③社会、经济原因。盲目追求利润,恶意竞标,随意变更设计方案,偷工减料(如"三边""七无"工程)等造成的质量事故。

④其他原因。人为事故、自然灾害等不可抗力造成的质量事故。

【例9-6】 下列工程质量事故发生的原因中,属于技术原因的是( )。

A. 检测设备管理不善造成仪器不准

B. 结构设计方案不正确

C. 检验检查制度不严密

D. 监理人员旁站检验不到位

E. 施工操作人员施工工艺错误

【解析】 B、E属于技术原因;A、C、D属于管理原因。因此,正确选项为B、E。

(5)按事故责任分类。

①操作责任事故(工人失误)。主要是操作工人不严格按施工规范、标准进行施工造成的质量事故。

②指导责任事故(管理人员失误)。主要是工程负责人实施指导或领导失误造成的质量事故,如不按规范指导施工,随意压缩工期,降低工程质量标准,只追求进度而忽视质量控制,强令他人违章作业等造成的质量事故。

③自然灾害事故(不可抗力)。发生台风、暴雨、地震、洪水等造成的质量事故。

9.4.2 质量事故处理与预防措施

1. 质量事故处理的依据

处理质量事故,必须分析原因,做出正确的处理决策,这些需要基于充分的一手资料。质量事故处理的主要依据包括:

(1)事故调查报告包括的内容及相关资料。

(2)具有法律效力的且得到有关当事各方认可的建设工程承包合同、设计委托合同、材料或设备购销合同以及监理合同或分包合同等合同文件。

(3)有关的技术文件和档案资料。

(4)相关法律法规。

(5)类似建设工程质量事故处理的资料和经验。

2.质量事故处理的基本要求

施工质量事故处理的基本要求除了包括消除造成事故的原因,正确确定技术处理的范围,加强事故处理的检查验收工作和确保事故处理期间的安全外,还包括事故处理应达到安全可靠、满足使用和生产要求、不留隐患、经济合理和施工方便的目的,以及事故处理的时间和方法恰当等。

3.质量事故处理的程序

质量事故处理的程序,具体如下:

(1)事故调查。

(2)分析事故原因。

(3)制定事故处理技术方案。

(4)进行事故处理。

(5)事故处理的鉴定验收。

(6)提交事故处理报告。

4.施工质量事故的预防措施

(1)严格按照基本建设程序办事。

要做好项目可行性论证,不可未经深入的调查分析和严格论证就盲目拍板定案;要彻底搞清工程地质水文条件方可开工;杜绝无证设计、无图施工;禁止任意修改设计和不按图纸施工;工程竣工不进行试车运转、不经验收不得交付使用。

(2)认真做好工程地质勘察。

地质勘察时要适当布置钻孔位置和设定钻孔深度。钻孔间距过大,不能全面反映地基实际情况;钻孔深度不够,难以查清地下软土层、滑坡、墓穴、孔洞等有害地质构造。地质勘察报告必须详细、准确,防止因根据不符合实际情况的地质资料而采用错误的基础方案,导致地基不均匀沉降、失稳,使上部结构及墙体开裂、破坏、倒塌。

(3)科学加固处理好地基。

对软弱土、冲填土、杂填土、湿陷性黄土、膨胀土、岩层出露、溶洞、土洞等不均匀地基,要进行科学的加固处理。要根据不同地基的工程特性,按照地基处理与上部结构相结合使其共同工作的原则,从地基处理与设计措施、结构措施、防水措施、施工措施等方面综合考虑治理。

(4)进行必要的设计审查复核。

请具有合格专业资质的审图机构对施工图进行审查复核,防止因设计考虑不周、结构构造不合理、设计计算错误、沉降缝及伸缩缝设置不当、悬挑结构未通过抗倾覆验算等而发生质量事故。

(5)严格把控建材质量。

要从采购订货、进场验收、质量复验、存储和使用等环节,严格控制建筑材料及制品的质量,避免使用不合格或变质、损坏的材料和制品。

（6）加强施工人员的培训教育管理。

要通过技术培训使施工人员掌握基本的建筑结构和建筑材料知识，懂得遵守施工验收规范对保证工程质量的重要性，从而在施工中自觉遵守操作规程，不蛮干，不违章操作。

（7）加强施工组织管理。

施工管理人员要认真学习、严格遵守国家相关政策法规和施工技术标准，依法进行施工组织管理。施工人员首先要熟悉图纸，对工程的难点和关键工序、关键部位，应编制专项施工方案并严格执行；施工作业必须按照图纸和施工验收规范、操作规程进行；施工技术措施要正确，施工顺序不可搞错；脚手架和楼面不可超载堆放构件和材料；质量检查和验收要严格按照制度进行。

（8）制定不利施工条件和不可预见风险的应急预案。

要根据当地气象资料进行分析和预测，事先针对可能出现的风、雨雪、高温、严寒、雷电等不利施工条件制定相应的施工技术措施；还要对不可预见的人为事故和严重自然灾害做好应急预案，并有相应的人力、物力储备。

（9）加强施工安全和环境管理。

许多施工安全和环境事故都会连带发生质量事故，加强施工安全与环境管理，这也是预防施工质量事故的重要措施。

综合能力检测

一、选择题

1.工程项目质量终检存在一定的局限性，因此施工质量控制应重视（　　）。

A.竣工预验收　　　　　　B.竣工验收　　　　　　C.过程控制　　　　　　D.事后控制

2.工程项目质量管理的 PDCA 循环是（　　）。

A.计划、检查、实施、处理　　　　　　B.计划、实施、检查、处理

C.实施、计划、检查、处理　　　　　　D.检查、计划、实施、处理

3.关于工程项目质量管理体系的说法，正确的是（　　）。

A.涉及工程项目实施中所有的质量责任主体

B.目的是用于建筑业企业的质量管理

C.控制目标是建筑业企业的质量管理目标

D.体系有效性需进行第三方审核认证

4.下列施工质量控制工作中，属于事中控制工作内容的是（　　）。（2024 年一建考试真题）

A.监督质量活动过程　　　　　　B.编制施工方案

C.评定质量活动结果　　　　　　D.纠正质量偏差

5.建设工程项目质量管理体系通常是一个多层次结构体系，其中由施工总承包单位建设的质量管理体系属于质量管理体系的第（　　）层次。（2024 年一建考试真题）

A.一　　　　　　B.三　　　　　　C.二　　　　　　D.四

6.施工质量事故的调查处理程序包括：①事故调查；②事故原因分析；③事故处理；④事故处理的鉴定验收；⑤制定事故处理的技术方案。正确的程序是（　　）。（2021 年一建考试真题）

A.①②③④⑤　　　　B.②①③④⑤　　　　C.④②⑤①③　　　　D.①②⑤③④

7.工程质量控制的统计分析方法中，可用来系统整理分析某个质量问题与其产生原因的是（　　）。

A.因果分析图法　　　　B.相关图法　　　　C.排列图法　　　　D.直方图法

8.将两种不同方法或两台设备或两组工人进行生产的质量特性统计数据混在一起整理,将形成(　　)直方图。

A.折齿型　　　　　　　B.缓坡型　　　　　　　C.孤岛型　　　　　　　D.双峰型

9.某工程施工过程中,发生混凝土结构坍塌事故,造成 8 人重伤和 5000 万元直接经济损失。该施工质量事故等级是(　　)。(2024 年一建考试真题)

A.一般事故　　　　　　B.较大事故　　　　　　C.重大事故　　　　　　D.特别重大事故

10.(多选题)采用直方图法分析混凝土预制构件质量时,出现孤岛图的原因是(　　)。(2024 年一建考试真题)

A.数据分组不当　　　　B.原材料发生变化　　　　C.短时间内工人操作不熟练

D.组距确定不当　　　　E.施工操作中控制过严

11.(多选题)下列数理统计方法中可以用来寻找质量问题原因的方法有(　　)。(2022 年一建考试真题)

A.分层法　　　　　　　B.直方图法　　　　　　　C.排列图法

D.因果分析图法　　　　E.控制图法

二、思考题

1.简述工程项目质量的概念和影响因素。

2.简述全面质量管理的基本原理和方法。

3.简述工程项目质量统计分析方法的特点及适用范围。

4.常见的施工质量事故有哪些?当施工质量事故发生时,该如何处理?

5.工程项目质量问题产生的最主要原因是什么?

三、案例分析题

1.钢筋加工质量检查中所收集的数据,见表 9-10,试画出排列图,确定改善点,并根据生产实践经验,画出因果分析图及拟定对策。

表 9-10　　　　　　　　　　　钢筋加工质量检查中不合格项目统计表

序号	检查项目	频数	频率/%	累计频率/%
1	平整度超差	2		
2	弯起钢筋高度超差	6		
3	弯起钢筋位置超差	3		
4	对焊接头强度超差	8		
5	加工长度超差	1		

2.已知某项目检测的 200 块混凝土试块强度如表 9-11 所示,试绘制其频数分布直方图,并进行必要的分析评定。

表 9-11　　　　　　　　　　　　　　　混凝土试块强度

组范围	组中值	频数
13.095～13.145	13.12	8
13.145～13.195	13.17	2
13.195～13.245	13.22	1

续表

组范围	组中值	频数
13.245~13.295	13.27	17
13.295~13.345	13.32	27
13.345~13.395	13.37	25
13.395~13.445	13.42	42
13.445~13.495	13.47	27
13.495~13.545	13.52	25
13.545~13.595	13.57	17
13.595~13.645	13.62	0
13.645~13.695	13.67	9

3.某车间零件加工小组分析本组加工报废的原因,并绘制了图 9-9 所示的因果分析图。图中错误较多,请按图中所分析的原因,重新绘制正确的因果分析图。

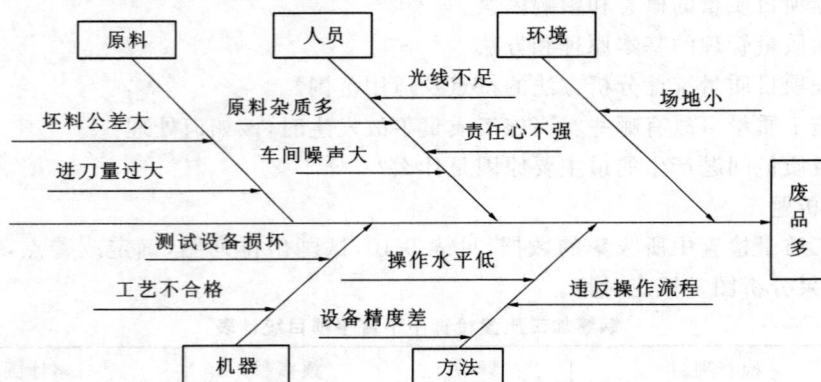

图 9-9　零件废品多因果分析图

本章实训

一、实训目的

1.掌握施工质量事故的处理程序。

2.掌握事故调查报告和处理报告的主要内容。

3.了解质量事故的类型及分类标准。

二、实训案例

某新建音乐学院教学楼,其中主演大厅层高 5.4m,双向跨度 38m,采用现浇混凝土井字梁。在演播大厅屋盖混凝土施工过程中,因西侧模板支撑系统失稳,发生局部坍塌,使东侧刚浇筑的混凝土顺斜面往西侧流淌,致使整个楼层模架全部失稳而相继倒塌。整个事故未造成人员死亡,重伤 9 人,轻伤 14 人,直接经济损失 190 万余元。事故发生后,有关单位立即成立事故调查小组和事故处理小组,对事故的情况展开全面调查。质量事故调查报告中的原因分析认为,演播厅屋盖梁板模板底支撑采用钢木混支是事故发生的主要原因。但工程质量事故处理报告中的原因分析认为,支撑体系水平拉结杆步距过大才是支撑系统失稳的真正原因。

三、实训要求

1.本案例中发生的事故,按造成损失严重程度划分,应为什么类型事故? 并给出此类事故的分类标准。

2.工程质量事故处理的依据主要有哪些方面?

3.工程质量事故调查报告的主要内容有哪些?

4.工程质量事故处理报告的主要内容有哪些?

5.本案例中,事故调查报告与事故处理报告中原因分析不一致是否合理? 为什么?

四、实训步骤

1.教师讲解本次实训的目的、要求、评分标准,并对案例进行介绍与分析。

2.学生自主分组,对案例进行自由讨论,教师从旁辅导。

3.各小组将讨论结果写在实训纸上,并由各组代表陈述结果。

4.组组互评,教师最后评价。

延伸阅读

1.中华人民共和国住房和城乡建设部,中华人民共和国国家质量监督检验检疫总局.建筑工程施工质量验收统一标准:GB 50300—2013[S].北京:中国建筑工业出版社,2014.

2.菲根堡姆.全面质量管理[M].杨文士,译.北京:机械工业出版社,1991.

3.中华人民共和国国家质量监督检验检疫总局,中国国家标准化管理委员会.质量管理体系要求:GB/T 19001—2016/ISO 9000:2015[S].北京:中国标准出版社,2017.

4.中国建设监理协会.建设工程质量控制(土木建筑工程)[M].北京:中国建筑工业出版社,2022.

10 工程项目成本管理

【本章目标】

◆ 知识目标

1. 了解施工成本的概念及施工成本管理的任务和流程。
2. 了解施工成本计划的编制程序,掌握施工成本计划的编制方法和类型。
3. 了解施工成本控制的概念、依据和程序,掌握成本控制的方法。
4. 了解施工成本分析的依据和内容,掌握施工成本分析的方法。

◆ 能力目标

学习任务	能力目标	重要程度
施工项目成本计划	能编制科学合理的施工成本计划	★★★☆☆
施工项目成本控制	能用相关成本控制方法进行科学有效的成本控制	★★★★☆
	能分析成本偏差产生的原因,并制定相应纠偏措施	★★★☆☆
施工项目成本分析与成本考核	能针对实际情况进行成本分析和考核	★★★☆☆
	在保证工期和质量的前提下,具备节约成本的优良素质	★★★☆☆

◆ 素养目标

1. 适应新发展格局,提升职业技能,树立全局观念。
2. 培养成本"管理贯穿整个工程建设过程"的意识。
3. 体会成本控制中精益求精的工匠精神。

思政案例导入

《营造法式》中的成本核算思想

北宋李诚编著的《营造法式》是一部记录中国古代建筑营造规范的书,其中记载了宋代建筑的制度、做法、用工和图样等珍贵资料,对研究我国古代建筑,理解其理念和精神有着深远意义。

在《营造法式》中,李诚既强调了质量管理的重要性,也对生产成本核算进行了详细阐述。因此,可将其称为一部研究工程定额的典籍。李诚提出,成本核算的标准是本功,诸称本功者,以本等所得功十分为准。这就是说,将本来应得或应耗之功确定为十分,以此为标准予以计算。李诚的本功核算是针对建筑营造过程中各个项目所应消耗的原材料数和人工数而言的,据此对实际作业情况和耗费予以核算。如果实际工程有所扩大,项目有所增加,即以本功十分为标准适当地予以加工;反之,减亦如之。

在原材料核算时,若建筑用材有所增减,就要各随所用细计,对原材数相应地予以增减,从而准确控制施工中原材料的使用,以减少工料耗费,降低成本。此外,李诚就原有旧料或建筑部件、新用材料、材植和余材等,本着节约的原则,制定了各种详细的使用规则。总之,要千方百计地减少原材料消耗,以节省成本。

在人功方面,李诚提出了两种核算方法:其一,以时计功,即按照劳动时间长短计算人功;其二,计件算功,即根据劳动者完成作业量多少计算人功。

思政课堂:体会我国古代的成本管理思想,坚定文化自信。

思维导图

工程项目施工成本概念	工程项目成本管理概述	施工项目成本计划编制程序
工程项目施工成本管理任务		施工项目成本计划编制方法
工程项目成本管理流程	施工项目成本计划	施工项目成本计划类型
成本控制方法	施工项目成本控制	偏差原因分析与纠偏措施
施工成本分析依据和内容	施工成本分析与成本考核	施工成本分析方法
		施工成本考核

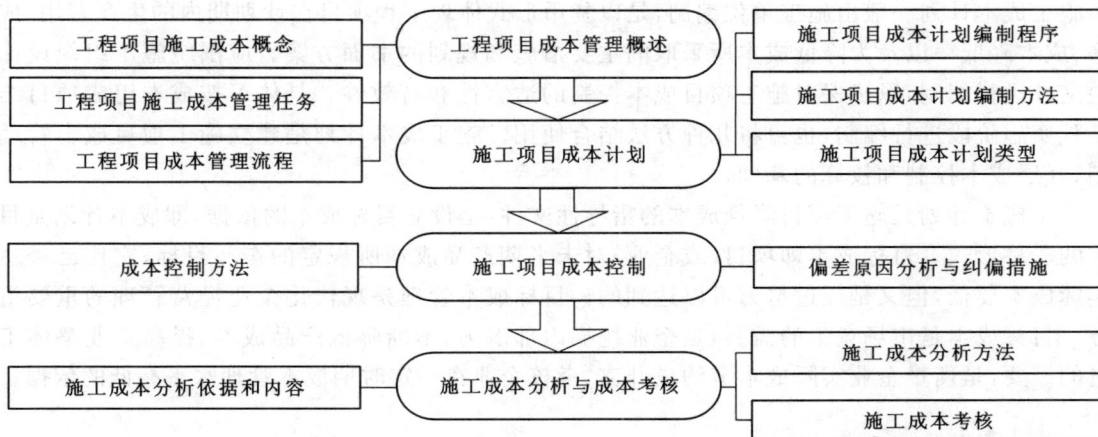

10.1　工程项目成本管理概述

组织应建立项目全面成本管理制度,明确职责分工和业务关系,把管理目标分解到各项技术和管理过程中。组织管理层应负责项目成本管理的决策,确定项目的成本控制重点、难点,确定项目成本目标,并对项目管理机构进行过程和结果的考核。项目管理机构应负责项目成本管理,遵守组织管理层的决策,实现项目管理的成本目标。

10.1.1　工程项目施工成本概念

工程项目施工成本是在工程项目的施工过程中所发生的全部生产费用的总和,包括所消耗的原材料、辅助材料、构配件等费用,周转材料的摊销费或租赁费,施工机械的使用费或租赁费,支付给生产工人的工资、奖金、工资性质的津贴以及开展施工组织与管理工作所发生的全部费用支出等。

工程项目施工成本由直接成本和间接成本组成。

(1)直接成本是施工过程中耗费的构成工程实体或有助于工程实体形成的各项费用支出,是可以直接计入工程对象的费用,包括人工费、材料费和施工机具使用费等。

(2)间接成本是准备施工、组织和管理施工生产所发生的全部费用支出,其并不直接用于工程,也无法直接计入工程对象,但是进行工程施工所必须发生的费用,包括管理人员工资、办公费、差旅交通费等。

10.1.2　工程项目施工成本管理任务

成本管理任务就是在保证工期和质量满足要求的情况下,采取相应管理措施,包括组织措施、经济措施、技术措施、合同措施,把成本控制在计划范围内,并寻求最大限度的成本节约。工程项目施工成本管理从工程投标报价开始,直至项目竣工结算完成,贯穿项目实施的全过程。

成本目标是项目管理的主要目标之一,包括责任成本目标和计划成本目标。前者反映企业上层对施工成本目标要求的上限,后者是希望达到的指标。施工成本管理的任务包括以下5个方面。

1.成本计划

施工成本计划一般由施工单位编制,是以货币形式体现工程项目在计划期内的生产费用、成本水平、成本降低率以及为降低成本所采取的主要措施和规划的书面方案。应围绕施工组织设计或相关文件进行编制,以确保对施工项目成本控制的适宜性和有效性。具体可按成本组成项目结构和工程实施阶段进行编制,也可将几种方法结合使用。施工成本计划是建立施工项目成本管理责任制、开展成本控制和核算的基础。

施工成本计划是施工项目降低成本的指导性文件,是设立目标成本的依据,即成本计划是目标成本的一种形式。目标成本即项目(或企业)对未来期产品成本所规定的奋斗目标,它比已经达到的实际成本要低,但又是经过努力可以达到的。目标成本管理是现代化企业经营管理的重要组成部分。目标成本是市场竞争的需要,是企业挖掘内部潜力、不断降低产品成本、提高企业整体工作质量的需要,是衡量企业实际成本节约或开支、考核企业在一定时期成本管理水平高低的依据。

2.成本控制

成本控制是在施工过程中,对影响成本的各种因素加强管理,并采取各种有效措施,将实际发生的各种消耗和支出严格控制在成本计划范围内;通过动态监控并及时反馈,严格审查各项费用是否符合标准,计算实际成本和计划成本之间的差值并进行分析,进而采取多种措施,减少或消除损失浪费。

工程项目施工成本控制应贯穿项目从投标阶段开始直至保证金返还的全过程,它是企业全面成本管理的重要环节。成本控制可分为事先控制、事中控制(过程控制)和事后控制。

3.成本核算

项目管理机构应根据项目成本管理制度明确项目成本核算的原则、范围、程序、方法、内容、责任及要求,健全项目核算台账。施工成本核算一般以单位工程为对象,但也可以按照承包工程项目的规模、工期、结构类型、施工组织和施工现场等情况,结合成本管理要求,灵活划分成本核算对象。

施工成本核算包括两个基本环节:一是按照规定的成本开支范围对施工成本进行归集和分配,计算出施工成本的实际发生额;二是根据成本核算对象,采用适当的方法,计算出该施工项目的总成本和单位成本。

项目管理机构应按规定的会计周期进行项目成本核算。项目管理机构应编制项目成本报告。竣工工程成本核算时,应将其分为竣工工程现场成本和竣工工程完全成本,分别由项目管理机构和企业财务部门进行核算分析,其目的在于分别考核项目管理绩效和企业经营效益。

4. 成本分析

成本分析是在成本核算的基础上,对成本的形成过程和影响成本升降的因素进行分析,以寻求进一步降低成本的途径,包括有利偏差的挖掘和不利偏差的纠正。成本分析贯穿成本管理的全过程,在成本的形成过程中,主要利用项目的成本核算资料(成本信息),与目标成本、预算成本以及类似项目的实际成本等进行比较,了解成本的变动情况;同时分析主要技术经济指标对成本的影响,系统地研究成本变动的因素,检查成本计划的合理性,并通过成本分析深入研究成本变动的规律,寻找降低项目成本的途径,以便有效地进行成本控制。成本偏差的控制,分析是关键,纠偏是核心,因此要针对分析得出的偏差发生的原因,采取切实措施加以纠正。

5. 成本考核

成本考核是在项目完成后,对项目成本形成中的各责任者,按项目成本目标责任制的有关规定,将成本的实际指标与计划、定额、预算进行对比和考核,评定施工项目成本计划的完成情况和各责任者的业绩,并以此给予相应的奖励和处罚。通过成本考核,做到有奖有惩,赏罚分明,有效地调动每一位员工在各自施工岗位上努力完成目标成本的积极性,从而降低施工项目成本,提高企业的效益。

成本管理的每一个环节都是相互联系和相互作用的。成本计划是成本决策所确定目标的具体化。成本控制则是对成本计划的实施进行控制和监督,保证决策的成本目标的实现,而成本核算又是对成本计划是否实现的最后检验,它所提供的成本信息又将为下一个施工项目成本预测和决策提供基础资料。成本分析为成本控制、资源优化和决策提供依据。成本考核是实现成本目标责任制的保证和实现决策目标的重要手段。

10.1.3　工程项目成本管理流程

成本管理应遵循以下程序:
(1)掌握生产要素的价格信息。
(2)确定项目合同价。
(3)编制成本计划,确定目标成本。
(4)进行成本控制。
(5)进行项目过程成本分析。
(6)进行项目过程成本考核。
(7)编制项目成本报告。
(8)项目成本管理资料归档。

实行企业经营承包责任制以后,企业内部也普遍实行了承包制。企业内部承包制是企业内部经济责任制的一种形式,而企业内部经济责任制又是企业管理的一项重要制度。在企业内部经济责任承包制下,工程项目成本管理流程为成本计划→成本控制→成本分析→成本考核。

成本计划是成本控制和成本分析的基础,成本控制能监督成本计划的实施并保证其实现,成本分析为成本考核提供依据,成本考核是实现成本目标的保证。

思政课堂:通过理解颜之推说的"财有限,费用无穷,当量入为出",体会成本管理的重要性,培养成本管理意识,体会古代文化中的成本管理理念。

10.2 施工项目成本计划

10.2.1 施工项目成本计划编制程序

成本计划编制的依据主要包括合同文件、项目管理实施规则、相关设计文件、价格信息、相关定额以及类似项目的成本资料。施工成本计划编制的依据是施工企业自己的文件和资料,而非业主方的文件和资料。

成本计划编制的程序如下。

(1)预测项目成本。

(2)确定项目总体成本目标。

(3)编制项目总体成本计划。

(4)项目管理机构与组织的职能部门根据其责任成本范围,分别确定自己的成本目标,并编制相应的成本计划。

(5)针对成本计划制定相应的控制措施。

(6)由项目管理机构与组织的职能部门负责人分别审批相应的成本计划。

10.2.2 施工项目成本计划编制方法

施工项目成本计划编制的关键是确定目标成本,施工总成本目标确定后,还需通过编制详细的实施性施工成本计划把目标成本层层分解,落实到施工过程的每个环节,有效地进行成本控制。施工成本计划的编制方法包括按施工成本组成、项目结构和工程实施阶段编制,也可将几种方法结合使用。

> 思政课堂:通过成本计划编制,养成科学严谨的态度。

1.按施工成本组成编制

按施工成本组成编制,施工成本可分解为人工费、材料费、施工机具使用费、措施项目费和企业管理费等,如图 10-1 所示。在此基础上,编制按成本组成分解的成本计划。

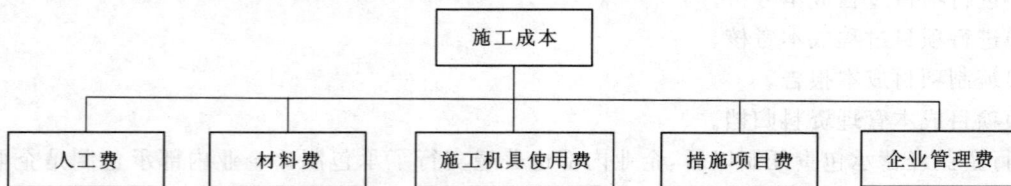

图 10-1 按施工成本组成分解

2.按项目结构编制

大、中型工程项目通常是由若干单项工程构成的,而每个单项工程包括多个单位工程,每个单位工程又是由若干个分部分项工程所构成。因此,首先要把项目总成本分解到单项工程和单位工程中,再进一步分解到分部工程和分项工程中,如图 10-2 所示。

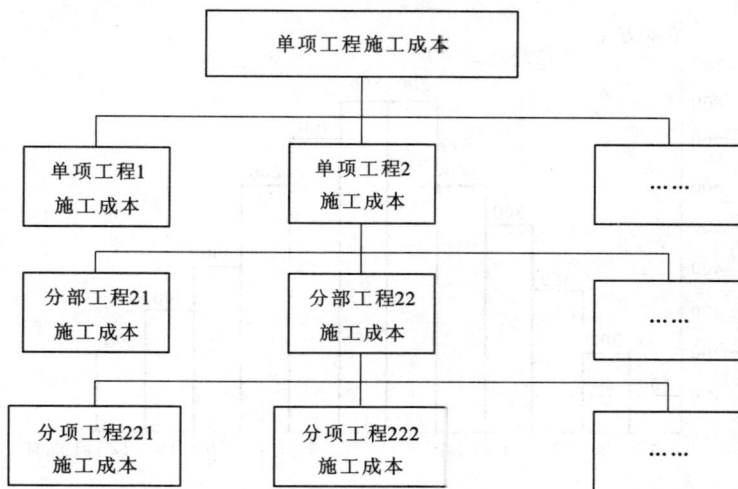

图 10-2   按项目结构分解

在完成项目成本目标分解之后,接下来就要具体地分配成本,编制分项工程的成本计划,从而形成详细的成本计划表,见表 10-1。

表 10-1   **分项工程成本计划表**

分项工程编码	工作内容	计量单位	工程数量	计划成本	本分项总计
(1)	(2)	(3)	(4)	(5)	(6)

在编制成本计划时,要在项目总体层面考虑总预备费,也要在主要的分项工程中安排适当的不可预见费,避免在具体编制成本计划时,发现个别单位工程或工程量表中某项内容的工程量计算有较大出入,偏离原来的成本预算。因此,应在项目实施过程中尽可能地采取一些措施避免这种情况。

3.按工程实施阶段编制

按工程实施阶段编制成本计划,可以按基础、主体、安装、装修等或按月、季、年等进行编制。按实施进度编制成本计划,通常可在控制项目进度网络图的基础上进一步扩充得到,即在建立网络图时,一方面确定完成各项工作所需花费的时间,另一方面确定完成这一工作合适的成本计划。

通过对成本目标按时间进行分解,在网络计划基础上,可获得项目进度计划的横道图,并在此基础上编制成本计划。其表示方式有 2 种:

(1)在时标网络图上按月编制的成本计划直方图,如图 10-3 所示。

(2)时间-成本累积曲线(S 形曲线),如图 10-4 所示。

其中,时间-成本累积曲线的绘制步骤如下。

(1)确定工程项目进度计划,编制进度计划的横道图。

(2)根据每单位时间内完成的实物工程量或投入的人力、物力和财力,计算单位时间(月或旬)的成本,在时标网络图上按时间编制成本计划,如图 10-4 所示。

(3)计算规定时间 t 计划累计支出的成本额。其计算方法为将各单位时间计划完成的成本额累加求和,可按式(10-1)计算:

$$Q_t = \sum_{n=1}^{t} q_n \tag{10-1}$$

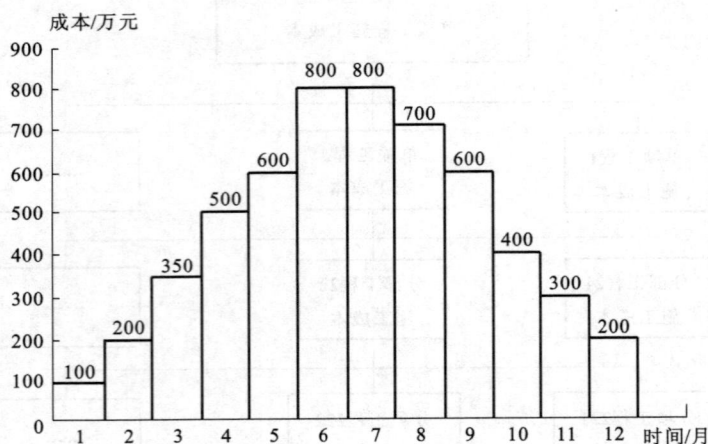

图 10-3　按月编制的成本计划直方图

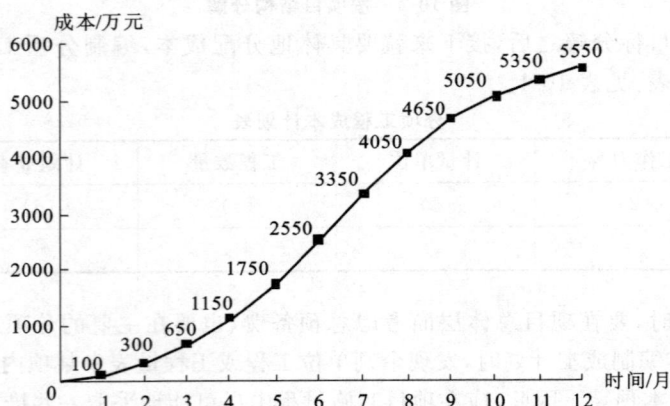

图 10-4　时间-成本累积曲线（S形曲线）

式中，Q_t 为某时间 t 内计划累计支出成本额；q_n 为单位时间 n 的计划支出成本额；t 为某规定计划时刻。

（4）按各规定时间的 Q_t 值，绘制 S 形曲线，如图 10-4 所示。

每一条 S 形曲线都对应某一特定的工程进度计划。因为在进度计划的非关键路线中存在许多有时差的工序或工作，所以 S 形曲线必然包络在由全部工作都按最早开始时间开始和都按最迟开始时间开始的曲线所组成的"香蕉图"内。项目经理可根据编制的成本计划来合理安排资金，同时也可以根据筹措的资金来调整 S 形曲线，即通过调整非关键路线上的工序项目的最早或最迟开工时间，力争将实际的成本控制在计划的范围内。

一般而言，所有工作都按最迟开始时间开始，对节约资金贷款利息是有利的，但同时也降低了项目按期竣工的保证率，因此项目经理必须合理地制定成本计划，达到既节约成本又能控制项目工期的目的。

10.2.3　施工项目成本计划类型

对于一个施工项目而言，其成本计划是一个不断深化的过程。在这一过程的不同阶段形成作用不同的成本计划，具体可分为竞争性成本计划、指导性成本计划和实施性成本计划 3 类，见表 10-2。

表 10-2 成本计划类型

类型	竞争性成本计划	指导性成本计划	实施性成本计划
依据	招标文件中的合同条件、工程量清单等	合同价	项目实施方案、施工定额
编制时间	工程项目投标及签订合同阶段	选派项目经理阶段	项目施工准备阶段
所属类别	估算成本计划（较粗略）	预算成本计划	预算成本计划

这 3 类成本计划相互衔接、不断深化，构成了整个工程项目成本的计划过程。其中，竞争性成本计划带有成本战略的性质，是施工项目投标阶段商务标书的基础，而有竞争力的商务标书又是以其先进合理的技术标书为支撑的，因此，它奠定了成本的基本框架和水平；指导性成本计划和实施性成本计划都是竞争性成本计划的进一步开展和深化，是对竞争性成本计划的战术安排。

10.3 施工项目成本控制

10.3.1 成本控制概述

1. 成本控制相关概念

施工项目成本控制是根据项目管理目标责任书的要求，结合项目的成本计划，对施工过程中发生的各种费用支出进行监督、控制，以保证项目目标成本的实现。它通常结合项目目标成本的分解，以成本形成过程，项目组织机构，分部、分项工程等为对象，并应达到降低成本、提高经济效益的目的。

成本控制从工程投标报价开始，直至项目竣工结算完成（甚至到保证金退还）为止，贯穿项目实施的全过程。在施工中，通过对人工费、材料费和施工机具使用费及工程分包费用进行控制达到成本控制目的。

施工成本控制就是在保证工期和质量满足要求的前提下，在施工过程中对影响成本的因素加强管理，采取相应的管理措施，包括组织措施、经济措施、技术措施、合同措施，保证消耗和支出不超过成本计划，把成本控制在计划范围内，并进一步寻求最大限度的成本节约。

施工成本控制可分为事先控制、事中控制（过程控制）和事后控制。在项目的施工过程中，需按动态控制原理对实际施工成本的发生过程进行有效控制。

2. 成本控制依据

根据《建设工程项目管理规范》，项目管理机构成本控制的依据包括合同文件、成本计划、进度报告、工程变更与索赔资料和各种资源的市场信息。

3. 成本控制程序

确定施工成本计划之后，必须定期进行施工成本计划值与实际值的比较，当实际值偏离计划值时，须分析产生偏差的原因，采取适当的纠偏措施，以确保施工成本控制目标的实现。根据《建设工程项目管理规范》，项目成本控制应遵循下列程序：

（1）确定项目成本管理分层次目标。

（2）采集成本数据，监测成本形成过程。

（3）找出偏差，分析原因。

（4）制定对策，纠正偏差。

（5）调整改进成本管理方法。

> **思政课堂**：试将成本控制与生活费规划结合，培养勤俭节约的意识，树立正确的金钱观。

10.3.2 成本控制方法

成本控制方法是企业或项目进行成本控制的手段，是能否顺利进行成本控制的关键。随着市场经济的发展和科学技术的进步，成本控制的方法也在不断改进和发展，并逐步完善和提高。目前，工程成本控制的基本方法很多，成本控制中的"找出偏差，分析原因"和"制定对策，纠正偏差"的过程，宜运用价值工程和赢得值法。

1. 价值工程

用价值工程控制成本的核心目的在于合理处理成本与功能之间的关系，应保证在确保功能的前提下降低成本，具体内容见本书第 7 章。

2. 赢得值法

赢得值法（earned value management，EVM）作为一种先进的项目管理技术，始于 20 世纪 70 年代美国的国防工程。赢得值法是一种能全面衡量工程进度、成本状况的整体方法，其基本要素是用货币量代替工程量来测量工程的进度，它不以投入资金的多少来反映工程的进展，而是以资金已经转化为工程成果的量来衡量，可定量判断进度、费用的执行效果，克服进度、费用分开控制的缺点，是实现成本、进度一体化管理的有效方法。

赢得值法进行费用、进度综合分析控制时，需要使用以下 3 项基本参数。

（1）已完工作实际费用（ACWP）。

已完工作实际费用（actual cost for work performed，ACWP），是到某一时刻为止，已完成的工作或部分工作所实际花费的总金额。

$$ACWP = 已完成工作量 \times 实际单价 \qquad (10\text{-}2)$$

（2）已完工作预算费用（BCWP）。

已完工作预算费用（budget cost for work performed，BCWP），是到某一时刻为止已完成的工作或部分工作，以批准认可的预算为标准所需的资金总额，由于业主正是根据这个值为承包人完成的工作量支付相应的费用，也就是承包人获得（挣得）的金额，故称为赢得值或挣值。

$$BCWP = 已完成工作量（即实际工作量）\times 预算单价 \qquad (10\text{-}3)$$

（3）计划工作预算费用（BCWS）。

计划工作预算费用（budget cost for work scheduled，BCWS），即根据进度计划，在某一时刻应当完成的工作或部分工作，以预算为标准所需的资金总额，一般除非合同变更，BCWS 在工程实际过程中应保持不变。

$$BCWS = 计划工作量 \times 预算单价 \qquad (10\text{-}4)$$

在三个参数的基础上，可以确定赢得值法的四个评价指标，其计算公式和指标含义见表 10-3。

费用偏差和进度偏差属于绝对偏差,只能用于同一项目的偏差分析;费用绩效指数和进度绩效指数属于相对偏差,可用于同一项目和不同项目的偏差分析。

表 10-3　　　　　　　　　　　　　　　**赢得值法的四个评价指标**

指标	公式	代表的内容
费用偏差（CV）	$CV=BCWP-ACWP$	$CV<0$:表示执行效果不佳,即实际费用超过预算费用
		$CV>0$:表示实际费用低于预算费用,即有节余或效率高
		$CV=0$:表示项目按计划执行
进度偏差（SV）	$SV=BCWP-BCWS$	$SV<0$:表示进度延误,即实际进度比计划进度延后
		$SV>0$:表示进度提前,即实际进度比计划进度提前
		$SV=0$:表示进度按计划执行
费用绩效指数（CPI）	$CPI=\dfrac{BCWP}{ACWP}$	$CPI<1$:表示超支,即实际费用高于预算费用
		$CPI>1$:表示节支,即实际费用低于预算费用
		$CPI=1$:实际费用与预算费用吻合,表示项目费用按计划进行
进度绩效指数（SPI）	$SPI=\dfrac{BCWP}{BCWS}$	$SPI<1$:表示进度延误,即实际进度比计划进度延后
		$SPI>1$:表示进度提前,即实际进度比计划进度提前
		$SPI=1$:表示进度按计划执行

在项目的费用、进度综合控制中,采用赢得值法可克服过去进度、费用分开控制的缺点。即当费用超支时,很难立即知道是费用超预算还是进度提前导致的。而当发现费用比预算低时,也很难立即知道是费用节省还是进度拖延导致的。采用赢得值法就能定量地判断进度和费用的执行效果。

【例 10-1】　某土方工程总挖方量为 4000m³。预算单价为 45 元/m³。该挖方工程预算总费用为 180000 元,计划用 10 天完成,每天 400m³。开工后第 7 天早晨刚上班时,业主项目管理人员前去测量,取得了两个数据:已完成挖方 2000m³,支付给承包单位的工程进度款累计已达 120000 元。试求赢得值法的三个参数和四个评价指标。

【解】　(1)三个基本参数如下。

$$BCWP=45\times2000=90000（元）$$
$$BCWS=180000/10\times6=108000（元）$$
$$ACWP=120000（元）$$

(2)四个评价指标如下。

费用偏差:

$$CV=BCWP-ACWP=90000-120000=-30000（元）$$

说明承包单位已经超支。

进度偏差:

$$SV=BCWP-BCWS=90000-108000=-18000（元）$$

说明承包单位进度已经延误。项目进度落后,相较于预算还有相当于 18000 元的工作量没做。$18000/(400\times45)=1$,因此承包单位的进度已经落后计划进度 1 天。

费用绩效指数：

$$CPI = \frac{BCWP}{ACWP} = \frac{90000}{120000} = 0.75 < 1$$

说明超支。

进度绩效指数：

$$SPI = \frac{BCWP}{BCWS} = \frac{90000}{108000} = 0.83 < 1$$

说明进度延误。

10.3.3 偏差原因分析与纠偏措施

1. 偏差原因

在实际执行过程中，最理想的状态是已完工作实际费用（ACWP）、计划工作预算费用（BC-WS）、已完工作预算费用（BCWP）三条曲线靠得很近、平稳上升，表示项目按预定计划目标进行。如果三条曲线离散度不断增加，则可能出现较大的投资偏差。

偏差分析的一个重要目的就是要找出引起偏差的原因，从而采取有针对性的措施，减少或避免类似问题再次发生。在进行偏差原因分析时，首先应将已经导致和可能导致偏差的原因逐一列举出来。不同工程项目产生费用偏差的原因具有一定共性，因而可通过对已建项目的费用偏差原因进行归纳总结，为该项目采取预防措施提供依据。一般来说，产生费用偏差的原因有以下几种，如表 10-4 所示。

表 10-4　　　　　　　　　　　　　　　　　成本偏差原因

类型	施工原因	设计原因	业主原因	物价上涨	客观原因
具体原因	施工方案不当、施工质量问题、材料代用、赶工期、工期拖延及其他	设计错误、设计漏项、设计标准变化、设计保守、图纸不及时及其他	增加内容、投资规划不当、工程手续不全、未及时提供场地、组织协调不到位及其他	人工费涨价、材料费涨价、设备费涨价、利率汇率变化及其他	社会因素、自然因素、法规变化及其他

2. 纠偏措施

如果需要压缩已经超支的费用，很难不影响其他目标。只有当给出的措施比原计划的措施更为有利，如使工程范围减小或生产效率提高等，才能实现降低成本的目标。例如：

(1)寻找新的、更好更省的、效率更高的设计方案；

(2)购买部分产品，而不是完全采用由自己生产的产品；

(3)重新选择供应商，但会产生供应风险，选择需要时间；

(4)改变实施过程；

(5)变更工程范围；

(6)索赔，例如向业主、承（分）包商、供应商索赔以弥补费用超支。

赢得值法参数分析与对应措施，见表 10-5。

表 10-5

赢得值法参数分析与对应措施

序号	图形	三参数的关系	分析	措施
1		$ACWP>BCWS>BCWP$ $SV<0$；$CV<0$	效率低， 进度较慢， 投入超前	用工作效率高的人员更换一批工作效率低的人员
2		$BCWP>BCWS>ACWP$ $SV>0$；$CV>0$	效率高， 进度较快， 投入延后	若偏差不大，维持现状
3		$BCWP>ACWP>BCWS$ $SV>0$；$CV>0$	效率较高， 进度快， 投入延后	抽出部分人员，放慢进度
4		$ACWP>BCWP>BCWS$ $SV>0$；$CV<0$	效率较高， 进度较快， 投入超前	抽出部分人员，增加少量骨干人员
5		$BCWS>ACWP>BCWP$ $SV<0$；$CV<0$	效率较低， 进度慢， 投入超前	增加高效人员投入
6		$BCWS>BCWP>ACWP$ $SV<0$；$CV>0$	效率较高， 进度较慢， 投入延后	迅速增加人员投入

10.4 施工成本分析与成本考核

10.4.1 施工成本分析依据和内容

1. 施工成本分析依据

施工成本分析依据包括项目成本计划、项目成本核算资料与项目会计核算、统计核算和业务核算资料。

（1）会计核算。

会计核算是以原始会计凭证为基础，借助一定的会计科目，运用货币形式，连续、系统、全面地反映和监督工程项目成本的形成过程及结果。会计核算的主要目的是价值核算。成本核算中的很多综合性数据资料都是由会计核算提供的，而且会计核算有着严格的凭证与审批程序。因此，会计核算在成本核算中有着很重要的地位。

（2）统计核算。

统计核算是根据大量的调查资料，通过统计、分析和整理，反映和监督工程项目成本的方法。统计核算中的数据资料可以用货币计量，也可以用实物量、劳动量等计量（其计量尺度比会计核算宽）。它不仅可以反映当前工程项目成本的实际水平、比例关系，而且可以对未来的发展趋势做出预测。因此，统计核算在成本核算中具有重要意义。

（3）业务核算。

业务核算是通过简单、迅速地提供某项业务活动所需的各种资料，以反映该项业务活动水平的一种方法。例如，某个作业班组的工日、材料、能源的消耗情况等。相比于会计核算和统计核算（一般核算已经发生的经济活动），业务核算的范围更广，不仅可以反映已经发生的情况，而且可以对尚未发生或正在发生的事项进行核算，预计其未来的水平。

2. 成本分析内容

成本分析是利用成本核算资料，对成本的形成过程及影响成本升降的因素进行系统的分析，以寻找降低成本的有效途径。施工成本分析是在成本形成过程中，将施工项目的成本核算资料与本施工项目的目标成本、本施工项目的预算成本和类似施工项目的实际成本进行比较，以了解成本变动情况。

根据《建设工程项目管理规范》，成本分析包括以下内容。

（1）时间节点成本分析。

（2）工作任务分解单元成本分析。

（3）组织单元成本分析。

（4）单项指标成本分析。

（5）综合项目成本分析。

3. 成本分析步骤

根据《建设工程项目管理规范》，成本分析应遵循以下步骤。

（1）选择成本分析方法。

（2）收集成本信息。

（3）进行成本数据处理。

（4）分析成本形成原因。

（5）确定成本结果。

【例 10-2】 施工成本分析的主要工作有：①收集成本信息；②选择成本分析方法；③分析成本形成原因；④进行成本数据处理；⑤确定成本结果。正确的步骤是（　　）。

A. ①→②→③→④→⑤　　　　　　　　B. ②→③→①→⑤→④

C. ①→③→②→④→⑤　　　　　　　　D. ②→①→④→③→⑤

【解析】 根据成本分析步骤，正确答案为 D。

10.4.2　施工成本分析方法

由于项目成本涉及范围很广,分析内容较多,《建设工程项目管理规范》将成本分析方法分为基本方法、综合成本分析方法、成本项目的分析方法和专项成本的分析方法等。其中,基本方法包括对比法、连环替代法、差额计算法和比率法。

1.对比法

对比法又称比较法,就是对各技术经济指标进行对比,检查工程的成本,对成本偏差进行分析,找出产生差异的原因,找到更合理的完成目标的方法。一般采用实际指标与目标指标对比,本期实际指标和上期实际指标对比,本项目管理水平与本行业平均水平、先进水平对比的方法。这3种对比值可同时体现于一个表中,如表10-6所示。

表 10-6　　　　实际指标与上期指标、先进水平对比结果(单位:万元)

指标	本年计划值	上年实际值	企业先进水平	本年实际值	差异数		
					与计划比	与上年比	与先进比
水泥节约额	18	15	23	21.5	3.5	6.5	−1.5

对比法通俗易懂、简单易行、便于掌握,因此应用广泛。采用对比法时,必须注意各技术指标的可比性。

2.连环替代法

连环替代法又称因素分析法或连环置换法,主要用来分析施工中的各种因素对成本的影响。应用连环替代法进行分析时,每次均考虑单一因素变动,然后逐个替换、比较结果,以确定各因素变化对成本的影响程度。连环替代法的计算步骤如下。

(1)确定分析对象,计算实际与计划值的差异。

(2)确定该指标是由哪几个因素组成的,并按其相互关系进行排序(排序规则是先实物量,后价值量;先绝对值,后相对值)。

(3)以计划值为基础,将各因素的计划值相乘,作为分析替代的基数。

(4)将各个因素的实际值按已确定的排列顺序进行替换计算,并将替换后的实际值保留下来。

(5)将每次替换计算所得的结果与前一次的计算结果相比较,两者的差异即该因素对成本的影响程度。

(6)各个因素的影响程度之和,应与分析对象的总差值相等。

【例10-3】　商品混凝土目标成本为443040元,实际成本为473697元,比目标成本增加30657元。商品混凝土目标成本与实际成本对比分析表见表10-7。试用连环替代法分析实际成本增加的原因。

表 10-7　　　　混凝土目标成本与实际成本对比分析表

项目	目标	实际	差额
产品产量/m³	600	630	+30
单价/元	710	730	+20
损耗率/%	4	3	−1
成本/元	443040	473697	+30657

【解】 (1)商品混凝土的实际成本与目标成本的差额为 30657 元,该指标是由产量、单价、损耗率三个因素组成的。

(2)以目标数 443040 元(=600×710×1.04)为分析替代的基础。

第一次替代产量因素,以 630 替代 600:

$$630×710×1.04=465192(元)$$

第二次替代单价因素,以 730 替代 710,并保留上次替代后的值:

$$630×730×1.04=478296(元)$$

第三次替代损耗率因素,以 1.03 替代 1.04,并保留上两次替代后的值:

$$630×730×1.03=473697(元)$$

(3)计算差额:

$$第一次替代与目标数的差额=465192-443040=22152(元)$$
$$第二次替代与第一次替代的差额=478296-465192=13104(元)$$
$$第三次替代与第二次替代的差额=473697-478296=-4599(元)$$

(4)产量增加使成本增加 22152 元,单价提高使成本增加 13104 元,而损耗率下降使成本减少 4599 元。

(5)各因素的影响程度之和=22152+13104-4599=30657(元),与实际成本与目标成本的总差额相等。

为了使用方便,也可运用连环替代法求出各因素变动对实际成本的影响程度。商品混凝土成本变动连环替代法分析见表 10-8。

表 10-8 **混凝土成本变动连环替代法分析过程**

项目	连环替代计算	差额/元	原因分析
目标值	600×710×1.04	—	—
第一次替代	630×710×1.04	+22152	由于产量增加 30m³,成本增加 22152 元
第二次替代	630×730×1.04	+13104	由于单价提高 20,成本增加 13104 元
第三次替代	630×730×1.03	-4599	由于损耗率下降 1%,成本减少 4599 元
合计	22152+13104-4599=30657	+30657	—

3.差额计算法

差额计算法也称绝对分析法,是连环替代法的简化形式,是利用各个因素的比较值与基准值之间的差额,来计算各因素对分析指标的影响。

【例 10-4】 某施工项目某月的实际成本比计划增加 2.40 万元,施工成本对比分析表见表 10-9。应用差额计算法分析预算成本和成本降低率对成本降低额的影响程度。

表 10-9 **施工成本对比分析表**

项目	计划	实际	差额
预算成本/万元	300	320	+20
成本降低率/%	4	4.5	+0.5
成本降低额/万元	12	14.40	+2.40

【解】 (1)预算成本增加对成本降低额的影响程度:

$$(320-300)\times4\%=0.80(万元)$$

(2)成本降低率提高对成本降低额的影响程度:

$$(4.5\%-4\%)\times320=1.60(万元)$$

以上两项合计为

$$0.80+1.60=2.40(万元)$$

4. 比率法

比率法是用两个以上的指标的比例进行分析的方法,其特点是先把对比分析的数值变为相对数,再观察其相互之间的关系。比率法通常包括相关比率法、构成比率法、动态比率法。

(1)相关比率法。

相关比率法可以通过对两个性质不同但相关的指标进行对比,考察项目经营成果的好坏。例如,产值和工资是两个不同的概念,但它们是投入与产出的关系。在一般情况下,希望以最少的工资支出实现最大的产值。因此,用产值工资率指标来考核人工费的支出水平,可以很好地分析人工成本。

(2)构成比率法。

构成比率法,又称比重分析法或结构对比分析法,可通过计算材料成本基期占总成本的比重来判断材料成本的合理性。成本构成比例分析表见表 10-10。

表 10-10　　　　　　　　　　　　　　　　　　**成本构成比例分析表**

成本项目	预算成本		实际成本		降低成本		
	金额/万元	比重/%	金额/万元	比重/%	金额/万元	占本项/%	占总量/%
直接成本	1263.79	93.2	1200.31	92.38	63.48	5.02	4.68
(1)人工费	113.36	8.36	119.28	9.18	−5.92	−5.22	−0.44
(2)材料费	1006.56	74.23	939.67	72.32	66.89	6.65	4.93
(3)施工机具使用费	87.6	6.46	89.65	6.9	−2.05	−2.34	−0.15
(4)措施费	56.27	4.15	51.71	3.98	4.56	8.1	0.34
间接成本	92.21	6.8	99.01	7.62	−6.8	−7.37	0.5
总成本	1356	100	1299.32	100	56.68	4.18	4.18
比例/%	100	—	95.82	—	4.18	—	—

(3)动态比率法。

动态比率法就是将同类指标不同时期的数值进行对比,求出比率,用于分析某项成本指标发展方向和发展速度。动态比率的计算可采用环比指数法和基期指数法进行计算,如表 10-11 所示。

表 10-11　　　　　　　　　　　　　　　　　　**指标动态比较表**

指标	第一季度	第二季度	第三季度	第四季度
降低成本/万元	45.60	47.80	52.50	64.30
基期指数/%(第一季度为100)	—	104.82	115.13	141.01
环比指数/%(上一季度为100)	—	104.82	109.83	122.48

10.4.3　施工成本考核

成本考核是衡量成本降低的实际成果,也是对成本指标完成情况的总结和评价。组织应根据项目成本管理制度,确定项目成本考核目的、时间、范围、对象、方式、依据、指标、组织领导、评价与奖惩原则。

1. 成本考核依据

成本考核依据包括成本计划、成本控制、成本核算和成本分析的资料。成本考核的主要依据是成本计划确定的各类指标。施工成本计划一般包括以下 3 类指标:

(1)成本计划的数量指标,如:

①按子项汇总的工程项目计划总成本指标。

②按分部汇总的各单位工程(或子项目)计划成本指标。

③按人工、材料、机具等各主要生产要素划分的计划成本指标。

(2)成本计划的质量指标,如项目总成本降低率:

$$设计预算成本计划降低率 = \frac{设计预算总成本计划降低额}{设计预算总成本} \quad (10\text{-}5)$$

$$责任目标成本计划降低率 = \frac{责任目标总成本计划降低额}{责任目标总成本} \quad (10\text{-}6)$$

(3)成本计划的效益指标,如项目成本降低额:

$$设计预算总成本计划降低额 = 设计预算总成本 - 计划总成本 \quad (10\text{-}7)$$

$$责任目标总成本计划降低额 = 责任目标总成本 - 计划总成本 \quad (10\text{-}8)$$

2. 成本考核方法

公司应以项目成本降低额、项目成本降低率作为对项目管理机构成本考核的主要指标。须加强公司层对项目管理机构的指导,并充分依靠管理人员、技术人员和作业人员的经验和智慧,防止项目管理在企业内部异化为靠少数人承担风险的"以包代管"模式。成本考核也可分别考核公司层和项目管理机构。

公司应对项目管理机构的成本和效益进行全面评价、考核与奖惩。公司层对项目管理机构进行考核与奖惩时,既要防止虚盈实亏,也要避免实际成本归集差错等的影响,使成本考核真正做到公平、公正、公开,在此基础上落实成本管理责任制的奖惩措施。项目管理机构应根据成本考核结果对相关人员进行奖惩。

综合能力检测

一、选择题

1.编制施工项目成本计划,关键是确定项目的(　　　)。

A.预算成本　　　　B.成本构成　　　　C.目标成本　　　　D.实际成本

2.施工企业在工程投标阶段编制的估算成本计划是一种(　　　)成本计划。

A.指导性　　　　B.实施性　　　　C.作业性　　　　D.竞争性

3.实施性成本计划的编制阶段是(　　　)。

A.施工投标阶段　　B.签订合同阶段　　C.选派项目经理阶段　　D.施工准备阶段

4.工程项目成本管理的各个环节中,检验成本计划是否实现的环节是(   )。(2023年一建考试真题)

A.成本分析   B.成本核算   C.成本控制   D.成本考核

5.选派项目经理阶段的预算成本计划,属于(   )。(2022年一建考试真题)

A.竞争性成本计划   B.指导性成本计划   C.改进性成本计划   D.实施性成本计划

6.在施工项目成本因素分析中,应遵循的影响因素排序规则是(   )。(2023年一建考试真题)

A.先价值量,后实物量;先绝对值,后相对值

B.先实物量,后价值量;先相对值,后绝对值

C.先价值量,后实物量;先相对值,后绝对值

D.先实物量,后价值量;先绝对值,后相对值

7.某项目地面铺贴的清单工程量为1000m²,预算费用单价60元/m²,计划每天施工100m²。第6天检查时发现实际完成800m²,实际费用为5万元。根据上述情况预计项目完工时的费用偏差CV为(   )元。

A.2500   B.2000   C.−2500   D.−2000

8.某工程开工后至第4月末,累计已完工程实际费用300万元,已完工程预算费用350万元,拟完工程预算费用330万元。则该工程第4月末实际进展和费用支出状况,正确的是(   )。(2024年一建考试真题)

A.费用绩效指数为0.86,实际费用超支   B.进度偏差为20万元,实际进度拖后

C.费用偏差为−50万元,实际费用节约   D.进度绩效指数为1.06,实际进度超前

9.(多选题)工程项目施工成本分析的基本方法包括(   )。(2022年一建考试真题)

A.比较法   B.因素分析法   C.比率法

D.专项成本分析法   E.分部分项工程成本分析法

二、思考题

1.简述工程项目成本管理的流程。

2.简述施工项目成本计划的编制程序和内容。

3.什么是赢得值法?包括哪些指标?

4.施工成本分析的主要内容是什么?

5.简述连环替代法的计算步骤及成本影响因素的替代原则。

三、案例分析题

1.某工程施工合同约定,计划1月份开挖土方量80000m³,2月份开挖200000m³,合同单价均为76元/m³。至第2个月月底,经确认的工程实际进展情况为1月份实际开挖量为90000m³,2月份实际开挖量为180000m³,实际单价均为80元/m³。试求:

(1)截至2月月底的计划工作预算费用、已完工作预算费用、已完工作实际费用。

(2)截至2月月底的费用偏差和进度偏差,并分别对此时的费用、进度情况进行分析判断。

(3)截至2月月底的费用绩效指数和进度绩效指数,并分别对此时的费用、进度情况进行分析判断。

(4)结合该工程截至2月月底的参数分析,给出相应有效的纠偏措施。

2.A公司承接一座钢筋混凝土框架结构的办公楼,内外墙及框架间墙采用GZL保温砌块。目标成本为305210.5元,实际成本为330290.2元,用连环替代法分析砌筑量、单价、损耗率等因素的

变动对实际成本的影响程度,有关数据如表 10-12 所示,用连环替代法分析成本增加的原因。

表 10-12　　　　　　　　　　砌筑工程目标成本与实际成本对比表

项目	目标	实际	差额
砌筑量/千块	970	985	+15
单价/(元/千块)	310	332	+22
损耗率/%	1.5	1	-0.5
成本/元	305210.5	330290.2	+25079.7

本章实训

一、实训目的

1.掌握成本控制的基本概念与程序。

2.熟练掌握成本控制的常用方法,能分析实际工程项目的成本偏差,并制定相应的纠偏措施。

二、实训案例

某酒店工程项目,主体已经完工,在装饰装修分部工程施工任务中,室内装修分部工程有内墙环保壁纸、内墙环保涂料、内墙釉面砖三个分项工程,在 8 月份工程施工中,技术经济参数如表 10-13 所示。

表 10-13　　　　　　　　　　分项工程技术经济参数

序号	项目名称	环保壁纸	环保涂料	釉面砖
1	预算单位成本/元	60	100	40
2	拟完成的工程量/m²	150	30	80
3	拟完成工程计划实施成本/元			
4	已完工程量/m²	120	30	90
5	已完成工程计划施工成本/元			
6	实际单位成本/元	55	110	45
7	已完成工程实际成本/元			
8	费用偏差 CV/元			
9	费用绩效指数 CPI			
10	进度偏差 SV/元			
11	进度绩效指数 SPI			

问题:

(1)项目经理如何进行项目成本的过程控制?

(2)施工现场如何进行成本控制?

(3)施工项目成本控制的内容有哪些?

(4)判定内墙环保壁纸施工、内墙环保涂料施工、内墙釉面砖施工的成本偏差和进度偏差。

三、实训要求

1.根据上述案例内容,分析实际项目应如何编制成本计划和进行成本控制。

2.结合案例,分析项目成本计划出现偏差的原因和应采取什么纠偏措施。

四、实训步骤

1.指导教师介绍实训目的,布置实训内容,安排实训任务。将学生分为若干小组,每组选出组长和发言代表。

2.以小组为单位,组员先分析案例,查阅资料,结合本章所学内容,形成案例解析思路。

3.指导教师从旁辅助,学生在实训纸上按要求回答问题。

4.每小组代表陈述对案例的认识和案例分析结果。

5.组组互评,教师点评。

延伸阅读

1.赵丰.成本决胜论:房产开发与政府项目成本管理作业指导书[M].南京:东南大学出版社,2010.

2.潘志伟.我国地铁项目建设成本的超支问题及解决对策研究[D].苏州:苏州科技大学,2019.

11 工程施工安全管理与环境管理

【本章目标】

◆ 知识目标

1. 了解施工安全管理体系。
2. 掌握施工安全管理的基本制度。
3. 掌握施工安全事故等级与处理。
4. 掌握施工现场文明施工要求和环境保护措施。

◆ 能力目标

学习任务	能力目标	重要程度
施工安全管理体系及基本制度	具备有效规范建设工程生产行为,加强安全生产管理的能力	★★★☆☆
施工安全事故等级与处理	具备施工安全事故处理的能力	★★★★☆
施工现场环境管理	具备分析和解决施工环境管理问题的能力	★★★☆☆

◆ 素养目标

健全安全管理意识和法治意识。

思政案例导入

福建泉州欣佳酒店重大坍塌事故

2020年3月7日19时,福建省泉州市鲤城区欣佳酒店内的建筑物发生坍塌事故,造成29人死亡、42人受伤,直接经济损失达5794万元。事故原因是欣佳酒店将建筑物由原4层违法增加夹层改建成7层,使其达到极限承载能力并处于坍塌临界状态,加上事发前对底层支承钢柱违规加固焊接,引发钢柱失稳破坏,导致建筑物整体坍塌。

这起事故性质严重、影响恶劣,依据《中华人民共和国安全生产法》《生产安全事故报告和调查处理条例》等有关法律法规,国务院批准成立了由应急管理部牵头,公安部、自然资源部、住房城乡建设部、国家卫生健康委、全国总工会和福建省政府为成员单位的国务院福建省泉州市欣佳酒店"3·7"坍塌事故调查组进行提级调查。国务院事故调查组聘请工程勘察设计、工程建设管理、建设工程质量安全管理、公共安全等方面的专家参与调查。国务院事故调查组通过现场勘查、取样检测、调查取证、调阅资料、人员问询、专家论证等措施,查明了事故发生的直接原因,事故企业、中介机构违法违规问题,以及有关地方政府及相关部门在监管方面存在的问题,分析了事故主要教训,提出了防范和整改的措施建议,形成了事故调查报告。

事故调查结果显示:

(1)企业违法违规,肆意妄为。欣佳酒店的不法业主在未办理建设相关许可手续,且未组织勘察、设计的情况下,多次违法将工程发包给无资质施工人员,在明知楼上有大量人员住宿的情况下违规冒险蛮干,最终导致建筑物坍塌;相关中介服务机构违规承接业务甚至出具虚假报告。

(2)安全发展理念不牢。鲤城区片面追求经济发展,通过"特殊情况建房"政策为违法建设开绿灯,埋下重大安全隐患;福建省有关部门及泉州市对违法建筑长期大量存在的重大安全风险认识不足,房屋安全隐患排查治理流于形式。

(3)地方政府有关部门监管执法严重不负责任。泉州市、鲤城区的规划、住建、城管、公安等部门对欣佳酒店未办理建设相关许可手续、未取得特种行业许可证仍对外营业的违法违规行为长期视而不见。

(4)相关部门审批把关层层失守。泉州市、鲤城区消防机构、公安等有关部门及常泰街道在材料形式审查和现场审查中把关不严,使不符合要求的项目蒙混过关、长期存在。

思政课堂:树立安全发展理念,弘扬生命至上、安全第一的思想。

思维导图

施工安全管理体系	施工安全管理体系及基本制度	安全管理基本制度
施工安全事故等级	施工安全事故等级与处理	施工安全事故预防与处理
施工现场文明施工要求	施工现场环境管理	施工现场环境保护措施

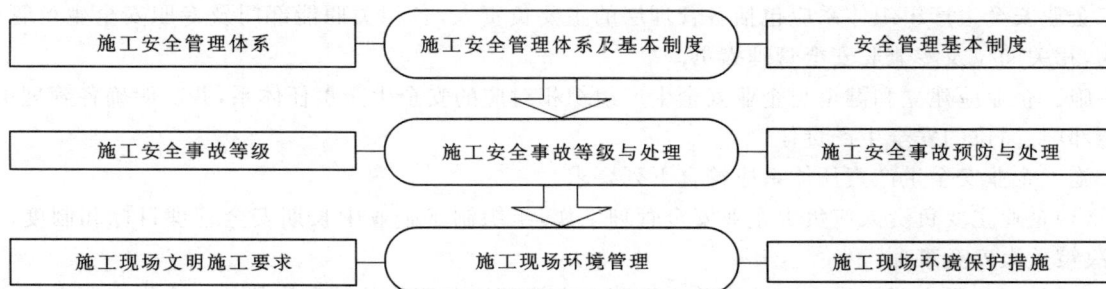

为有效实施施工安全管理,承包单位应建立合理的安全生产管理体系,明确施工项目管理人员的安全职责,落实安全生产管理制度,确保安全生产费用的有效使用。在工程项目的施工过程中,应严格按规定实施安全生产管理,监控危险性较大的分部、分项工程,及时排查和处理施工现场安全事故隐患。一旦发生施工安全事故,应及时按规定报告并开展现场救援。

11.1　施工安全管理体系及基本制度

施工企业是施工安全生产的责任主体,应当建立和实施施工安全管理体系,落实安全生产主体责任。工程项目部应根据企业施工安全管理体系要求,结合施工项目的具体情况,建立施工项目安全管理体系,制定合理的安全管理制度。

11.1.1　施工安全管理体系

施工安全管理体系是项目管理体系的子系统,是根据 PDCA 循环模式的运行方式,以逐步提高、持续改进的思想指导企业系统地实现安全管理的既定目标。因此,施工安全管理体系是一个动态的、自我调整和完善的管理系统。

1. 施工安全管理目标

施工企业应依据企业的总体发展规划,制定企业年度及中长期安全管理目标。安全管理目标应分解到各管理层及相关职能部门和岗位,并应定期进行考核。施工企业各管理层及相关职能部门和岗位应根据分解的安全管理目标配置相应的资源,并进行有效管理。施工安全管理目标应包括伤亡事故控制目标和安全管理效果目标。

(1)伤亡事故控制目标。

伤亡事故控制目标是各类生产安全事故发生率控制指标,如伤亡(死亡、重伤)事故发生率控制指标为0,轻伤(月度)事故发生率控制指标应低于0.03%。

(2)安全管理效果目标。

安全管理效果目标包括安全管理工作落实效果和总体效果。前者包括施工现场各项安全设施合格率100%、安全防护设施使用率和劳动保护用品及防护用品使用率100%、安全教育合格率100%以及特殊工种持证上岗率100%等。后者包括建筑施工安全检查得分率90%以上,创建安全文明工地等。

2.安全生产组织与责任体系

施工企业必须建立安全生产组织体系,明确企业安全生产的决策、管理、实施的机构或岗位。施工企业安全生产组织体系应包括各管理层的主要负责人,各相关职能部门及专职安全生产管理机构,相关岗位及专兼职安全管理人员。

施工企业应建立和健全与企业安全生产组织相对应的安全生产责任体系,并应明确各管理层、职能部门、岗位的安全生产责任。

施工企业安全生产责任体系应符合下列要求。

(1)企业主要负责人应负责企业安全管理工作,组织制定企业中长期安全管理目标和制度,审议、决策重大安全事项。

(2)各管理层主要负责人应明确并组织落实本管理层各职能部门和岗位的安全生产职责,实现本管理层的安全管理目标。

(3)各管理层的职能部门及岗位应承担职责范围内与安全生产相关的职责,互相配合,实现相关安全管理目标,应包括下列主要职责:

①技术管理部门(或岗位)负责安全生产的技术保障和改进。

②施工管理部门(或岗位)负责生产计划、布置、实施的安全管理。

③材料管理部门(或岗位)负责安全生产物资及劳动防护用品的安全管理。

④动力设备管理部门(或岗位)负责施工临时用电及机具设备的安全管理。

⑤专职安全生产管理机构(或岗位)负责安全管理的检查、处理。

⑥其他管理部门(或岗位)分别负责人员配备、资金、教育培训、卫生防疫、消防等安全管理。

施工企业应依据职责落实各管理层、职能部门、岗位的安全生产责任。施工企业各管理层、职能部门、岗位的安全生产责任应形成责任书,并经责任部门或责任人确认。责任书的内容应包括安全生产职责、目标、考核奖惩标准等。

3.施工现场安全管理

施工企业应加强工程项目施工过程的日常安全管理,工程项目部应根据企业安全生产管理制度,实施施工现场安全生产管理,一般应包括以下内容。

(1)制定项目安全管理目标,建立安全生产组织与责任体系,明确安全生产管理职责,实施责任考核。

（2）配置满足安全生产、文明施工要求的费用、从业人员、设施、设备、劳动防护用品及相关的检测器具。

（3）编制安全技术措施、方案、应急预案。

（4）落实施工过程的安全生产措施，组织安全检查，整改安全隐患。

（5）保障施工现场场容场貌、作业环境和生活设施安全、文明达标。

（6）确定消防安全责任人，制定用火、用电、使用易燃易爆材料等各项消防安全管理制度和操作规程，设置消防通道、消防水源，配备消防设施和灭火器材，并在施工现场入口处设置明显标志。

（7）组织事故应急救援抢险。

（8）对施工安全生产管理活动进行必要的记录，保存应有的资料。

工程项目部应建立健全安全生产责任体系，安全生产责任体系应符合下列要求：

（1）项目经理应为工程项目安全生产第一责任人，应负责分解落实安全生产责任，实施考核奖惩，实现项目安全管理目标。

（2）工程项目总承包单位、专业承包和劳务分包单位的项目经理、技术负责人和专职安全生产管理人员，应组成安全管理组织，并应协调、管理现场安全生产；项目经理应按规定到岗带班指挥生产。

（3）总承包单位、专业承包和劳务分包单位应按规定配备项目专职安全生产管理人员，负责施工现场各自管理范围内的安全生产日常管理。

（4）工程项目部其他管理人员应承担其管理范围内的安全生产职责。

（5）分包单位应服从总承包单位管理，并应落实总承包项目部的安全生产要求。

（6）施工作业班组应在作业过程中执行安全生产要求。

（7）作业人员应严格遵守安全操作规程，并应做到不伤害自己、不伤害他人和不被他人伤害。

11.1.2　安全管理基本制度

施工企业应依据法律法规，结合企业的安全管理目标、生产经营规模、管理体制建立安全生产管理制度。施工企业安全生产管理制度应包括安全生产教育培训制度，安全生产许可证制度，特种作业人员持证上岗制度，全员安全生产责任制度，安全费用管理制度，施工设施、设备及劳动防护用品的安全管理制度，安全生产技术管理制度，应急救援管理制度，安全检查和改进制度，安全考核和奖惩制度等，此处主要介绍前 4 种制度。

1.安全生产教育培训制度

为保证施工从业人员具备必要的安全生产知识，熟悉有关的安全生产规章制度和安全操作规程，掌握本岗位的安全操作技能，了解事故应急处理措施，知悉自身在安全生产方面的权利和义务，未经安全生产教育和培训合格的从业人员，不得上岗作业。

企业主要负责人和安全生产管理人员应进行安全培训，具备与所从事的生产经营活动相适应的安全生产知识和管理能力。生产经营单位主要负责人和安全生产管理人员初次安全培训时间不得少于 32 学时。每年再培训时间不得少于 12 学时。

施工企业其他从业人员，在上岗前必须经过企业、施工项目部、班组三级安全培训教育。企业应根据工作性质对其他从业人员进行安全培训，保证其具备本岗位安全操作、应急处置等知识和技能。生产经营单位新上岗的从业人员，岗前安全培训时间不得少于 24 学时。

2.安全生产许可证制度

《安全生产许可证条例》规定，国家对建筑施工企业实行安全生产许可制度。企业未取得安全生产许可证的,不得从事生产活动。

建筑施工企业从事建筑施工活动前,应当向企业注册所在地省、自治区、直辖市人民政府住房和城乡建设主管部门申请领取安全生产许可证。安全生产许可证的有效期为3年。安全生产许可证有效期满需要延期的,企业应当于期满前3个月向原安全生产许可证颁发管理机关办理延期手续。企业在安全生产许可证有效期内,严格遵守有关安全生产的法律法规,未发生死亡事故的,安全生产许可证有效期届满时,经原安全生产许可证颁发管理机关同意,不再审查,安全生产许可证有效期延期3年。

企业不得转让、冒用安全生产许可证或者使用伪造的安全生产许可证。企业取得安全生产许可证后,不得降低安全生产条件,并应加强日常安全生产管理,接受安全生产许可证颁发管理机关的监督检查。

3.特种作业人员持证上岗制度

《建设工程安全生产管理条例》规定,垂直运输机械作业人员、安装拆卸工、爆破作业人员、起重信号工、登高架设作业人员等特种作业人员,必须按照国家有关规定经过专门的安全作业培训,并取得特种作业操作资格证书后,方可上岗作业。

根据《特种作业人员安全技术培训考核管理规定》,特种作业操作证每3年复审1次。特种作业人员在特种作业操作证有效期内,连续从事本工种10年以上,严格遵守有关安全生产法律法规的,经原发证机关或者从业所在地发证机关同意,特种作业操作证的复审时间可以延长至每6年1次。

特种作业操作证需要复审的,应在期满前60日内,由申请人或者申请人的用人单位向原发证机关或者从业所在地考核发证机关提出申请,并提交下列材料:①社区或者县级以上医疗机构出具的健康证明;②从事特种作业的情况;③安全培训考试合格记录。

离开特种作业岗位6个月以上的特种作业人员,应当重新进行实际操作考试,经确认合格后方可上岗作业。

4.全员安全生产责任制度

全员安全生产责任制度是根据我国"安全第一、预防为主、综合治理"的安全方针和安全生产法规建立的,由企业、项目中各级领导、职能部门、工程技术人员、岗位操作人员在劳动生产过程中对安全生产层层负责的制度,是企业岗位责任制度的一部分,而且是企业最基本和最核心的安全生产管理制度。

全员安全生产责任制度包含两个层面,纵向是各级人员,即从最高管理者到班组长和岗位人员的安全生产责任制度;横向是各个部门的安全生产责任制,即各职能部门的安全生产责任制。

11.2 施工安全事故等级与处理

11.2.1 施工安全事故等级

施工安全事故属于生产安全事故,根据生产安全事故造成的人员伤亡或直接经济损失,事故一般可分为四个等级,即特别重大事故、重大事故、较大事故和一般事故。

(1)特别重大事故,是造成30人及以上死亡,或者100人及以上重伤(包括急性工业中毒,下同),或者1亿元及以上直接经济损失的事故。

（2）重大事故，是造成 10 人及以上 30 人以下死亡，或者 50 人及以上 100 人以下重伤，或者 5000 万元及以上 1 亿元以下直接经济损失的事故。

（3）较大事故，是造成 3 人及以上 10 人以下死亡，或者 10 人及以上 50 人以下重伤，或者 1000 万元及以上 5000 万元以下直接经济损失的事故。

（4）一般事故，是造成 3 人以下死亡，或者 10 人以下重伤，或者 1000 万元以下直接经济损失的事故。

思政课堂：遵守工程建设相关法律法规，养成良好的法律意识。

11.2.2　施工安全事故预防与处理

1. 安全事故预防

在建筑施工中，常见的安全事故主要有高空坠落、机械伤害、突然崩塌、电气事故、倾倒等。安全管理应将防止这些常见的事故发生作为工作重点，采取相应的技术管理措施，防患于未然，具体内容如表 11-1 所示。

表 11-1　　　　　　　　　　　常见安全事故种类及预防措施

安全事故种类	重点预防项目	需落实内容
高空坠落	脚手架	作业平台的结构
		调班安全网的使用
		吊脚手架的作业平台
	孔口部分	围栏、扶手、盖板、监护人
	架设通道	扶手、隧道栈桥
	安全网及其他措施	支撑架、网身
机械伤害	挖土机等	禁止入内的措施
		机械设备的通行
		指挥人员的配备
		机动车的信号装置、照明设备
		防滑动装置
	打桩、拔桩机	卷扬机的齿轮刹车
		车有荷载时的止车装置
		破损时的措施
		作业方法、顺序
突然崩塌	防止土石崩塌掉落	开挖地点的调查
		防塌方的支撑、防护网
		防塌方支撑杆件的安装
		挖补、横撑措施

续表

安全事故种类	重点预防项目	需落实内容
电气事故	电器设备装置	带电部分的包扎、绝缘套
	电动机械器具	接地后使用
	移动电线	防止绝缘管被损伤及老化
	带电作业	穿着绝缘保护用具和防护用具
		绝缘管、罩等装置,危险标识
倾倒	防止脚手架的倾倒	按脚手架结构规定最大荷载
		吊脚手架的构造
	防止砖墙倾倒	靠近砖墙挖掘时的补强、搬迁等
	防止吊车倾倒	工作限制
		负荷限制
		倾斜角限制
	防止模板支撑倾倒	模板的构造、组装
		分段组装场合的垫板、垫脚
		混凝土浇筑时的检查
	防止栈桥倾倒	根据构造和材料规定最大负荷

2.安全事故处理原则

安全事故处理必须坚持"事故原因未查清楚不放过,责任人员未处理不放过,有关人员未受到教育不放过,整改措施未落实不放过"的"四不放过"原则。

3.施工安全事故报告

《建设工程安全生产管理条例》规定,施工单位发生生产安全事故,应当按照国家有关伤亡事故报告和调查处理的规定,及时、如实地向负责安全生产监督管理的部门、建设行政主管部门或者其他有关部门报告;特种设备发生事故的,还应当同时向特种设备安全监督管理部门报告。接到报告的部门应当按照国家有关规定,如实上报。实行施工总承包的建设工程,由总承包单位负责上报事故。

(1)相关规定。

事故发生后,事故现场有关人员应立即向本单位负责人报告;单位负责人接到报告后,应于1小时内向事故发生地县级以上人民政府安全生产监督管理部门和负有安全生产监督管理责任的有关部门报告。并有组织、有指挥地抢救伤员、排除险情;应当阻止人为或自然因素的破坏,便于事故原因的调查。

在发生紧急情况时,事故现场有关人员可以直接向事故发生地县级以上人民政府安全生产监督管理部门和负有安全生产监督管理职能的有关部门报告。

应急管理部门和负有安全生产监督管理职责的有关部门接到事故报告后,应按照下列规定上报事故情况:

①特别重大事故、重大事故逐级上报至国务院安全生产监督管理部门和负有安全生产监督管

理职能的有关部门；

②较大事故逐级上报至省、自治区、直辖市人民政府安全生产监督管理部门和负有安全生产监督管理职能的有关部门；

③一般事故上报至设区的市级人民政府安全生产监督管理部门和负有安全生产监督管理职能的有关部门。

必要时，安全生产监督管理部门和负有安全生产监督管理职能的有关部门可以越级上报事故情况。

安全生产监督管理部门和负有安全生产监督管理职能的有关部门依照前款规定上报事故情况，应同时报告本级人民政府。安全生产监督管理部门和负有安全生产监督管理职能的有关部门逐级上报事故情况，每级上报的时间不得超过2小时。

（2）事故调查报告内容。

事故调查组应当自事故发生之日起60日内提交事故调查报告，特殊情况下可适当延长，但延长的期限最长不得超过60天。

事故调查报告应包括以下内容：①事故发生单位概况；②事故发生的时间、地点以及事故现场情况；③事故的简要经过；④事故已经造成或者可能造成的伤亡人数（包括下落不明的人数）和初步估计的直接经济损失；⑤已经采取的措施；⑥其他应当报告的情况。

事故报告后出现新情况的，应当及时补报。自事故发生之日起30日内，事故造成的伤亡人数发生变化的，应当及时补报。道路交通事故、火灾事故自发生之日起7日内，事故造成的伤亡人数发生变化的，应当及时补报。

4.施工安全事故处理

重大事故、较大事故、一般事故，负责事故调查的人民政府应当自收到事故调查报告之日起15日内做出批复；特别重大事故，30日内做出批复，特殊情况下，批复时间可以适当延长，但延长的时间最长不超过30日。

有关机关应当按照人民政府的批复，依照法律、行政法规规定的权限和程序，对事故发生单位和有关人员进行行政处罚，对负有事故责任的国家工作人员进行处分。事故发生单位应当按照负责事故调查的人民政府的批复，对本单位负有事故责任的人员进行处理。负有事故责任的人员涉嫌犯罪的，依法追究刑事责任。

11.3　施工现场环境管理

加强施工现场文明施工，实施严格的施工现场环境保护措施，已成为建设工程施工现场环境管理的基本内容。

思政课堂：增强低碳环保意识、绿色施工意识，理解人与自然和谐发展的理念。

11.3.1　施工现场文明施工要求

文明施工是在工程施工活动中，按照规定采取措施，加强施工现场管理、保持良好的作业环境、改善市容和环境卫生、保护生态环境和生物多样性，并减少对周边环境影响的施工活动。文明施工是现代物质文明和精神文明的体现，是企业文化和企业社会责任的体现，是建筑业高质量发展的内在要求。

1. 文明施工管理要求

施工现场文明施工应符合以下管理要求。

(1)有整套的施工组织设计或施工方案,施工总平面布置紧凑、施工场地规划合理,符合环保、市容、卫生方面的要求。

(2)有健全的施工组织管理机构和指挥系统,岗位分工明确;工序交叉合理,交接责任明确。

(3)有严格的成品保护措施和制度,大小临时设施和各种材料、构件、半成品按平面布置堆放整齐。

(4)施工场地平整,道路畅通,排水设施得当,水电线路整齐,机具设备状况良好,使用合理。施工作业符合消防和安全要求。

(5)搞好环境卫生管理,包括施工区、生活区环境卫生和食堂卫生管理。

(6)文明施工应贯穿施工结束后的清场全过程。

2. 文明施工具体要求

施工现场管理应以"科学规划、规范整齐、环保达标、整体和谐"为原则,结合施工环境条件,认真进行施工现场文明形象管理的总体策划、设计、布置、使用和管理,做到布局合理,文明施工、安全有序、整洁卫生、不扰民、不损害公众利益。施工现场文明施工具体要求见表11-2。

表 11-2 　　　　　　　　　　　　**施工现场文明施工具体要求**

项目名称	具体要求
安全警示标志牌	在易发生伤亡事故(或危险)处设置明显的、符合国家标准要求的安全警示标志牌
现场围挡	采用封闭围挡,高度不小于1.8m; 围挡材料可采用彩色、定型钢板,砖、混凝土砌块等墙体
五牌一图	在进门处悬挂工程概况、管理人员名单及监督电话、安全生产、文明施工、消防保卫五牌以及施工现场总平面图
企业标识	现场出入的大门应设有企业标识
场容场貌	道路畅通;排水沟、排水设施通畅;工地地面硬化处理;绿化
材料堆放	材料、构件、料具等堆放时,悬挂有名称、品种、规格等标牌; 水泥和其他易飞扬细颗粒建筑材料,应密闭存放或采取覆盖等措施; 易燃、易爆和有毒有害物品分类存放
现场防火	消防器材配置合理,符合消防要求
垃圾清理	施工现场应设置密闭式垃圾站,施工垃圾、生活垃圾应分类存放。施工垃圾必须采用相应容器或管道运输

11.3.2　施工现场环境保护措施

建设工程项目必须满足有关环境保护法律法规的要求,在施工过程中注意环境保护,这对企业发展、员工健康和社会文明有重要意义。

施工现场环境保护主要是针对扬尘控制,噪声与振动控制,光污染控制,水污染控制,土壤保护,建筑垃圾控制,地下设施、文物和资源保护等制定相应措施。根据《绿色施工导则》,环境保护技术要点包括以下内容。

1.扬尘控制

运送土方、垃圾、设备及建筑材料等,不污损场外道路。运输容易散落、飞扬、流漏的物料的车辆,必须采取措施封闭严密,保证车辆清洁。施工现场出口应设置洗车槽。

土方作业阶段,采取洒水、覆盖等措施,达到作业区目测扬尘高度小于 1.5m,不扩散到场区外的要求。

结构施工、安装装饰装修阶段,作业区目测扬尘高度小于 0.5m。对易产生扬尘的堆放材料应采取覆盖措施;对粉末状材料应封闭存放;场区内可能引起扬尘的材料及建筑垃圾搬运应有降尘措施,如覆盖、洒水等;浇筑混凝土前清理灰尘和垃圾时,尽量使用吸尘器,避免使用吹风器等易产生扬尘的设备;机械剔凿作业时可用局部遮挡、掩盖、水淋等防护措施;高层或多层建筑清理垃圾应搭设封闭性临时专用道或采用容器吊运。

施工现场非作业区达到目测无扬尘的要求。对现场易飞扬物质采取有效措施,如洒水、地面硬化、围挡、密网覆盖、封闭等,防止扬尘产生。

构筑物机械拆除前,应做好扬尘控制计划。可采取清理积尘、拆除体洒水、设置隔挡等措施。

构筑物爆破拆除前,应做好扬尘控制计划。可采用清理积尘、淋湿地面、预湿墙体、屋面敷水袋、楼面蓄水、建筑外设高压喷雾状水系统、搭设防尘排栅和直升机投水弹等措施综合降尘。选择风力小的天气进行爆破作业。

在场界四周隔挡高度位置测得的大气总悬浮微粒(TSP)月平均浓度与城市背景值的差值不大于 0.08mg/m³。

2.噪声与振动控制

现场噪声排放不得超过《建筑施工场界环境噪声排放标准》(GB 12523—2011)的规定。在施工场界对噪声进行实时监测与控制,使用低噪声、低振动的机具,采取隔声与隔振措施,避免或减少施工噪声和振动。

根据《建筑施工场界环境噪声排放标准》(GB 12523—2011),建筑施工过程中场界环境噪声的排放限值为昼间 70dB(A)、夜间 55dB(A)。夜间噪声最大声级超过限值的幅度不得高于 15dB(A)。

3.光污染控制

尽量避免或减少施工过程中的光污染。夜间室外照明灯加设灯罩,透光方向集中在施工范围。电焊作业采取遮挡措施,避免电焊弧光外泄。

4.水污染控制

施工现场污水排放应达到《污水综合排放标准》(GB 8978—1996)的要求。在施工现场应针对不同的污水,设置相应的处理设施,如沉淀池、隔油池、化粪池等。

污水排放应委托有资质的单位进行废水水质检测,提供相应的污水检测报告。

保护地下水环境。采用隔水性能好的边坡支护技术。在缺水地区或地下水位持续下降的地区,基坑降水尽可能少地抽取地下水;当基坑开挖抽水量大于 50 万 m³ 时,应进行地下水回灌,并避免地下水被污染。

对于化学品等有毒材料、油料的储存地,应有严格的隔水层设计,做好渗漏液收集和处理。

5.土壤保护

保护地表环境,防止土壤侵蚀、流失。对因施工造成的裸土,及时覆盖砂石或种植速生草种,以减少土壤侵蚀;因施工造成容易发生地表径流土壤流失的情况,应采取设置地表排水系统、稳定斜坡、植被覆盖等措施,以减少土壤流失。

沉淀池、隔油池、化粪池等不发生堵塞、渗漏、溢出等现象。及时清掏各类池内沉淀物,并委托有资质的单位清运。

对于有毒有害废弃物如电池、墨盒、油漆、涂料等,应回收后交有资质的单位处理,不能作为建筑垃圾外运,避免污染土壤和地下水。

施工后应恢复施工活动破坏的植被(一般指临时占地内)。与当地园林、生态环境部门或当地植物研究机构进行合作,在先前开发地区种植当地或其他合适的植物,以恢复剩余空地地貌或科学绿化,补救施工活动中人为破坏植被和地貌造成的土壤侵蚀。

6.建筑垃圾控制

制定建筑垃圾减量化计划,如住宅建筑,每万平方米的建筑垃圾不宜超过 400t。

加强建筑垃圾的回收再利用,力争建筑垃圾的再利用和回收率达到 30%,建筑物拆除产生的废弃物的再利用和回收率大于 40%。对于碎石类、土石方类建筑垃圾,可采用地基填埋、铺路等方式提高再利用率,力争再利用率大于 50%。

施工现场生活区设置封闭式垃圾容器,施工场地生活垃圾实行袋装化,及时清运。对建筑垃圾进行分类,并收集到现场封闭式垃圾站,集中运出。

7.地下设施、文物和资源保护

施工前应调查清楚地下各种设施,做好保护计划,保证施工场地周边的各类管道、管线、建筑物、构筑物的安全运行。施工过程中一旦发现文物,立即停止施工,保护现场并通报文物部门并协助做好工作。避让、保护施工场区及周边的古树名木。逐步开展统计分析施工项目的 CO_2 排放量,以及多种不同植被和树种的 CO_2 固定量的工作。

综合能力检测

一、选择题

1.(　　)为施工项目安全生产第一责任人,对安全施工负全面责任。

A.施工单位　　　　B.项目经理　　　　C.监理单位　　　　D.建设单位

2.下列施工安全管理制度中,最基本的制度是(　　)。

A.全员安全生产责任制　　　　　　B.安全生产费用提取、管理和使用制度

C.安全生产教育培训制度　　　　　　D.安全生产许可制度

3.在拆迁工程施工过程中发生了坍塌事故,造成 60 人重伤,8 人死亡,按照安全事故划分,属于(　　)。

A.一般事故　　　　B.较大事故　　　　C.重大事故　　　　D.特别重大事故

4.关于特种作业人员持证上岗制度的说法,正确的是(　　)。

A.跨省、自治区、直辖市的特种作业人员,只能在户籍所在地参加培训

B.特种作业操作证每 2 年复审 1 次

C.特种作业操作证有效期届满需要延期换证的,应按照规定申请延期复审

D.特种作业操作证需要复审的,应在期满前 30 日内提出申请

5.特种作业操作证的复审(　　)。

A.每年 1 次　　　　B.每 2 年 1 次　　　　C.每 3 年 1 次　　　　D.每 6 年 1 次

6.特种作业人员在特种作业操作证有效期内,严格遵守有关安全生产法律法规的,经原考核发证机关或者从业所在地考核发证机关同意,特种作业操作证的复审时间可以延长至每 6 年 1 次的要求是连续从事本工种(　　)。

A.3 年以上　　　　B.5 年以上　　　　C.6 年以上　　　　D.10 年以上

二、思考题

1.简述施工安全管理的目标。

2.简述当前最常用的施工安全事故等级的划分方式及标准。

3.简述施工安全事故处理的原则和事故报告的内容。

4.简述施工现场文明施工的要求。

本章实训

一、实训目的

1.掌握施工安全教育培训的内容。

2.掌握施工安全检查清单。

二、实训案例

某新建住宅项目,地下 2 层,地上 30 层,高度 96m,剪力墙结构。采用筏形基础,厚度 1.5m,混凝土强度等级为 C40。屋面采用喷涂硬泡聚氨酯保温,外墙装修采用隐框玻璃幕墙。由甲公司总承包施工,开工前,施工单位编制了现场三级安全教育、岗前教育等培训计划,并制定了含防高处坠落、防物体打击等主要内容的应急预案,计划每月开展 1 次专项应急演练,并对预案的适宜性和可操作性组织评价。

基坑开挖期间,连续暴雨导致支护结构发生墙背土体沉陷,项目部立即采取坑外回灌井、坑底加固等措施进行处理,并对周围管线进行应急保护。

监理单位根据"三定"原则对现场的高处作业开展了安全隐患整改情况复查。监理工程师通过"看、量"手段进行现场安全检查。主要查看施工现场安全管理资料和对施工现场进行巡视。具体有:查看项目负责人、专职安全员、特种作业人员的持证上岗情况等。检查中发现落地式操作平台宽度为 5m,搭设高度为 16m,连墙件间距为 5m。操作平台的钢管和扣件均有产品合格证。

三、实训要求

1.施工单位安全教育培训还有哪些类型?岗前教育培训的内容是什么?

2.如支撑式支护结构发生墙背土体沉陷,还可以采取哪些措施?对于基坑周围管线保护的应急措施有哪些?

3."三定"原则具体指的是什么?安全检查的方法还有哪些?"看"还有哪些具体内容?

四、实训步骤

1.指导教师布置任务,指出实训重点、难点和注意事项。

2.学生自主分组,对案例进行讨论,查阅资料,教师从旁指导。

3.各小组汇总最终答案,并在线提交,完成组组互评。

4.指导教师对各组表现进行总结和最终点评。

延伸阅读

1.中国安全生产科学研究院.安全生产专业实务:建筑施工安全[M].北京:应急管理出版社,2022.

2.张云昌,苏莉,杨梦瑶,等.三峡工程生态环境保护成效与展望[J].中国水利,2024(22):61-65,78.

参考文献

[1] 李南.工程经济学学习指导与习题[M].北京:科学出版社,2005.

[2] 中华人民共和国国家发展和改革委员会,中华人民共和国建设部.建设项目经济评价方法与参数[M].3 版.北京:中国计划出版社,2006.

[3] 陆宁.工程经济学[M].北京:化学工业出版社,2008.

[4] 宋伟.工程经济学学习指导与习题解析[M].北京:人民交通出版社,2008.

[5] 张厚钧.工程经济学[M].北京:北京大学出版社,2009.

[6] 于立君.工程经济学学习指导与习题[M].北京:机械工业出版社,2010.

[7] 鲍学英,王琳.工程经济学[M].北京:化学工业出版社,2011.

[8] 帕克.工程经济学[M].邵颖红,译.5 版.北京:中国人民大学出版社,2012.

[9] 李南.工程经济学[M].4 版.北京:科学出版社,2013.

[10] 荀志远,张贵华.工程经济学[M].北京:经济科学出版社,2013.

[11] 刘晓君.技术经济学[M].北京:高等教育出版社,2014.

[12] 刘晓君.工程经济学[M].3 版.北京:中国建筑工业出版社,2015.

[13] 邵颖红,黄渝祥,邢爱芳,等.工程经济学[M].5 版.上海:同济大学出版社,2015.

[14] 吴锋,叶锋.工程经济学[M].2 版.北京:机械工业出版社,2015.

[15] 于立君,郝利光.工程经济学[M].3 版.北京:机械工业出版社,2015.

[16] 中华人民共和国住房和城乡建设部.工程网络计划技术规程:JGJ/T 121—2015[S].北京:中国建筑工业出版社,2015.

[17] 杜春艳,唐菁菁,周迎.工程经济学[M].北京:机械工业出版社,2016.

[18] 李相然.工程经济学[M].2 版.北京:中国电力出版社,2016.

[19] 黄有亮.工程经济学习题集及解析[M].南京:东南大学出版社,2016.

[20] 王静.工程经济学[M].5 版.大连:大连理工大学出版社,2017.

[21] 中华人民共和国住房和城乡建设部,中华人民共和国国家质量监督检验检疫总局.建设工程项目管理规范:GB/T 50326—2017[S].北京:中国建筑工业出版社,2017.

[22] 中华人民共和国住房和城乡建设部,中华人民共和国国家质量监督检验检疫总局.工程建设施工企业质量管理规范:GB/T 50430—2017[S].北京:中国建筑工业出版社,2017.

[23] 王恩茂.工程经济学[M].北京:科学出版社,2019.

[24] 刘晓君.工程经济学[M].4 版.北京:中国建筑工业出版社,2020.

[25] 陈中柘,李海庆.工程经济学[M].北京:机械工业出版社,2020.

[26] 黄有亮.工程经济学原理及应用[M].北京:机械工业出版社,2022.

[27] 李慧民.建筑工程经济与项目管理[M].北京:冶金工业出版社,2002.

[28] 何亚伯.建筑工程经济与企业管理[M].2 版.武汉:武汉大学出版社,2009.

[29] 胡运权.运筹学教程[M].4 版.北京:清华大学出版社,2012.

[30] 李远富.土木工程经济与项目管理[M].2 版.北京:中国铁道出版社,2012.

[31] 王建廷,王振坡.建设工程项目管理及工程经济[M].重庆:重庆大学出版社,2012.

[32] 丁士昭.工程项目管理[M].2版.北京:中国建筑工业出版社,2014.

[33] 武育秦,张西平.建设工程经济与管理[M].重庆:重庆大学出版社,2014.

[34] 邓铁军.工程项目经济与管理[M].长沙:湖南大学出版社,2015.

[35] 李慧民.工程经济与项目管理[M].北京:科学出版社,2016.

[36] 丛培经.工程项目管理[M].5版.北京:中国建筑工业出版社,2017.

[37] 张彦春.工程经济与项目管理[M].北京:中国建筑工业出版社,2018.

[38] 蒋红妍,李慧民.工程经济与项目管理[M].2版.北京:中国建筑工业出版社,2018.

[39] 王付宇,汪和平,夏明长.工程经济与项目管理[M].北京:机械工业出版社,2021.

[40] 李海莲.工程经济与项目管理[M].北京:中国铁道出版社有限公司,2022.

[41] 尹红莲,庄玲.现代水利工程项目管理[M].2版.郑州:黄河水利出版社,2022.

[42] 全国一级建造师执业资格考试用书编写组.建设工程经济[M].哈尔滨:哈尔滨工程大学出版社,2024.

[43] 全国一级建造师执业资格考试用书编写组.建设工程项目管理[M].哈尔滨:哈尔滨工程大学出版社,2024.

[44] 全国一级建造师执业资格考试用书编写委员会.建设工程项目管理[M].北京:中国建筑工业出版社,2024.

附录　复利系数表

$i=4\%$时的复利系数

n	一次支付型		等额支付型				n
	F/P	P/F	F/A	A/F	P/A	A/P	
1	1.0400	0.9615	1.0000	1.0000	0.9615	1.0400	1
2	1.0816	0.9246	2.0400	0.4902	1.8861	0.5302	2
3	1.1249	0.8890	3.1216	0.3203	2.7751	0.3603	3
4	1.1699	0.8548	4.2465	0.2355	3.6299	0.2755	4
5	1.2167	0.8219	5.4163	0.1846	4.4518	0.2246	5
6	1.2653	0.7903	6.6330	0.1508	5.2421	0.1908	6
7	1.3159	0.7599	7.8983	0.1266	6.0021	0.1666	7
8	1.3686	0.7307	9.2142	0.1085	6.7327	0.1485	8
9	1.4233	0.7026	10.5828	0.0945	7.4353	0.1345	9
10	1.4802	0.6756	12.0061	0.0833	8.1109	0.1233	10
11	1.5395	0.6496	13.4864	0.0741	8.7605	0.1141	11
12	1.6010	0.6246	15.0258	0.0666	9.3851	0.1066	12
13	1.6651	0.6006	16.6268	0.0601	9.9856	0.1001	13
14	1.7317	0.5775	18.2919	0.0547	10.5631	0.0947	14
15	1.8009	0.5553	20.0236	0.0499	11.1184	0.0899	15
16	1.8730	0.5339	21.8245	0.0458	11.6523	0.0858	16
17	1.9479	0.5134	23.6975	0.0422	12.1657	0.0822	17
18	2.0258	0.4936	25.6454	0.0390	12.6593	0.0790	18
19	2.1068	0.4746	27.6712	0.0361	13.1339	0.0761	19
20	2.1911	0.4564	29.7781	0.0336	13.5903	0.0736	20
21	2.2788	0.4388	31.9692	0.0313	14.0292	0.0713	21
22	2.3699	0.4220	34.2480	0.0292	14.4511	0.0692	22
23	2.4647	0.4057	36.6179	0.0273	14.8568	0.0673	23
24	2.5633	0.3901	39.0826	0.0256	15.2470	0.0656	24
25	2.6658	0.3751	41.6459	0.0240	15.6221	0.0640	25
26	2.7725	0.3607	44.3117	0.0226	15.9828	0.0626	26
27	2.8834	0.3468	47.0842	0.0212	16.3296	0.0612	27
28	2.9987	0.3335	49.9676	0.0200	16.6631	0.0600	28
29	3.1187	0.3207	52.9663	0.0189	16.9837	0.0589	29

n	一次支付型		等额支付型				n
	F/P	P/F	F/A	A/F	P/A	A/P	
30	3.2434	0.3083	56.0849	0.0178	17.2920	0.0578	30
31	3.3731	0.2965	59.3283	0.0169	17.5885	0.0569	31
32	3.5081	0.2851	62.7015	0.0159	17.8736	0.0559	32
33	3.6484	0.2741	66.2095	0.0151	18.1476	0.0551	33
34	3.7943	0.2636	69.8579	0.0143	18.4112	0.0543	34
35	3.9461	0.2534	73.6522	0.0136	18.6646	0.0536	35
40	4.8010	0.2083	95.0255	0.0105	19.7928	0.0505	40
45	5.8412	0.1712	121.0294	0.0083	20.7200	0.0483	45
50	7.1067	0.1407	152.6671	0.0066	21.4822	0.0466	50

附表 2　　　　　　　　　　　$i=5\%$时的复利系数

n	一次支付型		等额支付型				n
	F/P	P/F	F/A	A/F	P/A	A/P	
1	1.0500	0.9524	1.0000	1.0000	0.9524	1.0500	1
2	1.1025	0.9070	2.0500	0.4878	1.8594	0.5378	2
3	1.1576	0.8638	3.1525	0.3172	2.7232	0.3672	3
4	1.2155	0.8227	4.3101	0.2320	3.5460	0.2820	4
5	1.2763	0.7835	5.5256	0.1810	4.3295	0.2310	5
6	1.3401	0.7462	6.8019	0.1470	5.0757	0.1970	6
7	1.4071	0.7107	8.1420	0.1228	5.7864	0.1728	7
8	1.4775	0.6768	9.5491	0.1047	6.4632	0.1547	8
9	1.5513	0.6446	11.0266	0.0907	7.1078	0.1407	9
10	1.6289	0.6139	12.5779	0.0795	7.7217	0.1295	10
11	1.7103	0.5847	14.2068	0.0704	8.3064	0.1204	11
12	1.7959	0.5568	15.9171	0.0628	8.8633	0.1128	12
13	1.8856	0.5303	17.7130	0.0565	9.3936	0.1065	13
14	1.9799	0.5051	19.5986	0.0510	9.8986	0.1010	14
15	2.0789	0.4810	21.5786	0.0463	10.3797	0.0963	15
16	2.1829	0.4581	23.6575	0.0423	10.8378	0.0923	16
17	2.2920	0.4363	25.8404	0.0387	11.2741	0.0887	17
18	2.4066	0.4155	28.1324	0.0355	11.6896	0.0855	18
19	2.5270	0.3957	30.5390	0.0327	12.0853	0.0827	19
20	2.6533	0.3769	33.0660	0.0302	12.4622	0.0802	20
21	2.7860	0.3589	35.7193	0.0280	12.8212	0.0780	21

n	一次支付型		等额支付型				n
	F/P	P/F	F/A	A/F	P/A	A/P	
22	2.9253	0.3418	38.5052	0.0260	13.1630	0.0760	22
23	3.0715	0.3256	41.4305	0.0241	13.4886	0.0741	23
24	3.2251	0.3101	44.5020	0.0225	13.7986	0.0725	24
25	3.3864	0.2953	47.7271	0.0210	14.0939	0.0710	25
26	3.5557	0.2812	51.1135	0.0196	14.3752	0.0696	26
27	3.7335	0.2678	54.6691	0.0183	14.6430	0.0683	27
28	3.9201	0.2551	58.4026	0.0171	14.8981	0.0671	28
29	4.1161	0.2429	62.3227	0.0160	15.1411	0.0660	29
30	4.3219	0.2314	66.4388	0.0151	15.3725	0.0651	30
31	4.5380	0.2204	70.7608	0.0141	15.5928	0.0641	31
32	4.7649	0.2099	75.2988	0.0133	15.8027	0.0633	32
33	5.0032	0.1999	80.0638	0.0125	16.0025	0.0625	33
34	5.2533	0.1904	85.0670	0.0118	16.1929	0.0618	34
35	5.5160	0.1813	90.3203	0.0111	16.3742	0.0611	35
40	7.0400	0.1420	120.7998	0.0083	17.1591	0.0583	40
45	8.9850	0.1113	159.7002	0.0063	17.7741	0.0563	45
50	11.4674	0.0872	209.3480	0.0048	18.2559	0.0548	50

附表 3　　　　　　　　　　**i=6%时的复利系数**

n	一次支付型		等额支付型				n
	F/P	P/F	F/A	A/F	P/A	A/P	
1	1.0600	0.9434	1.0000	1.0000	0.9434	1.0600	1
2	1.1236	0.8900	2.0600	0.4854	1.8334	0.5454	2
3	1.1910	0.8396	3.1836	0.3141	2.6730	0.3741	3
4	1.2625	0.7921	4.3746	0.2286	3.4651	0.2886	4
5	1.3382	0.7473	5.6371	0.1774	4.2124	0.2374	5
6	1.4185	0.7050	6.9753	0.1434	4.9173	0.2034	6
7	1.5036	0.6651	8.3938	0.1191	5.5824	0.1791	7
8	1.5938	0.6274	9.8975	0.1010	6.2098	0.1610	8
9	1.6895	0.5919	11.4913	0.0870	6.8017	0.1470	9
10	1.7908	0.5584	13.1808	0.0759	7.3601	0.1359	10
11	1.8983	0.5268	14.9716	0.0668	7.8869	0.1268	11
12	2.0122	0.4970	16.8699	0.0593	8.3838	0.1193	12
13	2.1329	0.4688	18.8821	0.0530	8.8527	0.1130	13

续表

n	一次支付型		等额支付型				n
	F/P	P/F	F/A	A/F	P/A	A/P	
14	2.2609	0.4423	21.0151	0.0476	9.2950	0.1076	14
15	2.3966	0.4173	23.2760	0.0430	9.7122	0.1030	15
16	2.5404	0.3936	25.6725	0.0390	10.1059	0.0990	16
17	2.6928	0.3714	28.2129	0.0354	10.4773	0.0954	17
18	2.8543	0.3503	30.9057	0.0324	10.8276	0.0924	18
19	3.0256	0.3305	33.7600	0.0296	11.1581	0.0896	19
20	3.2071	0.3118	36.7856	0.0272	11.4699	0.0872	20
21	3.3996	0.2942	39.9927	0.0250	11.7641	0.0850	21
22	3.6035	0.2775	43.3923	0.0230	12.0416	0.0830	22
23	3.8197	0.2618	46.9958	0.0213	12.3034	0.0813	23
24	4.0489	0.2470	50.8156	0.0197	12.5504	0.0797	24
25	4.2919	0.2330	54.8645	0.0182	12.7834	0.0782	25
26	4.5494	0.2198	59.1564	0.0169	13.0032	0.0769	26
27	4.8223	0.2074	63.7058	0.0157	13.2105	0.0757	27
28	5.1117	0.1956	68.5281	0.0146	13.4062	0.0746	28
29	5.4184	0.1846	73.6398	0.0136	13.5907	0.0736	29
30	5.7435	0.1741	79.0582	0.0126	13.7648	0.0726	30
31	6.0881	0.1643	84.8017	0.0118	13.9291	0.0718	31
32	6.4534	0.1550	90.8898	0.0110	14.0840	0.0710	32
33	6.8406	0.1462	97.3432	0.0103	14.2302	0.0703	33
34	7.2510	0.1379	104.1838	0.0096	14.3681	0.0696	34
35	7.6861	0.1301	111.4348	0.0090	14.4982	0.0690	35
40	10.2857	0.0972	154.7620	0.0065	15.0463	0.0665	40
45	13.7646	0.0727	212.7435	0.0047	15.4558	0.0647	45
50	18.4202	0.0543	290.3359	0.0034	15.7619	0.0634	50

附表 4　　　　　　　　　　　$i=8\%$ 时的复利系数

n	一次支付型		等额支付型				n
	F/P	P/F	F/A	A/F	P/A	A/P	
1	1.0800	0.9259	1.0000	1.0000	0.9259	1.0800	1
2	1.1664	0.8573	2.0800	0.4808	1.7833	0.5608	2
3	1.2597	0.7938	3.2464	0.3080	2.5771	0.3880	3
4	1.3605	0.7350	4.5061	0.2219	3.3121	0.3019	4

n	一次支付型		等额支付型				n
	F/P	P/F	F/A	A/F	P/A	A/P	
5	1.4693	0.6806	5.8666	0.1705	3.9927	0.2505	5
6	1.5869	0.6302	7.3359	0.1363	4.6229	0.2163	6
7	1.7138	0.5835	8.9228	0.1121	5.2064	0.1921	7
8	1.8509	0.5403	10.6366	0.0940	5.7466	0.1740	8
9	1.9990	0.5002	12.4876	0.0801	6.2469	0.1601	9
10	2.1589	0.4632	14.4866	0.0690	6.7101	0.1490	10
11	2.3316	0.4289	16.6455	0.0601	7.1390	0.1401	11
12	2.5182	0.3971	18.9771	0.0527	7.5361	0.1327	12
13	2.7196	0.3677	21.4953	0.0465	7.9038	0.1265	13
14	2.9372	0.3405	24.2149	0.0413	8.2442	0.1213	14
15	3.1722	0.3152	27.1521	0.0368	8.5595	0.1168	15
16	3.4259	0.2919	30.3243	0.0330	8.8514	0.1130	16
17	3.7000	0.2703	33.7502	0.0296	9.1216	0.1096	17
18	3.9960	0.2502	37.4502	0.0267	9.3719	0.1067	18
19	4.3157	0.2317	41.4463	0.0241	9.6036	0.1041	19
20	4.6610	0.2145	45.7620	0.0219	9.8181	0.1019	20
21	5.0338	0.1987	50.4229	0.0198	10.0168	0.0998	21
22	5.4365	0.1839	55.4568	0.0180	10.2007	0.0980	22
23	5.8715	0.1703	60.8933	0.0164	10.3711	0.0964	23
24	6.3412	0.1577	66.7648	0.0150	10.5288	0.0950	24
25	6.8485	0.1460	73.1059	0.0137	10.6748	0.0937	25
26	7.3964	0.1352	79.9544	0.0125	10.8100	0.0925	26
27	7.9881	0.1252	87.3508	0.0114	10.9352	0.0914	27
28	8.6271	0.1159	95.3388	0.0105	11.0511	0.0905	28
29	9.3173	0.1073	103.9659	0.0096	11.1584	0.0896	29
30	10.0627	0.0994	113.2832	0.0088	11.2578	0.0888	30
31	10.8677	0.0920	123.3459	0.0081	11.3498	0.0881	31
32	11.7371	0.0852	134.2135	0.0075	11.4350	0.0875	32
33	12.6760	0.0789	145.9506	0.0069	11.5139	0.0869	33
34	13.6901	0.0730	158.6267	0.0063	11.5869	0.0863	34
35	14.7853	0.0676	172.3168	0.0058	11.6546	0.0858	35
40	21.7245	0.0460	259.0565	0.0039	11.9246	0.0839	40
45	31.9204	0.0313	386.5056	0.0026	12.1084	0.0826	45
50	46.9016	0.0213	573.7702	0.0017	12.2335	0.0817	50

附表 5

i＝10％时的复利系数

n	一次支付型		等额支付型				n
	F/P	P/F	F/A	A/F	P/A	A/P	
1	1.1000	0.9091	1.0000	1.0000	0.9091	1.1000	1
2	1.2100	0.8264	2.1000	0.4762	1.7355	0.5762	2
3	1.3310	0.7513	3.3100	0.3021	2.4869	0.4021	3
4	1.4641	0.6830	4.6410	0.2155	3.1699	0.3155	4
5	1.6105	0.6209	6.1051	0.1638	3.7908	0.2638	5
6	1.7716	0.5645	7.7156	0.1296	4.3553	0.2296	6
7	1.9487	0.5132	9.4872	0.1054	4.8684	0.2054	7
8	2.1436	0.4665	11.4359	0.0874	5.3349	0.1874	8
9	2.3579	0.4241	13.5795	0.0736	5.7590	0.1736	9
10	2.5937	0.3855	15.9374	0.0627	6.1446	0.1627	10
11	2.8531	0.3505	18.5312	0.0540	6.4951	0.1540	11
12	3.1384	0.3186	21.3843	0.0468	6.8137	0.1468	12
13	3.4523	0.2897	24.5227	0.0408	7.1034	0.1408	13
14	3.7975	0.2633	27.9750	0.0357	7.3667	0.1357	14
15	4.1772	0.2394	31.7725	0.0315	7.6061	0.1315	15
16	4.5950	0.2176	35.9497	0.0278	7.8237	0.1278	16
17	5.0545	0.1978	40.5447	0.0247	8.0216	0.1247	17
18	5.5599	0.1799	45.5992	0.0219	8.2014	0.1219	18
19	6.1159	0.1635	51.1591	0.0195	8.3649	0.1195	19
20	6.7275	0.1486	57.2750	0.0175	8.5136	0.1175	20
21	7.4002	0.1351	64.0025	0.0156	8.6487	0.1156	21
22	8.1403	0.1228	71.4027	0.0140	8.7715	0.1140	22
23	8.9543	0.1117	79.5430	0.0126	8.8832	0.1126	23
24	9.8497	0.1015	88.4973	0.0113	8.9847	0.1113	24
25	10.8347	0.0923	98.3471	0.0102	9.0770	0.1102	25
26	11.9182	0.0839	109.1818	0.0092	9.1609	0.1092	26
27	13.1100	0.0763	121.0999	0.0083	9.2372	0.1083	27
28	14.4210	0.0693	134.2099	0.0075	9.3066	0.1075	28
29	15.8631	0.0630	148.6309	0.0067	9.3696	0.1067	29
30	17.4494	0.0573	164.4940	0.0061	9.4269	0.1061	30
31	19.1943	0.0521	181.9434	0.0055	9.4790	0.1055	31
32	21.1138	0.0474	201.1378	0.0050	9.5264	0.1050	32
33	23.2252	0.0431	222.2515	0.0045	9.5694	0.1045	33

n	一次支付型		等额支付型				n
	F/P	P/F	F/A	A/F	P/A	A/P	
34	25.5477	0.0391	245.4767	0.0041	9.6086	0.1041	34
35	28.1024	0.0356	271.0244	0.0037	9.6442	0.1037	35
40	45.2593	0.0221	442.5926	0.0023	9.7791	0.1023	40
45	72.8905	0.0137	718.9048	0.0014	9.8628	0.1014	45
50	117.3909	0.0085	1163.9085	0.0009	9.9148	0.1009	50

附表 6　　　　　　　　　　　　　　$i=12\%$时的复利系数

n	一次支付型		等额支付型				n
	F/P	P/F	F/A	A/F	P/A	A/P	
1	1.1200	0.8929	1.0000	1.0000	0.8929	1.1200	1
2	1.2544	0.7972	2.1200	0.4717	1.6901	0.5917	2
3	1.4049	0.7118	3.3744	0.2963	2.4018	0.4163	3
4	1.5735	0.6355	4.7793	0.2092	3.0373	0.3292	4
5	1.7623	0.5674	6.3528	0.1574	3.6048	0.2774	5
6	1.9738	0.5066	8.1152	0.1232	4.1114	0.2432	6
7	2.2107	0.4523	10.0890	0.0991	4.5638	0.2191	7
8	2.4760	0.4039	12.2997	0.0813	4.9676	0.2013	8
9	2.7731	0.3606	14.7757	0.0677	5.3282	0.1877	9
10	3.1058	0.3220	17.5487	0.0570	5.6502	0.1770	10
11	3.4785	0.2875	20.6546	0.0484	5.9377	0.1684	11
12	3.8960	0.2567	24.1331	0.0414	6.1944	0.1614	12
13	4.3635	0.2292	28.0291	0.0357	6.4235	0.1557	13
14	4.8871	0.2046	32.3926	0.0309	6.6282	0.1509	14
15	5.4736	0.1827	37.2797	0.0268	6.8109	0.1468	15
16	6.1304	0.1631	42.7533	0.0234	6.9740	0.1434	16
17	6.8660	0.1456	48.8837	0.0205	7.1196	0.1405	17
18	7.6900	0.1300	55.7497	0.0179	7.2497	0.1379	18
19	8.6128	0.1161	63.4397	0.0158	7.3658	0.1358	19
20	9.6463	0.1037	72.0524	0.0139	7.4694	0.1339	20
21	10.8038	0.0926	81.6987	0.0122	7.5620	0.1322	21
22	12.1003	0.0826	92.5026	0.0108	7.6446	0.1308	22
23	13.5523	0.0738	104.6029	0.0096	7.7184	0.1296	23
24	15.1786	0.0659	118.1552	0.0085	7.7843	0.1285	24
25	17.0001	0.0588	133.3339	0.0075	7.8431	0.1275	25

续表

n	一次支付型		等额支付型				n
	F/P	P/F	F/A	A/F	P/A	A/P	
26	19.0401	0.0525	150.3339	0.0067	7.8957	0.1267	26
27	21.3249	0.0469	169.3740	0.0059	7.9426	0.1259	27
28	23.8839	0.0419	190.6989	0.0052	7.9844	0.1252	28
29	26.7499	0.0374	214.5828	0.0047	8.0218	0.1247	29
30	29.9599	0.0334	241.3327	0.0041	8.0552	0.1241	30
31	33.5551	0.0298	271.2926	0.0037	8.0850	0.1237	31
32	37.5817	0.0266	304.8477	0.0033	8.1116	0.1233	32
33	42.0915	0.0238	342.4294	0.0029	8.1354	0.1229	33
34	47.1425	0.0212	384.5210	0.0026	8.1566	0.1226	34
35	52.7996	0.0189	431.6635	0.0023	8.1755	0.1223	35
40	93.0510	0.0107	767.0914	0.0013	8.2438	0.1213	40
45	163.9876	0.0061	1358.2300	0.0007	8.2825	0.1207	45
50	289.0022	0.0035	2400.0182	0.0004	8.3045	0.1204	50

附表 7　　　　　　　　　　$i=15\%$ 时的复利系数

n	一次支付型		等额支付型				n
	F/P	P/F	F/A	A/F	P/A	A/P	
1	1.1500	0.8696	1.0000	1.0000	0.8696	1.1500	1
2	1.3225	0.7561	2.1500	0.4651	1.6257	0.6151	2
3	1.5209	0.6575	3.4725	0.2880	2.2832	0.4380	3
4	1.7490	0.5718	4.9934	0.2003	2.8550	0.3503	4
5	2.0114	0.4972	6.7424	0.1483	3.3522	0.2983	5
6	2.3131	0.4323	8.7537	0.1142	3.7845	0.2642	6
7	2.6600	0.3759	11.0668	0.0904	4.1604	0.2404	7
8	3.0590	0.3269	13.7268	0.0729	4.4873	0.2229	8
9	3.5179	0.2843	16.7858	0.0596	4.7716	0.2096	9
10	4.0456	0.2472	20.3037	0.0493	5.0188	0.1993	10
11	4.6524	0.2149	24.3493	0.0411	5.2337	0.1911	11
12	5.3503	0.1869	29.0017	0.0345	5.4206	0.1845	12
13	6.1528	0.1625	34.3519	0.0291	5.5831	0.1791	13
14	7.0757	0.1413	40.5047	0.0247	5.7245	0.1747	14
15	8.1371	0.1229	47.5804	0.0210	5.8474	0.1710	15
16	9.3576	0.1069	55.7175	0.0179	5.9542	0.1679	16
17	10.7613	0.0929	65.0751	0.0154	6.0472	0.1654	17

n	一次支付型		等额支付型				n
	F/P	P/F	F/A	A/F	P/A	A/P	
18	12.3755	0.0808	75.8364	0.0132	6.1280	0.1632	18
19	14.2318	0.0703	88.2118	0.0113	6.1982	0.1613	19
20	16.3665	0.0611	102.4436	0.0098	6.2593	0.1598	20
21	18.8215	0.0531	118.8101	0.0084	6.3125	0.1584	21
22	21.6447	0.0462	137.6316	0.0073	6.3587	0.1573	22
23	24.8915	0.0402	159.2764	0.0063	6.3988	0.1563	23
24	28.6252	0.0349	184.1678	0.0054	6.4338	0.1554	24
25	32.9190	0.0304	212.7930	0.0047	6.4641	0.1547	25
26	37.8568	0.0264	245.7120	0.0041	6.4906	0.1541	26
27	43.5353	0.0230	283.5688	0.0035	6.5135	0.1535	27
28	50.0656	0.0200	327.1041	0.0031	6.5335	0.1531	28
29	57.5755	0.0174	377.1697	0.0027	6.5509	0.1527	29
30	66.2118	0.0151	434.7451	0.0023	6.5660	0.1523	30
31	76.1435	0.0131	500.9569	0.0020	6.5791	0.1520	31
32	87.5651	0.0114	577.1005	0.0017	6.5905	0.1517	32
33	100.6998	0.0099	664.6655	0.0015	6.6005	0.1515	33
34	115.8048	0.0086	765.3654	0.0013	6.6091	0.1513	34
35	133.1755	0.0075	881.1702	0.0011	6.6166	0.1511	35
40	267.8635	0.0037	1779.0903	0.0006	6.6418	0.1506	40
45	538.7693	0.0019	3585.1285	0.0003	6.6543	0.1503	45
50	1083.6574	0.0009	7217.7163	0.0001	6.6605	0.1501	50

附表 8　　　　　　　　　　　$i=20\%$ 时的复利系数

n	一次支付型		等额支付型				n
	F/P	P/F	F/A	A/F	P/A	A/P	
1	1.2000	0.8333	1.0000	1.0000	0.8333	1.2000	1
2	1.4400	0.6944	2.2000	0.4545	1.5278	0.6545	2
3	1.7280	0.5787	3.6400	0.2747	2.1065	0.4747	3
4	2.0736	0.4823	5.3680	0.1863	2.5887	0.3863	4
5	2.4883	0.4019	7.4416	0.1344	2.9906	0.3344	5
6	2.9860	0.3349	9.9299	0.1007	3.3255	0.3007	6
7	3.5832	0.2791	12.9159	0.0774	3.6046	0.2774	7
8	4.2998	0.2326	16.4991	0.0606	3.8372	0.2606	8

续表

n	一次支付型		等额支付型				n
	F/P	P/F	F/A	A/F	P/A	A/P	
9	5.1598	0.1938	20.7989	0.0481	4.0310	0.2481	9
10	6.1917	0.1615	25.9587	0.0385	4.1925	0.2385	10
11	7.4301	0.1346	32.1504	0.0311	4.3271	0.2311	11
12	8.9161	0.1122	39.5805	0.0253	4.4392	0.2253	12
13	10.6993	0.0935	48.4966	0.0206	4.5327	0.2206	13
14	12.8392	0.0779	59.1959	0.0169	4.6106	0.2169	14
15	15.4070	0.0649	72.0351	0.0139	4.6755	0.2139	15
16	18.4884	0.0541	87.4421	0.0114	4.7296	0.2114	16
17	22.1861	0.0451	105.9306	0.0094	4.7746	0.2094	17
18	26.6233	0.0376	128.1167	0.0078	4.8122	0.2078	18
19	31.9480	0.0313	154.7400	0.0065	4.8435	0.2065	19
20	38.3376	0.0261	186.6880	0.0054	4.8696	0.2054	20
21	46.0051	0.0217	225.0256	0.0044	4.8913	0.2044	21
22	55.2061	0.0181	271.0307	0.0037	4.9094	0.2037	22
23	66.2474	0.0151	326.2369	0.0031	4.9245	0.2031	23
24	79.4968	0.0126	392.4842	0.0025	4.9371	0.2025	24
25	95.3962	0.0105	471.9811	0.0021	4.9476	0.2021	25
26	114.4755	0.0087	567.3773	0.0018	4.9563	0.2018	26
27	137.3706	0.0073	681.8528	0.0015	4.9636	0.2015	27
28	164.8447	0.0061	819.2233	0.0012	4.9697	0.2012	28
29	197.8136	0.0051	984.0680	0.0010	4.9747	0.2010	29
30	237.3763	0.0042	1181.8816	0.0008	4.9789	0.2008	30
31	284.8516	0.0035	1419.2579	0.0007	4.9824	0.2007	31
32	341.8219	0.0029	1704.1095	0.0006	4.9854	0.2006	32
33	410.1863	0.0024	2045.9314	0.0005	4.9878	0.2005	33
34	492.2235	0.0020	2456.1176	0.0004	4.9898	0.2004	34
35	590.6682	0.0017	2948.3411	0.0003	4.9915	0.2003	35
40	1469.7716	0.0007	7343.8578	0.0001	4.9966	0.2001	40
45	3657.2620	0.0003	18281.3099	0.0001	4.9986	0.2001	45
50	9100.4382	0.0001	45497.1908	0.0000	4.9995	0.2000	50